Veröffentlichungen
der Vereinigung der Deutschen Staatsrechtslehrer
Heft 17

Die verfassungsrechtliche Stellung der politischen Parteien im modernen Staat

Das Verwaltungsverfahren

Berichte
von

Konrad Hesse und Gustav E. Kafka
K. A. Bettermann und Erwin Melichar

und
Auszug aus der Aussprache zu den Berichten
in den Verhandlungen der Tagung der deutschen Staatsrechtslehrer
zu Wien am 9. und 10. Oktober 1958

Berlin 1959
Walter de Gruyter & Co.
vormals G. J. Göschen'sche Verlagshandlung / J. Guttentag, Verlagsbuchhandlung / Georg Reimer / Karl J. Trübner / Veit & Comp.

Archiv-Nr. 24 89 59

Satz und Druck: Berliner Buchdruckerei „Union" GmbH., Berlin SW 61

Inhalt

Eröffnung der Tagung am 8. Oktober 1958

Die Eröffnungssitzung fand im Festsaal der Akademie der Wissenschaften statt. Der Vorsitzende, Herr Peters, begrüßte die Gäste und Mitglieder. Er dankte der Rechts- und Staatswissenschaftlichen Fakultät der Universität Wien, deren große wissenschaftliche Leistungen er würdigte, für die freundliche Aufnahme und für die Vorbereitung der Tagung. Er führte dabei folgendes aus:

„Wir wählten Wien nicht nur unseren verehrten einladenden Kollegen zuliebe als Tagungsort, auch nicht nur wegen der vielfältigen Schönheit und der mannigfachen Anregungen, die diese Stadt bietet, sondern auch um unserer Verbundenheit mit der großen Rechtstradition der Wiener Universität Ausdruck zu verleihen. Neben den bedeutenden Leistungen im Römischen Recht und im Zivilprozeßrecht, um nur zwei andere Zweige der Rechtswissenschaft zu nennen, gingen von hier die Ideen der Kameralisten wie der Reinen Rechtslehre aus und haben bis auf den heutigen Tag unser Staats- und Verwaltungsrecht in starkem Maße bereichert. Mögen sie auch in Methode und Ziel untereinander noch so gegensätzlich sein, so haben doch beide auf die Praxis einen großen Einfluß gehabt und werden in ihren Grundgedanken auch von uns Heutigen immer wieder in Zustimmung oder Widerspruch neu aufgegriffen und fruchtbar gemacht.

Als ein glückliches Omen möchte ich es bezeichnen, daß heute die deutschsprachigen Kollegen aus drei Staaten: aus Österreich, der Schweiz und der Bundesrepublik Deutschland als Mitglieder oder als Gäste unserer Vereinigung in dieser traditionsreichen Stadt Wien versammelt sind, verbunden durch das gemeinsame Ziel der Erforschung des Staatsrechts; diese Tatsache berechtigt zu der Hoffnung, daß unsere gemeinschaftliche Arbeit für Staaslehre und Staatsrechtswissenschaft gerade durch die Aspekte verschiedener Verfassungssysteme und Erfahrungen sich von Jahr zu Jahr fruchtbarer gestalten wird. Das allmähliche Wiederzusammenwachsen der Vereinigung mit ihren nach Art und Auffassung durchaus verschiedenen Persönlichkeiten, nicht zuletzt der in diesem Jahr erfolgte Beitritt zweier Kollegen aus der Schweiz zu unserer Vereinigung, wird sich auf unsere Beratungen wie auf die kollegialen Beziehungen sicher günstig auswirken.

Wir erinnern uns in diesem Augenblick an die Tagung der Vereinigung der Deutschen Staatsrechtslehrer, die am 23. und 24. April 1928, vor rund 30 Jahren, hier in Wien als ein für uns unvergeßliches Ereignis stattfand. Wir Älteren, die jene Tagung mitgemacht haben, denken noch gern an dieses Erlebnis zurück. Für mich selbst bedeutete sie eine bleibende Erinnerung. Vielleicht ist mancher von den älteren Kollegen, die heute hier anwesend sind, gerade durch den Rückblick auf jene Tage zur Teilnahme an unserem jetzigen Treffen veranlaßt worden. Mit tiefer Wehmut gedenken wir damaligen Teilnehmer heute auch der zahlreichen österreichischen und deutschen Kollegen, die inzwischen verstorben sind oder aus ihrer Heimat vertrieben wurden. Unser unvergeßliches Mitglied Ludwig Adamovich — auch er ist vor einigen Jahren verstorben — wurde auf der damaligen Wiener Tagung in unsere Vereinigung eingeführt.

Auch wenn man nicht Gelegenheit hätte, die in Heft 5 der Veröffentlichungen unserer Vereinigung abgedruckten glänzenden Referate der Wiener Tagung über Wesen und Entwicklung der Staatsgerichtsbarkeit von Heinrich Triepel und Hans Kelsen nachzulesen, so wären sie sicher, so wie mir, auch den anderen Zuhörern in der Erinnerung geblieben. Die damals vorgetragenen Gedanken wurden für das Bonner Grundgesetz bedeutsam. Mir, der ich die Tagung als Privatdozent mitmachte, sind aber auch noch die klaren gedankenreichen Ausführungen der Diskussionsredner — ich erwähne nur Rudolf v. Laun, Richard Thoma, sowie unseren heutigen Mitgastgeber Adolf Merkl — im Gedächtnis geblieben. — Wie in diesem Jahr war das zweite, damals von Max Layer und Ernst v. Hippel behandelte Thema — die Überprüfung von Verwaltungsakten durch die ordentlichen Gerichte — ein verwaltungsrechtliches. Mehr als das (auch heute noch aktuelle) Thema zu versprechen scheint, gab es Anlaß zur Erörterung wichtiger Grundfragen des Allgemeinen Verwaltungsrechts.

Neben der damals empfangenen reichen Belehrung waren es immer wieder die Stadt Wien und unsere Gastgeber, die uns mit viel Charme durch verschiedene gesellschaftliche und künstlerische Veranstaltungen in ihren Bann zogen. Diese Stadt übt auf mich — wie wohl auf die meisten anderen Besucher — immer wieder den ihr eigenen eigentümlichen Reiz aus, durch den sie seit Jahrhunderten Menschen aller Berufe, besonders aber Vertreter des geistigen Lebens aus ganz Europa, ja aus der ganzen Welt anzieht. Sie, meine verehrten Anwesenden, werden auch in diesen Tagen mannigfache Gelegenheit haben, Wesen und Wirken dieser Stadt, ihre Naturschönheiten und ihren künstlerischen und geselligen Charakter kennenzulernen: ihre Einzigartigkeit, die uns Fremde die Wiener beneiden läßt, die in diese Welt hineingewachsen sind und daher all das vielleicht nicht so stark als etwas Besonderes empfinden wie wir. Schon in dieser Stunde nehmen uns die reiche Architektur und der künstlerische Schmuck dieses prächtigen Saales gefangen und beflügeln den Geist — was hoffentlich auch unseren Beratungen zugute kommen wird.

Die Wahl der Themen der Referate für diese Tagung ist nicht zuletzt mit Rücksicht darauf erfolgt, daß in den zu erörternden Fragen grundlegende staats- und verwaltungsrechtliche Unterschiede zwischen Österreich, der Schweiz und der Bundesrepublik bestehen. Ein Vergleich und eine gegenseitige Durchdringung dürften für die verfassungs- wie verwaltungsrechtliche Entwicklung in unseren Ländern ebenso von wissenschaftlicher wie praktisch-politischer Bedeutung und daher fruchtbringend sein."

Anschließend begrüßte der Dekan der Rechts- und Staatswissenschaftlichen Fakultät der Universität Wien, Professor Dr. Alfred von Verdroß-Droßberg, die Erschienenen mit herzlichen Worten. Indem er an den glanzvollen Verlauf der Wiener Tagung von 1928 anknüpfte, führte er u. a. aus:

„Was hat sich seitdem nicht alles verändert! Damals war Europa, trotz der Erschütterungen durch den 1. Weltkrieg, noch immer der Mittelpunkt der politischen Welt; heute stehen sich im Herzen Europas zwei fremde Mächte atombewaffnet gegenüber. Damals schien die liberale und sozialpolitisch fortschrittliche Demokratie nahezu in allen europäischen Staaten gesichert; heute ist ihr räumlicher Geltungsbereich beinahe auf die Staaten des Europarats eingeschrumpft. Damals schien der Weltfriede auf fester Grundlage zu ruhen: der Vertrag von Locarno und der Kellog-Pakt ließen wieder einen gewissen Fortschrittsoptimismus aufkommen, wie er lange Zeit im 19. Jahrhundert geherrscht hatte; heute befindet sich Europa im Zustand der Angst oder des Fatalismus gegenüber den Drohungen einer totalen Zerstörung. Wenn ich diese gewaltigen Änderungen auf mich wirken lasse, die sich in diesen vergangenen 30 Jahren vollzogen haben, so fällt mir ein Vers Ovids ein, in dem der

Dichter in meisterhafter Prägnanz die Wandlungen im Leben Niobes zum Ausdruck bringt — ein Vers, der, auf unsere Verhältnisse abgewandelt, etwa lauten könnte: ‚heu quantum hic mundus mundo distabat ab illo!'

Die großen Veränderungen, die seit 1928 eingetreten sind, beschränken sich aber nicht auf den Bereich der hohen Politik. Auch im Bereich der Ideen können wir einen deutlichen Wandel beobachten. Während nämlich damals die nationale Idee im Mittelpunkt stand, die auch vor den Staatsgrenzen nicht haltmachte, ist nach dem 2. Weltkrieg im freien Europa die übernationale Idee der europäischen Einheit in den Vordergrund getreten — ein Gedanke, der schon im Kaisertum Österreich, wenngleich nur teilweise, verwirklicht war.

Soviel sich aber auch seit 1928 verändert hat, zwei Dinge sind sich erfreulicherweise gleich geblieben: die freundschaftlichen persönlichen Beziehungen zwischen den deutschen, österreichischen und schweizerischen Kollegen, sowie die wissenschaftliche Zusammenarbeit zwischen ihnen. Ja, wir können mit Freude feststellen, daß sich diese Zusammenarbeit seit damals noch fruchtbarer entwickelt hat. Davon zeugt nicht nur die heurige Tagesordnung, sondern vielleicht noch mehr der Umstand, daß die Meinungsverschiedenheiten, die 1928 über das Wesen der Verfassungsgerichtsbarkeit bestanden und die in den antagonistisch aufgebauten Referaten Heinrich Triepels und Hans Kelsens ihren Ausdruck fanden, heute fast völlig bereinigt sind. Ja, wir können sagen, daß die Deutsche Bundesrepublik die österreichische Lösung der Verfassungsgerichtsbarkeit nicht nur übernommen, sondern sie sogar noch weiter ausgebaut hat.

Indem nun Ihre Vereinigung den Ausbau des Rechtsstaates auf ihr Programm geschrieben hat und dies in ihren alljährlichen Versammlungen beredt zum Ausdruck bringt, spielt sie heute wieder eine ähnliche Rolle wie seinerzeit in der Weimarer Republik, als Sprachrohr einer fortschrittlichen Auslegung und Weiterentwicklung des öffentlichen Rechts. In dem Wunsche, daß auch Ihre diesjährige Tagung zu diesem Ziel beitragen möge, darf ich ihr einen vollen Erfolg wünschen. Ebenso sehr wünsche ich Ihnen aber, daß Sie auch außerhalb der Tagung die Schönheiten dieser Stadt und der Landschaft genießen mögen."

Nach der Eröffnungssitzung fand eine Mitgliederversammlung statt, zu deren Beginn der Vorsitzende der seit der letzten Tagung verstorbenen Kollegen Friedrich Giese (Frankfurt),

Hans Helfritz (Erlangen) und Godehard J. Ebers (Innsbruck) in warmen Worten gedachte. —

Die wissenschaftlichen Beratungen fanden am 9. und 10. Oktober 1958 in der Wiener Kammer der Gewerblichen Wirtschaft statt.

Erster Beratungsgegenstand:

Die verfassungsrechtliche Stellung der politischen Parteien im modernen Staat

1. Bericht von Professor Dr. Konrad Hesse, Freiburg i. Br.

I.

Seit die politischen Parteien unter einer spezifisch rechtlichen Fragestellung in das Blickfeld der deutschen Staatsrechtswissenschaft getreten sind[1]), gehört es zu den Grundüberzeugungen unserer Wissenschaft, daß hier die normierende Kraft des Rechts einer übermächtigen politischen Wirklichkeit notwendig unterliegen müsse. In der Zeit der Weimarer Republik hat Erich Kaufmann von den politischen Parteien als den „unheimlichen gesellschaftlichen Gewalten" gesprochen ..., „die, sich selbst die Normen ihres Verhaltens gebend, ihr Gesetz dem Verfassungsleben aufzwingen und in ihrer durchaus irrationalen Kraft durch staatlich formulierte abstrakte Normen nicht reguliert werden können"[2]). Carl Schmitt hat auf die Unmöglichkeit hingewiesen, die Schwierigkeiten und Mißstände des heutigen Parteiwesens dadurch zu beheben, daß man die Parteien als gesetzliche Organisationen anerkenne[3]). Gustav Radbruch hat hervorgehoben, daß kein Gebiet des Verfassungslebens gegenüber dem Normierungswillen des Gesetzes eine so kräftige Eigengesetzlichkeit zeige wie das Parteiwesen[4]). Und auch heute sind Zweifel und Skepsis gegenüber einer „Institutionalisierung der Parteien" die überwiegend anzutreffende Grundhaltung.

In der Tat steht das Parteiwesen auch, wenn nicht gar überwiegend unter anderen Gesetzen als denen des Rechts. Es ist

---

[1]) Das Interesse der älteren Literatur richtet sich, soweit sie die Parteien nicht ignoriert oder von vorneherein ablehnt, überwiegend auf eine politisch-theoretische Analyse des Parteiwesens oder der Parteirichtungen als solcher. Vgl. dazu Th. Schieder, Die Theorie der Partei im älteren deutschen Liberalismus, jetzt in: Staat und Gesellschaft im Wandel der Zeit (1958) S. 110 ff.

[2]) Die Regierungsbildung in Preußen und im Reich, Die Westmark 1921, S. 207.

[3]) Verfassungslehre (1928) S. 247.

[4]) Die politischen Parteien im System des deutschen Verfassungsrechts, HdBDStR I (1930) S. 294.

insbesondere die Eigengesetzlichkeit des Politischen, welche sich hier geltend macht, die Kraft und die Notwendigkeit des Werdenden im Gegensatz zum Gewordenen, das wesensmäßig nicht Organisierte und Rationalisierte innerhalb jener Polarität von „rationalisiertem Gefüge" und „irrationalem Spielraum", welche das Lebensgesetz des sozialen Ganzen bestimmt[5]). Deshalb steht am Anfang jeder Untersuchung der verfassungsrechtlichen Stellung der Parteien die Frage, ob und inwieweit die rechtliche Verfassung die Wirklichkeit der Parteien ordnend zu gestalten vermag, eine Frage, die wie kaum eine andere die Gesamtproblematik staatsrechtlicher Betrachtung ins Bewußtsein ruft. Denn für eine sich als Normwissenschaft verstehende Staatsrechtswissenschaft kann weder die Beschäftigung mit wirklichkeitslosen Normen noch die mit einer normlosen Wirklichkeit eine sinnvolle Aufgabe sein. So nötigt gerade der Gegenstand dieses Berichts dazu, wenigstens in aller Kürze die entscheidende Vorfrage nach der normativen Kraft des Verfassungsrechts und der Aufgabe staatsrechtlicher Betrachtung aufzuwerfen[6]).

1. Der Versuch einer Antwort wird auszugehen haben von der Einsicht in den prinzipiellen Zusammenhang von Wirklichkeit und Norm, von Sein und Sollen im Recht. Jedes isolierende Verstehen führt unvermeidlich zu einem Durchschlagen der bloßen Faktizität. Das gilt, wie mehrfach bemerkt worden ist[7]), für den staatsrechtlichen Rechts- und Begriffspositivismus in gleicher Weise wie für den ihn so nachdrücklich bekämpfenden „soziologischen Positivismus" Carl Schmitts, und das gilt nicht minder für jede Betrachtung, welche den überkommenen formalistischen Positivismus nur rein äußerlich durch zusätzliche soziologische oder politische, ontologische oder metaphysische Unterbauungen zu ergänzen sucht[8]). Gerade die bisherige staatsrechtliche Behandlung der Parteien, repräsentiert namentlich durch die Arbeiten Heinrich Triepels und Gustav Radbruchs, bietet hierfür bezeichnende Beispiele[9]).

---

[5]) K. Mannheim, Ideologie und Utopie (3. Aufl. 1952) S. 97 ff. (99).

[6]) Für das Folgende Näheres in meiner Freiburger Antrittsvorlesung: Die normative Kraft der Verfassung (1959).

[7]) Z. B. G. Leibholz, Verfassungsrecht und Verfassungswirklichkeit, jetzt in: Strukturprobleme der modernen Demokratie (1958) S. 279 f.; H. Ehmke, Grenzen der Verfassungsänderung (1953) S. 33; Chr. Graf v. Krockow, Die Entscheidung (1958) S. 65 f.

[8]) R. Smend, Art. „Integrationslehre" im Handwörterbuch der Sozialwissenschaften 5, S. 300.

[9]) H. Triepel, Die Staatsverfassung und die politischen Parteien (2. Aufl. 1930); G. Radbruch, HdBDStR I (1930) S. 285 ff. — Das gilt mit Einschränkungen auch für den Bericht der

Rechtliche Verfassung, politische und soziale Wirklichkeit dürfen jedoch auch nicht ineinsgesetzt werden. Sie stehen in einem Verhältnis korrelativer Zuordnung.

Die Verfassungsnorm hat kein eigenes, von der Wirklichkeit unabhängiges Sein. Ihr Wesen besteht darin, daß sie gelten, d. h. den von ihr normierten Zustand in der Wirklichkeit verwirklichen will. Dieser Geltungsanspruch läßt sich nicht von den geschichtlichen Bedingungen seiner Realisierung ablösen, welche, in vielfältiger Interdependenz stehend, die besonderen Gesetzlichkeiten schaffen, an denen er nicht vorübergehen kann. Dazu gehören die jeweiligen natürlichen, technischen, sozialen, politischen Bedingungen, denen gegenüber der Geltungsanspruch der Rechtsnorm sich nur realisieren läßt, wenn sie diese Bedingungen in Rechnung stellt. Und dazu gehören nicht minder die geistigen Gehalte, die in einem Volke Wirklichkeit geworden sind, die konkreten gesellschaftlichen Anschauungen und Wertvorstellungen, welche die Gestaltung, das Verständnis und die Autorität der Rechtssätze entscheidend beeinflussen.

Aber, und das bedarf besonderer Hervorhebung, der Geltungsanspruch einer Verfassungsnorm ist mit den Bedingungen seiner Realisierung nicht identisch; sondern er tritt als ein eigenes Element zu diesen Bedingungen hinzu. Deshalb ist die rechtliche Verfassung nicht nur Ausdruck eines Seins, sondern auch eines Sollens, ist sie mehr als ein bloßes Spiegelbild der tatsächlichen Bedingungen ihrer Geltung, insbesondere der politischen und sozialen Kräftegruppierungen. Vermöge ihres Geltungsanspruchs sucht sie ihrerseits die politische und soziale Wirklichkeit zu ordnen und zu gestalten. Von dieser bestimmt, sie aber zugleich wieder bestimmend, läßt sie sich nicht auf ein Prinzip zurückführen, weder auf das rein Normative noch auf die bloße Normalität oder die Bedingungen der politischen, gesellschaftlichen oder ökonomischen Situation. Wirklichkeitsbedingtheit und Normativität der Verfassung lassen sich nur unterscheiden; sie lassen sich weder voneinander trennen noch miteinander identifizieren.

Diese — nicht neue — Einsicht beantwortet freilich noch nicht die hier entscheidende Frage nach der normativen Kraft der Verfassung, die Frage also nach den Möglichkeiten und Grenzen einer Realisierung ihres Geltungsanspruchs innerhalb des Ge-

---

vom Bundesminister des Innern eingesetzten Parteienrechtskommission (Rechtliche Ordnung des Parteiwesens — im folgenden „Bericht" — 2. Aufl. 1958), in dem soziologische, politische, rechtliche und ethische Erwägungen oft unverbunden nebeneinander stehen oder unklar ineinander übergehen. Das Fehlen einer bewußten Gesamtkonzeption ist freilich bei der Arbeit eines Gremiums stets ein notwendiges Übel.

samtzusammenhanges der Interdependenzen. Die Antwort kann sich nur aus der Wirklichkeitsbezogenheit der rechtlichen Verfassung ergeben. Die verfassungsrechtliche Normierung vermag zu wirken, wenn sie die in der individuellen Beschaffenheit der Gegenwart angelegten Gegebenheiten Maß und Form gebend in die Zukunft hinein zu bilden sucht. Ihre Lebens- und Wirkungskraft beruht darauf, daß sie sich mit den gegebenen spontanen Kräften und lebendigen Tendenzen der Zeit verbindet, daß sie diese Kräfte zur Entfaltung bringt und einander sachlich zuordnet, daß sie vom Gegenstand her bestimmte, d. h. sachliche Gesamtordnung konkreter Lebensverhältnisse ist. Je mehr dabei der Gedanke der Unverbrüchlichkeit der Verfassung vom allgemeinen Bewußtsein getragen wird, je mehr er vor allem im Bewußtsein der für das Verfassungsleben Verantwortlichen lebendig ist, desto eher vermag die normierende Kraft der Verfassung sich auch gegenüber einer widerstrebenden Wirklichkeit durchzusetzen. Wo dagegen diese Voraussetzungen nicht bestehen, da fehlt der Verfassung der unerläßliche Keim ihrer Lebenskraft und da vermag sie nicht zu erreichen, daß der Zustand, den sie normiert, auch eintritt.

Die normierende Kraft der Verfassung ist also keine feststehende Größe. Sie findet unvermeidlich ihre mehr oder minder weit hinauszuschiebenden Grenzen. Deshalb kommt alles darauf an, die Voraussetzungen zu realisieren, unter denen die rechtliche Verfassung innerhalb dieser Grenzen zu bleiben und ihre Wirkkraft zu bewahren vermag.

2. Aus dieser Einsicht in den Zusammenhang von Wirklichkeitsbezogenheit und Normativität in der rechtlichen Verfassung ergeben sich zugleich Aufgaben und Grenzen der Wissenschaft von der rechtlichen Verfassung. Sie ist nicht in dem engeren Sinne der Soziologie oder der Wissenschaft von der Politik Wirklichkeitswissenschaft. Sie ist freilich auch nicht, wie der formalistische Positivismus meinte, bloße Normwissenschaft. Sie ist vielmehr — hier scheint mir der Kernpunkt der Diskussion dieser Fragen auf unserer vorjährigen Tagung zu liegen[10]) — beides, und zwar, bedingt durch die größere Abhängigkeit ihres Gegenstandes von der politischen und sozialen Wirklichkeit wie durch das Fehlen einer äußeren Gewähr für die Durchsetzung der Verfassungsnormen, in höherem Maße als andere Disziplinen der Rechtswissenschaft. Der enge Zusammen-

---

[10]) VStR 16 (1958) S. 113, 116, 122, 146, 147, 255 f.; vgl. dazu auch die Bemerkungen W. Thiemes in seinem Bericht über die Tagung AöR 82 (1957) S. 492 f.

hang von Normativität und Wirklichkeitsbezogenheit im Recht verbietet es der Staatsrechtswissenschaft, die Bedingtheiten der Normativität zu vernachlässigen, wenn sie ihren Gegenstand nicht verfehlen will. Nicht minder aber verfehlt sie ihren Gegenstand, wenn sie über die Normativität der Verfassung hinweggeht oder ihr eine sekundäre Rolle zuweist. Die Bedingtheit dieser Normativität zieht ihr unübersteigbare Grenzen; die Tatsache, daß die normierende Kraft der Verfassung nicht schlechthin gesichert, sondern etwas Aufgegebenes ist, stellt ihr eine um so größere Aufgabe: sie hat unter diesem Gesichtspunkt ihre Dogmatik zu entwickeln; sie hat — darin besteht die Bedeutung dieser Überlegungen für den hier zu erörternden Zusammenhang — unter diesem Gesichtspunkt die Bestimmungen der Verfassung auszulegen. Die Interpretation der Verfassung steht unter dem Gebot optimaler Verwirklichung ihres normativen Sinnes. Daß diesem Gebot mit den Mitteln logischer Subsumtion oder begrifflicher Konstruktion nicht gerecht zu werden ist, versteht sich von selbst. Wenn das Recht und namentlich das Verfassungsrecht in seiner Wirkkraft durch die konkreten Lebensverhältnisse bedingt ist, dann darf die Auslegung nicht an diesen vorübergehen. Sie hat sie zu erfassen und zu dem normativen Gehalt des Verfassungssatzes in Beziehung zu setzen. Diejenige Auslegung ist die gebotene, die unter den konkreten Bedingungen der gegebenen Sachlage den Sinn der normativen Regelung optimal verwirklicht.

3. Für die hier gestellte Aufgabe ergibt sich daraus folgendes:

Eine Untersuchung der verfassungsrechtlichen Stellung der politischen Parteien hat sowohl die rechtliche Normierung wie die Wirklichkeit des Parteiwesens und des staatlichen Lebens ins Auge zu fassen, nicht in äußerer Aufeinanderfolge, sondern in ihrem inneren Zusammenhang. Das bedeutet auf der einen Seite, daß der normative Gehalt der grundgesetzlichen Regelungen den Ausgangspunkt bilden muß. Das Grundgesetz macht hier nicht ein nur notgedrungenes Zugeständnis an eine nicht mehr wegzuleugnende Wirklichkeit[11]), sondern es weist den Parteien in dem von ihm geregelten Prozeß der Konstituierung und Erhaltung der politischen Einheit Funktionen zu, teils ausdrücklich, wie in Art. 21 I 1 GG, teils mittelbar, insofern das verfassungsmäßig intendierte Wirken seiner Einrichtungen Bestand und Wirken der politischen Parteien voraussetzt. Nicht ihre sozusagen anatomische Gestalt bestimmt daher die ver-

---

[11]) E. Forsthoff, Zur verfassungsrechtlichen Stellung und inneren Ordnung der Parteien in: Die politischen Parteien im Verfassungsrecht (1950) S. 12.

fassungsrechtliche Stellung der Parteien, sondern ihre funktionelle Bedeutung im Verfassungsleben[12]).

Und das bedeutet auf der anderen Seite, daß eine Untersuchung der verfassungsrechtlichen Stellung der Parteien in besonderem Maße die Eigengesetzlichkeit ihres Gegenstandes zu beachten haben wird[13]). Eine Interpretation des geltenden Verfassungsrechts, welche dieser Eigengesetzlichkeit keinen Raum läßt, läuft unvermeidlich Gefahr, entweder die normierende Kraft des Rechts in Frage zu stellen oder die politischen Parteien um ihr eigentliches Wesen und damit die Demokratie um eine ihrer wesentlichsten Voraussetzungen zu bringen. Nicht eine möglichst weitgehende rechtliche Erfassung im Wege extensiver Interpretation kann daher die Aufgabe sein, sondern nur eine restriktive, zurückhaltende Auslegung der gegebenen rechtlichen Normen.

Von dieser Grundlage aus behandle ich unter notwendiger Vernachlässigung zahlreicher, auch wichtiger Einzelheiten zunächst die Verfassungsfunktion der politischen Parteien und suche danach die sich aus dieser Funktion ergebenden Konsequenzen für ihre verfassungsrechtliche Stellung zu ziehen. Wegen der bekannten und gerade bei diesem Gegenstand besonders hervortretenden Schwierigkeiten einer rechtsvergleichenden Betrachtung beschränke ich mich dabei auf die Rechtslage nach dem Bonner Grundgesetz[14]).

II.

Sedes materiae[15]) für die Frage nach der verfassungsmäßig aufgegebenen Funktion der Parteien[16]) ist Art. 21 I 1 GG: „Die

---

[12]) R. Smend, Die Verschiebung der konstitutionellen Ordnung durch die Verhältniswahl, Staatsrechtliche Abhandlungen (1955) S. 60 f., 67.

[13]) Von hier aus ist ein erster grundsätzlicher Einwand gegen die Arbeit W. Henkes, Die Parteien im Staat des Bonner Grundgesetzes, DÖV 1958, 646 ff. geboten. Henke betont selbst, daß die eigentliche Wirksamkeit der Parteien von außerrechtlichen Faktoren abhänge. Dann heißt es aber die hier angedeutete Problematik verkennen, wenn zugleich einer maximalen rechtlichen Bindung der Parteien das Wort geredet wird.

[14]) Zur Literatur über das ausländische Parteiwesen vgl. die Übersicht Bericht S. 235 ff.

[15]) Landesverfassungsrecht käme neben den Bestimmungen des GG nur in Betracht, soweit es Materien des Parteienrechts regelt, die nicht bereits in Art. 21 GG geregelt sind (vgl. auch Bericht S. 116). Da das GG entgegen dem ersten Anschein bereits alle wesentlichen Grundzüge des Parteienrechts normiert, bleibt für das Landesverfassungsrecht kaum noch Raum. Deshalb sicher unberechtigt die Kritik, die namentlich an der Verfassung von Nordrhein-Westfalen geübt worden ist (Ch. Fr. Menger, Zur verfassungsrechtlichen Stellung der deutschen politischen Parteien,

Parteien wirken bei der politischen Willensbildung des Volkes mit." Die Tragweite dieses Satzes wird nur deutlich, wenn er in dem Zusammenhang gesehen wird, in den er hineingestellt ist: die Entscheidung des Grundgesetzes für eine demokratische Ordnung (Art. 20 I GG).

1. Mit dieser Entscheidung normiert das Grundgesetz nicht ein von der Wirklichkeit losgelöstes Theorem, das im Falle einer Konfrontierung mit der Wirklichkeit nur mit Hilfe von Fiktionen gerettet werden kann oder einen offenen Widerspruch zwischen Verfassungsrecht und Verfassungswirklichkeit zutage treten läßt. Sondern es bezieht die Grundwerte der Demokratie: Legitimierung am Volk, Gleichheit und Freiheit auf die Wirklichkeit und konstituiert damit eine sachliche Ordnung konkreter Lebensverhältnisse und Lebensformen als Sinn und Grundlage staatlicher Existenz.

Deshalb muß jede Sicht, die von den fiktiven Voraussetzungen einer vorgegebenen Einheit des Volkes, eines einheitlichen Volkswillens und der Vorstellung eines dem Volke gegenüber stehenden substanzhaft verkörperten Staates ausgeht, das Wesen der politischen Ordnung des Grundgesetzes notwendig verfehlen. Dieses wird nur von zwei Grundeinsichten her erkennbar: der Einsicht in die reale Unterschiedlichkeit und Gegensätzlichkeit der Meinungen, Interessen und Bestrebungen innerhalb des Volkes, deren Ausgleich, Austragung und Überwindung gleichermaßen zur kategorisch gestellten Aufgabe wie zur Daseinsbedingung des Staates wird, und der Einsicht in die

---

AöR 78 [1952/53] S. 151 f. mit weiterer Lit.) — jedenfalls dann, wenn man der herrschenden Auffassung folgt, daß Art. 31 GG nicht nur inhaltlich entgegenstehendes, sondern auch übereinstimmendes Landesrecht erfasse. Vgl. dazu auch K. Hesse, Der Rechtsschutz durch staatliche Gerichte im kirchlichen Bereich (1956) S. 23 ff.

[16]) Ich gehe von dem Begriff der Partei aus, wie er im Bericht der Parteienrechtskommission S. 123 ff. entwickelt ist, und zwar in der Deutung, welche die Mehrheit der Kommission dem Begriff gegeben hat (S. 127). — Die Kritik von W. Henrichs (Parteibegriff und Parteienregistrierung, DVBl. 1958, 277 ff.) verkennt die Tragweite der Art. 21 I 1 und 2 GG, die im Zusammenhang mit den Bestimmungen, welche die demokratische Ordnung des GG konstituieren, auch die entscheidenden Elemente des Parteibegriffs hervortreten lassen. Regelungen, die den Parteibegriff voraussetzen, lassen auch Rückschlüsse auf den Inhalt des Begriffs zu. Wenn nach H. die Begriffsbestimmung letztlich dem BVerfG überlassen bleibt, so ist zu fragen, nach welchem Maßstab das BVerfG diese Bestimmung vornehmen soll, wenn das GG hier keine Anhaltspunkte bietet. — Zu der hier nicht näher zu verfolgenden Bedeutung des Parteibegriffs für das Kommunalwahlrecht: BVerwG DÖV 1958, 298 = DVBl. 1958, 613 und A. Köttgen, Parteibegriff und Gemeindewahlrecht, DVBl. 1958, 593 ff.

wesensmäßige Unformiertheit und Formungsbedürftigkeit des pluralistisch aufgespaltenen Volkswillens[17]).

Zur Grundvoraussetzung heutiger staatlicher Ordnung wird dieser Tatbestand in der Folge einer sich in gegenseitiger Bedingtheit vollziehenden Entwicklung, die ihren Grund letztlich in der Entstehung der modernen Technik, der mit ihr verbundenen Industrialisierung und Bevölkerungsvermehrung findet[18]). Die zunehmende Technisierung, Industrialisierung, Spezialisierung und Arbeitsteilung und die daraus resultierende immer engere Verflechtung und Komplizierung der Lebensverhältnisse in der modernen Industriegesellschaft machen immer weiter gehende Intervention, Lenkung und planende Gestaltung durch den Staat notwendig; sie stellen den Staat vor neue, ihm bisher unbekannte Aufgaben; sie erhöhen die Bedeutung des Staates für das wirtschaftliche und soziale Leben; sie vermehren die Abhängigkeit des Einzelnen von den Auswirkungen der staatlichen Tätigkeit. Der Staat wird zum Sozialstaat.

Aus diesen Gründen wird der Staat in den Kampf der wirtschaftlichen und sozialen Interessen und die Auseinandersetzung der im Zuge der gleichen Entwicklung entstehenden großen, untereinander gegensätzlichen ökonomischen Gruppen gezogen. Damit ändert sich notwendig das Wesen der politischen Auseinandersetzung. Hatten die sozialen Gruppen bisher ihre Gegensätze unter- und außerhalb des festen Rahmens der staatlichen Ordnung ausgetragen, so richten sie ihr Streben und ihre Erwartungen nunmehr unmittelbar auf die politische Macht und den Ort ihrer Ausübung, den regierenden und verwaltenden Staat[19]). War die politische Auseinandersetzung bisher Sache begrenzter Schichten gewesen, so wird sie nunmehr Sache der Massen, denen das allgemeine Wahlrecht die Möglichkeit einer Einflußnahme eröffnet. Der Staat wird zu einem Stück Selbstorganisation der modernen Industriegesellschaft, und in dem Maße, in dem er zum Produkt gesellschaftlicher Kräfte wird, verliert er seinen Charakter als vorgegebene Einheit.

Das bedeutet freilich nicht, daß er nur noch als die aus der Auseinandersetzung der pluralistischen Kräfte immer neu her-

---

[17]) E. Kaufmann, Zur Problematik des Volkswillens (1931) S. 9 f.; J. Schumpeter, Kapitalismus, Sozialismus und Demokratie (2. Aufl. 1950) S. 401 ff.; Triepel S. 33.

[18]) Dazu auch G. Ritter, Vom Ursprung des Einparteienstaates in Europa, Hist. Jahrb. 74 (1955) S. 567 ff.

[19]) P. v. Oertzen, Die soziale Funktion des staatsrechtlichen Positivismus. Eine soziologische Studie über die Entstehung des formalistischen Positivismus in der deutschen Staatsrechtswissenschaft, Göttinger phil. Diss. 1953 (MS) S. 349 f.

zustellende politische Einheit begriffen werden könnte. Damit würde das institutionelle Moment moderner Staatlichkeit übersehen, das auch für die Gegenwart seine Bedeutung behalten hat. Aber der Staat kann heute auch nicht mehr allein als in sich ruhende institutionalisierte Herrschaftsgewalt verstanden werden. Er gewinnt Wirklichkeit und Leben nur in dem sich bedingenden Nebeneinander jener beiden bewegenden und erhaltenden Faktoren, in denen sich die Polarität von „rationalisiertem Gefüge" und „irrationalem Spielraum" widerspiegelt.

Diese Entwicklung erfordert in zahlreichen Beziehungen die Einschaltung von Zwischengliedern zwischen den Einzelnen und den Staat, nicht nur um der Durchsetzung der jeweils gemeinsamen Interessen willen, sondern vor allem, weil die wachsende Komplizierung der Verhältnisse mit einer immer geringer werdenden Überschaubarkeit und Durchsichtigkeit der politischen Zusammenhänge einhergeht und die gestaltende Formung der Meinungen und Strömungen notwendig macht. Zu diesen Zwischengliedern gehören die Parteien, und es ist die typenbildende Kraft dieser Notwendigkeit, welche ihre Wandlung von der lockeren Gruppierung der „Repräsentationspartei" oder „Honoratiorenpartei" älteren Stils zur Partei heutiger Prägung bedingt. Den Parteien wächst die Sammlung und Formierung der unterschiedlichen Bestrebungen und Interessen wie die Aufgabe zu, die bestehenden Gegensätzlichkeiten in sich, in der Verständigung oder im Kampf mit der Gegenpartei auszugleichen und auszutragen[20]). Sie werden damit zu daseinsnotwendigen Faktoren für den modernen Staat. Die in der Gegenwart undifferenzierter werdende Klassenlage und in ihrer Folge der heutige Rückgang der politischen Polarisierung[21]) vereinfachen und modifizieren diese Aufgabe; sie ändern nichts an der prinzipiellen Tragweite des Tatbestandes.

Angesichts dieser Wirklichkeit würde das auf dem Kontinent bisher vorwiegende Verständnis der Demokratie als einer Staatsform der Selbstregierung des Volkes zu Identifizierungen zwingen, deren fiktiver Charakter offen zutageliegt. Dagegen nimmt das Verständnis der Demokratie, wie es sich namentlich in den angelsächsischen Ländern entwickelt hat, die Wirklichkeit der modernen Industriegesellschaft in sich auf. Die bekannten Wesenszüge, welche diese Erscheinungsform der Demokratie bestimmen: nicht Herrschaft des Volkes, sondern Herr-

---

[20]) Vgl. dazu auch Bericht S. 65 f.

[21]) Dazu etwa W. Hennis, Meinungsforschung und repräsentative Demokratie (1957) S. 11; O. Kirchheimer, Vom Wandel der politischen Opposition, ARSP XLIII (1957) S. 79 ff. Vgl. auch unten S. 22.

schaft „für das Volk“[22]), gleiche Chance für die Minderheit einmal zur Mehrheit zu. werden[23]), freie und offene politische Willensbildung, sind es, welche auch der Entscheidung des Grundgesetzes für eine demokratische Ordnung zugrunde liegen.

Das Grundgesetz konstituiert diese Ordnung durch Art. 20 II, nach dem die Staatsgewalt (außerhalb der Wahlen) nicht vom Volke ausgeübt, sondern durch die Bezogenheit auf das Volk legitimiert wird, durch den Grundsatz freier, gleicher und geheimer Wahl, durch Grundrechte und deren Schutz, nicht zuletzt durch die Einschaltung der rechtsprechenden Gewalt in das System der Gewaltenteilung, die sich als Sicherung der verfassungsrechtlichen Position der Minderheit auswirkt und damit dem Gewaltenteilungsprinzip im Sinne einer Balance der realen politischen Kräfte seine für die Gegenwart kennzeichnende Note verleiht[24]). Seine Ordnung hebt sich damit von allen geschlossenen Verfassungssystemen ab. Sie öffnet sich dem Fließenden und Werdenden, indem sie Raum bietet für das Leben der jeweiligen politischen und sozialen Kräfte der Wirklichkeit. Sie ermöglicht damit im Gegensatz zu jenen geschlossenen Systemen eine Anpassung an die sich wandelnde geschichtliche Entwicklung[25]).

2. Im Rahmen dieser Ordnung haben die Parteien eine Reihe unentbehrlicher Aufgaben zu erfüllen.

a) Ein Verständnis der Demokratie, welches diese nicht als Selbstregierung des Volkes[26]), sondern als Herrschaft für das

---

[22]) Eine Formulierung J. Schumpeters S. 406.

[23]) Dieses Wesensmerkmal wird in der neueren Theorie mit Recht mehr und mehr als entscheidend herausgehoben. Vgl. dazu etwa: Schumpeter S. 428; O. Stammer, Politische Soziologie in: Soziologie hrsg. von Gehlen-Schelsky (1955) S. 281 f.

[24]) W. Weber, Spannungen und Kräfte im westdeutschen Verfassungssystem (2. Aufl. 1958) S. 28; Die Verfassung der Bundesrepublik in der Bewährung (1958) S. 41; U. Scheuner, Die Parteien und die Auswahl der politischen Leitung im demokratischen Staat, DÖV 58, 643.

[25]) Darin liegt die Legitimität der politischen Ordnung des GG, und es ist deshalb nicht angängig, sie zum bloßen formalen Legalitätssystem abzuwerten, dem dann eine in diesem System nicht enthaltene Legitimität entgegengesetzt wird (Henke, DÖV 1958, 648 ff.). Einem Denken, dessen Zentralbegriffe „Grundentscheidungen“, „echte Entscheidungen“, „Homogenität“ usw. sind, muß freilich der Zugang zu der Legitimität eines offenen Verfassungssystems verborgen bleiben.

[26]) Für das Verständnis der Demokratie als Staatsform der Identität von Regierenden und Regierten kann nur Rousseaus Satz gelten, daß es keine Sondergemeinschaften im Staat geben dürfe (Contrat social II, 3), müssen politische Parteien als Fremdkörper und Auflösungserscheinungen einer konsequenten Demokratie erscheinen und muß die bekannte Formel von der Mediatisierung

Volk versteht, wird zunächst die lebensnotwendige Aufgabe politischer Führung in den Vordergrund zu rücken haben, einer Führung freilich, welche der Legitimierung durch die Mehrheit des Volkes bedarf. Aufgabe der Parteien ist es, die politischen Führer herauszustellen und um ihre Legitimierung durch die Mehrheit zu werben. Sie haben die unerläßliche Funktion des Bindegliedes in der Legitimationskette zwischen Volk und politischer Führung[27]). Die Parteien haben daher die auf die politische Macht und ihre Ausübung gerichteten Meinungen, Interessen und Bestrebungen zum Ausdruck und zur Geltung zu bringen. Sie haben diese aber auch — deshalb können die Parteien nicht mit dem Volke identifiziert werden[28]) — zu sammeln und gestaltend zu formen. Ihr Wirken wird damit zu einer Grundvoraussetzung der Anteilnahme des Volkes am politischen Leben.

b) Liegt die Funktion eines Bindegliedes zwischen Volk und politischer Führung vornehmlich in den Händen der Regierungsparteien, so bedingt die Gewährleistung der gleichen Chance der Minderheit eine kaum minder wichtige, oft hervorgehobene Funktion der Oppositionsparteien[29]). Ihnen obliegt die Kritik, die Kontrolle und damit die Mäßigung der Macht der herrschenden Führungsgruppe, und sie sind es, welche die Alternative zu der augenblicklich herrschenden politischen Gesamtrichtung zu

---

des Volkes durch die Parteien die Legitimität der Existenz und des Wirkens der Parteien in Frage stellen. Nur eine andere, der theoretischen Grundlage letztlich entbehrende Sicht desselben Tatbestandes ist es, wenn das — heute noch vielfach nachwirkende — konstitutionelle und spätkonstitutionelle deutsche Denken den Parteien den Platz eines pluralistischen auflösenden Gebildes zuweist. Vgl. dazu etwa Ehmke S. 116 mit Lit.; U. Scheuner, DÖV 1958, 641 f.

[27]) U. Scheuner, VStR 16 (1958) S. 124.

[28]) Die Konzeption des Parteienstaates von G. Leibholz beruht auf der unzulässigen Identifizierung der Parteien mit dem organisierten Volk in seiner Differenzierung. Sie erweist sich damit als bloße Modifikation des Identitätsdenkens, welche das Wesen der Demokratie des GG notwendig ebenso verfehlen muß, wie jenes Denken selbst. (Der Parteienstaat des Bonner GG in: Recht, Staat, Wirtschaft III [1951] S. 106; Strukturwandel der modernen Demokratie [1952] S. 31; Verfassungsrechtliche Stellung und innere Ordnung der Parteien, Verhandlungen des 38. DJT [1951] S. C lo).

[29]) Mit Recht rechnet daher das BVerfG das Mehrparteienprinzip und die Chancengleichheit für alle politischen Parteien mit dem Recht zur verfassungsmäßigen Bildung und Ausübung einer Opposition zu den Grundprinzipien der freiheitlichen demokratischen Grundordnung (BVerfGE 2, 1 [13]; 5, 85 [140]; vgl. auch v. Mangoldt-Klein, Das Bonner GG [1957] Anm. III, 5 zu Art. 21 mit weiterer Lit.; U. Scheuner, Grundfragen des modernen Staates in: Recht, Staat, Wirtschaft III [1951] S. 143).

entwickeln und damit die Möglichkeit eines Wechsels der politischen Führung zu schaffen haben.

Diese Aufgaben vermag am besten ein Zweiparteiensystem zu erfüllen[30]). Sie werden erschwert durch ein System vieler mittlerer und kleinerer Parteien, die zu einer klaren Mehrheitsbildung nicht imstande sind[31]). Sie werden endlich in Frage gestellt durch das System einer Allparteienherrschaft[32]). So sehr hier der Sinn des Mehrparteiensystems in sein Gegenteil verkehrt zu werden droht, so wenig läßt sich freilich der Wandel der Bedingtheiten politischer Opposition übersehen, auf den Otto Kirchheimer jüngst aufmerksam gemacht hat[33]): ihre zunehmende Objektlosigkeit sowohl in bezug auf die Innen- wie die Außenpolitik, welche zu einem „Versickern" der herkömmlichen Gestalt verfassungsmäßiger Opposition zu führen geeignet ist, und der gegenüber der „Koalitionspakt mit eingebautem Oppositionsmechanismus" als neue, das Institut als solches erhaltende Form erscheinen kann. Allen diesen Schattierungen läßt das Grundgesetz Raum. Entscheidend ist, daß es durch die Garantie der gleichen Chance die Möglichkeit und Wirksamkeit politischer Opposition gewährleistet und daß es den in Opposition stehenden Parteien eine nicht minder sinnvolle Aufgabe stellt als denjenigen, welche die politische Führung innehaben.

c) Aus der Entscheidung für eine freie und offene Willensbildung endlich folgt die Aufgabe der Parteien, Träger und Mittler dieses Prozesses zu sein.

Ohne die Träger- und Mittlerschaft der Parteien ist es unter den Bedingungen der Gegenwart nicht möglich, die frei sich bildenden politischen Antriebe den institutionalisierten Organen der politischen Willensbildung zuzuführen. Die dargelegten sozialen und politischen Strukturwandlungen haben dazu geführt, daß jene Impulse nur noch in geringem Maße von Einzelpersonen, im wesentlichen vielmehr von den organisierten gesellschaftlichen Gruppen, den Verbänden, vor allem aber von den Parteien selbst ausgehen. Es hat sich damit zwischen den

---

30) Über die Voraussetzungen des Wechselspieles zwischen Regierung und Opposition innerhalb eines Zweiparteiensystems neuerdings O. Kirchheimer, ARSP XLIII S. 60 ff.; über seine Wirkungen statt vieler: W. Hennis, Parlamentarische Opposition und Industriegesellschaft in: Gesellschaft, Staat, Erziehung 1 (1956) S. 208 ff.; über die deutschen Entwicklungstendenzen: Th. Eschenburg, Das Zweiparteiensystem in der deutschen Politik in: Forschungen zu Staat und Verfassung, Festgabe für Fritz Hartung (1958) S. 403 ff.

31) Dazu W. Hennis aaO. S. 212.

32) Über den Unterschied zwischen Allparteienregierung und „Blocksystem" vgl. Kirchheimer, ARSP XLIII S. 73.

33) ARSP XLIII S. 59 ff.

leitenden Einrichtungen des Staates und dem Volke ein, wie Ulrich Scheuner es formuliert hat, „freier Bereich der Vorformung des politischen Willens" gebildet, in dem die Entscheidungen noch nicht fallen, in dem sie aber vorbereitet und durch eine öffentliche Auseinandersetzung der verschiedenen Strömungen ermöglicht werden[34]). Ziel jener Auseinandersetzung ist es, die öffentliche Meinung zu gewinnen und zu formen. Dieser Bereich, den das Grundgesetz insbesondere durch die Garantien der Meinungs- und Vereinigungsfreiheit gewährleistet, ist das legitime Feld der organisierten Gruppeninteressen; er ist zugleich ein Feld der Parteien, die hier, politische Meinungen hervorbringend und für sie werbend, mit jenen Gruppen in Konkurrenz treten. Den Parteien obliegt die Sammlung, Sichtung, und der vermittelnde Ausgleich der verschiedenen Bestrebungen, gegebenenfalls auch die Abwehr solcher Ansprüche oder Meinungen, die durchzusetzen einen Schaden für das Ganze bedeuten würde. Und sie allein sind es, welche die auf diese Weise formierten Bestrebungen auf der nächsten Stufe, der institutionalisierten Willensbildung in Parlament und Regierung, zur Geltung zu bringen haben, nicht als Vollstrecker eines Auftrages der Wähler oder einer Interessentengruppe, sondern als Verfechter einer in eigener verantwortlicher Entscheidung als richtig und notwendig erkannten politischen Zielsetzung; nur so werden sie ihrer politischen Führungsaufgabe gerecht[35]).

Die Mitwirkung der Parteien im Bereich der institutionalisierten Willensbildung bewirkt tiefgehende Wandlungen der Parlamentsstruktur und des Parlamentsverfahrens, der Struktur und

---

[34]) Der Staat und die intermediären Kräfte, Zeitschrift f. ev. Ethik 1 (1957) S. 34 ff.; DÖV 1958, 643; vgl. auch Bericht S. 70 f. Der Begriff ist nunmehr auch vom BVerfG aufgenommen: BVerfGE 8, 104 (113).

[35]) Wenn im Zusammenhang mit Art. 21 GG die Frage eines Monopols der Mitwirkung der Parteien an der politischen Willensbildung aufgeworfen wird (Ipsen, Über das GG [1950] S. 22 f.), so wird die Antwort für die einzelnen Stufen der politischen Willensbildung gesondert zu geben sein. Die Parteien besitzen weder ein Monopol im Bereich der Vorformung des politischen Willens noch ein Monopol der Kandidatenaufstellung für die Wahlen zur Volksvertretung. (Ebenso: Leibholz, 38. DJT S. C 16; v. d. Heydte, Freiheit der Parteien, in: Die Grundrechte, hrsg. von Neumann-Nipperdey-Scheuner II [1954] S. 471 f.). Dagegen begründet Art. 21 Abs. 1 Satz 1 GG in der hier erörterten dritten Beziehung in der Tat ein Monopol der Parteien. Insoweit bemerkt W. Grewe (Zum Begriff der politischen Partei, Festgabe für Erich Kaufmann [1950] S. 69) mit Recht, daß die Verpflichtungen der Parteien ihre Berechtigung verlieren würden, wenn an der politischen Willensbildung gleichberechtigt andere, nicht parteimäßig organisierte Gruppen mitwirken könnten, denen diese Verpflichtungen nicht auferlegt sind.

Funktion der Regierung, des Zusammenspiels von Parlament und Regierung und des bundesstaatlichen Aufbaus. Diese sind ebenso oft beschrieben worden wie ihre unterschliedliche und wechselnde Tragweite[36]). Ich kann mich hier mit einem Verweis auf den ersten Beratungsgegenstand unserer vorjährigen Tagung begnügen. Im Rahmen der hier gestellten Aufgabe muß nur auf einen Punkt aufmerksam gemacht werden: das ist die Verschiebung der konstitutionellen und bundesstaatlichen Ordnung, die Art. 21 GG zur Folge hat. Denn durch die Mitwirkung der Parteien ändern sich nicht nur Art und Grundlagen des Funktionierens und des Zusammenspiels der Organe der staatlichen Willensbildung, sondern verschieben sich auch die Gewichte zugunsten der mitwirkenden Parteien. Gewiß sind die Entscheidungen der staatlichen Organe der politischen Willensbildung formell Entscheidungen dieser Organe; der Sache nach sind sie, sicher in wechselndem, im ganzen aber nicht wegzuleugnendem Umfang vielfach Entscheidungen der diese Organe tragenden Parteien. Dieser durch Art. 21 I 1 GG prinzipiell legitimierte Tatbestand mag durch Personalunionen zwischen Staatsämtern und Parteiämtern verdeckt werden; er wird dadurch nicht aufgehoben, weil grundsätzlich der staatliche politische Wille wirksam nur mit dem Rückhalt an einer Partei gebildet werden kann. Seine Folge ist, daß die staatlichen Organe der Willensbildung an eigener institutioneller Bedeutung verlieren[37]), ist ein Verlust an institutionalisierter Staatlichkeit jedenfalls dann, wenn den Parteien nicht die Stellung einer staatlichen Institution zukommt.

3. Der Einblick in die mit dem Wesen demokratischer Ordnung heutiger Gestalt gegebenen Funktionen der politischen Parteien ermöglicht es, zusammenfassend die Aufgaben zu bestimmen, die ihnen durch Art. 21 I 1 GG verfassungsmäßig zugewiesen sind. Der Satz von der Mitwirkung der Parteien bei der politischen Willensbildung besagt ein Dreifaches: Es obliegt den Parteien, die politischen Führer auszubilden, auszulesen[38]) und zu

---

[36]) Vgl. die Berichte von E. Friesenhahn und K. J. Partsch VStR 16 (1958) S. 41 ff.; 102 ff. mit weiterer Lit. und Scheuner DÖV 58, 643. — Über die Folgerungen für Struktur und Funktion des Bundesrates: Th. Eschenburg S. 414 f.

[37]) Für das Parlament hervorgehoben von O. Kirchheimer, Parteistruktur und Massendemokratie in Europa, AöR 79 (1953/54) S. 313 f.; ähnlich, jedoch in nicht vertretbarer Zuspitzung: G. Leibholz, Strukturwandel S. 18; ders. 38. DJT S. C 10.

[38]) Die unmittelbare Beteiligung an der politischen Willensbildung, wie das Grundgesetz sie vorsieht, befähigt erst die Parteien zu positiven politischen Leistungen. Sie sind nicht mehr auf jene negative Kritik beschränkt, die Max Weber mit Recht als die entscheidende Schwäche des deutschen Parteiwesens und des deut-

präsentieren und in den Wahlen um die Legitimierung dieser Führer durch die Mehrheit zu werben. Sie haben als Mehrheitspartei die Verbindung zwischen Volk und politischer Führung herzustellen, als Parteien der Minderheit die politische Opposition zu bilden und wirksam zu machen. Sie haben die auf die politische Macht und ihre Ausübung gerichteten Meinungen, Interessen und Bestrebungen hervorzubringen oder zu sammeln, sie gestaltend zu formen und geltend zu machen, und zwar sowohl im Bereich der Vorformung des politischen Willens wie im Bereich der institutionalisierten staatlichen Willensbildung.

Damit sind die den Parteien durch das Grundgesetz zugewiesenen Funktionen im wesentlichen abschließend bestimmt. Abgesehen von dem Wirken der kommunalen Vertretungskörperschaften, die nach Art. 28 I 2 GG im Wege allgemeiner, unmittelbarer, freier, gleicher und geheimer Wahlen gebildet und damit einer Mitwirkung der politischen Parteien zugänglich gemacht werden[39]), eröffnet das Grundgesetz den politischen Parteien keinen Einfluß auf diejenigen staatlichen Funktionen, die außerhalb des Bereiches der politischen Willensbildung liegen: die Rechtsprechung und die vollziehende Gewalt im engeren Sinne. Es hat einen eindeutigen Sinn, wenn die Mitwirkung der politischen Parteien nur im Zusammenhang der politischen Willensbildung normiert wird. „Politische Willensbildung" darf nämlich nicht mit „Ausübung der Staatsgewalt" im Sinne des

---

schen Staates vor 1918 gekennzeichnet hat (Parlament und Regierung im neugeordneten Deutschland, Ges. pol. Schriften, 2. Aufl. 1958, passim, bes. S. 328 f., 333 ff., 379 ff.), und deren Auswirkungen dem Parteiwesen der Weimarer Republik sein verhängnisvolles Gepräge gegeben haben. Indem die Parteien verantwortlich an der politischen Leitung beteiligt werden, werden sie in die Lage versetzt, Anziehungskraft auf politische Führerpersönlichkeiten auszuüben, die in ihnen ein Mittel zur Gewinnung der politischen Macht finden. Zugleich eröffnet die Mitarbeit der Parteien namentlich in den Ausschüssen des Parlaments die Möglichkeit, sachliche politische Arbeit zu lernen (Max Weber aaO. S. 343). Durch die unmittelbare Mitwirkung bei der politschen Willensbildung werden die Parteien damit in den Stand gesetzt, Stätten politischer Führerauslese und -ausbildung zu sein. Gewiß darf darüber die Problematik einer politischen Führerauslese durch die Parteien nicht verkannt werden (Dazu z. B. Max Weber selbst aaO. S. 389 ff.). Aber es kann keinem Zweifel unterliegen, daß die Verfassung diese Möglichkeiten schafft und diese Aufgabe stellt und daß es nur die entscheidende Frage sein kann, ob die Parteien diese Aufgabe ergreifen und jene Möglichkeiten verwirklicht werden.

[39]) Dazu H. Peters in seinem für die Parteienrechtskommission erstatteten ungedruckten Gutachten: „Die Parteien im System der Staatsgewalten" (1956) S. 15 f. und im Handbuch der kommunalen Wissenschaft und Praxis I (1956) S. 6, 12 f.

Art. 20 II 2 GG identifiziert werden, mit der Folge, daß die Parteien sich überall dort einzuschalten legitimiert wären, wo Staatsgewalt ausgeübt wird[40]). Es handelt sich vielmehr um sachlich verschiedene Lebensvorgänge mit einer jeweils eigenen Wertgesetzlichkeit, die das Grundgesetz in der klaren Aufgabenzuweisung der Art. 21, 33 und 92 einander zuordnet und voneinander abgrenzt. Hier der Bereich des politischen Handelns, der nicht nur auf die Gesetzgebung beschränkt ist, sondern auch die Regierung und das Amt des Bundespräsidenten umfaßt, als Bereich spontaner Entfaltung dynamischer politischer Kräfte, als Bereich schöpferischer Neuformung und leitender, zusammenfassender Tätigkeit. Dort der seiner Eigenart nach dem politischen Wechselspiel entrückte Bereich bereits geformten staatlichen Lebens: gebundener, streitentscheidender Tätigkeit einerseits, angeleiteter, ausgerichteter, technischer Ausführung anderseits[41]). Hier der Bereich, der den Typ des politischen Führers, wie ihn uns Max Weber geschildert hat, voraussetzt, dessen Lebenselement es ist, politische Ziele zu setzen, um ihretwillen den Kampf um die Macht zu führen und die aus dieser folgende Verantwortung für seine Sache zu tragen; dort der Bereich, dem der Typ des Beamten und Richters zugeordnet ist: der Bereich gewissenhafter Wahrnehmung amtlicher, festumschriebener Aufgaben fachlicher Art, der Beherrschung der organisatorischen Probleme, der Sachlichkeit und Unparteilichkeit gegen eigene wie fremde Meinungen und Neigungen[42]).

Gewiß bedeutet, wie Hans Peters gezeigt hat, die Verlagerung des Schwergewichts der Staatsmacht in die Verwaltung einen Anreiz für die im Kampf um die Macht im Staate stehenden Kräfte, besonders also die Parteien, Einfluß auch in diesem Bereich zu erstreben[43]). Aber der legitime und verfassungsmäßig vorgesehene Ort dieser Einflußnahme ist nicht die Verwaltung selbst, sondern die politische Führung, der das Grundgesetz wirksame Mittel zur Kontrolle der Verwaltung in die Hand gibt. Die politische Führung wie die an ihr mitwirkenden Parteien werden um ihr Wesen und ihre eigentliche Aufgabe

---

[40]) Peters Gutachten S. 18 f.; Bericht S. 77 f.; dagegen mehr im Sinne des Textes: H. Peters, Gewaltentrennung in moderner Sicht (1954) S. 27 ff.

[41]) R. Smend, Die politische Gewalt im Verfassungsstaat und das Problem der Staatsform, Staatsrechtliche Abhandlungen (1955) S. 79 f.; U. Scheuner, Der Bereich der Regierung in: Rechtsprobleme in Staat und Kirche, Festschrift für R. Smend (1952) S. 277 f.

[42]) Max Weber, Parlament und Regierung, passim, z. B. S. 323, 339; Politik als Beruf, Ges. pol. Schriften S. 512 f.

[43]) H. Peters, Der Kampf um den Verwaltungsstaat in: Verfassung und Verwaltung, Festschrift für W. Laforet (1952) S. 32.

gebracht, wenn sie in die Verwaltung ausweichen. Ebensowenig wie der Beamte politisch zu führen vermag, kann die Verwaltung Aufgabe spezifisch politischer Kräfte sein. Deshalb gestattet das Grundgesetz eine jenseits der unmittelbaren politischen Willensbildung liegende Mitwirkung der Parteien wohl in solchen Institutionen, die dem Bereich der Vorformung des politischen Willens angehören, wie etwa den Rundfunkräten; es gestattet sie prinzipiell — die Grenzen sind freilich nicht leicht zu ziehen — nicht in der staatlichen Rechtsprechung und Verwaltung[44]). Die Gefahr eines Übergewichts der Bürokratien ist kein Gegenargument. Wenn eine politische Führung sich aus eigener Kraft und mit den ihr wesenseigenen Mitteln nicht durchzusetzen vermag, so öffnet ihr das Grundgesetz mit Recht keine verfassungsrechtlichen Hintertüren. Gerade dadurch, daß ihr ein Hinüberwechseln aus ihrer eigenen Aufgabe in sachfremde Aufgaben erschwert wird, wird sie — das ist nicht zuletzt der Sinn jener Aufgabenverteilung — auf ihr eigentliches Wesen hingeführt.

III.

Mit der Einsicht in die den politischen Parteien verfassungsmäßig aufgegebenen Funktionen und ihre Grenzen ist die Grundlage gewonnen, von der aus der Versuch unternommen werden kann, ihre verfassungsrechtliche Stellung zu bestimmen. Funktion und verfassungsrechtliche Stellung der Parteien stehen in einem notwendigen Zusammenhang, freilich nicht in dem Sinne, in dem jener Zusammenhang zumeist gesehen wird: daß die Funktion der Parteien eine bestimmte verfassungsrechtliche Stellung zur Folge haben müsse[45]), sondern gerade in dem umgekehrten Sinne: daß die den Parteien durch das Grundgesetz zugewiesenen Funktionen eine bestimmte verfassungsrechtliche Stellung voraussetzen, welche sie in den Stand setzt, ihre Funktion optimal zu erfüllen. Erblickt man in der verfassungsrechtlichen Stellung der Parteien eine Bedingung ihrer Funktion, so läßt sie sich durch drei Wesenszüge kennzeichnen: die verfassungsrechtliche Stellung der Parteien enthält einen Status der Freiheit; sie enthält einen Status der Gleichheit; und sie enthält einen Status der Öffentlichkeit.

1. Die Funktion der politischen Parteien bedingt zunächst einen Status der Freiheit. Denn nur ein solcher macht es den Parteien möglich, Träger und Mittler des in der Demokratie voraus-

---

[44]) Zutreffend v. Mangoldt-Klein Anm. III 4d zu Art. 21; K. H. Seifert, Zur Rechtsstellung der politischen Parteien, DÖV 1956, 2; von einem anderen Ansatz her und skeptisch: W. Weber, Die Verfassung der Bundesrepublik in der Bewährung S. 45.

[45]) Z. B. Bericht S. 111 f. und passim.

gesetzten freien und offenen politischen Willensbildungsprozesses zu sein. Er wird normiert und gewährleistet durch die auf ihn bezogenen Grundrechte, die sich hier nicht als Garantien negativer Freiheit, als Formen der Ausklammerung, sondern als wesentliche Elemente eines für Bestand und Leben moderner Demokratie unentbehrlichen objektiven Funktionszusammenhanges erweisen. Wenn die Verfassungsfunktion der Meinungsfreiheit darin besteht, die spontane Bildung, die freie Entfaltung und die offene Auseinandersetzung der politischen Anschauungen zu gewährleisten, wenn die Funktion der Vereinigungsfreiheit, durch Art. 21 I 2 GG noch einmal ausdrücklich auf die Parteien erstreckt, darin besteht, die freie Formierung der Gruppen zu ermöglichen, welche diese Anschauungen durchzusetzen suchen, wenn beide Grundrechte im Verein mit der Versammlungsfreiheit die freie Werbung verbürgen, so bedeutet das für den Status der Parteien, daß in allen diesen Richtungen eine inhaltliche Bindung oder Einflußnahme von Verfassungs wegen ausgeschlossen ist. Im anderen Falle würden der Prozeß der freien Willensbildung und die Funktion der Parteien innerhalb dieses Prozesses ihre wesensbestimmenden Züge einbüßen.

Aus diesem Befund ergeben sich als Konsequenzen erstens ein Gebot der Freiheit der Parteien nach außen, zweitens ein Gebot der Freiheit der Parteien nach innen und drittens das Verbot einer staatlich-institutionellen Verfestigung, insbesondere das Verbot jeglicher Einfügung der Parteien in die organisierte Staatlichkeit.

a) Die Funktion der Parteien als Träger und Mittler eines freien Willensbildungsprozesses setzt ihre Freiheit von äußeren Einflüssen voraus.

Soweit diese Einflüsse von staatlichen Organen ausgehen können, setzt das Grundgesetz ihnen in Art. 21 I 2 und Abs. II ein prinzipielles Verbot jeder unmittelbaren oder mittelbaren Ingerenz auf die Bildung, den Bestand und die verfassungsmäßig vorausgesetzte Tätigkeit der politischen Parteien entgegen, gewährleistet es insbesondere Gründungs-, Beitritts- und Austrittsfreiheit sowie erhöhten Schutz vor Auflösung.

Damit untersagt es in erster Linie jegliche staatliche Rechtsetzung, welche die verfassungsmäßig aufgegebene Funktion der Parteien beeinträchtigen könnte. Es begrenzt auf diese Weise den Regelungsauftrag des Art. 21 III auf ein Minimum. Denn da die Funktion der Parteien in der Gewährleistung eines freien politischen Willensbildungsprozesses, also gerade eines inhaltlich nicht normierbaren Vorganges besteht, bleiben nur solche rechtlichen Normierungen zulässig, die einer Sicherung jener Funktion dienen. Soweit der Staat freilich zur rechtlichen Ordnung des Parteiwesens befugt ist, darf er diese auch mit den Mitteln der vollziehenden und rechtsprechenden Gewalt durchsetzen. Es gibt keinen Anhaltspunkt für die Annahme, daß staatliche Sanktionen auf das äußerste Mittel des Verbotes nach Art. 21 II GG beschränkt seien. Da nicht jedes rechtswidrige Verhalten eine Partei verfassungswidrig macht, bliebe von einer solchen Voraussetzung aus die vom Staat gesetzte rechtliche Ordnung des Parteiwesens eine lex imperfecta, wäre insbesondere gerichtlicher Rechtsschutz gegen rechtswidrige Maßnahmen der Parteien schlechthin ausgeschlossen. Es kann aber schwerlich der Sinn einer rechtlichen Ordnung des Parteiwesens sein, dieser Ordnung von vornherein jede praktische Wirksamkeit zu nehmen[46]). Vielmehr decken sich die Grenzen, die einer Ingerenz der staatlichen vollziehenden Gewalt und der staatlichen Rechtsprechung gezogen sind, mit den Grenzen der für die Parteien verbindlichen staatlichen Rechtsetzung. Deshalb kommt es entscheidend auf die Schranken an, die dieser Rechtsetzung gezogen sind.

Soweit es sich dagegen um Einflüsse nicht-staatlicher Mächte handelt, vermag die Verfassung die Freiheit der Parteien nicht wirksam zu schützen. Gewiß gilt der Grundsatz der Parteifreiheit auch und gerade gegenüber jenen Mächten, die der Funktion der Parteien als Träger und Mittler eines freien Willensbildungsprozesses gefährlicher werden können als der Staat selbst. Aber es handelt sich insoweit unvermeidlich um eine lex imperfecta. Denn die Abgrenzung zwischen legitimer und den Prozeß freier Willensbildung störender Einflußnahme wie die Formen und Mittel illegitimer Ingerenz entziehen sich der rechtlichen Erfassung und vollends einer wirksamen Realisierung jenes Grundsatzes. Alles ist hier auf die eigene Widerstandskraft der Parteien, auf ihr Vermögen, selbst Einfluß zu üben, anstatt sich fremdem Einfluß zu unterwerfen, auf ihre Fähigkeit politisch zu führen, auf ihr Verantwortungsbewußtsein gestellt.

b) Die zweite Konsequenz aus der Funktion der Parteien als Träger und Mittler eines freien politischen Willensbildungsprozesses ist die Notwendigkeit einer freiheitlichen inneren Ordnung der Parteien.

Das Grundgesetz normiert diese Forderung, ohne sie freilich im einzelnen zu konkretisieren, zunächst in Art. 21 I 3: „Ihre innere Ordnung muß demokratischen Grundsätzen entsprechen."

---

46) Zu dieser Konsequenz führt die Auffassung des Berichts S. 172 f.; insoweit mit Recht kritisch: Henke, DÖV 1958, 650 f.; G. Willms, Zur Problematik eines Parteiengesetzes, JZ 1958, 267. (— Die von Willms vorgeschlagene Sanktion der Nichtzulassung von Wahlvorschlägen dürfte freilich mit dem GG nicht vereinbar sein).

Dieser Satz beschränkt und relativiert nicht, wie oft angenommen wird[47]), die Freiheit der Parteien im Sinne einer inhaltlichen Festlegung ihrer inneren Ordnung, sondern er will im Gegenteil ihre innere Freiheit gerade herstellen und gewährleisten. Bei anderen Vereinigungen ist es für das Verfassungsleben ohne Belang, ob ihre innere Ordnung eine freiheitliche ist, weshalb eine solche Forderung gem. Art. 9 GG nicht an sie gestellt werden dürfte[48]). Hier dagegen geht es um die Sicherstellung des freien politischen Willensbildungsprozesses an seiner Quelle: in den Parteien selbst, und dafür ist es von entscheidender Bedeutung, ob die innere Ordnung der Parteien einen freien Willensbildungsprozeß ermöglicht. Nur dieser, nicht der Gedanke einer „demokratischen" Gleichschaltung der Parteien, läßt den Sinn und die Problematik des Art. 21 I 3 sichtbar werden.

Art. 21 I 3 GG gibt deshalb (in Zusammenhang mit Abs. III) dem Gesetzgeber keine unbeschränkte Vollmacht zur Regelung des Lebens der Parteien oder auch nur der inneren Ordnung schlechthin. Er normiert nur bedingt das wirklichkeitsfremde Prinzip eines „Aufbaus von unten nach oben"[49]). Sein Ziel ist vielmehr die Abwehr von Entwicklungstendenzen, die einen freien politischen Willensbildungsprozeß unmöglich machen würden, insbesondere die Sicherung der Mitbestimmung der Parteimitglieder bei der Kandidatenaufstellung[50]) und Besetzung der Führungsposten, die Sicherung einer regelmäßigen zeitlichen Erneuerung der leitenden Organe und die Sicherung der Stellung der Parteimitglieder[51]). Die normative Kraft solcher Sicherungen der inneren Freiheit der Parteien wird um so größer sein, je zurückhaltender der Gesetzgeber sich verhält. Denn das Vorhandensein von Regeln für den Aufbau und die Organisation der Parteien erzeugt — darin liegt der Grundirrtum aller Befürworter einer eingehenden Normierung ihrer inneren Ord-

---

[47]) Z. B. G. Rabus, Die innere Ordnung der politischen Parteien im gegenwärtigen deutschen Staatsrecht, AöR 78 (1952/53) S. 163 ff.

[48] Deshalb z. B. grundgesetzwidrig § 2 Satz 2 des Berliner Gesetzes über die Vereins- und Versammlungsfreiheit v. 29. 9. 1950 Gr.-BerlVBl. S. 442), nach dem Aufbau und Willensbildung aller Vereinigungen nach demokratischen Grundsätzen erfolgen müssen.

[49]) Z. B. Bericht S. 157; Rabus S. 165; Seifert, DÖV 56, 6; Willms, JZ 1958, 266; BVerfGE 2, 1 (40). Das BVerfG schränkt diesen Satz freilich alsbald wieder ein, indem es seine Bedeutung darauf beschränkt, daß die Mitglieder nicht von der Willensbildung ausgeschlossen werden dürfen.

[50]) Vgl. Bundeswahlges. §§ 22, 28 V.

[51]) Dazu näher: Bericht S. 162 ff.; Leibholz, 38. DJT S. C. 22 ff.; Rabus S. 179 ff.

nung — noch kein politisches Leben. Schöpferische Initiative, Aktivität, Intelligenz und Energie der politischen Führer und der Anwärter auf die Führungsposten als Voraussetzungen dieses Lebens lassen sich durch heteronome Regelungen nicht bewirken; sie können allerdings leicht durch derartige Regelungen eingeengt werden[52]). Sicherung der Freiheit der Parteien nach innen kann deshalb nicht die Aufgabe bedeuten, das ohnehin zusammengeschrumpfte Eigenleben der Parteien durch rechtliche Grenzziehungen noch weiter einzuschränken, sondern es kommt gerade darauf an, diesem Leben Raum zu lassen und es anzuregen. Die eigentlichen und wirksamsten Garantien gegen Auswüchse und Mißbräuche liegen weniger in Art. 21 I 3 GG[53]), als in der Notwendigkeit, sich dem Urteil der Wähler zu stellen[54]) und in der Gewährleistung des freien Mandats durch Art. 38 I 2 GG.

Es ist dieser Zusammenhang, der den Einblick in die heutige Tragweite der vielumstrittenen Bestimmung eröffnet. Ihre Bedeutung liegt, soweit sie die Parteien betrifft[55]), nicht in der Abwehr der äußersten Konsequenzen des Art. 21[56]), sondern sie liegt gerade in der Konsequenz des Artikels[57]). Art. 38 I 2 GG gewährleistet rechtlich die Selbständigkeit der Fraktion einer- des Abgeordneten gegenüber der Partei anderseits, und diese rechtliche Gewährleistung ist um so wirksamer, je unentbehrlicher der einzelne Abgeordnete, die Gruppe einer Fraktion, insbesondere natürlich die Fraktion selbst für das Wirken der Partei als Oppositions- oder Regierungspartei sind. Das Fraktionsmitglied kann deshalb, wie Otto Kirchheimer gezeigt hat, die bloße Existenz der Parlamentstribüne und die Möglichkeit Gesichtspunkte zu vertreten, die von der offiziellen Parteilinie abweichen, dazu benutzen, die innerparteiliche Diskussion voranzutreiben und den Kampf um die innerparteilichen

---

[52]) Mit großem Recht hervorgehoben von Kirchheimer, AöR 79, 322 ff.

[53]) Ein Verstoß gegen Art. 21 I 3 GG rechtfertigt für sich allein noch nicht ein Parteiverbot gem. Art. 21 II GG: BVerfGE 2, 1 (14, 46/47).

[54]) Kirchheimer, AöR 79, 324.

[55]) Daß daneben Art. 38 I 2 GG als Gewährleistung der Unabhängigkeit des Abgeordneten gegenüber anderen Einflüssen seine Bedeutung behält, ist oft und mit Recht hervorgehoben worden (z. B. O. Kirchheimer, AöR 79 S. 317 f).

[56]) Leibholz, Strukturwandel S. 30; 38. DJT S. C 18; vorsichtiger BVerfGE 2, 1 (72): „Diese beiden Vorschriften lassen sich theoretisch schwer in Einklang bringen . . ."

[57]) Ähnlich A. v. d. Heydte in seinem zur Vorbereitung des Berichts der Parteienrechtskommission erstatteten ungedruckten Gutachten: „Die Parteifreiheit und ihre Grenzen" (1957) S. 31.

Führungspositionen aufzunehmen. Von hier aus erweist sich Art. 38 I 2 GG als wirksame Sicherung der innerparteilichen Demokratie, damit der Möglichkeit innerparteilicher Fortentwicklung und damit als Garantie des Prozesses freier Willensbildung in der Demokratie[58]); darin liegt die heute entscheidende Bedeutung der Anerkennung des freien Mandats durch das Grundgesetz[59]). — Ähnliche Rückwirkungen ergeben sich auch aus der Struktur des Bundesstaates.

In den Zusammenhang des Problemkreises einer freiheitlichen inneren Ordnung der Parteien gehört schließlich die Frage, ob und inwieweit die Parteien im Verhältnis zu ihren Mitgliedern an die Grundrechte gebunden sind; dies freilich nur dann, wenn die Grundrechte nicht nur als individuelle negative Abwehrrechte gegen den Staat, sondern, wie hier, zugleich auch als Prinzipien der Begründung und Gewährleistung sachlich gerechtfertigter Gesamtordnung verstanden werden.

Die Problematik, um die es hier geht, ist nicht eine Frage der Geltung der Grundrechte im Privatrechtsverkehr, also eine Frage ihrer Drittwirkung[60]). Sie liegt vielmehr in unmittelbarer Nähe des Fragenkreises einer Geltung und Beschränkung der Grundrechte in „besonderen Gewaltverhältnissen". Denn ebenso wie bei den Institutionen der Schule, der Kirche, der Universität oder des öffentlichen Dienstes handelt es sich bei der Grundrechtsbindung der Parteien um die Frage einer sachlichen Zuordnung von verfassungsmäßig geordneten und gewährleisteten Lebensbereichen. Die Grundrechte und damit die von ihnen umschlossenen Grundverhältnisse persönlichen und sozialen, geistigen und politischen Lebens stehen gleichrangig neben jenen Bereichen und Lebensordnungen; die Verfassung gewährleistet sie beide, weil das Ganze mit dem Bestand und Leben b e i d e r Ordnungen zusammenhängt, weil beide sich gegenseitig bedingen. Die Grenze des einen Lebensbereiches und Lebensverhältnisses liegt jeweils dort, wo diese Grenze zur Bedingung der Möglichkeit des anderen Lebensverhältnisses wird[61]).

---

[58]) K i r c h h e i m e r, AöR 79, 310 f., 315 f.; S c h e u n e r, Recht, Staat, Wirtschaft III, S. 145; v. d. H e y d t e, Gutachten S. 31.

[59]) Zur Frage der Abhängigkeit des Abgeordneten von seiner Partei auch außerhalb der Wahlen vgl. insbes. die klärenden, sich von den üblichen Betrachtungen über den Fraktionszwang wohltuend abhebenden Bemerkungen A. v. d. H e y d t e s, Gutachten S. 32 ff.

[60]) So der B e r i c h t S. 160, der eine solche Drittwirkung verneint, aber das Parteiengesetz für ermächtigt hält, entsprechende Schutzvorschriften zu treffen.

[61]) H. Z w i r n e r, Politische Treupflicht des Beamten (Göttinger jur. Diss. 1956, MS), S. 247.

Von hier aus wird man eine Bindung der Parteien an die hier allein in Betracht kommenden politischen Freiheitsrechte und an den Gleichheitssatz nur bedingt annehmen dürfen. Das Wesen einer Partei als einer Gesinnungsgemeinschaft würde aufgehoben, wenn das einzelne Mitglied sich ihr gegenüber auf die Freiheit des weltanschaulichen Bekenntnisses berufen könnte. Mit dem Wesen einer Partei wäre es unvereinbar, wenn ihre Mitglieder sich unter Berufung auf die Vereinigungsfreiheit zu dissentierenden Sondergruppen innerhalb der Partei zusammenschließen könnten und unter Berufung auf Art. 8 GG Versammlungen dieser Gruppen veranstalteten. Dagegen läßt sich die Frage der Bindung an die Meinungsfreiheit nicht mit einem uneingeschränkten Ja oder Nein beantworten. Gewiß entspricht die freie Äußerung und Auseinandersetzung der Meinungen innerhalb der Partei ihrer Eigenart als Trägerin und Mittlerin eines freien Willensbildungsprozesses. Auf der anderen Seite steht sie wesensmäßig nicht unter dem Gebot einer schrankenlosen Toleranz. Man wird hier annehmen müssen, daß die Informationsfreiheit uneingeschränkt, die Meinungsfreiheit bis zur Beschlußfassung über eine Frage auch innerparteilich gewährleistet sind. Endlich steht auch eine Bindung an den Gleichheitssatz als ein Grundprinzip der Ordnung des sozialen Ganzen mit dem Wesen der politischen Partei nicht in Widerspruch[62]).

c) Wenn nach dem eben Gesagten der Grundsatz der Freiheit der Parteien nach außen dem Staat jede rechtliche Normierung verbietet, welche ihre verfassungsmäßigen Funktionen beeinträchtigen würde, wenn der Grundsatz der Freiheit der Parteien nach innen die zulässige Regelung dieser Funktionen auf ein Minimum beschränkt, so ergibt sich daraus die dritte in diesem Zusammenhang wesentliche Konsequenz: das Verbot jeder staatlich-institutionellen Verfestigung der Parteien, insbesondere das Verbot einer Einfügung der Parteien in die organisierte Staatlichkeit.

Die politischen Freiheitsrechte, Art. 21 I 2, 3 und Abs. II GG wollen, wie gezeigt, die Parteien als freie Gebilde erhalten. Die Pflicht zur finanziellen Rechenschaftslegung im Sinne des Art. 21 I 4 GG vermag für sich allein keine exakte institutionelle Bindung zu rechtfertigen. Um ihrer aufgegebenen Funktion willen tritt das Grundgesetz allen Versuchen, den bestehenden Parteien ein Monopol zu verschaffen[63]), allen Versuchungen,

---

[62]) Ähnlich: (Meinungsfreiheit und Gleichheitssatz als notwendiger Inhalt der Normierungen des Parteiengesetzes) Leibholz, 38. DJT S. C 23 f. und (für die Meinungsfreiheit, beschränkt auf Beratungen vor der Beschlußfassung über eine Frage) Rabus S. 182.

[63]) Forsthoff, Verfassungsrechtliche Stellung S. 12.

ihren Besitzstand zu sichern und damit jeglicher Tendenz einer Erstarrung des bestehenden Parteiensystems entgegen. Dieser Gedanke ist es vor allem, welcher dem Verbot einer Einfügung der Parteien in die organisierte Staatlichkeit zugrunde liegt.

Zwar legt der vorhin angedeutete Verlust an institutioneller Staatlichkeit den Gedanken nahe, daß das Grundgesetz jenen durch die Mitwirkung der Parteien entstandenen Verlust durch eine staatlich-institutionelle Anreicherung dieser Mitwirkung sozusagen kompensiert habe, oder daß es doch wenigstens eine derartige Kompensation zulasse. Aber beides ist nicht der Fall. Indem das Grundgesetz sich für einen freien Willensbildungsprozeß entscheidet, indem es jede staatlich-rechtliche Bindung der Parteien auf ein Minimum an Sicherung ihrer verfassungsmäßigen Funktion beschränkt, schließt es jede Einbeziehung der Parteien in den Bereich der institutionalisierten Herrschaftsgewalt aus und verbietet es dem Gesetzgeber, einen solchen Zustand in Vollzug des ihm durch Art. 21 III GG erteilten Regelungsauftrages herzustellen[64]). Denn freie Willensbildung und Einfügung der Parteien in die organisierte Staatlichkeit sind miteinander unvereinbar. Zum Wesen einer staatlichen Einrichtung gehören Bindung und Begrenzung: sie hat fest umrissene Zuständigkeiten in einem geregelten Verfahren und im Zusammenspiel mit anderen staatlichen Einrichtungen wahrzunehmen; sie unterliegt im Regelfalle der Kontrolle durch andere staatliche Einrichtungen; ihre Finanzgebarung wird haushaltsrechtlich erfaßt. Was hier in seiner rationalisierenden und beschränkenden Wirkung Grundbedingung staatlichen Verfassungslebens ist, wäre auf die Parteien übertragen die Aufhebung ihrer verfassungsmäßig vorausgesetzten Eigenart. Die spontane Bildung von politischen Meinungen und Anschauungen und deren Fortentwicklung, das freie Fluktuieren der politischen Kräfte, die Wirksamkeit politischer Führer, die Dynamik des politischen Lebens, dessen Träger die Parteien sind, gehören einem anderen Bereich an; sie sind dem Wesen der staatlichen Einrichtung durchaus entgegengesetzt und lassen sich nicht in ein rationales, planmäßig ablaufendes System bringen. Deshalb würde eine Einfügung in die organisierte Staatlichkeit den Parteien ihre Substanz nehmen. Sie würde das Inhaltliche dem Formalen und Technischen opfern, das im Gegensatz zur Tätigkeit staatlicher Einrichtungen hier keinen Ort hat. Sie würde zur Erstarrung und zur Sicherung eines status quo führen, wo Bewegung und

---

[64]) Vgl. auch (mit abweichender Begründung): Bericht S. 120; Nieders. StGH, Beschl. v. 28. 3. 58, Rechtsprechungsbeilage Nr. 6 zum Nieders. MBl. 1958 S. 28.

Fortschreiten notwendig aufgegeben sind. Sie würde die Eigengesetzlichkeit des Politischen ignorieren und daher unvermeidlich eine Kompensation im außerkonstitutionellen Bereich nach sich ziehen: die Verlagerung des Schwergewichts des politischen Lebens und der freien politischen Aktivität in die Interessenverbände[65]). Der Sinn der verfassungsmäßigen Inkorporation der Parteien wäre damit in sein Gegenteil verkehrt.

Es hat also sein Bewenden dabei, daß die politischen Parteien auch auf der Stufe ihrer nunmehrigen verfassungsmäßigen Inkorporation von dem Bereich der institutionalisierten staatlichen Herrschaftgewalt geschieden bleiben. Der durch ihre Mitwirkung bei der politischen Willensbildung eingetretene Verlust an institutionalisierter Staatlichkeit wird vom Grundgesetz nicht durch eine staatlich-institutionelle Verfestigung der Parteien ausgeglichen. Darin liegt gewiß ein Faktor der Labilität und ein Verlust an Rationalität. Aber zugleich nimmt die Verfassung damit das Prinzip des „irrationalen Spielraums" in sich auf, den sie nunmehr nicht weiter ignoriert, den sie auch nicht zu beseitigen versucht, sondern den sie dem Bereich des „rationalen Gefüges" der institutionalisierten Herrschaftsgewalt zuordnet. Darin, nicht in ihrer staatlich-rechtlichen Institutionalisierung, liegt der in diesem Zusammenhang wesentliche Sinn der verfassungsmäßigen Inkorporation der Parteien[66]).

---

[65]) K. D. Bracher, Die Auflösung der Weimarer Republik (2. Aufl. 1957) S. 67; Bericht S. 71. — Wenn diese Konsequenz bereits de lege lata gezogen und die Parteien funktionell, organisatorisch und soziologisch als Einrichtungen der von der Gesellschaft zu unterscheidenden staatlichen Herrschaftsapparatur angesehen werden (J. H. Kaiser, Die Repräsentation organisierter Interessen, 1956 S. 236 ff.), so ist hier die heutige verfassungsrechtliche Stellung der Parteien verkannt. Organisatorisch sind die Parteien gewiß nicht Teile der staatlichen Herrschaftsapparatur. Einer funktionellen Identifizierung steht Art. 21 GG entgegen, der nicht nur die Mitwirkung der Parteien an der institutionalisierten staatlichen Willensbildung betrifft. Daß schließlich eine soziologische Identifizierung nur bedingt möglich ist, gibt Kaiser selbst zu. Für die rechtliche Betrachtung handelt es sich dabei nicht um akzidentielle oder ephemere Besonderheiten, sondern sie wird gegenüber einer zweifellos vorhandenen Tendenz der Parteien, sich mit dem „Staat" zu identifizieren, gerade die Bedeutung des verfassungsrechtlichen Verbots einer Verbindung von Parteien und institutionalisiertem Staat hervorzukehren haben.

[66]) Die Parteien können daher nicht, wie dies von neuem auf der Konstanzer Tagung der Jungen Union im Juli 1958 in Erwägung gezogen worden ist, die Stellung einer Körperschaft des öffentlichen Rechts erhalten, jedenfalls dann, wenn das konstituierende Element dieses Begriffs in seinem Zusammenhang mit der mittelbaren Staatsverwaltung gesehen wird. Vollends wäre eine Regelung unzulässig, welche, wie der nicht zum Gesetz ge-

2. Wie die Funktion der politischen Parteien innerhalb des Prozesses freier Willensbildung eine verfassungsrechtliche Stellung der Freiheit, so bedingt das Prinzip der gleichen Chance der Minderheit im Konkurrenzkampf um die Legitimation zur politischen Führung einen Status der Gleichheit der Parteien. Freiheit und Gleichheit stehen hier in engem innerem Zusammenhang, insofern das Verbot jeglicher Einflußnahme auf Gründung, Bestand und Tätigkeit der politischen Parteien sich zugleich als Garantie ihrer gleichen Chance, die gleiche Chance sich als Sicherung ihrer Freiheit erweist.

a) Diese verfassungsrechtliche Stellung der Gleichheit bedeutet prinzipiell schematische Gleichheit; eine rechtliche Unterscheidung zwischen großen und kleinen, Regierungs- und Oppositionsparteien ist unzulässig. Das ist der Grundsatz, für den eine verfassungsrechtliche Vermutung spricht. Allen politischen Parteien im Rechtssinne des Begriffs kommt daher grundsätzlich der gleiche Status zu. Er darf von keinen anderen Voraussetzungen abhängig gemacht werden als denen, die das Grundgesetz für den Parteibegriff aufstellt. Alle politischen Parteien stehen im Genuß des Privilegs des Art. 21 II; alle politischen Parteien sind in gleicher Weise durch Art. 21 I 3 und 4 GG ver-

---

wordene Entwurf eines französischen Parteienstatuts von 1945, zwischen anerkannten Parteien und Parteien im Status einer öffentlichen Körperschaft (Etablissement Public) zu unterscheiden suchte, und dabei die Erlangung der Körperschaftsqualität von der Erfüllung bestimmter inhaltlicher Voraussetzungen abhängig machte. Der in Kreisen einzelner politischer Parteien mitunter ausgesprochene Wunsch nach einer Umkleidung der Parteien mit staatlicher Autorität, von der eine Stärkung des Ansehens und eine Überwindung der Abneigung der Bevölkerung gegen die Parteien und ihre Funktionäre erhofft wird, muß daher — von allen sonstigen Bedenken abgesehen — an der klaren Entscheidung des GG für die Freiheit der Parteien scheitern. — Die Abwehr institutioneller Verfestigung verbietet es aber auch, den Parteien den Charakter einer außerstaatlichen öffentlichen Körperschaft zuzuerkennen, wie er heute den Kirchen und wie er in der Zeit des nationalsozialistischen Regimes nach dem Gesetz über die Einheit von Partei und Staat — das gerade keine rechtliche Einheit von Partei und Staat begründete, sondern die Partei neben, wenn nicht über den Staat stellte — der NSDAP zukam. Der Begriff der öffentlichen Körperschaft mag zwar in Sonderfällen aus dem Zusammenhang der mittelbaren Staatsverwaltung gelöst werden. Aber er wird um jeden Sinn gebracht, wenn das die staatliche und außerstaatliche öffentliche Körperschaft verbindende Band der institutionellen Verfestigung zerschnitten wird. Den heutigen Parteien als freien politischen Gebilden die Körperschaftsqualität zuzuerkennen, würde daher — von allen praktischen Bedenken ganz abgesehen — einen wesensmäßigen Widerspruch bedeuten. Es bliebe nichts als eine verwirrende, den eigentlichen Tatbestand verdunkelnde und darum gefährliche Etikette.

pflichtet. Insoweit läßt der Status der Gleichheit keine besonderen Fragen entstehen.

Problematisch wird die gleiche verfassungsrechtliche Stellung dagegen in den Ausnahmefällen, in denen eine Differenzierung unerläßlich wird. Sie betreffen namentlich die Gestaltung des Wahlrechts, das Recht der Parteien auf Mitwirkung im Parlament, ihr Recht auf freie Werbung und die Finanzierung der Parteien.

Art und Grundlagen dieser Differenzierungen sind bekannt. Das geltende Wahlrecht des Bundes unterwirft Wahlkreisvorschläge und Landeslisten parlamentarisch bisher nicht vertretener Parteien erschwerten Zulassungsbedingungen (§§ 19 II, 28 I 2 BWG) und berücksichtigt bei der Zuteilung von Sitzen auf die Landeslisten nur solche Parteien, die mindestens 5 % der im Wahlgebiet abgegebenen Zweitstimmen oder in drei Wahlkreisen einen Sitz errungen haben (§ 6 IV 1 BWG). Die Geschäftsordnung des Deutschen Bundestages ermöglicht nur größeren Parteien die Bildung einer Fraktion und damit den Zugang zu den Parlamentsausschüssen (§§ 10 I, 60 I[67]). Das gleiche Recht auf Werbung wird namentlich bei der Zuteilung von Sendezeiten im Rundfunk aktuell, wo die kleinen Parteien offenbar nicht die gleichen Sendezeiten erhalten können wie die großen[68]). Und ähnliches gilt für eine unmittelbare oder mittelbare staatliche Finanzierung, bei der eine schematisch gleiche Zuteilung die kleinen Parteien bevorzugen, jede Differenzierung aber unvermeidlich zu einem Konflikt mit dem Prinzip der gleichen Chance führen würde[69]).

Läßt sich hier eine Gleichheit überhaupt nicht verwirklichen, so würde eine schematische Gleichstellung dort die Funktionsfähigkeit des Parlaments gefährden. Die entscheidende Frage ist, ob es Gesichtspunkte gibt, welche Ausnahmen solcher Art

---

[67]) Den Abgeordneten der kleineren Parteien bleibt freilich die Möglichkeit zum Zusammenschluß oder zum Anschluß an die Fraktion einer größeren Partei.

[68]) Vgl. dazu BVerfGE 7, 99 (108). Die Entscheidung wirft die gleiche Problematik auf wie die staatliche Finanzierung der Parteien; vgl. die folgende Anm.

[69]) Eine nach der Stimmenzahl bei der letzten Wahl abgestufte Berücksichtigung würde eine Prämie auf den Besitz der politischen Macht bedeuten und damit gerade die gleiche Chance zur Erringung der politischen Macht in Frage stellen. Deshalb enthält dieser Maßstab nicht ohne weiteres einen sachgerechten Gradmesser, wie dies neuerdings wieder angenommen worden ist (L. Meyer-Arndt, Verfassungsrechtliche Fragen der mittelbaren Staatsfinanzierung politischer Parteien, DÖV 1958, 886). Zu der Gesamtproblematik vgl. Bericht S. 212 ff.; Meyer-Arndt, DÖV 1958, 885 ff.

rechtfertigen oder gar notwendig machen[70]). Ein solcher Gesichtspunkt ergibt sich aus folgender Erwägung:

Wenn für den Status der politischen Parteien ihre Funktion innerhalb der politischen Ordnung maßgebend ist, so muß ein Gleiches für etwaige Modifikationen ihrer Stellung gelten. Denn bei den rechtlichen Gewährleistungen und Normierungen dieser Stellung geht es nicht um eine abstrakte Rechtsstellung, sondern um die hinter dem besonderen Status der Parteien stehende, das Gesamtleben tragende und bestimmende Wirklichkeit. Die wirkliche Bedeutung der großen Parteien für die politische Willensbildung ist jedoch ungleich größer als die der kleinen und kleinsten Parteien, deren Bedeutung für die politische Willensbildung zunächst nur eine potentielle ist. Ein Maßstab der Differenzierung, der die Parteien danach beurteilt, ob sie sich im politischen Leben in einem gewissen Maße durchgesetzt haben, wird daher schwerlich als nicht sachgemäß angesehen werden können. Es mag sein, daß dadurch ein retardierendes Element in die freie Fortentwicklung der politischen Ideen und Anschauungen gebracht wird. Aber diese Erschwerung hat zugleich die Wirkung, daß kurzlebige Zufallsbildungen nicht künstlich emporgezüchtet werden. Es wird auf diese Weise der Zug zu einem System mit wenigen Parteien verstärkt, das die politische Willensbildung vereinfacht, sie durchsichtiger macht und klare Verantwortlichkeit ermöglicht[71]). In den hier in Frage stehenden Richtungen gewährleistet daher eine proportionale Gleichheit unter dem Gesichtspunkt der tatsächlichen Durchsetzung im politischen Leben die in der Demokratie vorausgesetzte Funktion der Parteien besser als ein starres Festhalten an dem Prinzip schematischer Gleichheit; dadurch erfährt sie ihre Rechtfertigung.

b) Mit diesen Gewährleistungen der gleichen Stellung der Parteien gegenüber dem Staat ist freilich noch nicht ihre tatsächlich gleiche Chance garantiert. Solange sie über ungleich hohe finan-

---

[70]) Das BVerfG beurteilt die Zulässigkeit von Differenzierungen bekanntlich nach der Natur des jeweils in Frage stehenden Sachverhalts; es hat die Differenzierungen der Wahlgesetze für mit der Natur des Sachbereichs „Wahl der Volksvertretung" vereinbar erklärt (vgl. BVerfGE 1, 208 [248 ff.]; 3, 19 [26 ff.]; 3, 383 [393 ff.]; 4, 31 [39 ff.]; 4, 375 [382 f.]; 5, 77 [83 f.]; 6, 84 [90 ff.]). Das ist im Hinblick auf die Chancengleichheit der Parteien nur bedingt zu billigen, weil der hier in Frage stehende Sachbereich sich nicht ohne weiteres mit dem der Wahlrechtsgleichheit deckt.

[71]) Das Bestreben, möglichst viele Wählerstimmen zu gewinnen, bedeutet zudem die Notwendigkeit, einem breiten Spielraum unterschiedlicher Interessen in der Partei Ausdruck zu geben. Die große Partei wird dadurch vor die Aufgabe gestellt, diese Interessen und Gegensätze bereits in sich auszugleichen. Sie vermag deshalb ihre Funktion auch im Bereich der Vorformung des politischen Willens besser zu erfüllen als die kleinere Partei.

zielle Mittel verfügen, solange namentlich Verbände oder andere Einrichtungen unterschiedlich hohe eigene Mittel zur Werbung für eine Partei einsetzen[72]), werden die Parteien ihre Werbung mit ungleichem Aufwand und Erfolg betreiben können. Das Grundgesetz versucht hier eine Teillösung durch die Vorschrift des Art. 21 I 4, nach dem die Parteien über die Herkunft ihrer Mittel öffentlich Rechenschaft zu geben haben. So ernst der Sinn dieser normativen Regelung genommen werden muß, so wenig dürfte sie die tatsächliche Herstellung gleicher Chancen ermöglichen. Ähnliches hätte für eine Beschränkung der Wahlausgaben zu gelten, wie sie in England durchgeführt[73]) und offenbar im ganzen auch eingehalten wird[74]). Selbst eine Ersetzung der freien Finanzierung der Parteien oder wenigstens ihrer Wahlausgaben durch eine ausschließliche staatliche Finanzierung würde, von dem schon erwähnten Bedenken des fehlenden Maßstabs hier abgesehen, die von anderen Organisationen und Einrichtungen geleistete Hilfe nicht ausschalten können. Bei den Formen illegitimer, die Freiheit der Parteien gefährdender Einflußnahme, die sich wie gezeigt der rechtlichen Einflußnahme ebenfalls entziehen, kann und muß die Abwehr den Parteien selbst anvertraut werden. In der Frage der gleichen Chance ist ein solcher Appell nicht möglich; hier ist es das gute Recht der Parteien, jeden sich bietenden Vorteil wahrzunehmen. So bleibt die gleiche Chance der Parteien notwendig unvollkommen, eine Lage, für die es keine andere Rechtfertigung gibt als die des geringeren Übels: Die Freigabe einer Mehrzahl von notwendig ungleich intensiven gesellschaftlichen Kräften enthält immerhin die Chance eines gewissen Gleichgewichts; als Alternative bietet sich nur das Monopol einer Staatspartei.

3. Die Verfassungsfunktion der politischen Parteien bedingt endlich einen Status der Öffentlichkeit. Wenn das Grundgesetz die Parteien in das Verfassungsgefüge inkorporiert und ihnen wesentliche Aufgaben innerhalb des Verfassungslebens zuweist, so hebt es die Stellung der Parteien deutlich von der des privaten Vereins ab, eben weil ein Verein die Anforderungen einer besonderen Struktur und Wirksamkeit nicht zu erfüllen braucht, welche die Funktion der Parteien voraussetzt. Dieser Unterschied schließt für die Parteien den allgemeinen Vereinsstatus aus. Wenn das Grundgesetz auf der anderen Seite jede Ein-

---

[72]) Dazu Bericht S. 204.

[73]) Representation of the People Act 1949 12 & 13 Geo 6 CH. 68 ss. 60—78.

[74]) Über die Schwierigkeiten einer praktischen Durchführung unter deutschen Verhältnissen vgl. Bericht S. 211.

fügung der Parteien in die organisierte Staatlichkeit verbietet, so kann den Parteien nicht der Status einer diesem Bereich zugehörigen staatlichen Einrichtung zukommen. Die verfassungsrechtliche Stellung der Parteien läßt sich also mit den hergebrachten Kategorien nicht sachgemäß erfassen.

a) Es ist im Grunde nur eine Bestätigung dieses Vakuums, wenn die Parteien heute vorsichtig und schwerlich erhellend als „anerkannte Bestandteile"[75]), als „Einrichtung" des Verfassungslebens[76]) oder als „Teilnehmer am Verfassungsleben"[77]) qualifiziert werden. Unklar ist insbesondere der vom Bundesverfassungsgericht zur Kenzeichnung der rechtlichen Stellung der Parteien verwendete Begriff des „Verfassungsorgans"[78]), der keinen Sinn ergibt, weil die Verfassung keine Organe haben kann — ganz abgesehen von der Problematik des Organbegriffs in seiner Anwendung auf politische Parteien. Auch die Analogie zu der verwaltungsrechtlichen Figur des „beliehenen Unternehmers" kann die besondere Stellung der Parteien nicht zum Ausdruck bringen[79]). Und nur ein technischer Notbehelf ist es schließlich, wenn versucht wird, die verfassungsrechtliche Stellung der Parteien im Sinne eines singulären Mischstatus zu qualifizieren. Danach käme den Parteien grundsätzlich der allgemeine vereinsrechtliche Status des Art. 9 GG zu, der jedoch, soweit sie an der politischen Willensbildung teilnehmen, durch den Sonderstatus des Art. 21 GG überlagert wird[80]). So sehr eine solche Aufgliederung in einzelnen Fällen, wie z. B. der Klagebefugnis der Parteien in Streitigkeiten vor dem Bundesverfassungsgericht, zu befriedigenden praktischen Ergebnissen führen kann[81]), so unvollkommen muß sie in anderen Fällen bleiben. So ist das Recht des eingetragenen Vereins auf die Par-

---

[75]) Bericht S. 71.

[76]) Bericht S. 155.

[77]) Bericht S. 111; eine Übersicht über weitere Bestimmungsversuche, die alle auf der gleichen Ebene liegen, bei v. Mangoldt-Klein Anm. II 5 zu Art. 21 GG.

[78]) BVerfGE 4, 27 (30). Zu welchen Mißverständnissen dieser Begriff in seiner Anwendung auf Parteien Anlaß geben kann, zeigen die zustimmenden Bemerkungen F. Gieses (AöR 80 [1955/56] S. 377 ff.) und die kritischen E. Forsthoffs (DÖV 1956, 513), die aus dem Begriff des „Verfassungsorgans" den Schluß ziehen, daß hier die Parteien verstaatlicht würden, was das BVerfG wohl gerade vermeiden wollte; vgl. auch Seifert DÖV 1956, 2.

[79]) Chr. F. Menger, AöR 78 (1952/53) S. 161; Seifert, DÖV 1956, 2 f.; dazu mit Recht kritisch: U. Scheuner, DÖV 1958, 642.

[80]) Bericht S. 111 f., 158 f.; vgl. auch Nieders. StGH aaO. S. 28; Seifert, DÖV 1956, 5.

[81]) Vgl. einerseits BVerfGE 4, 27 (30), anderseits BVerfGE 7, 99 (103 f.).

teien nur bedingt anwendbar[82]). Und vollends lassen sich auf dieser Grundlage zwischenparteiliche Vereinbarungen, etwa ein Koalitionsvertrag oder eine Fusionsvereinbarung, und das autonome Recht der Parteien nicht sicher dem einen oder anderen Bereich zuordnen. Bereits daran zeigt sich, daß auch die Annahme eines aus verfassungs- und bürgerlichrechtlichen Elementen gemischten Status die Rechtsstellung der Parteien nicht sachlich adäquat zum Ausdruck bringt[83]).

b) Dieses Versagen beruht letztlich darauf, daß der Gegenwart ein tragfähiger Begriff des Öffentlichen und des öffentlichen Rechts fehlt; die Rechtswissenschaft hat hier im Zeichen des juristischen Positivismus die Verbindung zu einer gewandelten Wirklichkeit wie zu einer gewandelten Verfassungslage verloren und steht im Grundsätzlichen wie im Einzelnen vor weithin noch offenen Problemen.

Die Richtung, in der eine Antwort zu suchen ist, ergibt sich aus dem am Eingang Gesagten: Der Begriff des Öffentlichen läßt sich als ein Rechtsbegriff weder rein normativ-formalistisch, noch dezisionistisch, noch unter Verzicht auf jedes normative Element rein vom Faktischen her bestimmen[84]); er muß in seiner Sinn- und Wertbezogenheit wie in seiner Bedingtheit durch den Wandel der geschichtlichen Gegebenheiten zugleich gesehen werden. Rudolf S m e n d hat uns gezeigt, welche Bedeutungsschichten in dem so verstandenen Öffentlichkeitsbegriff enthalten sind: das Moment des Offenbarseins, der Zugänglichkeit zu den Bereichen von allgemeinem Interesse, Öffentlichkeit als Selbstzweck; das über diesen immanenten Sinn hinausweisende Moment der Öffentlichkeit als Lebenselement heutiger

---

[82]) Vgl. z. B. die in ihrer Verfassungsmäßigkeit freilich ohnehin problematische Vorschrift des § 43, ferner §§ 61—63, 72 BGB. — Noch größer werden die Schwierigkeiten bei der Form des nichtrechtsfähigen Vereins. Welch künstliche Konstruktionen hier notwendig werden, um zu sachgerechten Ergebnissen zu gelangen, belegt anschaulich das Urteil des OLG Frankfurt NJW 1952, 792 ff.

[83]) Ähnliches hat für eine Qualifizierung der Parteien als „teilrechtsfähige Verbände des öffentlichen Rechts" zu gelten (O. B a c h o f, Teilrechtsfähige Verbände des öffentlichen Rechts, AöR 83 [1958] S. 274 Anm. 88). Wenn die Parteien sich hier in derselben rechtlichen Stellung finden, wie z. B. die technischen Ausschüsse nach § 24 GewO, aber auch die Gewerkschaften, so zeigt das bereits, daß eine solche Einordnung den besonderen sachlichen Status der Parteien kaum zum Ausdruck bringen kann. Sie läßt im besonderen den ausschlaggebenden sachlichen Unterschied nicht sichtbar werden, der darin besteht, daß der öffentliche Status der Parteien ein Status außerhalb des Bereichs organisierter Staatlichkeit ist.

[84]) Dazu auch A. K ö t t g e n, Kirche im Spiegel deutscher Staatsverfassung der Nachkriegszeit, DVBl. 1952, 488.

Staatlichkeit; und schließlich die den Begriff vom Faktischen zum Normativen erhebende Bedeutung des Öffentlichen als Bezeichnung des eigentlichsten aufgegebenen Wesens moderner Staatlichkeit[85]).

Enthält danach der Rechtsbegriff des Öffentlichen „eines der wichtigsten Momente neuzeitlicher konstitutioneller Staatlichkeit"[86]), so erscheint es allerdings nötig, noch ein wesentliches, mit jener zweiten und dritten Bedeutungsschicht notwendig verbundenes Element des Begriffs hervorzuheben: das Moment der Verantwortlichkeit. In einer freiheitlich-rechtsstaatlichen Ordnung wie der des Grundgesetzes kann „öffentlich" im Sinne einer Teilhabe an den Legitimitätsprinzipien, als Bezeichnung des aufgegebenen Wesens jener Ordnung nicht ohne dieses Moment gedacht werden. Die Verfassung kennt keine Macht ohne Verantwortlichkeit. Unverantwortlichkeit und Freiheit zur Willkür kann ein wesentliches Element des Privaten sein; dem Bereich des Öffentlichen sind sie in einer freiheitlich-rechtsstaatlichen Ordnung notwendig wesensfremd. „Öffentliches" Wirken im Rechtssinne des Begriffs ist daher nicht schon jedes Wirken, das sich an die Adresse der Allgemeinheit, an die „in der Demokratie letzte, nicht organisierte Instanz der Öffentlichkeit"[87]) wendet, sondern es setzt voraus, daß es in Wahrnehmung einer aufgegebenen Verantwortung und um dieser Verantwortung willen geschieht, und daß bestimmte Personen oder Institutionen für dieses Wirken verantwortend einzustehen haben[88]).

Dieser — von staatlicher Bestimmung und Entscheidung[89]) notwendig unabhängige — Rechtsbegriff des Öffentlichen läßt es nicht zu, dem Bereich der öffentlichen Meinung, der Massenbeeinflussungsmittel, der Geltendmachung organisierter Interessen in toto Öffentlichkeitscharakter zuzuerkennen[90]). Damit

---

[85]) Zum Problem des öffentlichen und der Öffentlichkeit in: Forschungen und Berichte aus dem öffentlichen Recht, Gedächtnisschrift für Walter Jellinek (1955) S. 13 ff.

[86]) R. Smend, aaO. S. 20.

[87]) R. Smend, aaO. S. 16.

[88]) Auf diesen Zusammenhang hat am Beispiel der öffentlichen Meinung mit großem Recht W. Hennis (Meinungsforschung S. 22) aufmerksam gemacht.

[89]) E. Forsthoff, Die öffentliche Körperschaft im Bundesstaat (1931) S. 17 f.

[90]) Das wäre ein Schritt, der schon mehrfach getan ist: J. H. Kaiser S. 355 ff.; H. Krüger, Die Stellung der Interessenverbände in der Verfassungswirklichkeit, NJW 1956, 1220; offenbar auch U. Scheuner, DÖV 1958, 642 f. — Nicht mit der Stellung der Interessenverbände zu vergleichen ist die der Kirchen. Ihr Status ist kraft des ihnen und ihrem Wirken eigenen Charakters ein öffentlicher; in und gegenüber dem Staat und seiner Rechts-

würde der Begriff in den Bereich der bloßen Faktizität verwiesen. Soziale oder politische Macht als solche begründen noch keinen Öffentlichkeitsstatus des Inhabers dieser Macht. Die Zugehörigkeit zum Bereich des Öffentlichen setzt vielmehr voraus, daß der Träger der Öffentlichkeit an den Legitimitätsprinzipien der Gesamtordnung teilhat, daß sein Wirken sich nicht nur an die Allgemeinheit wendet, sondern daß er der Allgemeinheit auch Einsicht in die Vorgänge gewährt, welche dieses Wirken hervorbringen, daß er vor allem in Wahrnehmung einer aufgegebenen Verantwortung und in realisierbarer Verantwortlichkeit tätig wird. Man könnte für einzelne Verbände und Institutionen jenes Bereichs an einen je nach dem Grad der Erfüllung dieser Voraussetzungen abgestuften öffentlichen Status denken[91]). Ein rechtlicher Öffentlichkeitsstatus schlechthin kommt ihnen nicht zu, solange es an dem wesentlichen Merkmal realisierbarer Verantwortlichkeit fehlt[92]). Alles andere hieße die öffentliche Ordnung als eine rechtliche Ordnung der Gefahr

---

ordnung freilich setzt der Öffentlichkeitsstatus der Kirchen die Anerkennung des Staates voraus und beruht er auf dieser Anerkennung (K. Hesse, Rechtsschutz S. 59, 60, 67).

[91]) Wie er bereits in der Beteiligung von Verbänden an der Wahrnehmung öffentlicher Aufgaben und ihrer Mitwirkung in Ausschüssen und leitenden Gremien namentlich im Bereich der mittelbaren Staatsverwaltung sichtbaren Ausdruck findet. Zum Öffentlichkeitsanspruch der Gewerkschaften vgl. etwa Th. Pirker, Die Gewerkschaft als politische Organisation, Gewerkschaftliche Monatshefte 1952 S. 76 ff.; anderseits jedoch (notwendig privatrechtlicher Status): U. Brisch, Die Rechtsstellung der deutschen Gewerkschaften (1951) S. 58 ff. — Wieviel Vorsicht gegenüber einer totalen Einbeziehung geboten ist, macht H. Krüger aaO. selbst deutlich, wenn er (S. 1220 f.) darauf hinweist, daß die Einfügung in den Bereich des Öffentlichen den Verzicht der Verbände auf die Mittel des sozialen Kampfes — insbesondere den Streik — notwendig mache. — Damit werden die Verbände um einen guten Teil ihres eigentlichen und verfassungsmäßig vorausgesetzten Wesens gebracht.

[92]) Damit wird ihre von H. Krüger (NJW 1956, 1217 ff.) mit Recht hervorgehobene Bedeutung für die Gesamtordnung nicht geleugnet. H. Krügers Umkehrschluß (aaO. S. 1220), daß überall dort, wo sich das Volk jedenfalls unter irdischen Gesichtspunkten organisiere, etwas vom Staat sei, hebt indessen die Scheidung von privatem und öffentlichem Bereich praktisch auf. Auch im Staat der Selbstorganisation der Industriegesellschaft gibt es eine private Sphäre. Diese ist jedoch nicht mehr als ausgeklammerter Bereich zu denken, sondern als in die Gesamtordnung eingefügter und gerade in ihrer besonderen Eigenart für die Gesamtordnung wesentlicher Sachbereich. Deshalb ist die bürgerliche Freiheit und sind privatrechtliche Institute wie Ehe, Familie, Eigentum verfassungsrechtlich garantiert. Und deshalb werden Bestand und Wirken der Verbände — auch wenn ihnen ein rechtlich öffentlicher Status nicht zukommt — von der Verfassung in Art. 9 doch gewährleistet und positiv bewertet.

maß- und gestaltloser Willkür ausliefern und den Sinn aufgegebener Gesamtordnung ignorieren.

Diese notgedrungen nur skizzenhaften und vorläufigen Überlegungen können hier nicht weiter verfolgt werden. Sie machen jedoch deutlich, daß den politischen Parteien ein rechtlich öffentlicher Status zukommt. Die Parteien sind wesentliche Elemente der Konstituierung und Erhaltung der Gesamtordnung. Ihnen kommt Öffentlichkeitscharakter zu, weil und soweit sie an der Legitimität der Gesamtordnung teilhaben, weshalb Parteien, die nicht auf dem Boden jener Grundlagen stehen, nach Art. 21 II GG verboten werden können. Das Wirken der Parteien hat Öffentlichkeitscharakter, weil es sich in Wahrnehmung eines verfassungsmäßigen Auftrages an die Allgemeinheit wendet, und weil sie verfassungsmäßig verpflichtet sind, der Allgemeinheit Einsicht in die Kräfte und Vorgänge zu geben, welche dieses Wirken hervorbringen — hier liegt der verfassungsrechtliche Sinn der durch Art. 21 I 4 GG begründeten Pflicht zur finanziellen Rechenschaftslegung. Die Stellung der Parteien ist eine öffentliche, weil sie eine verfassungsmäßig aufgegebene Verantwortung für das Ganze wahrzunehmen haben und ihre Verantwortlichkeit bei den Wahlen realisiert werden kann. Vor allem hier liegt der entscheidende, mit großem Recht hervorgehobene Unterschied zwischen Parteien und Verbänden, der für die Unterschiedlichkeit der verfassungsrechtlichen Stellung von ausschlaggebender Bedeutung ist[93]).

Die politischen Parteien haben also von Verfassungs wegen einen voll ausgeprägten öffentlichen Status. Das bedeutet, daß ihre Rechtsstellung insgesamt, nicht nur in Teilen, eine solche des öffentlichen Rechts ist. Sie leben nach öffentlichem Recht als dem Recht öffentlicher Sachbereiche, dem Recht sachlicher Ordnung und Zuordnung derjenigen Lebensverhältnisse und Lebensformen, deren Gegenstand, deren Inhalt und deren Bestimmung nach den Worten Friedrich Julius Stahls in der „Einigung zu einem Gesamtzustand" besteht[94]). Denn darin, nicht in formalen Willens- und Herrschaftskategorien liegt das aufgegebene Wesen moderner Staatlichkeit und damit das Sinnprinzip des öffentlichen Rechts[95]). Das Wesen des Rechts ist verkannt, wenn es einseitig auf das voluntative Moment redu-

---

[93]) Kaiser S. 242; Bericht S. 137; v. d. Heydte, Freiheit der Parteien S. 472 f.; vgl. dazu auch Ehmke S. 112 f.; Scheuner, Recht, Staat, Wirtschaft III S. 143.

[94]) Philosophie des Rechts II, 1 (3. Aufl. 1854) S. 302.

[95]) Zur Ablösung des Willensdogmas im Privatrecht: F. Wieacker, Das Sozialmodell der klassischen Privatrechtsgesetzbücher und die Entwicklung der modernen Gesellschaft (1953) S. 5 f., 17 ff., insbes. S. 20.

ziert wird, weil hier die Bedingtheiten seiner Geltung und die Grundlagen seiner Lebens- und Wirkungskraft nicht gesehen werden. Und ebenso ist das Wesen des Staates verkannt, wenn er als vorgegebenes Willens- und Herrschaftssubjekt verstanden wird. Solange dies noch keine Fiktion war, mochte öffentliches Recht noch als System von Willensbeziehungen zwischen dem mit Herrschergewalt ausgerüsteten Gemeinwesen und gleich- und untergeordneten Willenssubjekten gedeutet werden können[96]). Sobald der Staat jedoch den Charakter eines eindeutig vorgegebenen Herrschafts- und Willenssubjekts verliert und die Konstituierung dieses Subjekts und darin des Staates selbst zur entscheidenden Aufgabe wird, sobald der Staat zum Sozialstaat wird, tritt die einheitsbildende Zusammenordnung der in ihm lebendigen Kräfte und Strömungen und die Wahrnehmung sachlicher Ordnungsaufgaben — die nur zu einem geringen Teil durch die Inanspruchnahme obrigkeitlicher Herrschaftsgewalt erfüllt werden[97]) — in den Vordergrund. Dies ist aber die Situation des modernen Staates.

Die Parteien leben nach öffentlichem Recht. Angesichts der dargelegten Besonderheit des Sachbereichs „Parteiwesen", insbesondere des Verbotes jeder staatlich institutionellen Verfestigung, wird ihre Gewalt damit allerdings nicht ohne weiteres zur „öffentlichen Gewalt", werden ihre Ämter nicht zu „öffentlichen Ämtern", ihre Dienststellen nicht zu Behörden im technischen Sinne dieser Begriffe. Wohl aber ist es, um nur einige Beispiele zu nennen, ausgeschlossen, sie für den Erwerb der Rechtsfähigkeit auf das private Vereins- und Gesellschaftsrecht zu verweisen; hier wird das nach Art. 21 III GG zu schaffende Parteiengesetz eine die Freiheit der Parteien nicht verletzende Form des Erwerbs der Rechtsfähigkeit zu schaffen haben. Parteistatuten sind nicht private Vereinssatzungen; Vereinbarungen zwischen den Parteien sind, gleichgültig, ob sie sich auf die politische Willensbildung beziehen oder nicht, nicht, wie man gemeint hat, Verfassungsrecht[98]), sie sind auch nicht bürgerlichrechtliche Verträge, sondern sie gehören eben jenem besonderen öffentlichen Rechtsbereich an. Art. 21 GG ist deshalb entgegen der herrschenden Meinung nicht Spezialnorm zu Art. 9, sondern er normiert ein aliud.

Die verfassungsrechtliche Stellung der Parteien im modernen Staat läßt sich infolgedessen nur als ein singulärer öffentlich-

---

[96]) G. Jellinek, Allgemeine Staatslehre (3. Aufl. 1921) S. 386.

[97]) Dazu schon A. Köttgen, Die erwerbswirtschaftliche Betätigung der öffentlichen Hand und das öffentliche Recht (1928) S. 9 f.

[98]) H. Liermann, Über die rechtliche Natur der Vereinbarungen politischer Parteien untereinander, AöR NF 11 (1926) S. 411.

rechtlicher Status begreifen. Sie kann und braucht nicht durch Begriffe, die anderen Sachbereichen angehören, umschrieben zu werden. Der Begriff der politischen Partei als Bezeichnung der Inhaber dieser Stellung und ihrer das Gesamtleben tragenden und bestimmenden Wirklichkeit ist ein Rechtsbegriff, ebenso wie der des Vereins, der Aktiengesellschaft oder der Körperschaft des öffentlichen Rechts als Bezeichnungen der hinter diesen Begriffen stehenden rechtlich geordneten Wirklichkeit.

4. Politische Parteien: das bedeutet nach dem Grundgesetz in dem jeweils dargelegten Sinne einen Status der Freiheit, einen Status der Gleichheit und einen Status der Öffentlichkeit — nicht im Sinne der rechtlichen Privilegierung einer faktischen politischen Machtstellung, auch nicht als Folge der Bedeutung der Parteien für das Verfassungsleben, sondern als Voraussetzung ihrer aufgegebenen Funktion in der Demokratie. Darum ist die verfassungsrechtliche Stellung der Parteien in gleicher Weise und in gleichem Umfang grundgesetzlich gewährleistet wie die Demokratie selbst. Man kann nicht eine bestimmte Staatsform gewährleisten ohne die konstituierenden Elemente dieser Staatsform mitzugarantieren. Demokratie als Staatsform der Herrschaft für das Volk, der gleichen Chance der Minderheit einmal zur Mehrheit zu werden, als Staatsform eines freien und offenen politischen Willensbildungsprozesses setzt den Bestand der Parteien, ihre Mitwirkung bei der politischen Willensbildung, das Mehrparteiensystem, den freien, gleichen und öffentlichen Status der Parteien voraus. Insoweit sind Bestand und rechtliche Stellung der Parteien durch Art. 79 III GG jedem Eingriff selbst des verfassungsändernden Gesetzgebers entzogen. Positivrechtlich gewendet: Art. 21 I 1 und 2 und zumindest der Wesensgehalt derjenigen Grundrechte, welche die gleiche Chance der Minderheit und den freien politischen Willensbildungsprozeß gewährleisten, haben an der Bestandsgarantie des Art. 79 III GG teil[99]). —

Ich bin damit am Ende und bin mir bewußt, daß ich mit dem, was ich gesagt habe, nicht nur Ihre Geduld übermäßig in Anspruch genommen, sondern auch — vielleicht berechtigte — Skepsis geweckt habe. Vieles konnte nur angedeutet werden, vieles bedarf der vertiefenden Durchdringung, manches sicher der Korrektur. Gegenüber dem Einwand der Harmonisierung unvereinbarer Gegensätze oder der Verharmlosung der Herrschaft und des Kampfes der Oligarchien und Bürokratien allerdings möchte ich eines zu bedenken geben: Eine Staatsrechtswissenschaft, die sich darauf beschränkt, bestehende Fakten zu

[99]) Vgl. auch H. Ehmke, S. 103 ff., 136 f.; für das Mehrparteiensystem auch Grewe, Festgabe f. Kaufmann S. 68.

legitimieren oder die sich damit begnügt, Widersprüche zwischen rechtlicher Normierung und Wirklichkeit zu konstatieren, schafft selbst ein Faktum, das notwendig die Macht der Fakten verstärkt. Ohne die Normativität des Rechts bleibt im modernen Staat nur der pluralistische Kampf aller gegen alle, der Ausgleich der Interessen und, wo dieser nicht möglich ist, die Entscheidung durch den Mächtigsten. Die Labilität eines solchen Zustandes liegt auf der Hand. Die staatliche Ordnung und der Staat selbst werden in genau dem Maße stark und gefestigt sein, in dem die Normativität des öffentlichen Rechts, welche immer erneut die „Einigung zu einem Gesamtzustand" aufgibt, lebendige Kraft entfaltet.

Leitsätze des Berichterstatters über: Die verfassungsrechtliche Stellung der politischen Parteien im modernen Staat

I.

Der Gegenstand des Berichtes nötigt dazu, die Vorfrage nach der normativen Kraft des Verfassungsrechts und der Aufgabe staatsrechtlicher Betrachtung zu stellen.

1. *Der Geltungsanspruch einer Verfassungsnorm läßt sich nicht von den geschichtlichen Bedingungen seiner Realisierung ablösen, ist mit diesen Bedingungen aber auch nicht identisch. Aus dieser Bedingtheit ergeben sich die Möglichkeiten und Grenzen der normierenden Kraft der Verfassung. Die verfassungsrechtliche Normierung vermag zu wirken, wenn sie sich mit den gegebenen spontanen Kräften und lebendigen Tendenzen der Zeit verbindet, diese Kräfte zur Entfaltung bringt und einander sachlich zuordnet. Je mehr dabei der Gedanke der Unverbrüchlichkeit der Verfassung vom allgemeinen Bewußtsein und dem Bewußtsein der für das Verfassungsleben Verantwortlichen getragen wird, desto eher vermag die normierende Kraft der Verfassung sich auch gegenüber einer widerstrebenden Wirklichkeit durchzusetzen. Die normierende Kraft der Verfassung ist daher keine feststehende Größe.*

2. *Der Zusammenhang von Normativität und Wirklichkeitsbezogenheit im Recht verbietet es der staatsrechtlichen Betrachtung, die Bedingtheit der Normativität zu vernachlässigen; ebensowenig darf sie jedoch über die Normativität der Verfassung hinweggehen oder ihr eine sekundäre Rolle zuweisen. Der Richtpunkt, unter dem sie ihre Dogmatik zu entwickeln und die Verfassung auszulegen hat, ist die normierende Kraft der Verfassung. Diejenige Interpretation ist die gebotene, die unter den konkreten Bedingungen der gegebenen Sachlage den Sinn der normativen Regelung optimal verwirklicht.*

3. *Eine Untersuchung der verfassungsrechtlichen Stellung der Parteien hat daher die rechtliche Normierung und die Wirklichkeit des Parteiwesens in ihrem inneren Zusammenhang ins Auge zu fassen. Dabei muß die grundgesetzliche Normierung der Funktion der Parteien den Ausgangspunkt bilden.*

Angesichts der besonderen Eigengesetzlichkeit des Gegenstandes ist — um der normierenden Kraft der Verfassung willen — eine zurückhaltende Auslegung der gegebenen rechtlichen Normen geboten.

II.

1. *Die Tragweite des Art. 21 GG wird nur vor dem Hintergrund der Entscheidung des GG für eine demokratische Ordnung sichtbar.*

   a) Mit dieser Entscheidung bezieht das GG die Grundwerte der Demokratie: Legitimierung am Volk, Gleichheit und Freiheit auf die Wirklichkeit und konstituiert damit eine sachliche Ordnung konkreter Lebensverhältnisse und Lebensformen als Sinn und Grundlage staatlicher Existenz. Deshalb läßt sich das Wesen seiner politischen Ordnung nicht von den fiktiven Voraussetzungen einer vorgegebenen Einheit des Volkes, eines einheitlichen Volkswillens und der Vorstellung eines dem Volke gegenüberstehenden substanzhaft verkörperten Staates, sondern nur von zwei Grundeinsichten her erkennen: der Einsicht in die reale Unterschiedlichkeit der Meinungen, Interessen und Bestrebungen innerhalb des Volkes und der Einsicht in die wesensmäßige Ungeformtheit und Formungsbedürftigkeit des pluralistisch aufgespaltenen Volkswillens.

   b) Zur Grundvoraussetzung heutiger staatlicher Ordnung wird dieser Tatbestand einerseits durch die Entwicklung des Staates zum Sozialstaat, anderseits durch seine Entwicklung zu einer Form der Selbstorganisation der modernen Industriegesellschaft. Dadurch wird die Einschaltung von Zwischengliedern zwischen den Einzelnen und den Staat notwendig.

   c) Angesichts dieser Wirklichkeit kann Demokratie nicht als Selbstregierung des Volkes begriffen werden. Dagegen nimmt die Erscheinungsform der Demokratie, wie sie sich namentlich in den angelsächsischen Ländern entwickelt hat, die Wirklichkeit der modernen Industriegesellschaft in sich auf. Ihre Wesenszüge: Herrschaft für das Volk, gleiche Chance der Minderheit einmal zur Mehrheit zu werden, freie und offene politische Willensbildung, liegen auch der Entscheidung des GG für eine demokratische Ordnung zugrunde.

2. *Innerhalb dieser Ordnung obliegt es den Parteien nach Art. 21 Abs. 1 Satz 1 GG, die politischen Führer auszubilden, auszulesen, zu präsentieren und in den Wahlen um die Legitimierung dieser Führer durch die Mehrheit zu werben. Sie haben als Mehrheitspartei die Verbindung zwischen*

Volk und politischer Führung herzustellen, als Partei der Minderheit die politische Opposition zu bilden und wirksam zu machen. Sie haben als Träger und Mittler eines freien und offenen Willensbildungsprozesses die auf die politische Macht und ihre Ausübung gerichteten Meinungen, Interessen und Bestrebungen hervorzubringen und zu sammeln, sie gestaltend zu formen und geltend zu machen, und zwar sowohl im Bereich der „Vorformung des politischen Willens" wie im Bereich der institutionalisierten staatlichen Willensbildung. Die letzte Form der Mitwirkung bewirkt notwendig einen Verlust an institutionalisierter Staatlichkeit.

3. *Weitere Aufgaben weist das GG den Parteien nicht zu. Abgesehen von dem Wirken kommunaler Vertretungskörperschaften eröffnet es den Parteien keinen Einfluß auf diejenigen staatlichen Funktionen, die außerhalb des Bereichs der politischen Willensbildung liegen: die Rechtsprechung und die vollziehende Gewalt im engeren Sinne.*

III.

Die verfassungsrechtliche Stellung der Parteien ist nicht als Folge ihrer „Inkorporation in das Verfassungsgefüge", sondern als Voraussetzung optimaler Erfüllung der ihnen verfassungsmäßig zugewiesenen Funktionen zu verstehen.

1. *Die Funktion der Parteien als Träger eines freien und offenen Willensbildungsprozesses bedingt einen Status der Freiheit.*

   Das bedeutet:

   a) Grundsätzliche Freiheit der Parteien nach außen. Den staatlichen Organen ist jede unmittelbare oder mittelbare Ingerenz auf die Bildung, den Bestand und die verfassungsmäßig vorausgesetzte Tätigkeit politischer Parteien prinzipiell verboten. Das GG beschränkt damit die im Rahmen des Art. 21 Abs. 3 zulässige gesetzliche Bindung der Parteien auf ein Minimum. In diesem Rahmen darf der Staat indessen seine Regelungen auch mit den Mitteln der vollziehenden und rechtsprechenden Gewalt durchsetzen. — Auch nicht-staatliche Mächte sind an den Grundsatz der Freiheit der Parteien nach außen gebunden, doch enthält er insoweit unvermeidlich eine lex imperfecta.

   b) Grundsätzliche Freiheit der Parteien nach innen. Diesem Ziel dient zunächst Art. 21 Abs. 1 Satz 3 GG, der nur bedingt einen Aufbau der Parteien „von unten nach oben" fordert, sondern der Abwehr von Entwicklungstendenzen dient, die einen freien politischen Willensbildungsprozeß innerhalb der Parteien unmöglich machen würden. Die rechtliche

Normierung der inneren Ordnung kann jedoch ein freies innerparteiliches Leben nicht bewirken; es kommt vielmehr darauf an, dem Eigenleben der Parteien Raum zu lassen und es anzuregen. Die Garantien gegen Auswüchse und Mißbräuche liegen weniger in Art. 21 Abs. 1 Satz 3 GG als in der Notwendigkeit, sich dem Urteil der Wähler zu stellen und in der Gewährleistung des freien Mandats durch Art. 38 Abs. 1 Satz 2 GG, dessen heutige Bedeutung, soweit er die Parteien betrifft, namentlich in der Sicherung der innerparteilichen Demokratie besteht. In der gleichen Richtung wirken diejenigen Grundrechte, die auch für die Parteien verbindlich sind: Art. 3 und (beschränkt) Art. 5 Abs. 1 Satz 1 GG.

c) Das Verbot jeder staatlich-institutionellen Verfestigung der Parteien, insbesondere das Verbot einer Einfügung der Parteien in die organisierte Staatlichkeit. Um ihrer aufgegebenen Funktion willen tritt das GG jeglicher Tendenz einer Erstarrung des bestehenden Parteiensystems entgegen. Indem es sich für einen freien Willensbildungsprozeß entscheidet und jede staatlich-rechtliche Bindung der Parteien auf ein Minimum beschränkt, schließt es jede Einbeziehung der Parteien in den Bereich der institutionalisierten staatlichen Herrschaftsgewalt aus und verbietet es dem Gesetzgeber, einen solchen Zustand in Vollzug des ihm durch Art. 21 Abs. 3 GG erteilten Regelungsauftrages herzustellen. Der durch die Mitwirkung der Parteien bei der politischen Willensbildung eingetretene Verlust an institutionalisierter Staatlichkeit wird daher nicht durch eine staatlich-institutionelle Verfestigung der Parteien ausgeglichen.

2. *Das Prinzip der gleichen Chance der Minderheit im Konkurrenzkampf um die Legitimation zur politischen Führung bedingt einen Status der Gleichheit der Parteien.*

a) Diese Gleichheit ist prinzipiell schematische Gleichheit. In Ausnahmefällen, namentlich bei der Gestaltung des Wahlrechtes und im Parlamentsrecht, gewährleistet proportionale Gleichheit unter dem Gesichtspunkt der tatsächlichen Durchsetzung der Parteien im politischen Leben die in der Demokratie vorausgesetzte Funktion der Parteien besser als ein starres Festhalten am Grundsatz; insoweit ist daher eine Differenzierung gerechtfertigt. Keiner dieser Maßstäbe vermag jedoch im Falle einer staatlichen Finanzierung dem Prinzip der gleichen Chance voll gerecht zu werden.

b) Mit der Gewährleistung der gleichen Stellung der Parteien gegenüber dem Staat ist ihre tatsächlich gleiche

Chance noch nicht verbürgt. Sie läßt sich durch staatliche Regelungen nur bedingt herstellen.

3. *Die Verfassungsfunktion der Parteien bedingt einen S t a - t u s d e r Ö f f e n t l i c h k e i t.*

a) Ihre verfassungsrechtliche Stellung läßt sich mit den hergebrachten Kategorien nicht sachgemäß erfassen. Der Begriff „Verfassungsorgan" ist zur Kennzeichnung dieser Stellung ungeeignet. Auch die Annahme eines aus verfassungs- und bürgerlichrechtlichen Elementen zusammengesetzten singulären Mischstatus bringt die Rechtsstellung der Parteien nicht sachlich adäquat zum Ausdruck.

b) Grundlage der Erfassung der rechtlichen Stellung der Parteien ist der Rechtsbegriff des Öffentlichen. Die Zugehörigkeit zum Bereich des Öffentlichen setzt namentlich voraus, daß der Träger der Öffentlichkeit an den Legitimitätsprinzipien der Gesamtordnung teilhat, daß sein Wirken sich nicht nur an die Allgemeinheit wendet, sondern daß er der Allgemeinheit auch Einsicht in die Vorgänge gewährt, welche dieses Wirken hervorbringen, daß er vor allem in Wahrnehmung einer aufgegebenen Verantwortung für das Ganze und in realisierbarer Verantwortlichkeit tätig wird.

c) Von hier aus haben die Parteien einen voll ausgeprägten öffentlichen Status. Sie leben nach öffentlichem Recht als dem Recht sachlicher Ordnung und Zuordnung öffentlicher Lebensverhältnisse und Lebensformen.

d) Die verfassungsrechtliche Stellung der Parteien im modernen Staat läßt sich damit nur als singulärer öffentlichrechtlicher Status begreifen. Der Begriff der politischen Partei ist ein Rechtsbegriff, der nicht durch Begriffe, die anderen Sachbereichen angehören, umschrieben zu werden braucht. Art. 21 GG ist nicht Spezialnorm zu Art. 9 GG, sondern er normiert ein aliud.

4. *Als wesentliche Voraussetzung der Demokratie ist die verfassungsrechtliche Stellung der Parteien in gleicher Weise und in gleichem Umfang grundgesetzlich gewährleistet wie die Demokratie selbst. Der Bestand der Parteien, ihre Mitwirkung bei der politischen Willensbildung, das Mehrparteiensystem, ihr freier, gleicher und öffentlicher Status sind jedem Eingriff selbst des verfassungsändernden Gesetzgebers entzogen. Art. 21 Abs. 1 Satz 1 und 2 GG und zumindest der Wesensgehalt derjenigen Grundrechte, welche die gleiche Chance der Minderheit und den freien politischen Willensbildungsprozeß gewährleisten, haben deshalb an der Bestandsgarantie des Art. 79 Abs. 3 GG teil.*

Die verfassungsrechtliche Stellung der politischen Parteien im modernen Staat

2. Mitbericht von Universitätsdozent Dr. Gustav E. Kafka, Graz

Der Vorstand unserer Vereinigung hat dem Korreferenten die Aufgabe gestellt, bei der Behandlung des heutigen Themas insbesondere die soziologisch-politischen Probleme herauszuarbeiten, die die verfassungsrechtliche Stellung der politischen Parteien begründen, und zugleich die eigentümliche Lage des Parteiwesens in Österreich zu behandeln.

Diese doppelte Aufgabe ist innerhalb der mir zur Verfügung stehenden Zeit nicht ganz einfach zu lösen. Ich glaube nicht, daß es im Rahmen eines relativ kurzen Referates auch nur möglich wäre, das Ergebnis jener kaum noch zu übersehenden Fülle von Untersuchungen über die Soziologie der politischen Parteien zusammenzufassen[1]). Sie haben zum Teil für eine normative Theorie auch nur sehr begrenzten Wert. Soziologische Untersuchungen über das österreichische Parteiwesen wird man dagegen in der wissenschaftlichen Literatur vergebens suchen, und auch die Arbeiten über die verfassungsrechtliche Stellung der österreichischen politischen Parteien sind sehr dünn gesät[2]).

---

[1]) Eine ausführliche Bibliographie in: Rechtliche Ordnung des Parteiwesens, Bericht der vom Bundesminister des Innern eingesetzten Parteienrechtskommission, 1957, S. 235 ff.; vgl. ferner G. Bremme, Die politische Rolle der Frauen in Deutschland, 1956; H. Unkelbach, Grundlagen der Wahlsystematik, 1956; F. Tennstädt, Der Wähler, Allensbacher Schriften Nr. 4, 1957; U. Scheuner, Die Parteien und die Auswahl der politischen Leitung im demokratischen Staat, DÖV 1958 S. 641; W. Henke, Die Parteien im Staat des Bonner Grundgesetzes, ebenda S. 646; v. Merkatz, Die Parteien in ihrer heutigen verfassungspolitischen Bedeutung, Z. f. ausl. ö. R. u. VR. 1958, S. 459 f.

[2]) L. Adamovich — H. Spanner, Handbuch des Österreichischen Verfassungsrechts, 1957, S. 117 ff.; P. Berger, Elections and Parties in Austria, The Journal of Politics 1950, S. 511 ff.; F. Ermacora, Der Verfassungsgerichtshof, 1956, S. 264 ff.; H. Kinz, Die Rechtsstellung der politischen Parteien, Innsbrucker Diss. 1950 (Manuskript); G. J. Kraus, Die politische Partei als Rechtssubjekt, JBl. 1929, S. 493; A. Lenhoff, Die politische Partei als Rechtssubjekt, JBl. 1929, S. 250 ff.; E. Mannlicher, Der Staat und die politischen Parteien, Berichte und Informationen (BuI), Nr. 509; H. A. Kraus, Die Mißstände in unserem Partei-

Ferner könnte die Formulierung des Themas zu der Ansicht verleiten, der „moderne Staat" sei das Bekannte, die verfassungsrechtliche Stellung der politischen Parteien dagegen das Unbekannte, dem sein Platz innerhalb der bekannten Größe zuzuweisen sei. Aber so ist es eben nicht. „Politische Parteien" und „moderner Staat" sind vielmehr komplementäre Begriffe. Der moderne Staat kann heute ohne Erwähnung der politischen Parteien schwerlich definiert werden, wie sich im weiteren Verlauf der Untersuchung erweisen wird.

Und schließlich muß ich darauf verzichten, das Verhältnis von Kommunistischer Partei und kommunistischem Staat hier darzulegen, einem Staat, der ja — nach kommunistischer Auffassung — auf einer höheren Stufe des dialektischen Entwicklungsprozesses steht und somit „moderner" ist als der unsere. Aber auch das wäre bereits Gegenstand eines selbständigen Referates[3]).

---

wesen, Berichte und Informationen, Nr. 69, 70, 71, 73, 76; R. Mlczoch, Gesellschaftsordnung, soziale Klassen und politische Parteien, Soziologische Betrachtungen und eine Kritik der Presse, 1955 (Wiener phil. Diss.); H. Pfeifer, Volksbegehren und Volksabstimmung im österreichischen Bundesrecht, JBl. 1958, S. 161 ff. u. 198 ff.; ders., Die Gewissensfreiheit der Abgeordneten und der Parteienstaat, JBl. 1958, S. 373 ff., 436 ff., 462 ff.; E. Strele, Mandatsverlust bei Parteienwechsel, ZföR. Bd. 13 (1933) S. 727 ff.; A. Wandruszka, Österreichs politische Struktur, Geschichte der Republik Österreich, hrsg. v. H. Benedikt, 1954; ders., Parteien und Ideologien im Zeitalter der Massen, in Spectrum Austriae, 1957; I. Birnbaum, Österreichs politische Parteien, Politische Studien 1954 Heft 49; vgl. auch A. Vulpius, Die Allparteienregierung, 1957, S. 60—83.

[3]) Das Verhältnis von „Partei" und „Staat" ist auch für die kommunistische Theorie ein dorniges Problem, obwohl es in Art. 126 der sowjetischen Verfassung (vgl. R. Maurach, Handbuch der Sowjetverfassung, 1955, S. 18 ff., 366 ff.) positiv-rechtlich „gelöst" ist. Man wird der kommunistischen Auffassung über das Verhältnis von Staat und Partei nur dann gerecht, wenn man in der „Partei" die Vollstreckerin eines kosmischen Gesetzes sieht, während der „Staat" ein Instrument der siegreichen Arbeiterklasse und ihrer „organisatorischen Vorausabteilung" (Stalin) d. h. der Partei ist, ein Instrument, das nur solange gebraucht wird, als der Kampf der Arbeiterklasse gegen innere und äußere Feinde geführt werden muß. Als „kosmologische Repräsentation" hat das kommunistische System bemerkenswerte historische Vorgänger, vgl. E. Voegelin, The new Science of Politics, 1952, S. 59, 115 ff., 125 ff. Vgl. im übrigen die Literaturauszüge in Ost-Probleme, 9. Jg. Nr. 28 v. 8. 11. 1957 und 10. Jg. Nr. 9 v. 25. 4. 1958. Vgl. ferner H. Kelsen, The communist Theory of Law, 1955; C. Stern, Porträt einer bolschewistischen Partei, 1957, S. 238 ff.; S. J. Reshetar, Die Partei, in J. M. Bochenski — G. Niemeyer, Handbuch des Weltkommunismus, 1958, S. 111 ff.; K. Polak, Die schöpferische Rolle der Volksmassen und der Staat, Ein Beitrag zur Dialektik in

Die Schwierigkeit, mit der jede normative Betrachtung des Parteiwesens zu kämpfen hat, die auch heute noch immer wieder zu Fehlbeurteilungen führt, ist die Ideologie der Volkssouveränität, der der Wortlaut der modernen Staatsverfassungen Tribut zu zollen scheint, eine Ideologie, die vom Axiom der Koinzidenz von Gemeinwohl und Volkswille ausgeht[4]) und sich als Folge der optimistischen Anthropologie des 18. Jahrhunderts darstellt, eine Ideologie schließlich, die allen „intermediären Gewalten" mit Mißtrauen begegnet, weil sie die Einheit des Volkes gefährden.

Wenn wir aber hier vom „Volk" sprechen, soll darunter nicht ein pseudonaturrechtliches Wunschbild verstanden werden, sondern eine soziale Realität. Dann aber darf das Volk nicht als Assoziation von Individuen sondern es muß als Assoziation von Gruppen gesehen werden.

Freilich ist der Begriff der Gruppe vieldeutig und er wird von den Soziologen auch in ganz verschiedenem Sinn angewandt[5]). Mit oft spitzfindigen Unterscheidungen von beschränktem heuristischen Wert brauchen wir uns indessen hier nicht zu befassen. Wesentlich ist lediglich die Beobachtung, daß Gruppenbildung nicht als spontanes Zusammentreffen von Menschen gleicher Intentionen zustande kommt. Die Assoziation erfolgt vielmehr als Ergebnis einer Einflußnahme, als Wirkung einer geistigen Kraft, die den Willen anderer Menschen nach dem eigenen Sinn zu lenken vermag. Diese geistige Kraft nennen wir

---

der Staatslehre, in Staat und Recht im Lichte des Großen Oktober, Festschrift zum 40. Jahrestag der Großen Sozialistischen Oktoberrevolution, 1957, S. 69 ff., insb. S. 74 a. E.; H. Such, Über die Gesetzmäßigkeiten des gesellschaftlichen Lebens und ihr Verhältnis zum Recht, in Festschrift für E. Jacobi, 1957, S. 22 ff.; M. P. Karewa, Recht und Moral in der sozialistischen Gesellschaft, 1954; F. Klenner, Der Marxismus und Leninismus über das Wesen des Rechts, 1954; H. Kröger, Der Sozialismus siegt! Unsere Aufgaben nach dem V. Parteitag der Sozialistischen Einheitspartei Deutschlands, Staat und Recht, 1958, S. 757 ff.; K. Polak, Zu einigen Grundproblemen der Einheit von Theorie und Praxis in der Staats- und Rechtswissenschaft, ebenda S. 777 ff.; W. Ulbricht, Die Staatslehre des Marxismus-Leninismus und ihre Anwendung in Deutschland, Neue Justiz 1958, S. 257 ff. Eine Fülle von Auszügen aus den „klassischen" Schriften Lenins und Stalins findet sich in Der KPD-Prozeß, 1955/56, wobei insbesondere auf das Gutachten von J. M. Bochenski (Bd. III S. 509 ff.) hingewiesen sei. Über das „Absterben des Staates" vgl. neuerdings die Literaturauszüge in Ost-Probleme 10. Jg. Nr. 25/26 vom 19. 12. 1958.

[4]) E. Fraenkel, Die repräsentative und die plebiszitäre Komponente im demokratischen Verfassungsstaat, 1958, S. 7 ff.

[5]) H. Proesler — K. Beer, Die Gruppe, 1955; vgl. auch B. Bernsdorf in Wörterbuch der Soziologie, 1955, S. 193 ff.; E. Pfeil, Gruppenforschung, 1950.

Autorität[6]). Autorität und Politik sind komplementäre Begriffe; denn was ist Politik — im weitesten Sinne des Wortes — anders als die Kunst, die Kräfte anderer Menschen durch Beeinflussung ihres Willens zusammenzufassen? Es gehört zur Natur des Menschen, Vertrauen zu haben und Vertrauen einzuflößen. Ohne Vertrauen ist die menschliche Gesellschaft nicht einmal vorstellbar. Die Fähigkeit, Vertrauen zu wecken, ist aber den Menschen nicht in gleichem Grade gegeben und die Zahl jener, die Autorität haben, also um es zu wiederholen, die Fähigkeit, sich Vertrauen und freiwillige Unterordnung zu verschaffen, ist kleiner, als die Zahl jener, die bereit sind, sich unterzuordnen. Die Autorität ist das Strukturprinzip der ganzen menschlichen Gesellschaft, sie ist es, die die sozialen Gebilde aufbaut und am Leben erhält.

Das gilt auch für den Staat; Wesensmerkmal des Staates ist die Macht nur dann, wenn unter Macht nicht nur das mit Erfolg beanspruchte „Monopol der legitimen physischen Gewaltsamkeit"[7]) sondern eben auch die Macht durch Autorität verstanden

---

[6]) Vgl. G. E. Kafka, Die Autorität als Voraussetzung der juristischen Existenz. ÖZföR. N. F. Bd. III (1951) S. 433 ff.; B. de Jouvenel, De la Souveraineté. A la Recherche du Bien Politique, 1955, S. 40 ff. (Eine Inhaltsangabe in Die Neue Ordnung, 1958, S. 210 ff., 285 ff.) In einem ganz anderen Sinne wird „Autorität" von Hannah Arendt, Fragwürdige Traditionsbestände im politischen Denken der Gegenwart, o. J. (1958) S. 117 ff. verwandt, die nur einen historischen Autoritätsbegriff im Gegensatz zur „Autorität überhaupt" gelten lassen will. Ähnlich C. Schmitt, Verfassungslehre, 1928, S. 75 Anmerk. 1.

[7]) M. Weber, Wirtschaft und Gesellschaft, 1956, S. 821, vgl. ferner G. Jellinek, Allgemeine Staatslehre, 3. Aufl. S. 180: „Diese Macht unbedingter Durchsetzung des eigenen Willens gegen den anderen Willen hat nur der Staat"; H. Nawiasky, Allgemeine Staatslehre II/1, 1945, S. 45, II/2, 1952, S. 99, 105. Auch Kelsens Lehre von der Effektivität „Im Großen und Ganzen" als Conditio sine qua non der Existenz eines Normensystems (General Theory of Law and State, 1945, S. 119 ff.) übersieht, daß der Staat es heute keineswegs nur mehr mit Einzelnen und kleineren Gruppen zu tun hat, die sich mit Erfolg der staatlichen Zwangsgewalt entziehen, sondern daß es sich heute oft gar nicht mehr ausmachen läßt, wer „die" Staatsgewalt inne hat. Beispiele bei Kafka aaO. S. 438. Als Beispiele aus jüngster Zeit mag an Zypern und Algerien erinnert werden. Bereits 1932 hat C. Malaparte (Der Staatsstreich) auf die leichte Verwundbarkeit des Staatsapparates hingewiesen. Schon beim Kapp-Putsch (13. 3. 1920) mußte der „Staat" erst durch die Drohung der Gewerkschaften mit dem Generalstreik gerettet werden, während die Reichswehr und die Bürokratie abwarteten, d. h. zunächst nichts taten. Vgl. J. W. Wheeler-Bennet, Die Nemesis der Macht, Die deutsche Armee in der Politik 1918—1945, 1945, S. 96 ff. H. v. Borch, Obrigkeit und Widerstand, 1954, versucht vergeblich, die damalige „Neutralität" der hohen Bürokratie als passiven Widerstand zu

wird. Dieses „Monopol der Zwangsgewalt" ist ja ohnehin ein sehr fragwürdiger Begriff, weil der Begriff des Zwanges nicht eindeutig ist. Das Leben in der Gesellschaft nötigt jeden Menschen, sich den Anschauungen und den Sitten seiner Umwelt anzupassen, und dieser Zwang ist oft sehr viel stärker als der mit den Zwangsmitteln der staatlichen Vollstreckungsorgane ausgeübte. Wegen der unvollkommenen Effektivität des Staatsapparates, der eben nicht allen anderen sozialen Gebilden notwendig überlegen ist, sieht sich die totalitäre Partei genötigt, immer neue „Hebel und Transmissionsriemen" — der Ausdruck stammt aus dem Wortschatz des Kommunismus — zu schaffen, um ihrem Willen in allen Bereichen der menschlichen Gesellschaft Geltung zu verschaffen, Hebel und Transmissionsriemen, die von den staatlichen Organen und vom staatlichen Vollzugsapparat organisatorisch streng getrennt sind. Im kommunistischen Staat sind etwa die Gewerkschaften solche Hebel und Transmissionsriemen, aber sie sind Hebel und Transmissionsriemen der Partei[8]), nicht des Staates. Und die Tatsache, daß sie Zwang ausüben, beweist zugleich den Mangel an Autorität des Regimes, denn da Autorität freiwillige Unterordnung bedeutet, ist es klar, daß, wer Autorität hat, nur in geringem Maße des Zwanges be-

---

heroisieren. Auch heute ist es noch eine durchaus offene Frage, ob der „Staat" sich bei der gegenwärtigen Verfassungslage in der Bundesrepublik gegen einen politischen Generalstreik durchsetzen könnte, solange mit dem DGB sympathisierende Parteien die für ein entschiedenes Handeln notwendige Änderung des GG zu verhindern rechtlich in der Lage sind. Ob in einem solchen Falle eine Regierung bereit ist, sich auf einen „übergesetzlichen Notstand" zu berufen und ob ihre Autorität dann ausreicht, um den Staatsapparat überhaupt in Bewegung zu setzen, ist ebenso ungewiß, wie die Frage des Erfolges, der nicht zuletzt davon abhängt, ob die Regierung sich die Verfügung über die Versorgungsbetriebe erhalten kann.

[8]) „Die kommunistische Partei hat stets betont, daß sie ihre Politik und ihre Führung der Gesellschaft und des Staates durch ein System von ‚Transmissionsriemen' und ‚Hebeln' verwirklicht, das heißt durch die Massenorganisationen der Werktätigen, die den größten Teil des sowjetischen Volkes erfassen. Es sind dies: die Deputiertensowjets der Werktätigen von Stadt und Land mit ihren zahlreichen Verzweigungen sowohl im Zentrum als auch an der Peripherie in Form der administrativen, wirtschaftlichen, militärischen, kulturellen und anderen staatlichen Organisationen, die Gewerkschaften mit ihren Verzweigungen in einer ganzen Reihe von Kultur-, Erziehungs- und anderen Organisationen in den Betrieben, alle Arten des Genossenschaftswesens, der Jugendverband und andere." Pod rukovodstvom Kommunističeskoj partii za dal'nejšee ukreplenie sovetskogo socialističeskogo gosudarstva (Unter Führung der kommunistischen Partei für die weitere Festigung des sozialistischen Sowjetstaates), Sowjetskoje Gosudarstwo i Prawo, Nr. 8, 1957, zitiert nach Ost-Probleme, 9. Jg. S. 990.

darf. Man kann mit Bertrand de Jouvenel sagen: „Das Ende des Prestiges ist der Beginn der Polizeiherrschaft“[9]), aber auch die Polizeiherrschaft kann ohne ein Minimum an Autorität nicht lange bestehen[10]). Auf die Dauer gilt der Satz: Autorität kann ohne Zwangsgewalt bestehen, aber keine Zwangsgewalt ohne Autorität. Ohne Autorität ist der ganze Staatsapparat ein hilflos dahintreibendes Wrack.

Die Autorität gründet, wie es die Geschichte aller Parteien eindrucksvoll lehrt, zunächst auf dem Prestige einer oder mehrerer befreundeter Personen. Weit mehr oft als ihr Programm ist es die Kraft ihrer Persönlichkeit, die andere Menschen dazu bringt, ihnen Vertrauen zu schenken und sich um sie zu gruppieren. Aber auch der charismatische Führer steht nicht isoliert seiner Gefolgschaft gegenüber, denn die Situation, die ihm das Stichwort für sein Hervortreten gibt, gibt es nicht nur ihm allein, überall findet er kleinere, oft formlose Assoziationen vor, die die gleiche Not ins Leben gerufen hat, und neben ihnen feste und relativ alte soziale Gebilde, die nach einer Antwort auf dasselbe Problem suchen und in denen naturgemäß ebenfalls Träger begrenzter Autorität im Mittelpunkt stehen. Das Talent der großen Parteiführer der Vergangenheit bestand gerade darin, sich der Hilfe von Männern zu versichern, die in ihrem Lebensbereich über persönliches Prestige verfügten, deren Wort in ihrem Kreis etwas galt und die mit dem ihnen geschenkten Vertrauen, mit ihrer begrenzten Autorität, die umfassendere eines anderen stützten. Kein politisches Ereignis der jüngeren Geschichte beweist dies eindrucksvoller als die Art und Weise, wie in Deutschland und Österreich 1945 nach dem Zusammenbruch bei nahezu völlig unterbrochenen Kommunikationen sich überall dieselben politischen Parteien auf relativ begrenztem Gebiet konstituieren, wie ihre Führer allmählich miteinander in Kontakt treten, sich freiwillig anderen Parteiführern unterordnen, bis schließlich das ganze Parteiwesen sich um zwei große politische Parteien aufbaut, unter Männern, die zu einer Zeit bereits über Autorität verfügen, in der von einem „souveränen Staat“ kaum gesprochen werden kann[11]).

---

[9]) AaO. S. 49; an einer anderen Stelle (S. 99) heißt es: „A mesure qu'on a voulu se passer du prestige de la personne souveraine, il a fallu aggraver les moyens de contraindre: quand la majesté s'en va, vient la police.“

[10]) Vgl. F. A. von der Heydte — K. Sacherl, Soziologie der deutschen Parteien, 1955, S. 149 ff.

[11]) Aus der Fülle der Literatur zur neueren Geschichte der politischen Parteien seien zitiert: L. Bergsträsser, Geschichte der politischen Parteien in Deutschland, 8. u. 9. Aufl., 1955; Parteien in der Bundesrepublik, Studien zur Entwicklung der deutschen Parteien bis zur Bundestagswahl 1953, Bd. 6 der Schriften des In-

Gegenüber den, wenn ich mich so ausdrücken darf, Gründerjahren der sozialistischen und christlich-sozialen Parteien in der zweiten Hälfte des 19. Jahrhunderts darf freilich ein charakteristischer Unterschied nicht übersehen werden, daß nämlich dem persönlichen Prestige nach 1945 bereits das Prestige der früheren Parteien als Institution zur Hilfe kam, wie denn überhaupt eine moderne politische Partei weder auf das Prestige einzelner Führer noch auf das Prestige der Partei als Institution verzichten kann, ein Prestige, das mit jeder glücklich bestandenen Gefahr, mit jeder erfolgreich gemeisterten riskanten Situation wächst, so daß auch die Mißerfolge zunächst nur als vorübergehende Schlappe empfunden werden. Und ebenso wie die politischen Parteien gewissermaßen als Koalitionsheere unter einem Bundesfeldherren entstanden sind, so stellen sie auch in ihrem inneren Gefüge Assoziationen von Autoritätsträgern dar, die sich freiwillig in die Kampfgemeinschaft einzuordnen und unterzuordnen bereit sind. Diese Ein- und Unterordnung vollzieht sich nicht reibungslos. Da Politik Streben nach Autorität in sich schließt und diese Autorität nicht jedem in gleichem Maße zuteil wird, stehen die Träger von Autorität

---

stituts für politische Wissenschaft, 1955; E. Deuerlein, CDU-CSU 1945—1957, Beiträge zur Zeitgeschichte, 1957; K. Buchheim, Geschichte der christlichen Parteien in Deutschland, 1953; H. G. Wieck, Die Entstehung der CDU und die Wiedergründung des Zentrums im Jahre 1945, Heft 2 der Beiträge zur Zeitgeschichte des Parlamentarismus und der politischen Parteien, 1953; H. Graf, Die Entwicklung der Wahlen und politischen Parteien in Groß-Dortmund, 1957; W. Matull, Werden und Wesen der deutschen Sozialdemokratie, 1957; W. Theimer, Von Bebel zu Ollenhauer, 1957; L. J. Edinger, German Exile Politics, 1956; O. Flechtheim, Die deutschen Parteien seit 1945, 1955. Die maßgebende Darstellung zur österreichischen Parteiengeschichte ist A. Wandruszka, aaO. S. 289; vgl. auch W. Goldinger, Der geschichtliche Ablauf der Ereignisse in Österreich 1918—1945, in H. Benedikt (Hg.), Geschichte der Republik Österreich, 1954, S. 15 ff.; R. Hiscocks, The Rebirth of Austria, 1953. Im übrigen muß auf die Erinnerungen führender österreichischer Politiker verwiesen werden, insbes. auf F. Funder, Vom Gestern ins Heute, Aus dem Kaiserreich in die Republik, 1952; ders., Als Österreich den Sturm bestand, Aus der Ersten in die Zweite Republik, 1957; A. Schärf, Österreichs Erneuerung 1945—1955, Das erste Jahrzehnt der Zweiten Republik, 3. Aufl. 1955; ders., April 1945 in Wien, 1948; ders., Zwischen Demokratie und Volksdemokratie, Österreichs Einigung und Wiederaufrichtung im Jahre 1945, 1950; K. Renner, Denkschrift über die Geschichte der Unabhängigkeitserklärung Österreichs und die Einsetzung der povisorischen Regierung der Republik, 1945; ders., An der Wende zweier Zeiten, 1946; ders., Österreich von der Ersten zur Zweiten Republik, 1953; L. Weinberger, Tatsachen, Begegnungen, Gespräche, 1948; K. Gruber, Zwischen Befreiung und Freiheit, 1953; O. Helmer, 50 Jahre erlebte Geschichte, 1957.

nicht nur von Partei zu Partei sondern auch innerhalb der Parteien in ständigem Wettbewerb miteinander, besonders dann. wenn die formelle Parteiführung über ein relativ geringes persönliches Prestige verfügt[12]). Es ist das Streben jedes Parteiführers, sich innerhalb der Partei eine immer größere „Hausmacht" zu schaffen, eine Bezeichnung, die sich immer mehr im politischen Sprachgebrauch einzubürgern beginnt, und das mit Recht, weil die moderne politische Partei in der Tat gewisse Ähnlichkeiten mit einem Feudalstaat aufweist, vor allem in dem, daß sie auf der Loyalität der Träger begrenzter Autorität aufbaut.

Zwischen Sozialisten einerseits, christlichsozialen und nationalliberalen Parteien andererseits besteht hier der sehr charakteristische Unterschied, daß bei den ersten die Hausmacht mehr auf dem Vertrauen haupt- und ehrenamtlicher Funktionäre in den Parteigliederungen und den Gewerkschaften beruht, während bei den zweiten die Hausmacht viel stärker in allen möglichen von der Parteiorganisation völlig unabhängigen Verbänden, die nicht immer Interessenverbände sind, gründet, zuweilen in Ideal- oder Realkonkurrenz mit persönlichem Prestige im Wahlkreis. Bei den national-liberalen Parteien schließlich ist es fast nur diese persönliche Position im Wahlkreis, die Hausmacht verleiht, geschwächt durch den anscheinend unaufhaltsamen Schwund der liberalen Traditionswähler.

Diese für die Bundesrepublik und Österreich geltenden allgemeinen Bemerkungen darf ich noch durch einige Besonderheiten des österreichischen Parteiwesens ergänzen. Die Sozialistische Partei Österreichs (SPÖ) beruht primär auf dem Prinzip der Einzelmitgliedschaft, die bei der Österreichischen Volkspartei (ÖVP) die Ausnahme ist. Mitglied der ÖVP ist man in der Regel mittelbar durch die Mitgliedschaft in einem der drei nach Berufszugehörigkeit organisierten „Bünde", d. h. dem Österreichischen Arbeiter- und Angestelltenbund (ÖAAB), dem Österreichischen Wirtschaftsbund (ÖWB) und dem Österreichischen Bauernbund (ÖBB), ferner in der Österreichischen Frauenbewegung (ÖFB) und der Österreichischen Jugendbewegung (ÖJB), so daß auf Bundes-, Landes- und Hauptbezirksebene ein ziemlich kompliziertes Nebeneinander von föderalistisch zusammengesetzten Parteiorganen im eigentlichen Sinne und von Organen der rechtlich selbständigen „Bünde" bzw. „Bewegungen" besteht, auf das hier nicht näher eingegangen werden kann. Daneben hat die ÖVP aber noch einige „Zweckverbände", d. h. „Organisationen für bestimmte Aufgabenbereiche, die mit der ÖVP in Interessengemeinschaft stehen und deren programmati-

[12]) Von der Heydte-Sacherl, aaO. S. 145 ff., 151 ff., 221 ff.

sche Leitsätze ihrer Arbeit zugrunde liegen" (§ 8 des Bundesorganisationsstatutes), nämlich der „Österreichische Wohlfahrtsdienst", das „Kinderrettungswerk", den „Österreichischen Akademikerbund", die „ÖVP-Kameradschaft der politisch Verfolgten" und den „Bund Österreichischer Freiheitskämpfer".

Auch die SPÖ hat besondere Organisationsformen für bestimmte Bevölkerungsgruppen entwickelt: das „Frauenzentralkomitee" (mit Landes-, Bezirks- und Lokalkomitees) und die „Frauen-Zentralkonferenz" (§ 16 des O. St.), die Fraktion der Sozialistischen Gewerkschaften im ÖGB (§ 17) mit Betriebs-, Bezirks- und Landesfraktionen in den einzelnen Gewerkschaften, die wieder zu Bezirks- und Landesgruppen im Rahmen des ÖGB selbst zusammengefaßt sind, die „Sozialistische Jugend" und den „Verband sozialistischer Mittelschüler" (§ 18), die „SPÖ — Freie Schule ‚Kinderfreunde'" (§ 19) und andere „Sozialistische Organisationen", die sich „in ihren Statuten zu den Grundsätzen der SPÖ bekennen", und deren „gewählte Funktionäre nach den Satzungen Mitglieder der SPÖ sein müssen". Unter den zur Entsendung von Delegierten zum Parteitag der SPÖ ermächtigten Stellen finden wir neben den namentlich im Statut Aufgeführten noch „Delegierte der zentralen Berufsorganisationen von selbständig Erwerbstätigen, die von einem Parteitag als sozialistische Organisation anerkannt wurden" (§ 24 Z. 11 O. St.), wozu insbesondere der Gegenpol des ÖWB, der „Freie Wirtschaftsverband Österreichs" (FWVÖ) gehört; nicht seine Mitglieder, wohl aber alle Funktionäre müssen Mitglieder der SPÖ sein, ebenso wie alle seine in „öffentlich-rechtlichen Körperschaften wirkenden Verbandsmitglieder" die Pflicht haben, den Fraktionen des FWVÖ bzw. der SPÖ in diesen Körperschaften, d. h. vor allem den Handelskammern anzugehören (§ 3 Z. 4 und 5 der Statuten des FWVÖ). Weiter sind auf dem Parteitag durch Delegierte vertreten der „Sozialistische Lehrerverein Österreichs", der „Bund Sozialistischer Akademiker, Intellektueller und Künstler" (BSA), der „Verband Sozialistischer Studenten Ö.", die „Sozialistische Fraktion der Österreichischen Konsumvereine", der „Arbeiterbund für Sport und Körperkultur (ASKÖ), eine Dachorganisation sozialistischer Turn- und Sportvereine, der „Bund Sozialistischer Freiheitskämpfer und Opfer des Faschismus", der „Österreichische Arbeits-Bauern-Bund", das Gegenstück zum ÖBB, und der „Verband österreichischer Rentner und Pensionisten"; zur festen Gefolgschaft der SPÖ gehören ferner noch die „Mietervereinigung Österreichs", der „Verband österreichischer Arbeiter-Fischereivereine", der „Österreichische Siedlerverband", der „Zentralverband der Kleingärtner, Siedler und Kleintierzüchter Österreichs", der „Arbeiter-Abstinentenbund Österreichs", der „Österreichische Arbeiter-Sängerbund", der „Verband der Arbeiter-Musikvereine Österreichs" und der „Verband der Arbeiter-Rentner Österreichs". Die totale Erfassung des kulturellen Bereichs spiegelt sich in § 9 der Satzung des BSA ab, wo folgende 11 „Fachverbände" angeführt sind:

Sozialistische Ärztevereinigung Österreichs,
Verein für Gesellschafts- und Wirtschaftswissenschaft,
Vereinigung Sozialistischer Hochschullehrer,
Verband Sozialistischer Ingenieure,
Vereinigung Sozialistischer Journalisten und Schriftsteller,
Vereinigung Sozialistischer Juristen Österreichs,
Verband Sozialistischer Künstler,
Vereinigung der Sozialistischen Mittelschullehrer,
Vereinigung Sozialistischer Pharmazeuten,
Vereinigung Sozialistischer Tierärzte Österreichs,
Vereinigung Sozialistischer Dentisten Österreichs.

Bei der ÖVP liegt die Situation insofern etwas anders, als ihre Wähler, von den Bauern abgesehen, weitaus weniger bereit sind, sich parteipolitisch zu deklarieren als die der SPÖ. Die alten Christlich-Sozialen konnten sich vor ihrer Auflösung auf ein reichgegliedertes und stark entwickeltes katholisches Vereinswesen stützen, das heute infolge eines ganz andersartigen Aufbaus der Katholischen Aktion in Österreich zum Teil nicht mehr besteht, zum Teil, wie z. B. die katholischen Verbindungen des CV und KV, nicht mehr zur „Katholischen Aktion" im eigentlichen Sinne gehört, obwohl zahlreiche ihrer Angehörigen als Einzelpersönlichkeiten in der Katholischen Aktion mitarbeiten. Obwohl also auf den Parteitagen der ÖVP (§ 19 des Bundesorganisationsstatuts) nur die drei „Bünde", die zwei „Bewegungen" und die „Zweckverbände" vertreten sind, kann die ÖVP mit einer Reihe ihr „nahestehender" Gruppen rechnen, wie z. B. der „Österreichischen Turn- und Sportunion" und andere in der „Arbeitsgemeinschaft katholischer Verbände" zusammengefaßten Vereine[13]). Auch in manchen anderen, nach der Satzung „neutralen" Vereinigungen steht die Vereinsleitung der ÖVP nahe. Kurz, auch sie stützt sich auf eine Fülle von beruflichen und außerberuflichen meist als „überparteilich" ausgegebenen Interessenorganisationen, so daß nahezu alle Gliederungen der Gesellschaft die Polarität der politischen Organisation wieder-

[13]) A. Burghardt, „Der österreichische Katholizismus", Berichte und Informationen, Nr. 531, 532; „Die Wiener ÖVP und die anderen ÖVP", Berichte und Informationen, Nr. 634; „Volkspartei: der katholische Mutterboden", Wochenpresse v. 25. 10. 1958.

spiegeln[14]). Während die KPÖ — allerdings vergeblich — versucht, die „Hebel- und Transmissionsriemen" ihrer „Massenorganisationen" zu Organisationen von Massen zu machen, ist es dem Verband der Unabhängigen (VDU) bzw. der Freiheitlichen Partei Österreichs (FPÖ) kaum gelungen, sich im „vorpolitischen Raum" eine organisierte Gefolgschaft zu sichern, und dies ist eine der Hauptursachen ihrer geringen Wirkungsmöglichkeit. Für diese Partei war es vor allem ein schwerer Nachteil, daß die Mehrzahl der Führer des liberalen „Landbundes", der in der Ersten Republik in Kärnten, Steiermark, Salzburg und Oberösterreich als bäuerliche Interessenpartei einen festen Wählerstamm mit homogenen wirtschaftlichen Interessen hatte, sich seit 1945 dem ÖBB anschloß und darauf verzichtete, die in der „Provisorischen Staatsregierung" im Mai 1945 für ihn freigehaltenen zwei Sitze einzunehmen.

Es ist übrigens falsch, die eben erwähnten Interessenverbände mit den britischen und amerikanischen „Pressure Groups" in einen Topf zu werfen[15]), denn — wie C. J. Friedrich richtig bemerkt[16]) — steht die „Pressure Group" in keinem dauernden Loyalitätsverhältnis zu einer bestimmten Partei, während in der Bundesrepublik die meisten Repräsentanten organisierter Interessenverbände durch ihre Hausmacht zugleich in die traditionelle Gefolgschaft einer Partei einbezogen werden, wobei der Grad der Loyalität, ebenso wie im Feudalsystem, sehr variieren kann. Am engsten in der ganzen Welt ist, wie bereits erwähnt, die Verbindung von Interessenverbänden und Partei bei der ÖVP, die sich auch in ihrem Parteistatut als Koalition großer Interessenverbände darstellt und Einzelmitgliedschaften nur als Ausnahme kennt.

Die Zahl der Parteiführer, oder wie wir uns vielleicht vorsichtiger ausdrücken sollten, der führenden Persönlichkeiten in einer Partei, ist naturgemäß nicht sehr groß und umfaßt in der Bundesrepublik bei den beiden großen Parteien 170 bis 180 Personen[17]), in Österreich schätzungsweise je 70 Personen.

---

[14]) Vgl. J. MacCormac, „The improbable Coalition that governs Austria", The Reporter v. 23. Jan. 1958 S. 33 ff. Die Mitteilung dieses angesehenen Korrespondenten der New York Times: „There are two nudist clubs in Vienna, and the writer has been solemnly assured that the People's Party is represented in one and the Socialists in the other" habe ich allerdings nicht verifizieren können.

[15]) Vgl. z. B. W. Bernsdorf in Staat und Politik, Hg. E. Fraenkel—K. D. Bracher, 1957, S. 236; ebenso J. H. Kaiser, Die Repräsentation organisierter Interessen. 1954, S. 232 ff.; wie hier: von der Heydte-Sacherl, aaO. S. 175 ff.

[16]) Der Verfassungsstaat der Neuzeit, 1953, S. 539.

[17]) Von der Heydte-Sacherl, aaO. S. 212 ff.

Trotz dieses und des weiteren Umstandes, daß, wer einmal in den Führungsstab einer Partei aufgestiegen ist, nicht leicht bereit ist, auf diese Stellung zu verzichten und dabei alle jene Mittel anwendet, die bereits Robert Michels' Kritik herausgefordert haben[18]), ist es unrichtig, die Parteien als Oligarchien zu bezeichnen. Der Begriff „Oligarchie" bezeichnet ja nicht die geringe Zahl der faktischen Machthaber — in diesem Sinne wäre jede Herrschaftsform Oligarchie, auch die Monarchie —, sondern die normative Abriegelung eines geschlossenes Kreises von aristokratisch oder plutokratisch determinierten Familien, in denen die Teilhabe an der politischen Macht wie ein Sachvermögen vererbt wird. Ein Mitglied des Führungsstabes einer Partei ist dagegen rechtlich seiner Autorität nie versichert, die Treue seines Anhanges ist ihm durch nichts garantiert, sie muß immer wieder neu erworben werden. Und wenn es auch utopisch wäre, von den Parteien zu verlangen, daß sich die politische Willensbildung in ihnen von unten nach oben vollziehe, wie es der demokratischen Ideologie entspräche, so ist es eben doch Treue zur Person und Treue zur Institution, die die Kampfgemeinschaft der politischen Parteien am Leben erhält, nicht nur der Parteibürokratie listige Winkelzüge, um die Wahlen zu den Parteiorganen und die Aufstellung von Kandidaten zu beeinflussen.

Es ist ein Irrtum, unter Berufung auf das Grundrecht der Gewissensfreiheit und auf das Verbot des imperativen Mandates in die Verfassungen Bestimmungen hineinlesen zu wollen, die auf eine Lockerung der Partei- und Fraktionsdisziplin hinauslaufen[19]). Das ist schon deshalb nicht möglich, weil in Deutschland wie in Österreich die Verfassungen das Werk von Parteien sind und darum nicht gegen die Parteien und ihr Lebensgesetz, die freiwillige Disziplin, ausgelegt werden können. Darum kann der verfassungsgesetzliche Ausschluß des imperativen Mandates heute nur bedeuten, daß der Staatsapparat Partei- und Fraktionsdisziplin, ebenso wie ihre Verletzung, grundsätzlich zu ignorieren und als interne Angelegenheit der Parteien zu behandeln hat. Der Staat ergreift keine Maßregel, um den Abgeordneten zur Disziplin zu zwingen, er schützt ihn aber auch nicht gegen Maßnahmen der Verbandsdisziplin. Das gilt insbesondere für den in Österreich mangels einer Regelung möglichen Blankoverzicht auf das Mandat, der zwar im Zweifel nicht per se

---

[18]) Zur Soziologie des Parteiwesens in der modernen Demokratie. Untersuchungen über die oligarchischen Tendenzen des Gruppenlebens, 2. Aufl. 1925, S. 179 ff.

[19]) K. Kremer, Der Abgeordnete, 1953; H. Pfeifer, Die Gewissensfreiheit, aaO.; Dennewitz-Schneider, in Bonner Kommentar zu Art. 38 GG.

ungültig ist, wohl aber jederzeit widerruflich, solange der Verzicht nicht beim zuständigen Adressaten eingegangen ist[20]). Die bisherigen Erfahrungen berechtigen auch keineswegs zu dem Schluß, daß die von den Parteien selbst in ihre Satzungen eingebauten Sicherungen gegen willkürlichen Parteiausschluß nicht genügten[21]). Und was schließlich die durch die Fraktionsdisziplin angeblich verletzte Gewissensfreiheit anbelangt, so ist zu bedenken, daß der sog. Fraktionszwang einer Fraktion nicht gegen den Willen einer relativ großen Minderheit auferlegt werden kann, weil in den Fraktionen, in Deutschland wie in Österreich, die Inhaber von Hausmacht in der Partei überwiegen und das ganze Gewicht der Hausmacht, bis zur Drohung mit der Spaltung der Partei, auszunützen vermögen, um auf diese Weise ein innerparteiliches Kompromiß zu erzielen. Es ist zudem keineswegs gewissenloser, daß die Minderheit oder einzelne Mitglieder einer Fraktion, die aus Partei und Fraktion austreten können, sich der Mehrheit unterwerfen, als daß die Minderheit der Wähler, die nicht aus dem Staat austreten kann, gezwungen ist, Gesetze zu befolgen, die ihr von den Vertrauensleuten der Mehrheit auferlegt worden sind. Von Partei- und Fraktionszwang zu sprechen, wäre unter Juristen nur dann gestattet, wenn an den Ungehorsam ein Rechtsverlust geknüpft wäre. Aber niemand hat ein subjektives öffentliches Recht darauf, von einer bestimmten Gruppe als Kandidat aufgestellt zu werden und niemand hat das Recht, einer Partei anzugehören wenn er sich nicht an die soziale Spielregel jeder Organisation[22]), nämlich die Disziplin, halten will. Nicht jede abweichende Meinung ist schon eine Gewissensentscheidung: Nonkonformismus als Prinzip ist keine Tugend.

Art. 38 (1) S. 2 GG konstituiert keine „verfassungsrechtliche Pflicht"[23]) des Abgeordneten, nach bestem Wissen und Gewissen

[20]) In Österreich ist der freiwillige Mandatsverzicht weder im B.-VG. noch im Geschäftsordnungsgesetz (BGBl. Nr. 10/1920 mit zahlreichen Novellen) noch in der Autonomen Geschäftsordnung (Beschluß des Nationalrates v. 19. Nov. 1920, seitdem mehrfach abgeändert, abgedruckt bei Adamovich, Die Bundesverfassungsgesetze, 8. Aufl. 1953, S. 420 ff.) geregelt.

[21]) Für Österreich vgl. §§ 50 ff. des Parteistatuts und das „Regulativ zum Schiedsgerichtsverfahren" der SPÖ in Programm und Statut der SPÖ, hg. im Auftrag des Parteivorstandes vom Zentralsekretariat der SPÖ, 1958, und §§ 52 ff., 60 ff., 65 des Bundesorganisationsstatuts der ÖVP v. 19. Mai 1948.

[22]) J. Pieper, Grundformen sozialer Spielregeln, 3. Aufl. 1955, S. 109 ff.

[23]) Kremer, aaO. S. 91. Eine Verbindung zwischen Gewissen und Verbot des imperativen Mandats wird nur in Art. 91 WRV und Art. 38 GG hergestellt. Dem Österreichischen B-VG 1920/29 ist sie ebenso fremd wie der Schweizerischen Bundesverfassung 1874,

zu entscheiden. Von einer Rechtspflicht könnte man nur dann sprechen, wenn der Spruch des forum internum in die Beurteilung der äußeren Handlung des Abgeordneten durch ein Organ des Staates einbezogen werden dürfte. Jede solche Beurteilung des äußeren Verhaltens des Abgeordneten, d. h. seiner Stellungnahme in der parlamentarischen Diskussion und Abstimmung, wird aber im Gegenteil durch Art. 46 (1) GG ausdrücklich verboten. Das Verbot des imperativen Mandates und die Indemnität können und sollen nur verhindern, daß dem Abgeordneten rechtliche Nachteile aus einer bestimmten Entscheidung erwachsen. Sie sichern ihm das Recht auf freie Entscheidung und verbieten zugleich jede materielle Nachprüfung derselben. Kein Gesetz kann mit der Begündung angefochten werden, die für die Majorität erforderlichen, oft wenigen Stimmen seien von Irren oder Bestochenen abgegeben worden. Ob die Motive der Abstimmenden edel oder unedel waren, ist für das verfassungsmäßige Zustandekommen eines Gesetzes rechtlich völlig belanglos. Denn die volonté générale, d. h. der auf das gemeine und nicht nur auf ein partikuläres Wohl gerichtete Wille und die Gewissenhaftigkeit des Abgeordneten wird in Art. 38 (1) S. 2 GG von Rechtswegen unwiderleglich vermutet. Wie das Verhalten des Abgeordneten außerhalb des staatlichen Rechts, d. h. von anderen als Staatsorganen, beurteilt wird und welche Konsequenzen diese Beurteilung de facto für ihn hat, darüber kann sich das Staatsrecht nicht aussprechen, ohne um der Freiheit des Dissenters willen die Freiheit der Mehrheit einer Fraktion oder Partei und schließlich der Wähler einzuschränken. Daß der Dissenter moralischer sei als die Mehrheit ist eine mit dem demokratischen Legitimitätsprinzip unvereinbare Fiktion.

Die verfassungsrechtliche Stellung der Parteien im modernen Staat läßt sich am Beispiel Österreichs vielleicht am klarsten demonstrieren. Dazu ist es notwendig, etwas weiter auszugreifen[24]). Am Osterdienstag des Jahres 1945 forderten sowjetische Offiziere den greisen sozialistischen Politiker Dr. Karl Renner auf, eine neue österreichische Regierung aller „demokratischen Kräfte" zu bilden. Nach Verhandlungen mit Vertretern der Kommunistischen Partei und der Christlichsozialen Volkspartei, jetzt Österreichische Volkspartei (ÖVP) am 20. und 22. April kam es schließlich am 23. April zu einer Vereinbarung über die Bildung einer „Provisorischen Staatsregierung", die

---

wo es nüchtern heißt: „... sind bei der Ausübung ihres Berufes an keinen Auftrag gebunden" bzw. „... stimmen ohne Instruktion". Eine rechtsvergleichende Übersicht bei H. Pfeifer, Die Gewissensfreiheit, aaO. S. 374.

[24]) Vgl. die in Anmerk. 10 zitierten Werke von Goldinger, Gruber, Helmer, Hiscocks, Renner, Schärf u. Weinberger.

dann vom sowjetischen Marschall Tolbuchin genehmigt wurde. Danach, am 27. April 1945, erließen diese Männer als „Vorstände der politischen Parteien Österreichs“, von Professor Dr. Adamovich beraten, eine Unabhängigkeitserklärung, in der es heißt (Art. 1), daß die demokratische Republik Österreich wieder hergestellt sei, und daß (Art. 3) zur Durchführung der Unabhängigkeitserklärung unter Teilnahme aller „antifaschistischer Parteirichtungen“ eine provisorische Staatsregierung eingesetzt und, vorbehaltlich der Rechte der besetzenden Mächte, mit der vollen Gesetzgebung und Vollzugsgewalt betraut werde. Diese Unabhängigkeitserklärung wurde im Staatsgesetzblatt unter Nr. 1 veröffentlicht. Am 13. Mai 1945 beschloß die von den Parteivorständen eingesetzte und zugleich gebildete Provisorische Staatsregierung ein Verfassungsüberleitungsgesetz (auf den 1. Mai 1945 zurückdatiert)[25]), in dessen Art. 1 das Bundesverfassungsgesetz in der Fassung von 1929 und sämtliche anderen Verfassungsgesetze und Verfassungsbestimmungen nach dem Stande vom 5. März 1933 wieder in Wirksamkeit gesetzt wurden. In der gleichfalls rückwirkend zum 1. Mai 1945 erlassenen „Vorläufigen Verfassung“[26]) heißt es dann in § 12 (1):

> „Scheiden sämtliche Mitglieder der österreichischen Staatsregierung aus dem Amte, so haben die Vorstände der politischen Parteien, die an der Bildung der ersten Provisorischen Staatsregierung beteiligt waren, für die Bildung einer neuen österreichischen Staatsregierung zu sorgen.“

In § 30 (Abs. 2) desselben Gesetzes werden die Landeshauptleute von der Provisorischen Staatsregierung „auf Grund eines von den Vorständen der politischen Parteien des Landes erstatteten Vorschlages ernannt“, ebenso wie nach § 31 die Mitglieder der Landesregierungen vom Landeshauptmann mit Zustimmung der Provisorischen Staatsregierung „auf Grund der Vorschläge der Vorstände der politischen Parteien“ zu ihrem Amt berufen werden.

Wenn man alle diese Bestimmungen im Zusammenhang betrachtet, so wird klar, daß — ob man sich nun der Annexions- oder der Okkupationstheorie anschließen will — jedenfalls die österreichische Verfassung, wie sie heute gilt, nicht auf dem Beschluß einer konstituierenden gewählten Volksvertretung beruht, sondern durch einen Vertrag politischer Parteien wieder ins Leben gerufen worden ist[27]). Denn vor der deutschen Be-

---

[25]) StGBl. Nr. 4.

[26]) StGBl. Nr. 5.

[27]) Das Wesen der Verfassung als Vertrag hat bereits H. Kelsen gelegentlich festgestellt, wenn er daraus auch keine juristischen Konsequenzen gezogen hat: „Eine Verfassung, die politisch nicht als Vertrag, d. h. aber nicht als Kompromiß zwischen zwei Volks-

setzung hatte ja nicht diese, sondern die „ständische“ sog. „Verfassung 1934“ vom 1. 5. 1934 gegolten.

Das Eigentümliche an dieser Situation ist nun allerdings, daß im Zeitpunkt der Unabhängigkeitserklärung diese politischen Parteien im Rechtssinn nicht existierten, sie waren ja sämtlich schon vor dem sog. Anschluß aufgelöst worden, als letzte die Christlichsoziale Volkspartei, die am 14. Mai 1934 in der „Vaterländischen Front“ aufgegangen war. Auch organisatorisch existierten sie nur auf dem Papier, denn ihre Anhänger begannen sich erst allmählich auf lokaler Ebene zu formieren — allerdings auf der Basis persönlicher Kontakte aus der Zeit der „Ersten Republik“; im Zeitpunkt der Unabhängigkeitserklärung war zudem ein großer Teil Österreichs noch von deutschen Truppen besetzt.

Trotzdem ist diese Unabhängigkeitserklärung der rechtliche Ausgangspunkt für das gesamte österreichische Verfassungsleben seit 1945, und mit gutem Recht hat infolgedessen der Oberste Gerichtshof in einer Entscheidung vom 8. März 1947[28]) aus den zitierten Paragraphen der Vorläufigen Verfassung geschlossen, daß Parteien, die als solche das Recht hätten, Mitglieder von Regierungen zu bestellen, und die damit Träger entscheidender öffentlicher Rechte seien, auch von den Gerichten als partei- und prozeßfähig angesehen werden müßten, ohne Rücksicht darauf, ob sie nach dem Vereinsgesetz Rechtsfähigkeit erlangt hätten oder nicht. Die schwierige Frage, ob dies nur für die drei sog. „historischen Parteien“ oder auch für spätere Parteigründungen wegen des Gleichheitsprinzips zu gelten habe, hatte der OGH nicht zu entscheiden, da 1947 keine anderen Parteien existierten. Die einzige im Nationalrat und den Landtagen vertretene „nichthistorische“ Partei, der Verband der Unabhängigen (VDU), jetzt „Freiheitliche Partei Österreichts“ (FPÖ), hat jedenfalls Rechtsfähigkeit nach dem Vereinsgesetz erlangt.

Es würde den Rahmen dieses Referates sprengen, wollte ich im einzelnen schildern, wie dann die von der Provisorischen Staatsregierung auf Grund der Unabhängigkeitserklärung ein-

---

gruppen zustande kommt, die beide bedeutende und lebenswichtige Schichten repräsentieren, und deren Größendifferenz weniger als ein Drittel beträgt, eine Verfassung, die sich als das Diktat der einen oder anderen Gruppe darstellt, kann keinen dauernden Bestand haben“ (Die Verfassungsreform, JBl. 1929, S. 447). Was Kelsen dabei übersieht, ist der Umstand, daß ein Vertrag immer ein Phänomen der Rechtsordnung ist. Soweit das GG in Frage kommt, sind die „politischen Verträge“ im Rahmen des „Interfraktionellen Fünferausschusses“ geschlossen worden, vgl. Jb. des öff. R., N. F. Bd. 1 (1951) S. 11 ff.

[28]) SZ XXI Nr. 24 S. 52 ff.

gerichtete neue Rechtsordnung sich im Laufe des Jahres 1945 auch in den von den westlichen Alliierten besetzten Bundesländern durchsetzte, weil es den zu ihr zusammengeschlossenen Parteiführern gelang, sich der Loyalität der auf derselben historischen Basis unabhängig voneinander formierenden Gruppen in den Bundesländern zu versichern. Ich kann hier auch nicht behandeln, wie die Übergangsperiode der „Vorläufigen Verfassung" nach den Wahlen vom 25. November 1945 ihr Ende fand, ohne daß das volle Gültigwerden der Verfassung des Jahres 1929 jemals formell durch ein Verfassungsgesetz festgestellt worden wäre. Auch die Folgen des Ausscheidens der Kommunisten aus der Regierung im Jahre 1947 kann ich nicht darstellen[29]).

Was uns hier zu beschäftigen hat, ist der Umstand, daß zwar eindeutig diese Verfassung ihren Rechtsgrund in der Unabhängigkeitserklärung der „Drei demokratischen Parteien", hat, daß aber die Verfassung 1929 selbst die Parteien nur an vier Stellen erwähnt. Art. 26 (6) B.-VG spricht davon, daß bei der Duchführung und Leitung der Wahlen zum Nationalrat, der Wahl des Bundespräsidenten und von Volksabstimmungen, sowie zur Mitwirkung bei der Überprüfung von Volksbegehren Wahlbehörden zu bestellen sind, denen als stimmberechtigte Beisitzer „Vertreter der wahlwerbenden Parteien" anzugehören haben. Art. 35 (1) S. 2 B.-VG bestimmt, daß die Mitglieder des Bundesrates von den Landtagen nach dem Grundsatz der Verhältniswahl gewählt werden, „jedoch muß wenigstens ein Mandat der Partei zufallen, die die zweitgrößte Anzahl von Sitzen im Landtag oder, wenn mehrere Parteien die gleiche Anzahl von Sitzen haben, die zweithöchste Zahl von Wählerstimmen bei der letzten Landtagswahl aufweist", wobei bei gleichen Ansprüchen mehrerer Parteien das Los entscheidet. Art. 55 (2) S. 2 B.-VG., der vom ständigen Unterausschuß des Hauptaussusses des Nationalrates handelt, läßt die Wahl dieses Unterausschusses nach dem Grundsatz der Verhältniswahl erfolgen: „Bei Bedachtnahme auf diesen Grundsatz muß jedoch dem Unterausschuß mindestens ein Mitglied jeder im Hauptausschuß vertretenen Partei angehören". Art. 147 (4) S. 2 B.-VG. endlich verbietet, daß dem Verfassungsgerichtshof Personen angehören, „die Angestellte oder sonstige Funktionäre einer Partei sind".

Es ist also nicht zu verwundern, daß sich die österreichische Staatsrechtswissenschaft bis zur 5., von Spanner bearbeiteten und ergänzten Auflage des „Handbuches des Österreichischen

---

[29]) Vgl. H. Brandweiner, Die Rechtsstellung Österreichs, o. J. (1951); dagegen: G. E. Kafka, „Gilt die Bundesverfassung 1929?" Die Österreichische Furche, 32/1951.

Verfassungsrechts" von Adamovich mit dem Problem der politischen Parteien kaum befaßt hat, und auch die Rechtsprechung hatte dazu wenig Veranlassung, um so mehr als die Parteien in ihrer konkreten Form, nämlich vielfältig gegliedert und mit einer mit mehr oder weniger großen Befugnissen ausgestatteten zentralen Führung, Organisationen waren, deren rechtliche Einordnung mehr als schwierig war.

Das österreichische Vereinsrecht enthält nämlich noch bis zur Vereinsgesetz-Novelle 1947[30]) besondere Bestimmungen über sog. „politische Vereine", in denen es heißt, daß politische Vereine keine Zweigvereine und keine Verbände unter sich bilden, und daß sie auch nicht mit anderen politischen Vereinen schriftlich oder durch Abgeordnete in Verbindung treten dürften. Kein Vorstandsmitglied eines politischen Vereins durfte gleichzeitig dem Vorstand eines anderen politischen Vereins angehören.

Naturgemäß machten solche Bestimmungen eine das Bundesgebiet oder selbst das Gebiet eines Bundeslandes umfassende Organisation unmöglich, denn eine politische Partei, die Rechtsfähigkeit nach § 33 des alten Vereinsgesetzes von 1867 erworben hatte, konnte jederzeit durch die Verwaltungsbehörde aufgelöst werden, sobald sie sich eine Gliederung gab oder zu einer organisierten Zusammenarbeit mit anderen gleichartigen lokalen und regionalen Parteien überging.

Darum haben die österreichischen Parteien noch in der sog. „Ersten Republik" auf die Rechtspersönlichkeit nach dem Vereinsgesetz verzichtet und sich besonderer Rechtsträger für ihre Vermögensverwaltung bedient. Als „Partei" konnten sie weder Mitgliederbeiträge einklagen, noch Räume mieten, noch Sekretäre anstellen[31]).

Die offenkundige Divergenz zwischen Rechtsnorm und Rechtswirklichkeit veranlaßte schon 1929 A. Lenhoff[32]) die Frage aufzuwerfen, ob die politischen Parteien nicht auch ohne staatliche Anerkennung rechts- und parteifähig seien. Könne die Existenz einer politischen Partei unter der Rechtsordnung überhaupt in-

---

30) BGBl. Nr. 251/1947.

31) Das juristische Zwielicht, in das die politischen Parteien auf diese Weise notwendig gerieten, zeigte sich dann, als die Regierung Dollfuß durch eine Verordnung v. 12. 2. 1934 (BGBl. I Nr. 78) die Sozialdemokratische Partei verbot und gleichzeitig ausdrücklich die „Organisation" dieser Partei auflöste. Diese Formulierung ließe darauf schließen, daß die Partei nicht als juristische Person angesehen wurde, da sonst eine besondere Auflösung der „Organisation" nicht notwendig gewesen wäre. Aber schon fünf Tage später behandelte eine Verordnung v. 17. Febr. 1934 (BGBl. I Nr. 104) die Partei als Inhaber von Bankguthaben, was wieder ihre Rechtspersönlichkeit voraussetzt.

32) „Die politische Partei als Rechtssubjekt", JBl. 1929 S. 250 ff.

frage gestellt werden, da doch „das Gebäude der herrschenden staatlichen Verfassung auf den Säulen der politischen Parteien beruhe"?. Insbesondere glaubte Lenhoff, eine solche Rechtspersönlichkeit ipso jure aus den Bestimmungen der Nationalratswahlordnung 1923[33]) entnehmen zu können, wonach (§ 70) die Mandate auf Parteilisten verteilt würden, die Parteien damit aber als rechtsbildende Faktoren anerkannt seien. Ferner machte er auf die bereits erwähnte Bestimmung des Art. 35 (1) B.-VG aufmerksam, aus der er ebenfalls eine Bejahung der rechtlichen Existenz der Parteien entnehmen zu können glaubte.

Ihm erwiderte G. J. Krauss[34]), daß das positive Gesetz diese Auslegung nicht zulasse. Art. 35 (1) bedeute nicht die Notwendigkeit, sondern nur die Zulässigkeit politischer Parteien; was aber die bereits in § 23 der Reichsratswahlordnung 1907[35]) erwähnten „wahlwerbenden Parteien" betreffe, dürften diese „Wahlparteien" nicht mit den „politischen Parteien" identifiziert werden, da sie als „Wählergruppen, die sich an der Wahlwerbung beteiligen", gesetzlich definiert seien. Bei der Wahlpartei könnten z. B. auch minderjährige Wahlberechtigte ohne Mitwirkung ihres gesetzlichen Vertreters Mitglieder sein, während umgekehrt Mitglieder einer politischen Partei auch Personen ohne Wahlrecht sein könnten. Die Wahlpartei existiere nur für die Dauer der Wahlwerbung, die politische Partei dagegen auf Dauer. Die einzige Funktion der Wahlpartei sei es, sich an der Wahlwerbung zu beteiligen, während ihr, selbst innerhalb der Wahlzeit, jede andere Betätigung, etwa im bürgerlich-rechtlichen Verkehr, im Gegensatz zur politischen Partei, nicht zustehe. Und schließlich sei ja auch die Vertretung der Wahlpartei zwingend geregelt, insofern in jedem Wahlkreis e i n e m Vertreter alle der Wahlpartei obliegenden Funktionen übertragen seien, während etwaige satzungsgemäße Organe einer politischen Partei im Wahlverfahren keine rechtliche Funktion beanspruchen könnten. Vertreter einer Wahlpartei werde man durch Benennung und Unterzeichnung des Wahlvorschlages durch die gesetzlich notwendige Anzahl von Personen, während über die Bestellung der Vertreter politischer Parteien die Satzung, d. h. im Regelfall ein Mehrheitsbeschluß entscheide. Der eine sei unabsetzbar, die anderen nicht.

Auch die Rechtsprechung des Verfassungsgerichtshofes hat schon frühzeitig[36]) festgestellt, daß die in der NRWO und in § 67 Abs. 1 VerfGG erwähnten „Parteien" nur an der Wahl-

---

[33]) BGBl. Nr. 367.

[34]) Die politische Partei als Rechtssubjekt, Politische Partei — Wahlpartei, JBl. 1929 S. 493 ff.

[35]) RGBl. Nr. 17.

[36]) Slg. 7/1921 S. 266, 494.

werbung beteiligte Wählergruppen sind, deren Funktion mit der rechtskräftigen Beendigung des Wahlverfahrens erlischt, weil sie eben nur für die Zwecke der Wahl errichtet worden sind. Diese Rechtsprechung ist dann von 1950 ab in zahlreichen Entscheidungen vertieft und konkretisiert worden, und zwar im Hin-Blick auf § 59 (2) der Burgenländischen GemWO[37]), Art. VII der Niederösterreichischen GemWO[38]), § 27 (2) der Innsbrucker Wahlordnung[39]) und § 23 Z. 8 der GemWO für Steiermark[40]), in denen ausgesprochen ist, daß die Aufsichtsbehörde den Mandatsverlust eines Mitglieds des Gemeinderats auszusprechen habe, wenn dieses Mitglied aus der „Gemeinderatspartei" ausgeschieden sei[41]). Die ständige Rechtsprechung des Verfassungsgerichtshofes[42]) geht dahin, daß „Gemeinderatspartei" im Sinne der angeführten Bestimmungen weder die „Wahlpartei" noch etwa die Gemeinderatsfraktion sei, sondern eine Organisation auf vereinsrechtlicher Basis, deren Satzungen Bestimmungen über Erwerb und Verlust der Mitgliedschaft enthielten, mindestens aber eine über die Wahldauer hinausreichende organisatorische Gemeinschaft[43]). So kann z. B. ein Mitglied des Gemeinderates, der bei der Wahl noch nicht Mitglied der Politischen Partei war, diese Mitgliedschaft aber später erworben hat und später aus der Partei ausgeschlossen wurde, dennoch seines Mandates für verlustig erklärt werden; auch begründet der bloße Ausschluß aus der Gemeinderats f r a k t i o n keinen Mandatsverlust. Bedient sich eine Politische Partei als wahlwerbende Partei im Sinne der zitierten Gemeinderatswahlordnungen eines anderen Namens, z. B. der Verband der Unabhängigen der Bezeichnung „Wahlpartei der Unabhängigen", so zieht der Verlust der Mitgliedschaft in der Politischen Partei, also im VDU, den Verlust des Gemeinderatsmandates nach sich, da die WDU, wie bereits erwähnt, nach rechtskräftigem Abschluß des Wahlverfahrens nicht mehr existiert, die Mitgliedschaft in ihr darum nach diesem Zeitpunkte auch nicht mehr verloren werden kann. Das schwierige Problem, wie zu entscheiden wäre, wenn mehrere Politischen Parteien als eine Wahlpartei auftreten und ein gewähltes Gemeinderatsmitglied von der einen den Wahlvorschlag

---

[37]) LGBl. Nr. 6/1950.

[38]) LGBl. Nr. 1/1955.

[39]) LGBl. Nr. 139/1953.

[40]) LGBl. Nr. 136/1953.

[41]) Ähnliche Bestimmungen enthalten die Landesverfassungsgesetze von Tirol (§ 19) LGBl. Nr. 24/1953 und Wien (§ 16) LGBl. Nr. 1/1920, mehrfach novelliert.

[42]) Slg. 2158, 2157, 2159, 2251, 2430, 2483, 2484, 2510, 2535, 2571, 2607, 2539, 2715, 2731, 2802, 2803, 2914, 2972, 3001, 3114. Vgl. jedoch u. Anm. 43 a.

[43]) Slg. 2802.

unterstützenden Politischen Partei zu einer anderen, ebenfalls zur Wahlpartei gehörenden Politischen Partei übertritt, kann hier nur gestreift werden. Für unsere Zwecke genügt die Feststellung, daß in Art. 26 B.-VG von „Wahlparteien", in Art. 147 (4) B.-VG von „politischen Parteien" die Rede ist; ebenso wird man den Bestimmungen der Art. 35 (1) und 55 (2) B.-VG den Begriff der „politischen Partei" zu Grunde legen müssen, wenn man davon ausgeht, daß die Wahlpartei mit der rechtskräftigen Beendigung des Wahlverfahrens ipso jure erlischt.

Diese Unterscheidung von „Wahlpartei", die keinerlei organisatorischen Zusammenhalt voraussetzt und „politischer Partei", die notwendig eine Organisation sein muß, hat insofern große praktische Bedeutung, als damit ein für alle Mal klargestellt ist, daß die Auflösung einer Partei nach dem Vereinsgesetz die ehemaligen Mitglieder und Anhänger dieser Partei nicht daran hindert, sich an Wahlen zu beteiligen, und zwar als Wähler wie als Kandidaten. Denn Art. 26 (5) B.-VG läßt die Ausschließung vom aktiven und passiven Wahlrecht nur als „Folge einer gerichtlichen Verurteilung oder Verfügung" zu, also eines individuellen Staatsaktes, so daß die Untersagung einer „Wahlpartei" nur auf Grund eines verfassungsändernden Bundesgesetzes möglich wäre, und zwar nach Art. 59 (2) und 119 (2) S. 2 B.-VG, selbst dann, wenn es sich nur um Landtags- oder Gemeinderatswahlen handelt.

Dem Sinn des Art. 26 (5) B.-VG würde es infolgedessen auch widersprechen, durch einfaches Gesetz die Zugehörigkeit zu einer bestimmten politischen Partei zu einem Grunde für einen Mandatsverlust zu erklären, der auf Antrag des betreffenden Vertretungskörpers vom Verfassungsgerichtshof auszusprechen, bzw. von ihm auf Anfechtung eines den Mandatsverlust aussprechenden Bescheides einer Verwaltungsbehörde zu überprüfen wäre. Eine Verfassung, die einem Vertrag zwischen politischen Parteien ihre rechtliche Existenz verdankt, die von der freien Konkurrenz aller politischen Parteien ausgeht und die freie Parteibildung nicht beschränkt, kann unmöglich einer einfachen Majorität das Recht einräumen, sich einer Minorität dadurch zu entledigen, daß sie erst einen „gesetzlich vorgesehenen Grund" für einen Mandatsverlust schafft und dann im Namen des „allgemeinen Vertretungskörpers" den Antrag auf Mandatsverlust beim Verfassungsgerichtshof stellt. Mandat und politische Partei haben vor dem Gesetz grundsätzlich nichts miteinander zu tun, und zwar nicht um des einzelnen Mandatars, sondern um der politischen Partei willen. Darum auch sind jene Gemeinderatswahlordnungen und Landesverfassungen, nach denen die Beendigung der Mitgliedschaft in der politischen Partei auch Mandatsverlust nach sich zieht, mit dem Sinn der Staatsfundamentalnorm durchaus vereinbar, die im Zweifel immer zu Gunsten der politischen Parteien auszulegen ist[43a]).

Unabhängig von der Frage des Mandatsverlustes ergibt sich aber die weitere Frage, ob die drei „historischen" Parteien, die die Unabhängigkeitserklärung 1945 unterzeichnet hatten, überhaupt von einer Verwaltungsbehörde aufgrund von § 24 des Vereinsgesetzes[44]) aufgelöst werden können, denn sie haben ihre rechtliche Existenz, wie oben gezeigt, nicht nach dem Vereinsgesetz erlangt. Es ist also sehr zweifelhaft, ob etwa die „historische" Kommunistische Partei durch Bescheid des Innenministeriums auch bei Vorliegen der Gründe des § 24 VG aufgelöst werden könnte, während dies beispielsweise bei einer nach dem Vereinsgesetz gebildeten Partei ohne weiteres zulässig zu sein scheint[45]). Das Für und Wider kann hier im einzelnen nicht erörtert werden. Ich jedenfalls neige zu der Ansicht, daß die Unterscheidung zwischen „historischen" und „nichthistorischen" Parteien keinen sachlichen Grund für eine Differenzierung darstellt, ferner daß eine historische Partei nur im Wege eines Verfassungsgesetzes aufgelöst werden kann, und daß infolgedessen dieses Privileg der „historischen Parteien" überhaupt auf alle Parteien auszudehnen ist, daß also die Bildung und Auflösung von Parteien überhaupt nicht nach dem Vereinggesetz zu beurteilen ist. Denn es darf nicht übersehen werden, daß der dem B.-VG zugrunde liegende Parteienvertrag, in dessen Ausführung das 1. Verfassungsüberleitungsgesetz erlassen und insbesondere die Verfassung 1929 wieder eingeführt wurde, auf eine Wettkampfordnung unter den politischen Parteien hinausläuft[46]),

---

[43a]) Entgegen dem bisher in den oben (Anm. 42) zitierten Entscheidungen implicite vertretenen Standpunkt hat nunmehr der Verfassungsgerichtshof im Erkenntnis G 36/58 v. 18. 10. 1958 den Art. VII (1) lit. b, (3) der Niederösterreichischen GWO als verfassungswidrig aufgehoben und es für unvereinbar mit Art. 119 (2) B.-VG erklärt, daß ein Mitglied einer Gemeindevertretung sein Amt verliert, wenn es aus der Partei, in deren Wahlvorschlag es aufgenommen war, ausscheidet. Dies sei nämlich eine Einschränkung des passiven Wahlrechtes, das für die Gemeindevertretungen nicht enger gezogen werden dürfe als für Landtage und Nationalrat. Außerdem verletze die aufgehobene Bestimmung das „freie Mandat". Abgeordnete seien ausschließlich Repräsentanten der Wähler und ihre Abberufung könne daher nicht in die Hand einer Parteiinstanz gelegt sein. Eine Kritik dieses Erkenntnisses muß ich mir an dieser Stelle versagen.

[44]) VG 1951 BGBl. Nr. 233/1951.

[45]) Über die Rechtslage in der Bundesrepublik vgl. u. a. Th. Maunz, Deutsches Staatsrecht, 6. Aufl. 1957, S. 64.

[46]) Vgl. schon R. Thoma, Der Begriff der modernen Demokra-

und daß dieser Wettkampf grundsätzlich jedem offensteht, der über eine entsprechende politische Anhängerschaft verfügt. Schon die Teilnahme an der Provisorischen Staatsregierung sollte nach dem Willen der Staatsgründer auch Vertretern des ehemaligen Landbundes, einer liberalen Bauernpartei, offenstehen, doch zogen es die meisten ehemaligen Landbundführer vor, sich der ÖVP anzuschließen. Die Unabhängigkeitserklärung und ihre Präambel und die ihr zugrunde liegende Parteienvereinbarung können also als „Vertrag zu Gunsten dritter Parteien" angesehen werden, und zwar auch zu Gunsten künftiger Parteien, obschon sich die Urheber der Unabhängigkeitserklärung als „die unterzeichneten Vertreter aller antifaschistischen Parteien Österreichs" vorstellen; aber eine authentische Interpretation der Unabhängigkeitserklärung in diesem Sinne ergibt sich eben bereits aus der Tatsache, daß schon im 1. VÜG für das neuerliche Wirksamwerden des B.-VG 1929 optiert wird.

Wenn man aber einmal davon ausgeht, daß politische Parteien keine „Vereine" sind, sondern Staatsgründer und Staatserhalter, die ihren Wettkampf verfassungsrechtlich regeln, so entspricht es mehr dem Sinn einer solchen Wettkampfregel, die Entscheidung darüber, wer nicht mehr mitkämpfen darf, den jeweils mächtigsten und an der Existenz potentieller Bundesgenossen in der Form kleinerer Koalitionsparteien interessierten Kampfgruppen selbst, also jenen, die über unmittelbare Autorität verfügen, anzuvertrauen[47]). Überträgt man sie einer Verwaltungs-

tie, in Erinnerungsgabe für Max Weber, 2. Bd. 1923 S. 58; J. A. Schumpeter, Kapitalismus, Sozialismus und Demokratie, 1956, S. 428; O. Stammer, Politische Soziologie, in A. Gehlen-H. Schelsky, Soziologie, S. 260 ff.

[47]) Es liegt in der Logik des parteipolitischen Kampfes, daß eine große Partei, wenn sie schon nicht die Anhänger einer anderen großen Partei zu sich herüberzuziehen hofft, an der Existenz von kleineren Parteien interessiert ist, die aus bestimmten Gründen, z. B. weil sie auch „bürgerlich" oder „sozialistisch" sind, das Geschäft der Schwächung des Hauptgegners leichter betreiben können. Bei den Wahlen zum Nationalrat vom 9. Okt. 1949 hat sich das deutlich gezeigt. Auch in Österreich galt nämlich, wie in der Bundesrepublik, zunächst das Lizenzierungssystem, d. h. der Alliierte Rat behielt sich die Genehmigung neuer Parteien vor und ließ lediglich drei Parteien, nämlich die KPÖ, die SPÖ und die in etwa die Tradition der „Christlichsozialen Partei" fortsetzenden ÖVP zu. Da die Sozialisten ein Interesse daran hatten, die absolute Mehrheit der ÖVP nach dem Wahlergebnis vom 25. Nov. 1945 zu brechen, bemühten sie sich lebhaft um eine Abänderung dieses Beschlusses, während die Volkspartei naturgemäß an seiner Aufrechterhaltung interessiert war, in der Erwartung, daß die bei dieser Wahl erstmals wieder wahlberechtigten sog. „minderbelasteten" Nationalsozialisten und die Heimkehrer aus Krieg und Gefangenschaft sie bei einer auf SPÖ und KPÖ beschränkten Konkurrenz bevorzugen würden. Es entspann sich eine lebhafte Presse-

behörde, so besteht die Gefahr, daß aus Gründen politischer Taktik eine u. U. nur über eine schwache Majorität verfügende Regierung eine vollendete Tatsache schafft, die dann auch durch eine nachträgliche verfassungsgerichtliche Nachprüfung nicht mehr leicht zu korrigieren ist. Überträgt man die Entscheidung dagegen von Anfang an einem Gericht, so zwingt die diesem obliegende Pflicht des rechtlichen Gehörs und der Beweiserhebung zu einem höchst bedächtigen und der Verschleppungstaktik ausgesetzten Verfahren, wo schnelles Handeln geboten sein kann.

Ich habe gesagt, daß die Verfassung des modernen Staates als eine Wettkampfordnung zwischen politischen Parteien interpretiert werden muß, eines Wettkampfes auf einem durch die verfassungsgesetzlich garantierten Rechte des Staatsbürgers abgegrenzten Kampfplatz. Das Ziel dieses Wettkampfes ist die Erringung der gesetzgebenden und der Regierungsgewalt, die infolgedessen überall dort verschmelzen, wo die Führer der siegreichen Parteien zugleich die Führung der Regierung übernehmen. Dort aber, wo Parteiführer und Chef der Regierung nicht identisch sind, wie in den Vereinigten Staaten und möglicherweise im Vollzug der neuen französischen Verfassung, behält die Trennung der Gewalten ihren Sinn, weil sie zugleich Machtverhältnisse innerhalb der politischen Parteien selbst widerspiegelt[48].

Ebenso behält das bundesstaatliche Prinzip, wie gerade das österreichische Beispiel beweist, überall auch dort seine volle Geltung, wo die Landesregierung sich aus Männern zusammensetzt, die innerhalb ihrer eigenen Parteien über eine respektable Hausmacht verfügen, so daß die Bundesparteileitungen und dem-

---

fehde über die Fortgeltung des Lizenzierungszwanges, ungeachtet der Tatsache, daß die Wahlordnung für den Nationalrat vom 18. Mai 1949 (BGBl. Nr. 129), die eine solche Beschränkung des passiven Wahlrechts nicht kannte, ohne Widerspruch des Alliierten Rates hatte publiziert werden können. Schließlich kam es zu einer Anfrage der Bundesregierung an den Alliierten Rat. Er faßte zwar keinen direkten Beschluß über die Zulassung neuer Parteien, entschied aber am 10. Sept. 1949, „daß ‚wahlwerbende Parteien' in Übereinstimmung mit dem österreichischen Wahlgesetz unbehindert an den Wahlen teilnehmen könnten" (A. Schärf, Österreichs Erneuerung, S. 238 ff.). Allerdings erwies sich die sozialistische Spekulation als Irrtum, weil die neue in den Nationalrat mit 16 Mandaten einziehende Wahlpartei der Unabhängigen (WDU), zwar der ÖVP acht, der SPÖ jedoch neun Mandate abnahm.

[48]) Über das Verhältnis von „Staatsverfassung" und „Parteiverfassung" vgl. besonders E. Fraenkel, Parlament und öffentliche Meinung, in Zur Geschichte und Problematik der Demokratie, Festgabe für H. Herzfeld, 1958, S. 163 ff. und Die repräsentative und plebiszitäre Komponente im demokratischen Verfassungsstaat, 1958.

zufolge auch die Bundesregierung immer einen Kompromiß zu suchen gezwungen sind, einen Kompromiß, der unter Umständen darin bestehen kann, daß in der Form eines als verfassungsrechtlicher Konflikt zwischen „Bund" und „Land" vor dem Verfassungsgerichtshof ausgetragenen Verfahrens eine innerparteiliche Meinungsverschiedenheit ausgetragen wird. Die Zweite Kammer des österreichischen Parlaments, der nach dem Senatsprinzip im Wege indirekter Wahl durch die Landtage gebildete Bundesrat, spielt dagegen im Verfassungsgefüge kaum noch eine Rolle. Er kann keine Initiativanträge stellen, die den Nationalrat zur Behandlung zwingen würden und sein einziges wichtiges Recht, von dem er von 1945 bis 1957 insgesamt 13mal Gebrauch gemacht hat, ist das eines suspensiven Vetos gegen Gesetzesbeschlüsse, ausgenommen den Bundesvoranschlag[49]). Diese schwache Position des Bundesrates datiert noch aus der Zeit, in der nur das Bundesland Wien eine sozialistische Mehrheit hatte, den Sozialisten also an einer Verstärkung des ohnehin im Nationalrat bestehenden Übergewichts der „bürgerlichen" Parteien durch eine voraussichtlich noch viel stärkere „bürgerlich" orientierte Zweite Kammer oder gar eine dem Reichsrat der Weimarer Republik vergleichbare Institution nicht gelegen sein konnte. So hat ein Mandat zum Bundesrat heute fast nur noch den Charakter einer Pfründe für „verdiente Politiker, denen die Parteien noch nicht oder derzeit nicht oder nicht mehr ein Mandat im Nationalrat oder überhaupt keine wichtige politische Position verschaffen können"[50]). Daß die 13 suspensiven Einsprüche des Bundesrates gegen Gesetzesbeschlüsse des Nationalrates sich fast nur mit der Beseitigung von Unklarheiten, nachträglich bewußt gewordenen Redaktionsfehlern und dergleichen befaßten, wird nicht wunder nehmen[51]).

Wie etwa bei den meisten Kampfspielen die Zahl der Treffer, ist im friedlichen Wettkampf der Parteien das Mandat die Recheneinheit, nach der die politische Macht und damit der parteipolitische Erfolg und Mißerfolg gemessen wird. Im Parteienstaat hat das Volk die Aufgabe des Schiedsrichters, der die Ent-

---

[49]) Art. 42 (2) (3) B.-VG.

[50]) W. Lorenz, „Großer Kummer mit kleiner Kammer, Sinn und Ohnmacht des Österreichischen Bundesrates", in Die Österreichische Furche v. 5. April 1958.

[51]) In den ersten Jahren der Besetzung Österreichs durch die Alliierten fanden regelmäßig Konferenzen der Landshauptleute mit dem Bundeskanzler und den Mitgliedern der Bundesregierung statt. Der Anlaß dazu ist heute weggefallen. Statt dessen finden regelmäßig Konferenzen der Landesamtsdirektoren (vgl. Art. 106 B.-VG.) statt, die im Verfassungsrecht ebensowenig vorgesehen sind, wie die analogen „Ständigen Konferenzen" der Landesminister in der Bundesrepublik.

scheidung über das Maß der Macht fällt, das jeder politischen Partei für einen bestimmten Zeitraum zukommt[52]). Streng genommen müßte man also sagen, daß die verfassungsrechtliche Stellung des „Volkes" auf der verfassungsrechtlichen Stellung der Parteien beruht und nicht umgekehrt. Und nur darum haben die politischen Parteien im Bunde das Recht, in der Form eines verfassungsändernden Bundesgesetzes die Gesetzgebungsperiode und die Bedingungen des aktiven und passiven Wahlrechtes nach ihrem Belieben festzusetzen und zu verändern, ohne das angeblich souveräne Volk auch nur zu befragen: denn wer Schiedsrichter sein soll, kann nur von den Streitparteien festgesetzt werden[53]).

Gerade das Beispiel Österreichs zeigt, daß die Annahme, man könne durch Aufnahme plebiszitärer Elemente in die Verfassung die Parteien „einem fruchtbaren demokratischen Risiko aussetzen"[54]), nicht zutrifft, denn die Bundesverfassung 1929 enthält ja nach wie vor alle plebiszitären Elemente, die durch die Bundesverfassungsnovelle 1929[55]), in Anlehnung an das Vorbild der Weimarer Reichsverfassung 1919, eingeführt worden waren: die unmittelbare Wahl des Bundespräsidenten, dem das Recht der Ernennung und der Entlassung der Mitglieder der Bundesregierung und der Auflösung des Nationalrates eingeräumt ist, um seine wichtigsten Befugnisse zu nennen, ferner aber die schon in der Verfassung 1920 gegebenen Möglichkeiten zu Volksabstimmungen und Volksbegehren. Die Bestimmungen der Art. 41 (2) (Volksbegehren), 43 und 44 (Volksabstimmung) des B.-VG sind bisher niemals praktisch geworden und es ist charakteristisch, daß die in Art. 46 vorgesehene Regelung des plebiszitären Verfahrens erst durch Bundesgesetze vom 2. Juli 1929[56]) und vom 16. Juni 1931[57]) getroffen wurde. Nach 1945 war es streitig, ob diese Ausführungsgesetze zu Art. 46 mit dem Bundesverfassungsgesetz 1929 wieder in Kraft getreten seien.

---

[52]) Vgl. hierzu G. Leibholz, Der Strukturwandel der modernen Demokratie, 1952; ders. Parteienstaat und repräsentative Demokratie, DVBl. 1951 S. 554 ff.; ders. Der Parteienstaat im Bonner Grundgesetz, in Recht, Staat, Wirtschaft, Bd. 3 (1951) S. 399 ff.

[53]) Mit der Souveränität des Volkes verträgt sich auch schlecht die Bestimmung des Art. 26 (1) (3) B.-VG., in dem die Länder ermächtigt werden, für ihren Bereich eine Wahlpflicht zum Nationalrat festzusetzen. Zur Souveränität gehört doch wohl auch die rechtliche Möglichkeit, in souveräner Untätigkeit verharren zu dürfen.

[54]) W. Weber, Spannungen und Kräfte im westdeutschen Verfassungssystem. 2. Aufl. 1958, S. 61.

[55]) BGBl. Nr. 392.

[56]) BGBl. Nr. 297.

[57]) BGBl. Nr. 181.

Diese Frage ist erst durch das Volksabstimmungsgesetz 1958[58]) geklärt worden, während eine Novelle zum Volksbegehren-Gesetz von den beiden Regierungsparteien als nicht vordringlich und weiterer Überlegungen bedürftig angesehen wird. Daran ist nicht so sehr dieses Verhalten der beiden Koalitionsparteien als der Umstand interessant, daß keine politische Gruppe es bisher versucht hat, den Streitfall durch versuchte Einreichung eines Volksbegehrens in eine verstärkte Diskussion zu bringen und letztlich eine Entscheidung des Verfassungsgerichtshofes wegen verfassungswidriger Ablehnung des Zulassungsverfahrens nach Art. 144 B.-VG zu erzwingen. Der Grund dafür liegt darin, daß die Voraussetzung des Art. 41 (2) B.-VG für ein Volksbegehren (Unterschrift von 200 000 Stimmberechtigten oder von je der Hälfte der Stimmberechtigten dreier Bundesländer) von einer der gegenwärtigen Oppositionsgruppen wohl nur mit Unterstützung durch eine der Koalitionsparteien erfüllt werden könnte, vor allem aber, daß selbst die Erreichung der notwendigen Zahl nur die Bundesregierung verpflichtet, den Gesetzentwurf dem Nationalrat vorzulegen, der aber seinerseits nicht einmal dazu verpflichtet ist, ihn innerhalb einer Frist zu behandeln. Ebenso sind Volksabstimmungen über einfache Gesetze nach Art. 43 B.-VG nur vorgesehen, wenn der Nationalrat es beschließt, oder die Mehrheit der Mitglieder des Nationalrates es verlangt, über Verfassungsgesetze, wenn das Referendum von mindestens einem Drittel der Mitglieder des Nationalrates oder des Bundesrates verlangt wird. Mit anderen Worten: Sinn eines Referendums im österreichischen Verfassungsrecht ist die Möglichkeit, daß Parteien, deren Stimmen für das Zustandekommen eines Gesetzes oder Verfassungsgesetzes notwendig waren, den im Parlament unterlegenen Oppositionsparteien eine Chance geben, die Entscheidung durch Appell an den Wähler umzustoßen; es kann auch den Sinn haben, eine unter Koalitionsparteien selbst streitige Maßnahme gewissermaßen auszuklammern und dem Schiedsspruch des Wählers zu unterwerfen, ohne — wie bei einer Neuwahl — die politische Kräfteverteilung insgesamt in Frage zu stellen.

Das Staatsvolk, oder besser gesagt die Wähler, haben die Aufgabe von Schiedsrichtern über das in Mandatsziffern ausgedrückte Gewicht der politischen Parteien im allgemeinen. Das wahlberechtigte Staatsvolk kann aber von der gesetz- und verfassungsgesetzgebenden Mehrheit auch zum Schiedsrichter für den Einzelfall bestellt werden. Obligatorisch ist dieser Schiedsspruch im Einzelfall nur bei einer sog. Gesamtänderung der

[58]) BGBl. Nr. 13.

Bundesverfassung[59]) ein Begriff, der im B.-VG nicht authentisch und von Lehre und Rechtsprechung restriktiv interpretiert wird[60]). Der Frage, ob die Abschaffung des obligatorischen Referendums selbst eine Gesamtänderung der Verfassung in sich schlösse, ist das B.-VG aus dem Wege gegangen. Die Frage kann — soll ein circulus vitiosus vermieden werden — nur als Option zwischen demokratischer Ideologie und wirklicher Autorität erfolgen, und ich jedenfalls halte es für vernünftiger, dem Volk eine durch die Verfassung von den Parteien zugebilligte Schiedsrichterrolle zuzusprechen, die es spielen kann, als die eines „Souveräns", die es niemals ausüben kann und auch niemals ausgeübt hat. Dann ist aber nur die Schiedsrichterrolle über die zeitlich begrenzte generelle politische Kräfteverteilung obligatorisch, weil dieses Schiedsrichteramt von den wirklichen Trägern politischer Macht, nämlich den Parteien, vereinbart ist und die fundamentale Norm ihres friedlichen politischen Kampfes um die Staatsgewalt überhaupt darstellt. Dagegen liegt die Möglichkeit eines Schiedsspruches im Einzelfalle etwa auf der gleichen Ebene wie die Möglichkeit, den Nationalrat durch ein mit einfacher Mehrheit beschlossenes Gesetz vor Ablauf der Gesetzgebungsperiode aufzulösen, eine Bestimmung[61]), die man gewiß nicht als fundamental für das Verhältnis der politischen Parteien bezeichnen kann. Fundamental ist, daß innerhalb einer bestimmten Frist die Entscheidung des Wählers über die Machtverteilung unter den Parteien angerufen wird, nicht, daß diese Frist verkürzt und der Gegenstand der Entscheidung auf eine konkrete Sachfrage beschränkt werden kann.

Übrigens sind Volksinitiative und Referendum noch in den Landesverfassungen von Salzburg, Vorarlberg und Tirol vorgesehen[62]). In Vorarlberg ist nach Art. 26 der Landesverfassung auch ein Referendum über eine Volksabstimmung möglich und es ist charakteristisch, daß der erste Fall eines solchen Referendums erst 1957 eintrat, und daß die Unterschriften durch den überwiegend sozialistischen Österreichischen Gewerkschaftsbund gesammelt wurden[63]). Auch hier zeigt es sich, daß

[59]) Art. 44 (2) B.-VG.

[60]) Adamovich-Spanner S. 103, 111, 314; Ermacora aaO. S. 242 ff.; Strele, Der Begriff der Gesamtänderung der Verfassung, JBl. 1935, S. 465 ff.; Verf. GH. Slg. 2455.

[61]) Art. 29 (2) B.-VG.

[62]) Über die Einzelheiten vgl. Adamovich-Spanner S. 311 ff.

[63]) Der Voralberger Landtag faßte Ende des Jahres 1956 einen Gesetzesbeschluß über das Verbot des Werkshandels (Betriebsaktionenverbotsgesetz). Da der Gesetzesbeschluß nicht für dringlich erklärt wurde und 17 642 Landtagswähler unterschriftlich eine Volksabstimmung verlangten, wurde von der Landesregierung gemäß Art. 26 der Landesverfassung für den 31. März 1957 eine

alle plebiszitären Institutionen nur den Sinn einer Chance für die schwächere Partei haben[64]).

Ähnlich verhält es sich mit der Volkswahl des Bundespräsidenten, die nur als Kraftprobe zwischen großen politischen Parteien sinnvoll ist, sinnlos dagegen, wenn Parteien, die über eine verfassungsändernde Mehrheit verfügen, sich auf einen gemeinsamen Kandidaten einigen. Bei der Beurteilung des Parteienstaates darf die Tatsache nie außer Acht gelassen werden, daß etwa 85 % der Wähler Traditionswähler sind, so daß die Schiedsrichterrolle de facto nur von einem relativ kleinen Teil der Wählerschaft gespielt wird. In Österreich ist der politische Traditionalismus sogar vielleicht noch stärker ausgeprägt als in der Bundesrepublik, wobei an dieser Stelle vielleicht bemerkt werden darf, daß die Österreichische Volkspartei rund doppelt soviele Mitglieder hat als CDU und CSU zusammengenommen, nämlich rund 700 000, und daß auch die etwa gleichstarke SPÖ, wenn auch nicht im gleichen Verhältnisse, mehr Mitglieder hat als ihre Schwesterpartei in der Bundesrepublik[65]).

In der Wettkampfordnung der österreichischen Parteien spielt der Bundespräsident insofern die Rolle eines Kampfrichters, als er nicht gezwungen werden kann, ein Gesetz, das er für verfassungswidrig hält, zu unterschreiben. Unter den besonderen Be-

---

Volksabstimmung angeordnet. Das Ergebnis der durchgeführten Volksabstimmung ergab bei einer Stimmbeteiligung von 93,2 % gültige auf „ja" lautende Stimmen 37 459, gültige auf „nein" lautende Stimmen 78 371 und ungültige Stimmen 1810. Das Betriebsaktionenverbotsgesetz wurde vom Landeshauptmann daher nicht kundgemacht. (11. Beilage zu den Sten. Sitzungsber. des XVIII. Vorarlberger Landtages, 1958.)

[64]) Charakteristisch ist, daß zwar die NWO 1949, BGBl. Nr. 129 in § 77 (3) die Streichung und Änderung der Reihenfolge von Kandidaten vorsieht, daß von dieser Möglichkeit jedoch die Wähler der SPÖ überhaupt nicht, die der ÖVP 1949 und 1953 nur je einmal, 1956 zweimal ausreichenden Gebrauch gemacht haben (Abg. Mark, Sten. Prot. VIII. GP., 24. Sitz. v. 23. Jan. 1957) In allen vier Fällen war die Parole zur Änderung der Reihung von der Katholischen Aktion nahestehenden Gruppen ausgegeben worden. Ohne eine solche Parole, d. h. ohne das Eingreifen „intermediärer" Gewalten fühlt sich der Wähler durch die Möglichkeit der Reihung und Streichung in der Regel überfordert. Trotz seiner im Ergebnis geringen praktischen Bedeutung hat aber auch die NWO 1957 (BGBl. Nr. 67) das Prinzip beibehalten.

[65]) Auf die Nationalratswahl von 1956 bezogen, waren im Bundesdurchschnitt rd. 37 %, in Wien sogar über 52 %, der SPÖ-Wähler auch SPÖ-Mitglieder (691 150). Vgl. A. Vodopivez, Neue Zahlen über die SPÖ, Bul. Nr. 542/1956. Die ÖVP gibt ihre Mitgliederzahl nicht bekannt. Jedoch nimmt man die Mitgliederzahl des ÖAAB mit rd. 155 000, des ÖWB mit rd. 98 000 und des ÖBB rund 540 000 Personen an, wozu dann freilich noch die „Bewegungen" und „Zweckverbände" (vgl. S. 81) kommen.

dingungen der österreichischen Koalition, auf die ich noch zu sprechen komme, hat er darüber hinaus die Möglichkeit, die Fortsetzung oder Beendigung der Koalition zu erzwingen, da er es ist, der die Bundesregierung ernennt[66]). Aber obwohl die Institution des österreichischen Bundespräsidenten, mit der Ausnahme seines unpraktischen Notverordnungsrechts (Art. 18 [3] [4] B.-VG), der Weimarer Regelung nachgebildet ist, hat der Bundespräsident in Österreich in Wirklichkeit niemals die Funktion eines „pouvoir neutre" außer im Sinne eines Schlichters und Vermittlers gespielt[67]).

Auch der Verfassungsgerichtshof, das dritte Verfassungsorgan, das unter den verschiedensten rechtlichen Formen an ihn herangetragene Streitigkeiten der politischen Parteien zu entscheiden hat, kann nicht als „pouvoir neutre" im eigentlichen Sinne angesehen werden, da seine Mitglieder auf Vorschlag der Bundesregierung, des Nationalrates und des Bundesrates, somit praktisch wiederum von den politischen Parteien ernannt werden und daher sämtlich ihr Amt dem Vertrauen politischer Parteien verdanken. Das wäre dann bedenklich, wenn die Mehrheitsverhältnisse in Bundesregierung, Nationalrat und Bundesrat gleich und zwar so gelagert wären, daß eine große Oppositionspartei keine Vertrauensleute im Verfassungsgerichtshof hätte. Unter den Bedingungen der gegenwärtigen Koalition, die ja über mehr als neun Zehntel der Mandate im Nationalrat[68]) und den Landtagen verfügt, und überhaupt in jedem anderen System, in dem für eine Mitgliedschaft von Vertrauensleuten

---

[66]) Nach den Nationalratswahlen 1953 versuchte die ÖVP, deren Vorsprung gegenüber der SPÖ auf ein Mandat zurückgegangen war, den VDU (FPÖ) in die Regierung aufzunehmen. Dies scheiterte nicht zuletzt am Widerstand des Bundespräsidenten Dr. Körner (Schärf, Österreichs Erneuerung, S. 320 ff.).

[67]) Die erste unmittelbare Volkswahl des Bundespräsidenten erfolgte erst 1951! Mit Ausnahme des ersten Bundespräsidenten, Dr. Michael Hainisch (1920—1928) ist bisher immer ein Politiker zum Bundespräsidenten gewählt worden.

[68]) Vgl. die Übersicht bei Adamovich-Spanner, S. 122, Anmerk. 1. Die nachstehende Tabelle zeigt in der ersten Spalte die Differenz zwischen den Mandaten der Regierungsparteien ÖVP und SPÖ seit 1945, die zweite Spalte die zwischen den Mandaten der Koalitions- und Oppositionsparteien (VDU bzw. FPÖ und KPÖ) (Gesamtzahl der Mandate: 165).

Wahljahr	Vorsprung der ÖVP	Vorsprung der Koalitionsparteien
1945	9	161
1949	10	144
1953	1	147
1956	8	156
1959	1	157

Seit 1949 ist die absolute Stimmenzahl der Oppositionsparteien ständig u. zw. von rd. 702 000 auf rd. 478 000 (1959) zurückgegangen.

großer Oppositionsparteien Sorge getragen ist, wie in der Bundesrepublik, stärkt es nur die Autorität des Verfassungsgerichtshofes, daß sie von der der politischen Parteien mitgetragen wird.

Aus der Schiedsrichterstellung des Verfassungsgerichtshofes ergibt sich dann auch die Lösung der in Österreich umstrittenen Frage, ob der Verfassungsgerichtshof durch Änderung des Verfassungsgerichtshofgesetzes, das nur ein einfaches Bundesgesetz ist, lahmgelegt werden kann, weil er ein ihn am Richten hinderndes Gesetz nicht auf seine Verfassungsmäßigkeit nachprüfen dürfe. Entgegen der in Österreich herrschenden Lehre[69]) ist das zu verneinen, weil der in einer Wettkampfordnung eingesetzte Schiedsrichter nicht einseitig durch eine der Kampfparteien behindert werden darf und der Schiedsrichter nicht verpflichtet sein kann, eine solche Behinderung zur Kenntnis zu nehmen, solange sie ihm nicht in derselben Form notifiziert wird, in der der Grund seiner rechtlichen Existenz gelegt wurde, nämlich der eines Verfassungsgesetzes. Denn der Sinn des Unterschiedes zwischen „einfachem" und „Verfassungsgesetz", der ja vom Gesichtspunkt der demokratischen und der Repräsentationsideologie aus gesehen ein Fremdkörper ist, und insbesondere der Sinn der für das Zustandekommen eines formellen Verfassungsgesetzes ganz willkürlich festsetzbaren qualifizierten Mehrheit, ist nicht ohne Bedachtnahme auf die Existenz der politischen Parteien zu erschließen, die sich einerseits gegen die willkürliche einseitige Änderung der Wettkampfbedingungen sichern, an-

---

[69]) Vgl. insbes. H. Spanner, Die richterliche Prüfung von Gesetzen und Verordnungen, 1951, S. 18 ff. Die h. M. argumentiert damit, daß eine Verordnung oder ein Gesetz solange gültig seien, bis sie aufgehoben seien, daher könne der Verfassungsgerichtshof die Voraussetzungen des verfassungsrichterlichen Wirkens nicht nachprüfen, „da seiner Tätigkeit Grenzen gesetzt sind, die er nicht überschreiten kann und darf, ohne sich ins Unrecht zu setzen". Dieses beschränkte Nachprüfungsrecht gilt aber nach Art. 89 (1) (2) B.-VG. nur für die ordentlichen Gerichte und selbstverständlich (Art. 20 B.-VG.) für die weisungsgebundenen unteren Verwaltungsorgane. Das sind aber positive Ausnahmevorschriften, denn die Logik verlangt, daß jedes vollziehende Organ die Gesetzmäßigkeit einer Verordnung und die Verfassungsmäßigkeit eines Gesetzes nachprüfen muß, da es ja anders nicht feststellen kann, ob es geltendes Recht vollziehen würde. Art. 89 B.-VG. vereinfacht dieses Prüfungsverfahren, indem er es auf die „gehörige Kundmachung" einschränkt. Er gilt aber gerade nicht für den Verfassungsgerichtshof. Ebensowenig kann aus der Tatsache, daß weder untere Verwaltungsbehörden (Art. 20) noch ein anderes Gericht die Gesetzmäßigkeit von Verordnungen nachprüfen können (Art. 139 [1] B.-VG.) gefolgert werden, daß auch der Verfassungsgerichtshof nur solche Verordnungen aufheben darf, die sich nicht auf ihn selbst beziehen.

dererseits aber verhindern müssen, daß eine notwendige Änderung der Wettkampfbedingungen durch Parteien von geringer Autorität, und daher von geringer Mandatszahl verhindert wird. Es liegt zwar im Wesen der Wettkampfordnung, daß auch die kleinen Parteien sich am Wettkampf beteiligen können. Die Unterscheidung von „einfachem" und „Verfassungsgesetz" führt aber faktisch zu einer Disqualifizierung der kleinen Parteien, sobald sich die großen, deren Kompromiß auch die Verfassung geschaffen hat, über die Änderung der Verfassung einig sind. Die Parallele zur Stellung der Großmächte im Völkerrecht, bei prinzipieller Rechtsgleichheit aller souveränen Staaten, liegt nahe. Diese faktische Diskriminierung der kleinen Parteien zeigt sich übrigens auch im Wahlrecht[70])

Es ist hier nicht die Zeit, die Berechtigung der Klagen über den Niedergang des klassischen Parlamentarismus des 19. Jahrhunderts zu untersuchen. Er ist die direkte Folge unseres Systems der hypostatischen Union von Regierungs- und Parteiführung. Aber man vergesse nicht, daß für den Wettkampf der politischen Parteien das parlamentarische Verfahren der Gesetzgebung zwar nur die historische und keineswegs die einzige Form ihrer Auseinandersetzung ist, daß es aber für den friedlichen Wettkampf der Parteien ebenso zweckmäßig und unersetzlich ist, wie die obligatorische Form der Beurkundung eines wichtigen Vertrages. Die Fraktionen sind keine Marionetten in der Hand ihrer Parteien, sondern nach einem glücklichen Wort von B. Wildenmann „hierarchisch gebildete Parteiorgane"[71]). Selbst der die großen politischen Entscheidungen in die Regierung und damit gleichzeitig in die Parteispitzen verlegende österreichische Koalitionspakt verhindert in keiner Weise, daß in den Parlamentsausschüssen um die konkrete Formulierung der meist im voraus vereinbarten Grundgedanken des Gesetzes heftig und mit Sachkunde gerungen wird. Was die Öffentlichkeit davon zu sehen oder zu hören bekommt, ist dann freilich nicht viel mehr als die feierliche Schlußzeremonie eines Schaukampfes.

Ich habe soeben vom österreichischen Koalitionspakt gesprochen und wir sind nun allerdings an einem entscheidenden

---

[70]) Bei den Wahlen zum Nationalrat 1956 benötigten SPÖ und ÖVP für die Erringung eines Mandates rd. 25 000 Stimmen, die FPÖ 47 000 und die KPÖ 64 000 (Abg. H. Pfeifer, Sten. Prot. des NRt., VIII. GP. 24. Sitz. v. 23. Jan. 1957). Dies beruhte vor allem auf der Einteilung des Wahlgebietes in vier Wahlkreisverbände (§§ 2, 6 NWO 1949), die die Reststimmen, auf die die kleineren Parteien angewiesen sind, nicht als Ganzes zum Zuge kommen lassen. Wegen ihrer geringeren Wählerdichte können sie nur relativ wenige Grundmandate in den 25 Wahlkreisen erringen.

[71]) Partei und Fraktion, 2. Aufl. 1955, bes. S. 154.

Punkt der Betrachtung angekommen. Nichts nämlich scheint mir charakteristischer für die Verlegenheit der mit traditionellen Begriffen arbeitenden Wissenschaft gegenüber den politischen Parteien zu sein als der Umstand, daß die Frage, was eigentlich ein Koalitionspakt im System der Rechtsordnung sei, soviel ich sehe, bisher, mindestens in der österreichischen Literatur, vernachlässigt worden ist. Schließlich geht es doch wohl nicht an, Koalitionspakte auf die gleiche Ebene zu stellen, wie etwa jene uns aus der Einführungsvorlesung in das bürgerliche Recht bekannten Phänomene: den versprochenen Tanz oder gar den versprochenen Kuß, bei denen von einer Verpflichtung im Rechtssinne nicht gesprochen werden kann.

Es liegt mir freilich fern, im Rahmen dieses Referates eine tiefsinnige Untersuchung über das Wesen des Rechts anzustellen und ich muß mich wiederum damit begnügen, unter Hinweis auf die Untersuchungen Reinachs[72]) zu bemerken, daß zwar der einzelne Inhalt eines Vertrages durch staatliche Satzung geregelt werden kann, der Vertrag selbst aber, d. h. die Institution des Vertrages, vom Staat nur vorgefunden wird und logisch unabhängig von ihm ist. Schon das Wort Koalition ruft Gedankenverbindungen mit dem internationalen Recht wach. Ein Koalitionspakt unter politischen Parteien ist ein echter Vertrag, in dem politische Parteien sich zu gemeinsamem Handeln, vor allem auf dem Kampfplatz des Parlaments, vereinigen und gleichzeitig Bedingungen der Zusammenarbeit festsetzen[73]) Ebenso wie der Bruch eines völkerrechtlichen Vertrages auf der zwischenstaatlichen Ebene, zieht der Bruch eines Koalitionsvertrages Repressalien und Sanktionen auf der zwischenparteilichen Ebene nach sich; eine solche Sanktion ist insbesondere das Ausscheiden aus einer Regierung, die damit ihre Mehrheit verliert. Die Repressalie kann etwa darin bestehen, daß die eine Partei einzelne ihrer Mitglieder nicht daran hindert, einen Propagandafeldzug gegen die andere zu eröffnen, oder daß sie einer einzelnen von der anderen Partei gewünschten Maßnahme die Zustimmung versagt und dergleichen, dies bei Aufrechterhaltung der Koalition.

---

[72]) Zur Phänomenologie des Rechts, 1953, S. 17 ff. Vgl. auch K. Stern, Zur Grundlegung einer Lehre des öffentlich-rechtlichen Vertrages, Verwaltungs-Archiv Bd. 49 (1958) S. 121 ff. und die dort zit. Lit.

[73]) Ebenso D. Sternberger, Lebende Verfassung, 1956, S. 115, wo auch auf den bayerischen Koalitionsvertrag vom Dezember 1950 hingewiesen wird. Vgl. auch meinen Art. „Koalition" im Staatslexikon 6. Aufl. (im Druck). Auf die Parallele zum Völkerrecht hat als erster hingewiesen E. Kaufmann, Die Regierungsbildung in Preußen und im Reiche, Die Westmark 1921, S. 258.

Das Verhältnis von Koalitionsparteien zueinander, das nach dem soeben Gesagten ein echtes Rechtsverhältnis ist, weil es subjektive und übrigens auch erzwingbare Rechte und Pflichten begründet, hat nun in Österreich aus historischen Gründen, unter denen der Bürgerkrieg des Jahres 1934 an erster Stelle steht, eine gewisse traditionelle Form erhalten. Wie alle Koalitionsverträge enthalten die seit 1945 abgeschlossenen Koalitionspakte[74]) ein Aktionsprogramm und Vereinbarungen über die Ämterverteilung, und zwar nicht nur für die Regierungsstellen, sondern auch für die Leitungsfunktionen, die Aufsichtsräte usw. aller vom Fiskus kontrollierten Unternehmungen. Für die Macht-

---

[74]) Die erste Abmachung zwischen ÖVP und SPÖ kam bereits Anfang Dezember 1945 zustande, und zwar zu einer Zeit, als die Kommunisten noch in der Regierung saßen (diese schieden erst am 21. November 1947 aus der Regierung aus). Diese Abmachung enthält bereits eine Absprache über den Proporz (s. unten), die Ämterverteilung (vgl. BGBl. Nr. 120/1946 und Nr. 56/1946) und das Gesetzgebungswerk der nächsten Zukunft. Am 8. Januar 1947 wurde ergänzend vereinbart, daß alle Mitglieder der Regierung Erklärungen in Währungsfragen nur nach vorheriger Billigung durch den Bundeskanzler (ÖVP) und den Vizekanzler (SPÖ) abgeben dürften; ein aus Vertretern beider Parteien gebildetes Komitee sollte Vorschläge über währungspolitische Maßnahmen erstatten (Schärf, Österreichs Erneuerung, aaO. S. 277). Schriftlich abgeschlossen wurde erst der zweite Koalitionspakt v. 5. Nov. 1949, der nicht veröffentlicht wurde, über den wir aber aus den Erinnerungen von A. Schärf unterrichtet sind:

> „In einem allgemeinen Teil über die Grundsätze der Zusammenarbeit wurde ausdrücklich festgehalten, daß es sich um eine Regierung zu zweit, also unter Ausschluß dritter Parteien handle; daß im Verhältnis zwischen beiden Parteien der bei den Wahlen vom 9. Oktober 1949 erzielte Proporz gelte, der auch bei den Vorschlägen für die Leitungsfunktionen der verstaatlichten Wirtschaft anzuwenden sei. Die Zusammenarbeit solle für die Dauer der Gesetzgebungsperiode gelten. Die nächsten Wahlen seien von dem von den Parteien gebildeten Kabinett durchzuführen. Der Grundsatz der Zusammenarbeit und des Proporzes erstreckte sich auf die Landesregierungen und auf die Gemeinden mit mehr als 10 000 Einwohnern. . . . Besondere Verbindungsausschüsse zur Führung von Verhandlungen zwischen den Parteien wurden in Aussicht genommen." (aaO. S. 250.)

In einem zweiten Teil dieses Paktes wurden Zahl und Wirkungsbereich der Bundesministerien festgelegt und der Inhalt der nach Art. 77 (2) B.-VG. notwendigen bundesgesetzlichen Regelung v. 16. Dez. 1949 (BGBl. Nr. 24/1950) vorweg vertraglich vereinbart. Der Koalitionspakt vom 2. April 1953 wurde wiederum schriftlich abgeschlossen und sollte auch wiederum geheim bleiben; er wurde jedoch durch eine Indiskretion in einer dem VDU nahestehenden Zeitschrift (Die Aktion, 9. Jan. 1954) veröffentlicht (Schärf, aaO. S. 332). Der Inhalt ist als Anhang I dieses Referates abgedruckt. Der vierte Koalitionspakt, d. h. dessen I. Teil (s. Anhang II) v. 26. Juni 1956, wurde erstmalig der Öffentlichkeit bekannt gegeben (Wiener Zeitung v. 27. Juli 1956).

verteilung hat sich dabei als Schlüssel die Mandatsverteilung zwischen den Koalitionspartnern im Parlament eingebürgert, der sog. Proporz, über den sehr viel geschrieben und der oft mißverstanden wird. Denn der Sinn des Proporz ist keineswegs die völlige Beschlagnahme der Ämterbesetzung im Staat und in der staatlich kontrollierten Wirtschaft durch die Regierungsparteien, sondern wiederum ein uns aus dem Völkerrecht wohl bekannter Grundsatz, nämlich der des Gleichgewichts der großen Mächte. Das Proporzprinzip besagt also nicht, daß alle Staatsstellungen, im weitesten Sinne des Wortes, unter Bedachtnahme auf die politische Zugehörigkeit des Amtswerbers zu besetzen sind, sondern nur, daß sich keine Partei durch Patronage ein Übergewicht verschaffen darf. Der Proporz ist viel weniger ein eigenes Prinzip zur Verteilung von Ämtern, Krediten und Subventionen als der Anwendungsfall eines viel weiter gehenden Grundsatzes des speziellen österreichischen „Jus inter partes"[75]).

Das Prinzip der politischen Patronage selbst ist nicht nur mit der Institution der modernen Parteien untrennbar verbunden, weil die Patronage eines der Mittel ist, das Vertrauensverhältnis von Führern und Geführten zu erhalten, sondern ein Wesenselement schlechthin jeder politischen Herrschaft[76]). Ein Mißverhältnis von politischer „Allmacht" und fiktiver „Allwissenheit" besteht ja nicht nur in der Diktatur, sondern in jedem Gemeinwesen, in dem Herrscher und Beherrschte wegen der immer stärkeren Konzentration der Macht und der immer größeren Anzahl der Beherrschten keinen unmittelbaren Kontakt miteinander haben *können*. Der „Zugang zum Machthaber"[77]) wird damit zum Problem nicht nur für die Beherrschten, sondern insbesondere für die Machthaber, die darauf bestehen müssen, Informationen und Vorschläge von Männern ihres Vertrauens zu erhalten. Das Beamtentum der Monarchie war eben nicht „eigenständig" und „neutral", sondern „staatstreu", d. h. ein Teil des im Monarchen gipfelnden und auf ihn hingeordneten

---

[75]) Der Proporz ist natürlich keine österreichische Erfindung. Vgl. z. B. über die „Weimarer" Koalition in Preußen C. *Severing*, Mein Lebensweg, 1950, Bd. I, S. 353; ferner A. *Vulpius*, aaO. S. 167 ff.

[76]) Die Parallelen unserer heutigen Parteiverfassung zu den Großklientelen zu ziehen, wie sie am Ende der Römischen Republik bestanden, ist eine verlockende Aufgabe. Vgl. A. v. *Premerstein*, Vom Werden und Wesen des Prinzipats, Abhandlungen d. Bayr. Ak. d. Wissensch., Phil. Hist. Abt., N. F. H. 15, 1937; M. *Weber*, Wirtschaft und Gesellschaft, 1956, S. 821; E. *Voegelin*, The new Science of Politics, S. 92—97.

[77]) C. *Schmitt*, Gespräch über die Macht und den Zugang zum Machthaber, 1954; ders., Der Zugang zum Machthaber, in Verfassungsrechtliche Aufsätze 1958, S. 430 ff.

Apparats, der sich auch nur aus den „staatstreuen", d. h. konservativen und allenfalls nationalliberalen Kreisen ergänzte. Daß hierbei keine Patronage ausgeübt worden wäre, freilich innerhalb der Grenzen der Ausbildungsvorschriften und des auch heute noch als Bremse wirkenden Anciennitätsprinzips, ist eine Behauptung, die durch häufige Wiederholung nicht glaubhafter wird. Es war die Patronage der „feinen Kreise", von denen das Kommersbuch zu berichten weiß[78]), Familienpatronage, die Patronage von akademischen Korporationen und anderen Gemeinschaften[79]), kurz die Patronage der adeligen und bürgerlichen „guten Gesellschaft", die heute nicht mehr besteht, womit auch jeder Versuch, den Geist und die Stellung des Beamtentums in der Monarchie zu restaurieren, als vergeblich erscheinen muß.

In der Polemik gegen die Patronage der politischen Parteien wird häufig behauptet, daß sie das Prinzip der Gleichheit vor dem Gesetze verletze. Dieser Vorwurf, der, wie gezeigt, sich mindestens mit ebenso gutem Recht gegen das Beamtentum der Monarchie richtet, wird freilich nicht dadurch gegenstandslos, daß die Patronage regelmäßig im Bereich des freien Ermessens und der Wirtschaftsverwaltung gewährt wird und somit praktisch niemals als Grund eines Aktes der Verwaltung erkennbar wird[80]). Die Rechtswissenschaft wird dadurch nicht der Nachprüfung enthoben, ob die Zugehörigkeit zu einer Regierungspartei eine sachlich nicht gerechtfertigte, willkürliche Differenzierung darstellt. Dabei ist davon auszugehen, daß jede Verteilung von Gütern — im weitesten Sinne des Wortes — einmal unter dem Gesichtspunkte möglich ist, daß der zugewendete materielle und ideelle Vorteil als Mittel zur Erreichung eines Zieles (Leistungsprinzip) oder als Mittel zur Existenzerhaltung und Existenzerleichterung (Versorgungsprinzip) betrachtet wird[81]). D. h. im konkreten Falle, daß das Versorgungsprinzip dann bei der Patronage eine Rolle spielt, wenn die Vergünstigung nur den Zweck hat, den Klienten der politischen Partei zufriedenzustellen, ohne Rücksicht darauf, ob damit ein anderes objektives Ziel erreicht wird. In Reinkultur würde das Versorgungsprinzip dann gelten, wenn auf die Leistung und Befähigung zur Leistung überhaupt keine Rücksicht genommen würde. Dem steht nun entgegen, daß eine politische Partei eine im Wettkampf stehende Organisation ist. Sie darf also das Lei-

---

[78]) „. . . der Jurist besucht nur feine Kreise, der Mediziner ist kein Christ, der Theolog' zu weise."

[79]) Gemeinschaft wird hier im Sinne von J. Pieper, aaO. S. 43 ff. verstanden.

[80]) Adamovich-Spanner, aaO. S. 120.

[81]) B. de Jouvenel, aaO. S. 200 ff.

stungsprinzip nie vernachlässigen, denn sie verschlechtert nur ihre Stellung im Wettkampf, wenn die Unfähige in wichtige Positionen bringt, oder ein unsolides Unternehmen subventioniert. Patronage der politischen Parteien hat aber nicht zuletzt den Zweck, die eigenen Wettbewerbschancen zu verbessern. Die politischen Parteien in Deutschland und Österreich haben darum niemals das Auslesesystem der Beamtenschaft durch Prüfungen angetastet. Sie sind auch nicht grundsätzlich gegen das Prinzip, daß offene Dienststellen ausgeschrieben werden, wie das nach Art. 86 B.-VG und die § 2 und 3 der Gerichtsverfassungsnovelle 1947[82]) vorgeschrieben ist, wobei jedoch die alternativen Besetzungsvorschläge der Personalsenate der Gerichtshöfe die ernennende Behörde nicht binden. In historischer Schau wird man feststellen müssen, daß der Zugang zu Beamtenposten niemals so sehr allen Bevölkerungsschichten offen stand wie unter dem System des Proporz. Denn in der Ersten Republik waren in der Verwaltung des Bundes und aller Bundesländer, außer Wien, Angehörige der Sozialdemokratie im höheren Bundesdienst sehr selten, während umgekehrt Nichtsozialdemokraten in der Wiener Landes- bzw. Gemeindeverwaltung ebenso selten zu finden waren. Besonders kraß war das Mißverhältnis bei der Justiz, bei der die Patronage von „nationalen" akademischen Verbindungen eine große Rolle spielte[83]). Übrigens beweisen die österreichischen Erfahrungen, daß auch eine parteipolitisch gemischt zusammengesetzte Beamtenschaft ein sehr starkes Solidaritätsbewußtsein entwickelt, wenn es um ihre eigenen Interessen geht.

Schließlich ist noch eine andere Erwägung am Platze. Es kann schwerlich geleugnet werden, daß Regieren an sich eine Leistung für das Gemeinwohl darstellt. Dann aber erbringen auch Parteien und deren Anhänger, die die Regierung unterstützen und ohne die sie das Geschäft des Regierens nicht besorgen könnte, eine spezifische Leistung, die von Oppositionsparteien nicht erbracht wird und nicht erbracht werden kann. Auch unter diesem Gesichtspunkte also kann man nicht sagen, daß eine Bevorzugung von Parteianhängern im Rahmen von Ermessensentscheidungen eine willkürliche und sachlich nicht zu rechtfertigende Differenzierung darstellt.

Das Gleichgewichtsprinzip ist ein so charakteristischer Bestandteil der österreichischen Innenpolitik und damit der Organisation der Verwaltung in Bund, Ländern, Gemeinden und

---

[82]) BGBl. Nr. 71.

[83]) Die Großdeutsche Partei, deren Führer schon 1932 fast geschlossen ins Lager des Nationalsozialismus abschwenkten, hatte ihre Anhänger zu einem großen Teil in der Beamtenschaft; insbes. das Justizministerium konnte als Domäne Großdeutscher Personalpolitik gelten (A. Wandruszka, aaO. S. 299, 389).

in öffentlicher Hand befindlicher Unternehmen geworden, daß man mit gutem Grunde sagen könnte, daß die meisten Bestimmungen des formellen Verfassungsrechts, einschließlich der republikanischen Staatsform, ohne tiefgreifende Folgen geändert werden könnten, solange nur dieses Prinzip in Kraft bleibt, während die Rückkehr zur freien politischen Konkurrenz einer Revolution gleich käme, obwohl dazu nicht ein Komma im Verfassungstext geändert werden müßte.

Es ist mir ganz unmöglich, das Wirken des Gleichgewichtsprinzips bis in alle Einzelheiten vor Ihnen darzulegen und ich muß mich darauf beschränken, einige besonders charakteristische Beispiele aufzuzeigen. So darf z. B. die in öffentlicher Hand befindliche „Austria Wochenschau GmbH" den Veranstaltungen, die dem Prestige der einen Partei förderlich sind, nicht mehr Meter Film widmen, als korrespondierenden Ereignissen zum Ruhme der anderen Partei[84]). Ein anderes Beispiel: Der österreichische Rundfunk wird ebenfalls in der Form einer GmbH betrieben, zu deren Organen u. a. ein Aufsichtsrat gehört, dessen Zusammensetzung dem Kräfteverhältnis der im Hauptausschuß des Nationalrates vertretenen Parteien entspricht (13 : 12 : 1). Bei der Formulierung des Vertrages hatte man jedoch vergessen, daß nach den Vorschriften des Betriebsrätegesetzes von Gesetzes wegen auch zwei Mitglieder des Zentralbetriebsrates stimmberechtigte Mitglieder im Aufsichtsrat waren, von denen man annehmen durfte, daß sie der SPÖ naheständen. Die echt österreichische Lösung bestand darin, daß zwei von der SPÖ nominierte Vertreter als Mitglieder des Aufsichtsrates an der Abstimmung nicht teilnehmen, bis eine neue Lösung gefunden wird[85]). Ein weiteres sehr charakteristisches Beispiel ist die Gestaltung des österreichischen Staatsbürgersschaftsrechts. Diese Regelung war insofern politisch bedeutsam, als rund 337 000 Heimatvertriebene in Österreich verblieben, denen erst durch ein Gesetz vom 2. Juni 1954[86]) ein gesetzlicher Anspruch auf die österreichische Staatsbürgerschaft zugebilligt wurde. Bis dahin galt

---

[84]) Vgl. „30 Meter schwarz, 30 Meter rot", Die Wochenpresse v. 9. März 1957.

[85]) Vgl. auch „Staatliches Kulturmonopol im Äther", Deutsche Zeitung und Wirtschaftszeitung v. 21. Sept. 1957.

[86]) BGBl. Nr. 142 bzw. BGBl. Nr. 284/1956. Die oben angegebene Zahl „volksdeutscher" Flüchtlinge bezieht sich auf den 1. 1. 1953 und dürfte sich seitdem durch Abwanderung in die Bundesrepublik und Auswanderung aus Europa verringert haben. Eingebürgert waren davon am gleichen Stichtag rd. 150 000 (vgl. T. Radspieler; The Ethnic German Refugee in Austria, Studies in Social Life II, 1955, S. 61, 177). Insgesamt wurden bis 1. 7. 1958 rd. 275 000 Flüchtlinge in Österreich eingebürgert, wobei allerdings die „Reichsdeutschen" und die fremdsprachigen inbegriffen sind.

auch für sie die bereits im Staatsbürgerschaftsgesetz 1945[87]) getroffene Regelung, d. h. daß bei Aufenthalt im Bundesgebiet von weniger als 4 Jahren die Bundesregierung durch Ministerratsbeschluß und bei Aufenthalt von weniger als 10 Jahren das Bundeskanzleramt und der Bundesminister für Inneres der Einbürgerung zustimmen müssen[88]). Nun ist nicht nur die Bundesregierung als Ganzes nach dem Proporz besetzt, sondern dem Bundeskanzler aus der ÖVP steht regelmäßig ein Vizekanzler aus den Reihen der SPÖ und dem Innenminister der SPÖ ein Staatssekretär der ÖVP zur Seite. Mit anderen Worten, durch das Staatsbürgerschaftsgesetz wurde Vorsorge dagegen getroffen, daß die eine Partei durch eine relativ großzügige Einbürgerungspolitik in einem von ihr beherrschten Lande sich eine zusätzliche Klientel von Neubürgern schaffen konnte. Eine Einbürgerung war in der Praxis vielmehr immer nur über eine Empfehlung durch eine der beiden Koalitionsparteien möglich, so daß sich weder eine dem BHE vergleichbare Partei bilden, noch eine der beiden Koalitionsparteien sich ein Übergewicht verschaffen konnte.

Eine andere praktische Anwendung des Gleichgewichtsprinzips ist auch die Institution des sog. Junktim, d. h. daß der Koalitionspartner seine Zustimmung zur Verwirklichung bestimmter Wünsche der anderen Partei nur dann gibt, wenn diese in einer sachlich nicht zusammenhängenden Frage ihm entgegenkommt. Ein solches Junktim wurde z. B. zwischen der Erhöhung von Rundfunkgebühren im Bund und von Gemeindetarifen in Wien hergestellt[89]), oder zwischen der Sanierung der Krankenkassen und der Ausgabe neuer sog. „Volksaktien"[90]).

Das Gleichgewichtsprinzip führt weiter zur praktischen Abänderung von Verfassungsartikeln. So heißt es in Art. 78 (3) B.-VG, daß die Staatssekretäre dem Bundesminister unterstellt und an seine Weisungen gebunden sind. Das gilt aber de facto mindestens dann nicht, wenn, wie etwa z. Zt. im Außenmini-

---

[87]) StGBl. Nr. 60, jetzt StbG. 1949, BGBl. Nr. 276.

[88]) Im ersten Fall muß ausdrücklich festgestellt werden, daß die Einbürgerung im Interesse des Bundes liegt, im zweiten lediglich, daß „vom Standpunkte der Interessen des Bundes kein Anstand obwaltet", § 5 (4) (5) StbG .1949, vgl. Adamovich-Spanner, aaO. S. 423 ff.

[89]) Vgl. „Koalitionskrise wegen Rundfunkgebühren", FAZ v. 15. Nov. 1957; „Hörer, ärgere dich nicht", Die Wochenpresse v. 1. Nov. 1958. Aus dieser letzten Meldung ist zu ersehen, daß das Junktim z. Zt. zwischen der Erhöhung von Rundfunkgebühren und den Bundesbahn- und Posttarifen besteht, was von der SPÖ allerdings bestritten wird. Ferner „Volksaktien, Der Schlag ins Wasser", Wochenpresse v. 21. Juni 1958.

[90]) „Zahn um Zahn", Die Wochenpresse v. 17. Nov. 1958.

sterium, im Innenministerium und im Verteidigungsministerium ein Staatssekretär der jeweils anderen Koalitionspartei angehört. Hier führt nämlich das Gleichgewichtsprinzip zur Folgerung, daß der Staatssekretär ein Kontrollorgan seines Ministers ist und gegen dessen Entscheidungen jeweils eine Auseinandersetzung auf einer höheren parteipolitischen Ebene erzwingen kann[91]).

Entsprechende Kontrollorgane finden wir dann auch im Bereiche der Hoheits- und Wirtschaftsverwaltung. Wenn der Sicherheitsdirektor eines Landes der einen Partei angehört, steht der Polizeidirektor der Landeshauptstadt der anderen Partei nahe, der Stellvertreter des Generaldirektors der Creditanstalt, die eine ÖVP-Domäne ist, ist Sozialist usw. In den Kammern für gewerbliche Wirtschaft werden regelmäßig, mindestens in das Präsidium, auch Vertreter einer Gliederung der SPÖ gewählt, umgekehrt werden dem der ÖVP gehörenden ÖAAB im ÖGB und in den Kammern für Arbeiter und Angestellte Plätze in der Verwaltung eingeräumt, die sich sie nach der Stimmenzahl ohne Unterstützung durch die Konkurrenzpartei niemals erobern könnten. Daneben gibt es allerdings Verwaltungsstellen, die praktisch ausschließlich Domäne der einen oder anderen Koalitionspartei sind, z. B. das Landwirtschaftsministerium (ÖVP) und das Sozialministerium (SPÖ), bei denen die jeweils andere Partei von der Mitregierung praktisch ausgeschlossen ist. Nicht zu Unrecht hat darum ein geistreicher Journalist einem Aufsatz über die österreichische Innenpolitik den Titel: „Unter der Regierung Kaiser Franz Joseph II.“ gegeben[92]) und die ÖVP mit den „im Reichsrat vertretenen Königreichen und Ländern“, die SPÖ mit der „ungarischen Reichshälfte“ verglichen.

Dem System der „Delegationen“ zur Beratung und Beschlußfassung über die gemeinsamen Angelegenheiten beider Reichshälften entspricht dabei nach österreichischem zwischenpartei-

---

[91]) Diese Vereinbarung wurde schon im Dezember 1945 getroffen und am 8. Januar 1947 bestätigt (Schärf, Österreichs Erneuerung, S. 277). In die schriftlich abgefaßten Koalitionspakte ist sie merkwürdigerweise nie aufgenommen worden, obwohl sie nach wie vor gilt. Eine ähnliche Rolle als Kontrollorgan spielt der Vizekanzler, der nach Art. 69 (2) B.-VG. „zum Vertreter des Bundeskanzlers zu dessen gesamtem Wirkungsbereich berufen“ ist. Kontrollorgane in diesem Sinne sind auch die Landeshauptmann-Stellvertreter in den Bundesländern, soweit sie der zweitstärksten Landtagsfraktion angehören. Über die Zusammensetzung der Landesregierungen vgl. Adamovich-Spanner, aaO. S. 245 ff.

[92]) Willy Lorenz „Unter der Regierung Kaiser Franz Joseph II.“, Gedanken zur österreichischen Situation, Die Österreichische Furche v. 3. Sept. 1955.

lichen Recht ein sog. Koalitionsausschuß. Seine Existenz wird schriftlich erstmalig im Koalitionspakt vom 5. 11. 1949 fixiert, de facto dürfte er aber bereits früher bestanden haben. Im Koalitionspakt vom 31. März 1953 wird dem „Koordinationsausschuß" auch die „Austragung von Meinungsverschiedenheiten und die Vorberatung von Gesetzentwürfen und -anträgen" übertragen. Im Koalitionspakt vom 26. Juni 1956 wird die Aufgabe des Koalitionsausschusses aber nur noch mit „Sicherung einer reibungslosen Zusammenarbeit" umschrieben und seine personelle Zusammensetzung geregelt[93]). Auch hier ist wieder die Ähnlichkeit mit Schlichtungsausschüssen des speziellen Völkerrechts ganz unverkennbar. Die Institution des Koalitionsausschusses ist also, wie gesagt, bereits ein traditioneller Bestandteil der zwischenparteilichen Rechtsnormen und gehört damit bereits zum „Allgemeinen Teil" aller Koalitionspakte[94]). Weitere Bestimmungen des „Allgemeinen Teils" gelten der Dauer der Koalition für die Legislaturperiode[95]), dem Ausschluß dritter Parteien und der Verpflichtung, öffentliche Erklärungen über Währungsmaßnahmen nur auf Grund besonderer Partei-

---

[93]) Von Fall zu Fall werden auch Koalitionsunterausschüsse gebildet, z. B. für das Schulproblem, oder das Landwirtschaftsgesetz. An den Sitzungen des Koalitionsausschusses nehmen z. Zt. teil: regelmäßig seitens der ÖVP: Der Bundesparteiobmann, Bundeskanzler Ing. Julius Raab, der Generalsekretär (der zufällig auch Clubobmann ist), NR. Dr. Maleta; seitens der SPÖ; Vizekanzler Dr. Pittermann, Clubobmann NR. Olah; fallweise seitens der ÖVP: für den Bauernbund Minister a. D. Kraus, für den Arbeiter- und Angestelltenbund Vizebürgermeister Weinberger, Wien, Minister Dr. Bock (BMf. Handel u. Wiederaufbau), Minister Graf (BMf. Landesverteidigung), Minister Dr. Kamitz (BMf. Finanzen), Minister Thoma (BMf. Land- und Forstwirtschaft); seitens der SPÖ: Minister Helmer (BMf. Inneres), Minister Waldbrunner (BMf. Verkehr und Elektrizitätswirtschaft), Bürgermeister Jonas, Wien. (Auf freundliche Mitteilung von BR. Dr. Tzöbl.)

[94]) Vgl. auch Z. 8—10 des Koalitionspaktes 1953 (Anhang I) über die Bildung zweier „paritätischer Kommissionen" beim BMf. Verkehr und verstaatliche Betriebe (SPÖ) und im BMf. Finanzen. Diese Kommissionen, deren „Befugnisse nicht auf Gesetz, sondern auf dieser Parteienvereinbarung" beruhen, sind heute gegenstandslos geworden, weil sowohl für die „Verstaatlichten Unternehmungen" wie für das „Deutsche Eigentum" eine neue Regelung getroffen wurde; vgl. „Österreichs Staatsholding umfaßt 77 Betriebe", Handelsblatt v. 25. Jan. 1958.

[95]) Zur Zeit wird die Frage einer Änderung von Art. 29 (2) B.-VG. erörtert, wonach der Nationalrat mit einfacher Mehrheit seine Auflösung beschließen kann. Es wird insbesondere von einigen Vertretern der SPÖ vorgeschlagen, daß eine vorzeitige Auflösung nur mit qualifizierter Mehrheit möglich sein soll; das würde wiederum eine Ausrichtung des Bundesverfassungsgesetzes auf den Koalitionspakt bedeuten.

vereinbarung abzugeben. Im Koalitionspakt von 1949 war darüber hinaus der Grundsatz der Zusammenarbeit und des Proporzes auch auf die Landesregierungen und Gemeinden mit mehr als 10 000 Einwohner erstreckt worden, eine Bestimmung, die sich bereits im Koalitionspakt 1953 nicht mehr findet[96]). Im Koalitionspakt 1953 heißt es dann: „Die beiden Parteien werden bei allen sonstigen wichtigen Vorlagen und Anträgen im Parlament die Art der Abstimmung und nötigenfalls auch die Freigabe der Abstimmung absprechen; der koalitionsfreie Raum wird besonders vereinbart". Der letzte Absatz bedeutet, daß keine der beiden Koalitionsparteien sich des „Züngleins an der Waage", d. h. des VDU (jetzt FPÖ) bedienen darf, um in einer Einzelfrage die andere Regierungs- und Koalitionspartei zu überstimmen, daß also alle Gesetze nur die formelle Bestätigung von Vereinbarungen der beiden Koalitionsparteien darstellen sollen; dabei soll es aber unter Umständen der einen Koalitionspartei freigestellt sein, sich mit Zustimmung der anderen überstimmen zu lassen, wenn ihr dies aus taktischen und insbesondere propagandistischen Gründen zweckmäßig erscheinen sollte. Der Koalitionspakt 1956 ändert diese Bestimmungen dahin, daß im Nationalrat nur noch „grundlegende Abänderungsvorschläge" der Zustimmung bedürfen, und zwar nicht mehr wie 1953 der „interessierten Ressortminister", sondern des Koalitionsausschusses. Es läßt sich also sowohl hinsichtlich des Geltungsbereiches des Koalitionspaktes als auch hinsichtlich der Verbindlichkeit von Abstimmungen auf höchster Ebene eine Tendenz zur Einräumung größerer Freiheit an die Parlamentarier, die regionalen und kommunalen Parteiinstanzen feststellen, ein Symptom dafür, daß sich das System auf Landes- und Gemeindeebene bereits hinreichend eingebürgert hat und aus dem Innern der beiden Parteien heraus kaum zu erschüttern ist.

Im Hinblick auf diese Dezentralisation des dialektischen Prozesses der Gesetzgebung muß auch das Phänomen des sog. „Kammerstaates" gesehen werden[97]). Es wird darunter verstanden, daß die wirtschaftlichen Selbstverwaltungskörper, die nach dem Prinzip der Zwangsmitgliedschaft zusammengefaßt sind, untereinander Abkommen schließen, die dann von den verfassungsmäßigen Organen der Gesetzgebung gewissermaßen nur in den Formen der Gesetzgebung vollzogen werden, wie dies vor allem bei den „Lohn- und Preisabkommen" in den ersten Jahren

[96]) Die österreichische Landesregierungen und ebenso die Exekutiven der Gemeinden waren sämtlich schon vor 1933 kraft Gesetz nach dem Allparteienprinzip zusammengesetzt. Möglicher Streitpunkt war und ist dabei nur die Geschäftsverteilung. Näheres bei Vulpius, aaO. S. 69 ff.

[97]) Vgl. Adamovich-Spanner, aaO. S. 122 ff.

nach 1945 der Fall war. Aber auch heute noch ist anzunehmen, daß insbesondere eine Reihe von wirtschaftspolitischen Gesetzen, wenigstens in den Grundzügen, von Kammer zu Kammer vereinbart werden. Die wichtigsten Kammern, nämlich die der Gewerblichen Wirtschaft[98]), die Kammern für Arbeiter und Angestellte[99]), die landesgesetzlich eingerichteten Landwirtschaftskammern und Landarbeiterkammern sind ebenso wie der als Verein mit freiwilliger Mitgliedschaft konstituierte Österreichische Gewerkschaftsbund politisiert[100]), d. h. daß die Wahlvorschläge zu ihren Organen vorwiegend von politisch ausgerichteten Organisationen, wie z. B. dem ÖBB, dem ÖWB, den parteipolitischen Fraktionen in den Gewerkschaften usw. eingereicht werden. Zwischen den politischen Parteien und den führenden Persönlichkeiten der Kammern und des ÖGB besteht oft Personalunion. Das Prinzip des Gleichgewichts auf der Kammerebene zeigt sich bei zahlreichen Wirtschaftsgesetzen, z. B. im Milchwirtschaftsgesetz 1956[101]), wo die entscheidenden Beschlüsse über die Verwaltung des sog. Milchfonds von einer Verwaltungskommission aus 27 Personen (je 9 auf Vorschlag der Landwirtschaftskammern, des Arbeiterkammertages und der Bundeskammer der Gewerblichen Wirtschaft ernannt) mit einer vier Fünftel Mehrheit (§ 16), und die des geschäftsführenden Ausschusses der Verwaltungskommission sogar einhellig, gefaßt werden müssen. Eine ähnliche Regelung gilt für das Getreidewirtschaftsgesetz[102]) und das Viehverkehrsgesetz[103]).

Zusammenfassend und abschließend muß betont werden, daß das Gleichgewichtsprinzip ein Prinzip des l a b i l e n Gleichgewichts ist, d. h. daß die jeweils numerisch stärkere Partei in der Koalition ein leichtes Übergewicht mit Erfolg beansprucht. Dies zeigt sich vor allem darin, daß sie den Posten des Bundeskanzlers beanspruchen kann, nicht zuletzt aber auch in der Verfügung über die verstaatlichten Unternehmungen und das „Deutsche Eigentum“[104]).

---

[98]) BGBl. Nr. 182/1946.

[99]) BGBl. Nr. 105/1954.

[100]) Die Wahlen zu den Kammern der freien Berufe sind dagegen entweder ganz unpolitisch, wie z. B. die Wahlen zur Kärntner Ärztekammer v. 1. Juni 1958, wo in allen drei Wahlgängen nur Einheitslisten vorlagen, oder aber nur teilweise politisch, d. h. unter Konkurrenz von unpolitischen und politischen Listen, wie z. B. bei den letzten Wahlen zur Wiener Ärztekammer.

[101]) BGBl. Nr. 148/1956.

[102]) BGBl. 149/1956.

[103]) BGBl. Nr. 150/1956.

[104]) Vgl. hierzu § 2 des Bundesgesetzes v. 1. Febr. 1946 BGBl. Nr. 56/1946 über die Errichtung eines Bundesministeriums für Vermögensicherung und Wirtschaftsplanung mit § 4 (1) Z. 2, § 5 (2) des Bundesgesetzes v. 16. Dez. 1949 BGBl. Nr. 24/1950 über die

Das österreichische System hat zur Folge, daß Gesetze nicht als Kompromiß zwischen Regierungsparteien und parlamentarischer Opposition zustande kommen[105]), sondern daß der dialektische Prozeß der Gesetzgebung sich nur innerhalb der Regierungskoalition selbst abspielt[106]). Das wird nur der bedauern[107]), der das Recht auf Opposition, das ein hohes Gut ist, mit der Existenz einer Opposition, also mit der Existenz von Uneinigkeit, die keinen Eigenwert hat, identifiziert. Denn wenn man den Parteienstaat dahin definiert, daß in ihm die Autorität über einen Teil des Volkes Zwangsgewalt über das ganze Volk zur Folge hat, dann ist offenbar die innere Einheit des Staates am besten gewahrt, in dem der Kreis der Gewaltunterworfenen und der Kreis der die Autorität der Staatsführung freiwillig Anerkennenden sich am weitesten decken. Daß dies in Österreich wie in wenigen anderen Ländern der Welt gelungen ist, ist eine der bedeutendsten politischen Leistungen der österreichischen Geschichte.

Wer den Zustand der politischen Gesellschaft als untergeordnete Koexistenz[108]), als eine Vielzahl von Oligarchien deutet, die nur durch einen starken „pouvoir neutre" gebändigt werden können, steht — vielleicht unbewußt — in der Nachfolge von Hobbes, nur daß aus dem Naturzustand des „Krieges aller gegen alle" Individuen, ein „Pluralismus" genannter „Krieg aller gegen alle" Kollektive geworden ist. Doch an dieser Theorie ist nur das eine richtig, daß, wenn die vielen Träger sozialer Autorität nach dem Prinzip „Homo homini lupus" aneinander handeln, die Wahl zwischen Diktatur und Anarchie

---

Auflösung von Bundesministerien und die Neuordnung des Wirkungsbereiches einiger Bundesministerien und schließlich § 3 des Bundesgesetzes v. 11. Juli 1956 BGBl. Nr. 134/1956 über die Errichtung eines Bundesministeriums für Landesverteidigung und über die Neuordnung des Wirkungsbereiches einiger Bundesministerien. Bereits das Datum dieser Gesetze beweist den Zusammenhang ihres Inhalts mit dem Ausgang der vorhergehenden Wahlen zum Nationalrat und den Koalitionspakten. Auf die im Einzelnen sehr komplizierte Regelung kann hier nicht näher eingegangen werden, vgl. „Es bleibt doch nicht alles beim alten", FAZ v. 8. Juli 1956.

[105]) H. Kelsen, Vom Wesen und Wert der Demokratie, 2. Aufl. 1929, S. 53 ff.

[106]) Abg. Mark (Sten. Prot. VIII. GP. 41. Sitz. v. 3. Dez. 1957): „Wir müssen sowohl Regierung als auch Opposition zugleich sein, weil wir die Aufgabe haben, zwar gemeinsam zu regieren, aber gleichzeitig einander auch zu kontrollieren, und diese Tatsache wird vom österreichischen Volk seit 1945 ständig und in wachsendem Maße anerkannt."

[107]) A. Vulpius, aaO. S. 190 ff.

[108]) C. Schmitt, Der Hüter der Verfassung, 1931, S. 60 ff., 73 ff., 141 ff.; W. Weber, Spannungen und Kräfte im westdeutschen Verfassungssystem, 2. Aufl. 1958 S. 152 ff.

unausbleiblich wird. Nur bitte ich dabei eins zu bedenken: wenn die Hobbes'sche Diagnose auf unsere heutige Gesellschaft zutrifft, dann ist es unlogisch und systemwidrig, die Beseitigung dieses unerfreulichen Zustandes von einer künstlichen Einführung plebiszitärer Elemente in die Verfassung zu erwarten. Denn damit geht man von einer pessimistischen Anthropologie, die den Menschen nicht von einer zur Erkenntnis des Gemeinwohls befähigten Vernunft gelenkt sieht, sondern von seiner durch Furcht temperierten Begehrlichkeit, jäh und unmotiviert zu einer optimistischen Anthropologie über und fordert eine Verfassung, die mit der pessimistischen Prämisse der pluralistischen Anarchie schlechthin nicht vereinbar ist[109]). Aber der anarchische Pluralismus der Oligarchien besteht ja in Wirklichkeit ebensowenig, wie die Existenz des Völkerrechts wegen des Fehlens einer zentralen Zwangsgewalt über den Staaten geleugnet werden kann. Es ist nicht die Furcht, sondern die dem Menschen und seinen Assoziationen innewohnende Tendenz zur Solidarität, die die Einheit des Staatswesens wie die Einheit der Völkerrechtsgemeinschaft erhält, eine Tendenz, die es bewirkt, daß Gegensätze zwischen großen Gruppen der Gesellschaft nicht etwa ohne Kampf, wohl aber durch einen Kampf in rechtlich geordneten Formen, innerhalb normativ gezogener Grenzen ausgetragen werden können, in Formen und Grenzen, die auf übereinstimmender Einsicht der Wettkämpfer in die Notwendigkeit dieser Ordnung beruhen, in Formen und Grenzen, die freilich auch dem Geist der Kämpfer und ihm allein anvertraut sind. Wie im Völkerrecht ist es auch im zwischenparteilichen Recht die bona fides, die Bejahung des Anderen als Rechtsgenossen, die das Band der Rechtsgemeinschaft erhält. Darum darf ich den Grundgedanken dieses Korreferates durch die Variation eines bekannten Zitats aus Ciceros „De re publica" zusammenfassen[110]): „Das Gemeinwesen ist gemeinsame Sache des Volkes. Volk aber ist nicht jede Vereinigung von Menschen, die sich als Masse zusammenschart, sondern der Zusammenschluß mehrerer durch Autorität zusammengehaltener organisierter Gruppen, auf der Grundlage einer Rechtsvereinbarung und einer Interessengemeinschaft."

---

[109]) B. d. Jouvenel, aaO. S. 308 ff.
[110]) Reclam 1956, S. 39.

Anhang I

Der Koalitionspakt vom 31. März 1953

1. Die Österreichische Volkspartei und die Sozialistische Partei Österreichs bilden eine Regierung unter Ausschluß dritter Parteien und verpflichten sich, gemeinsam die Verantwortung für die Regierungsmaßnahmen zu übernehmen.

2. Im Verhältnis zwischen ÖVP und SPÖ gilt grundsätzlich der bei den Wahlen am 22. Februar 1953 erzielte Proporz. Dieser Proporz ist auch bei den Vorschlägen für die Leitungsfunktionen bei den verstaatlichten Unternehmungen anzuwenden.

3. Die Zusammenarbeit beider Parteien gilt für die Dauer der Legislaturperiode. Neuwahlen vor Ablauf der Legislaturperiode können nur im Einvernehmen beider Parteien festgelegt werden. Die nächsten Wahlen werden von dem von den beiden Parteien gebildeten Kabinett durchgeführt.

4. Die Zusammenarbeit in den Landesregierungen und Gemeinden wird den lokalen Organisationen überlassen.

5. Zum Zwecke einer reibungslosen Erledigung der Regierungsvorlagen wird zwischen beiden Parteien im Parlament ein Koordinationsausschuß gebildet, dem auch die Austragung von Meinungsverschiedenheiten und die Vorberatung von Gesetzentwürfen und Anträgen obliegt. Kanzler und Vizekanzler gehören ihm an.

6. Die in der Regierung beschlossenen Gesetzesvorlagen sind für die beiden Parlamentsklubs verpflichtend. Abänderungen können nur nach Absprache unter Zustimmung der daran interessierten Ressortminister vorgenommen werden.

7. (1) Die Regierung ist verpflichtet, ein Arbeitsprogramm festzulegen, das die beiden Koalitionsparteien in der Regierung und im Parlament zu gemeinsamem Vorgehen veranlaßt.

(2) Die beiden Parteien werden bei allen sonstigen wichtigen Vorlagen und Anträgen im Parlament die Art der Abstimmung und nötigenfalls auch die Freigabe der Abstimmung absprechen; der koalitionsfreie Raum wird besonders vereinbart.

8. Beim Ministerium für Verkehr und verstaatlichte Betriebe wird eine paritätische Kommission der ÖVP und SPÖ (je drei Mitglieder) gebildet, die unter Vorsitz des Ministers arbeitet. Die Befugnisse beruhen nicht auf Gesetz, sondern auf dieser Parteienvereinbarung. Die Kommission hat sich mit dem organisatorischen Aufbau und der personellen Besetzung der leitenden Organe der verstaatlichten Unternehmungen zu beschäftigen. Der Ressortbereich des bisherigen Verkehrsministeriums bleibt von dieser Kommission unberührt, jedoch fällt auch die Ravag in die Kompetenz dieser Kommission.

Unter organisatorischem Aufbau ist zu verstehen:

a) Die Festlegung der Geschäftsordnung und der Statuten der Vorstände und der Aufsichtsräte dieser Unternehmungen.

b) Der organisatorische Zusammenschluß der Unternehmungen in übergeordnete Gesellschaftsorgane (Holdings, Generaldirektion).

Unter personeller Besetzung ist zu verstehen die Besetzung der Vorstände, der Aufsichtsräte und öffentlichen Verwaltungen der in den Zuständigkeitsbereich fallenden verstaatlichten Unternehmungen.

Im Verhältnis zwischen ÖVP und SPÖ gilt der bei den Wahlen am 22. Februar 1953 erzielte Proporz. Der Proporz ist derart anzuwenden, daß innerhalb der Spitzenfunktion (Generaldirektoren, Präsidenten) auch dieses Verhältnis gilt. Für die Auswahl der in Betracht kommenden Personen hat selbstverständlich die fachliche und sachliche Eignung zu gelten.

9. Beim Bundesministerium für Finanzen, dem die Liquidation des Deutschen Eigentums und anderer verfallender Vermögen und die Zuständigkeit hinsichtlich der drei verstaatlichten Banken zufällt, wird eine gleiche Kommission wie beim Verkehrsministerium errichtet. Diese Kommission hat sich mit der Liquidation dieser Vermögenschaften zu beschäftigen.

10. Für beide Kommissionen (Kommission im Ministerium für Verkehr und verstaatlichte Betriebe und Kommission im Finanzministerium) gilt das Rekursrecht an den Bundeskanzler und Vizekanzler gemeinsam (für den Fall, daß keine Einigung in der Kommission erzielt wird). Für die beiden Kommissionen in beiden Ministerien gilt als Grundsatz, daß sie mindestens einmal im Monat zusammentreten sollen, und daß sie weiter einzuberufen sind, wenn einer der beiden Teile es verlangt.

11. Über Änderungen der Statuten und Geschäftsordnung sowie der Besetzung der Aufsichtsräte und der Vorstände bei den verstaatlichten Banken entscheidet die Bundesregierung.

12. Die Währungsfrage soll wie bisher für beide Parteien gemeinsam sein. Öffentliche Erklärungen über Währungsmaßnahmen, vor allem durch Regierungsmitglieder, können nur mit Genehmigung des Bundeskanzlers und des Vizekanzlers erfolgen.

13. Für die Nationalbank ist ein Statut zu schaffen, für eine handlungsfähige Direktion und einen Aufsichtsrat (Nationalbankgesetz).

14. Notwendig werdende finanzpolitische Maßnahmen zugunsten der Kreditinstitute sollen im Einvernehmen geschehen.

15. Zwischen den Parteien soll ein Abkommen über die beiderseitige Berücksichtigung im staatlichen oder staatlich beeinflußten Nachrichten- oder Propagandadienst getroffen werden.

16. Mit der vorbereitenden Arbeit zur Aufstellung der Wehrmacht ist das Bundeskanzleramt zu betrauen. Eine Generaldirektion für Landesverteidigung ist entsprechend den vereinbarten Organisationsgrundsätzen nach Gestattung durch die Alliierten im Bundeskanzleramt zu errichten.

Anhang II

Der Koalitionspakt vom 26. Juni 1956*)

1. Die Österreichische Volkspartei und die Sozialistische Partei Österreichs bilden eine Regierung unter Ausschluß dritter Parteien

und verpflichten sich, gemeinsam die Verantwortung für die Regierungsmaßnahmen zu übernehmen.

2. Im Verhältnis zwischen Österreichischer Volkspartei und Sozialistischer Partei Österreichs gilt grundsätzlich der bei den Wahlen vom 13. Mai 1956 erzielte Proporz. Dieser Proporz ist insgesamt bei den Vorschlägen für die Leitungsfunktionen bei den verstaatlichten Unternehmungen anzuwenden. Dies gilt auch für die Besetzung der Aufsichtsräte und der Vorstände bei den verstaatlichten Banken. Über deren Berufung sowie die Änderungen der Statuten und der Geschäftsordnung der Banken entscheidet die Bundesregierung.

3. Die Zusammenarbeit der beiden Parteien gilt für die Dauer der Legislaturperiode. Neuwahlen vor Ablauf der Legislaturperiode können nur im Einvernehmen der beiden Parteien festgelegt werden. Die nächsten Wahlen werden von dem von den beiden Parteien gebildeten Kabinett durchgeführt.

4. Zur Sicherung einer reibungslosen Zusammenarbeit wird ein Koalitionsausschuß, bestehend aus je fünf Vertretern beider Parteien, einberufen. Er soll regelmäßig, jedenfalls aber im Falle von Differenzen zwischen den beiden Regierungsparteien oder deren Ministern einberufen werden. Den Vorsitz führt der Bundeskanzler, in seiner Vertretung der Vizekanzler. Dem Koalitionsausschuß gehören die beiden Klubobmänner an.

5. a) Regierungsvorlagen, über die ein einstimmiger Beschluß der beiden in der Bundesregierung vertretenen Koalitionsparteien in materieller und formeller Hinsicht erzielt worden ist, sind für die im Nationalrat vertretenen beiden Koalitionsparteien verbindlich. Grundlegende Abänderungsvorschläge bedürfen der Zustimmung des Koalitionsausschusses.

b) Ist anläßlich der Beschlußfassung über eine Regierungsvorlage ein Beschluß der Regierung gefaßt worden, die parlamentarische Behandlung der Regierungsvorlage im Nationalrat den Koalitionsparteien freizugeben, so haben die beiden Koalitionsparteien bei der Behandlung einer solchen Regierungsvorlage im Nationalrat freie Hand.

6. Bei allen sonstigen Vorlagen und Anträgen werden die beiden Parteien im Parlament die Art der Abstimmung und nötigenfalls auch die Freigabe der Abstimmung absprechen.

7. Die Währungsfrage soll wie bisher für beide Parteien gemeinsam sein. Daher können öffentliche Erklärungen über Währungsmaßnahmen vor allem durch Regierungsmitglieder nur mit Genehmigung des Bundeskanzlers und des Vizekanzlers erfolgen.

---

*) Der Koalitionspakt vom 26. 6. 1956 ist insofern unvollständig, als die Abmachungen über die Regierungsbildung und die Kompetenzverteilung (vgl. Anm. 104) bereits eine Woche vorher veröffentlicht worden waren. Die Präambel bezeichnet den Inhalt des Koalitionspaktes 1956 als „Grundsätze über die künftige Zusammenarbeit in Regierung und Parlament“.

Leitsätze des Mitberichterstatters über: Die verfassungsrechtliche Stellung der politischen Parteien im modernen Staat

1. *Gruppen entstehen nicht durch spontane Assoziation, sondern unter der Mitwirkung von Autorität, d. h. durch die Fähigkeit einzelner Menschen, Vertrauen und freiwillige Mitwirkung von Anhängern zu gewinnen. Autorität gründet bald mehr auf persönlichem Prestige, bald mehr auf dem traditionellen Prestige einer Institution.*

2. *Je größer die Gruppe, desto notwendiger ist die Unterstützung der zentralen Autorität durch Autoritäten über kleinere Teilgruppen. Dies zeigt sich vor allem bei den politischen Parteien, deren Zusammenhalt auf der Unterstützung der Parteiführung durch die Träger eines enger begrenzten Prestiges beruht.*

3. *Parteien sind keine „Oligarchien", sondern — über ihre formale Organisation hinaus — vielfältig gegliederte, föderalistische Gebilde. Unter den Bedingungen des Wettbewerbs kann das demokratische Element in ihnen nie ganz ausgeschlossen werden.*

4. *Die Einheit des Staates kann nicht allein durch das Monopol bestimmter Zwangsmittel bewahrt werden. Auch der Staat bedarf der Autorität der Staatsführung, die nicht durch ideologische Fiktionen, wie die Volkssouveränität, ersetzt werden kann.*

5. *Die Rechtsgemeinschaft des modernen Staates wird als Rechtsgemeinschaft der politischen Parteien begründet und erhalten. Die Bedingungen dieser Rechtsgemeinschaft, die nur z. T. im formellen Verfassungsgesetz Ausdruck finden, sind die Grundnorm, die der Verfassung ihren normativen Charakter gibt.*

6. *Die Verfassung des modernen Staates muß an Hand ihrer Grundnorm, der Parteienübereinkunft, interpretiert werden. Verfassungsrechtliche Institutionen erhalten dadurch den Sinn von Regeln friedlichen politischen Wettkampfes, von Kampfgerichten und Schlichtern.*

7. *Der „Parteienstaat" ist ein Staat, in dem die in geordnetem Wettkampf errungene Autorität über einen Teil des Volkes die Zwangsgewalt über das ganze Volk für eine bestimmte Dauer zur Folge hat.*

8. *Neben den in der Form von Gesetzen erkennbaren allgemeinen Regeln des friedlichen Wettkampfes der politischen Parteien gibt es noch ein besonderes Parteienrecht (Koalitionspakte). Durch Koalitionspakte können neben den staatlichen auch noch außerstaatliche Organe der gegenseitigen Kontrolle und der Schlichtung zwischenparteilicher Streitigkeiten geschaffen werden.*
9. *Das bundesstaatliche Prinzip verliert durch das Zusammenfallen von Autorität der Parteien und staatlicher Zwangsgewalt nicht notwendig seine Bedeutung, selbst dann, wenn dieselbe Partei in Bundes- und Gliedstaat die Regierung führt.*
10. *Patronage ist mit jeder Form der Herrschaft untrennbar verbunden. Patronage durch politische Parteien ist keine Verletzung des Leistungsprinzips.*
11. *Das österreichische Recht unterscheidet zwischen „Wahlparteien" und „politischen Parteien". Die zweiten haben mindestens zum Teil ihre Rechtsfähigkeit nicht auf Grund des Vereinsgesetzes erlangt.*
12. *Das österreichische Regierungssystem beruht auf einem Vertrag zwischen zwei großen Parteien, die zusammen über mehr als 90 % der Mandate im Nationalrat verfügen und unter sich nahezu gleich stark sind. Sie sind mit wirtschaftlichen Interessengruppen auch organisatorisch eng verflochten.*
13. *Grundprinzip der österreichischen Koalitionspakte ist die Erhaltung eines labilen Gleichgewichts zwischen den Koalitionsparteien unter Ausschluß dritter Parteien von der politischen Mitbestimmung.*
14. *Der dialektische Prozeß der Gesetzgebung wird dadurch in die Koalition selbst gelegt, während die parlamentarische Opposition von der Mitbestimmung ausgeschlossen ist.*

Die verfassungsrechtliche Stellung der politischen Parteien im modernen Staat

3. Auszug aus der Aussprache und Schlußworte

Ermacora ist der Auffassung, daß das Referat von Hesse praktisch auf die Frage nach der Institutionalisierung der Parteien hinausläuft. In der Form, wie der Referent die Funktionen einer Partei dargestellt habe, werde eine solche Institutionalisierung freilich wohl allseits abgelehnt werden müssen. Jedoch sei zweifelhaft, ob Hesse alle Funktionen erörtert habe, die eine Partei tatsächlich ausübe. Der Referent habe sich mit einer Schilderung der Funktionen begnügt, die der Partei nach Art. 21 GG zukommen, ohne darüber hinaus zu erörtern, ob und welche Funktionen die heutige Partei in der politischen Wirklichkeit tatsächlich hat. Das Verhältnis der Partei zum Staat und zur Gesellschaft und damit Probleme, um die Hegel in den Grundlinien seiner Rechtsphilosophie gerungen habe, sei unerörtert geblieben. Bei Betrachtung der geschichtlichen Entwicklung der Parteien dränge sich die Frage auf, ob sich heute die Parteigewalt nicht weitgehend als mit der Staatsgewalt identisch erweise. Zu diesem Ergebnis sei offenbar auch der Referent gelangt, der von einem ausgeprägten öffentlichen Status der politischen Partei berichtet habe. Von hier aus gesehen, erscheine die Parteigewalt als Teil der Staatsgewalt und verbinde sich mit dem Problem ihrer Institutionalisierung ein neuer Aspekt der Gewaltenteilung. Zumindest müsse diese Institutionalisierung unter dem Gesichtswinkel eines etwaigen Mißbrauchs der Parteimacht und ihrer Einwirkungen auf die Staatsmacht näher untersucht werden.

Merk führt aus, zweifellos seien nach dem Sturze der Einherrschaft die politischen Parteien Träger der politischen Macht geworden. Es handle sich um Gruppierungen, insbesondere gesellschaftlicher und wirtschaftlicher Art, die bestrebt sind, bestimmte Gestaltungen der staatlichen Ordnung und des politischen Lebens herbeizuführen. Eine einheitliche politische Willensrichtung werde so in diesen Gruppierungen ermöglicht anstelle der Aufsplitterung in eine unendliche Vielheit politischer Einzelgänger. Die Parteien hätten ihre Machtstellung in der Volksvertretung in den sog. Fraktionen. Aber es frage sich, welche weiteren gesellschaftlichen und wirtschaftlichen Kräfte dahinter stehen — insbesondere sog. „Verbände" — und über jene Einfluß auf die Volksvertretung zu gewinnen suchen, womöglich in eigensüchtiger Weise. Der Annahme einer Gleichsetzung von Parteigewalt und Staatsgewalt müsse schon mit Rücksicht auf das Vorhandensein einer Mehrzahl von Parteien widersprochen werden. Zwischen Partei und Staat sei rechtlich zu unterscheiden. Die Parteien müßten, da sie nur Teilbelange und -schichten des Volkes vertreten, sich in das Ganze einordnen unter einem gerechten und billigen Ausgleich der verschiedenartigen Belange zum Wohle der Allgemeinheit.

Hesse habe die Aufgaben der Parteien unter II 3 der Leitsätze zu eng umschrieben. Ganz abgesehen davon, daß die Parteien sich heute tatsächlich auf allen Gebieten des öffentlichen Lebens geltend zu machen suchten, sei ihnen dieser Einfluß auch durch das Grundgesetz z. B. bei der Richterwahl zugebilligt, wenn auch ein unmittelbarer Eingriff in die Rechtsprechung nicht in Frage komme. Wenn die Parteien darüber hinaus auch auf die Verwaltung, insbesondere auf deren Personalpolitik, Einfluß zu nehmen versuchten, so sei dies im GG zwar nicht vorgesehen, aber ebensowenig verboten.

Wenn in Leits. III 1 c von einem Verbot der Einfügung der Parteien in die „organisierte Staatlichkeit" gesprochen werde, so sei nicht genügend klar, was damit gemeint sei. Wenn den Parteien eine öffentliche Aufgabe zukomme, so könne nicht in Abrede gestellt werden, daß sie „im Staate" stehen, wenngleich ihnen das GG eine weitgehende Freiheit der Betätigung in diesem einräume. Staatliche Willensträger seien die Parteien im übrigen nicht.

Ähnliche Bedenken bestünden gegen Ziff. III 3 der Leitsätze Hesses über den Rechtsstand der Öffentlichkeit der Parteien. Das GG könne nicht in dem Sinne ausgelegt werden, daß alle Vorgänge innerhalb der Partei der Öffentlichkeit kundbar zu machen seien, wenn auch ihre innere Ordnung volksherrschaftlichen Grundsätzen entsprechen müsse. Art. 21 I 4 GG (öffentliche Rechenschaft über die Herkunft der Mittel) könne nicht ausdehnend ausgelegt werden, ganz abgesehen davon, daß diese Bestimmung selbst hinsichtlich ihrer Tragweite keineswegs eindeutig sei.

Auch der Satz, daß die Parteien einen voll ausgeprägten öffentlichrechtlichen Rechtsstand haben, könne nicht stimmen; sie seien nach geltendem Recht eben nicht öffentlichrechtliche Körperschaften, auch wenn sie öffentliche Aufgaben besorgen. Im Verwaltungsrecht sei es eine bekannte Erscheinung, daß öffentliche Aufgaben auch von Rechtspersonen des bürgerlichen Rechts wahrgenommen werden können. —

Kafka habe (vgl. Ziff. 1 seiner Leitsätze) nicht genügend gewürdigt, daß einem politischen Zusammenschluß als Partei meist gemeinsame Belange, insbesondere gesellschaftlicher und wirtschaftlicher Art, zugrundeliegen. Das dort Gesagte habe gewiß seine Bedeutung für die Führung von Menschengruppen und so auch für die Parteiführung i. S. einer besonderen Begabung und „Begnadung"; im übrigen gebe es freilich auch Parteibildungen, die sich an eine bestimmte Persönlichkeit anschließen, wie dies, bei meist loserer Form, namentlich in Frankreich zu beobachten gewesen sei. — Weiter sei es nicht richtig, daß eine Ämterbesetzung nach Parteigesichtspunkten mit jeder Form der Herrschaft untrennbar verbunden sei (Leitsatz 10); das beweise vor allem die Einrichtung des englischen Berufsbeamtentums, das durch einen Wechsel der sog. „Parteiregierung" nicht berührt werde. In Österreich sei die Entwicklung allerdings anders verlaufen; jedoch müßten gegen den Satz, daß die Ämterbesetzung nach parteipolitischen Gesichtspunkten keine Verletzung des Leistungsgrundsatzes sei, Vorbehalte angemeldet werden. Daß bei einer Aufschlüsselung der Stellenbesetzung nach Parteigesichtspunkten die Besten und Tüchtigsten in Spitzenstellungen einrücken, sei nicht gewährleistet, da der Parteigesichtspunkt das letztlich Entscheidende sei, von unnötigen Doppelbesetzungen ganz abgesehen. Diese Aufschlüsselung führe dazu, daß jeder, der in der staatlichen Laufbahn vorwärts kommen wolle, um den Anschluß an eine Partei bemüht sein müsse, um bei der Verteilung der Ämter berücksichtigt zu werden. Deshalb sei es nicht verwunderlich, daß die österreichischen Parteien einen viel größeren Mitgliederbestand aufzuweisen hätten als die Parteien in Westdeutschland. Hier gelte der Beamte auch heute noch als Diener des ganzen Volkes und nicht einer Partei, wie auch das Bundesbeamtengesetz (§ 52) in Anlehnung an die Weimarer Verfassung (Art. 130) bestimmt habe.

Kafka berichtet über die innerhalb der Österreichischen Volkspartei maßgeblichen Grundsätze der Aufschlüsselung. Hier bestehen 3 große Bünde, unter ihnen als der weitaus größte der österreichische Bauernbund mit 450 000 Mitgliedern; ihm folgt der Bund der Arbeiter und Angestellten mit schätzungsweise 150 000 Mitgliedern; und schließlich als der kleinste, aber vielleicht mächtigste dieser 3 Bünde der Österreichische Wirtschaftsbund mit rund 80 000 Mitgliedern. Es sei durchaus nicht so, daß man nur über eine Partei in Ämter und Würden kommen könne. Gerade bei der ÖVP — das gelte übrigens ähnlich auch für die bundesdeutsche CDU und CSU — begnüge man sich vielmehr weitgehend mit „nahestehenden Leuten", von denen man einen Parteibeitritt nicht verlangt. Ja, es gebe sogar einzelne Stellen, für die man parteipolitisch profilierte Leute gerade nicht haben wolle, weil man auf diesem Platz einen Vermittler brauche. Das gelte insbesondere für bestimmte Posten innerhalb der Justiz.

Pfeifer stimmt im grundsätzlichen der Ansicht von Merk zu, daß das Parteiwesen einen ungemein starken Einfluß auf die Ämterbesetzung habe. Er berichtet, daß die beiden österreichischen Regierungsparteien bereits wiederholt Anträge gestellt haben, um den sich hieraus ergebenden Unzuträglichkeiten entgegenzuwirken. Man habe aus diesem Grunde eine öffentliche Ausschreibung freier Stellen verlangt, um so eine Garantie für die Auswahl des jeweils fachlich Geeignetsten zu bieten. Die Schwierigkeit liege nur darin, daß man nicht wisse, wer darüber entscheiden soll, wer der geeignetste Mann ist. Jedenfalls könne festgestellt werden, daß beide Parteien eine Änderung des derzeitigen Zustandes für notwendig halten, der auch in der Öffentlichkeit als unerwünscht betrachtet wird.

Krüger hält das Referat von Hesse insofern für ergänzungsbedürftig, als die Partei dort gleichsam als ein deus ex machina auftrete. Der Gedanke, daß Demokratie eine Herrschaft für das Volk sei, sei angeklungen, aber es sei offen geblieben, woher diese Parteien kommen. Die Parteien seien Formen der politischen Selbstgestaltung des Volkes. Der Grundsatz der freien Parteigründung enthalte nicht zuletzt auch eine positive Aufforderung an das Volk, sich mittels der Parteien als der empirisch bisher offenbar am besten bewährten Form politisch zu organisieren. Daraus folge, daß die Nichtausnutzung dieser verfassungsrechtlichen Chance dem Volk selbst zur Last zu legen sei. Im Falle seines Versagens könne sich das Volk nicht beklagen, wenn die Parteien nicht so sind, wie sie nach seiner Meinung sein sollten. Die Parteien seien nicht nur Sprachhelfer einer sprachunbegabten Masse; vielmehr wäre es Sache des Volkes, sich innerhalb der Parteien selbst zum Sprechen zu bringen. Es handele sich somit nicht nur darum, daß überhaupt gesprochen wird, sondern daß richtig gesprochen wird. Die Parteien seien vorerst nur ein Versuch des Volkes, sich zum Ausdruck richtiger Gedanken zu steigern. Das Gespräch unter den miteinander konkurrierenden Parteien habe diesen Versuch „ins Unreine" in immer bessere Formen zu bringen, damit das Volk gewissermaßen über sich selbst hinauskomme. Demgegenüber fehle in Hesses Referat ein Hinweis auf den bessernden Sinn des Parteiwesens, das zur repräsentativen Demokratie zu rechnen sei, sofern Repräsentation nicht nur einen technischen Kunstgriff bedeute.

Hesses Referat habe die Parteien der totalitären Systeme ausgeklammert; diese Parteien müsse man offenbar zur unmittelbaren Demokratie rechnen. Bei uns gehöre hingegen die Partei zum repräsentativen Teil der Demokratie, wobei die Freiheit neuer Parteigründungen eines der wenigen Ansätze zu unmittelbarer Demokratie innerhalb des Grundgesetzes sei. Hier sei die Verantwortung der Partei die Verantwortung für das Bessere, darin beruhe ihre Existenzberechtigung gegenüber dem Volk. Entschlügen sich die Parteien einer so verstandenen Verantwortung, dann verachteten sie das Gesetz, das allein ihre Existenz sichere und ihre Wirksamkeit rechtfertige.

Merkl sieht eine Konkurrenz von Willensströmungen und die hieraus folgende Notwendigkeit zum Kompromiß als wesensbestimmend an für einen Staat, der nicht von einem einzigen Willen regiert wird. Es gebe keine andere Form der Koexistenz mehrerer sozialer Gruppen in einem Staat; nur der Kompromiß, wie es ihn glücklicherweise zwischen allen politischen und religiösen Gruppen gebe, verhindere die Diktatur. Man habe zwar erreicht, daß keine konfessionellen Kriege mehr stattfinden, aber man sei noch nicht soweit gekommen, daß es auch einen Krieg zwischen verschiedenen Klassen und sozialen Gruppen und damit auch zwischen den Parteien nicht mehr gibt. Politische Parteien, die von großen Gruppen des Staatsvolkes als ihr Sprachrohr verstanden werden, könnten jedenfalls von der Teilnahme an der Regierung nicht ausgeschaltet werden. Daraus ergebe sich die Notwendigkeit einer Verständigung zwischen den großen politischen Parteien mit der Konsequenz, daß ein Kompromiß zwischen ihren Parteiprogrammen zur Richtlinie des Staatshandelns wird. Für den modernen Staat sei der Parteienstaat eine Notwendigkeit. Eine Demokratie sei ohne die Koexistenz mehrerer Parteien und unter gewissen Umständen ohne gemeinsames Regieren mehrerer Parteien praktisch undenkbar.

Was insbesondere das österreichische Verfassungsrecht anlange, so seien hier nur gewisse Ansätze zu einer Parteiverfassung festzustellen. Art. 26 des Bundes-Verfassungsgesetzes spreche an zwei Stellen von wahlwerbenden Parteien, wobei der Plural das Entscheidende sei. In diesem Zusammenhang sei insbesondere des Staatsvertrages von Wien-Belvedère vom 15. Mai 1955 zu gedenken, der als das Werk der österreichischen Parteienkoalition gewürdigt werden müsse. Dieses Verdienst der österreichischen Koalitionsparteien sollten auch ihre Kritiker nicht aus denAugen verlieren.

Der Redner berichtet ferner, daß die beiden österreichischen Koalitionsparteien schon von vornherein bei einer regelmäßigen

Wahlbeteiligung von 96 bis 97 % der Wahlberechtigten über eine so hohe Stimmenzahl verfügten, wie man sich dies außerhalb Österreichs kaum vorstellen könne. Nicht ohne Bedeutung sei dabei ein für Österreich charakteristisches Ausmaß der Politisierung im Sinne einer Verpflichtung jedes Bürgers, zu den Möglichkeiten des Regierens persönlich Stellung zu nehmen. Diese moralische Verpflichtung sei stärker als jede gesetzliche Wahlpflicht, wie sie das Bundesverfassungrecht nur im Falle der Wahl des Bundespräsidenten kenne.

Die österreichische Koalition der letzten Jahre könne auf eine beachtliche Leistung zurückblicken, zumal da ein Regieren mit wechselnden Parteien für Österreich die unmittelbare Gefahr eines Zerfalls des Staates und seiner Spaltung mit sich gebracht haben würde. Darin liege die tiefere Berechtigung dafür, daß man in Österreich den Weg einer das Zweiparteiensystem legitimierenden, legalisierenden und fundierenden Koalition beschritten hat. Damit sei in einer besonderen historischen Situation die staatserhaltende Mitte in ungewöhnlicher Weise gestützt worden; lediglich 9 Angehörigen der Opposition ständen 156 Abgeordnete der Koalition gegenüber.

Allerdings gebe es auch bedauerliche Begleiterscheinungen, auf die namentlich Kafka hingewiesen habe. Das gelte insbesondere von jener proporzmäßigen Verteilung der Stellen in der verstaatlichten Wirtschaft, wie sie im Koalitionsabkommen vorgesehen sei. Im übrigen bestehe eine verfassungsrechtlich fundierte Antinomie zwischen Parteipflicht und Rechtspflicht, auch wenn diese in der Praxis nicht immer zureichend beachtet werde.

Peters hält Hesses These, die normierende Kraft der Verfassung sei keine feststehende Größe, für sehr bedenklich; sie verwechsle das Wechselvolle der Verfassung mit dem Wechselvollen ihrer soziologischen Grundlagen. Seiner Ansicht nach ist die Verfassung die feste Norm, so groß auch die zeitlichen wie örtlichen Unterschiede im Soziologischen sein mögen.

Von Krüger sei schon mit Recht darauf hingewiesen worden, daß beide Referenten die Hilfestellung der Parteien für das repräsentative System nicht genügend beachtet hätten. Die Frage, ob und in welchem Sinne die Parteien wesensmäßig zum Repräsentativsystem und nur zu diesem gehören, dürfe aus der Diskussion nicht ausgeklammert werden. Schließlich müsse Hesse insoweit widersprochen werden, als er die Meinung vertreten habe, die politische Willensbildung vollziehe sich nur im Schoße des gesetzgebenden Parlaments. Vielmehr gebe es eine solche politische Willensbildung auch in der Verwaltung, ohne daß deshalb etwa die Parteien die ganze Politik in die Verwaltung hineintragen sollten. Im Gegenteil, sie sollten sich in weitem Umfang aus den Fragen der Verwaltung heraushalten; aber man könne nicht sagen, daß es in der Verwaltung keine Probleme politischer Willensbildung gebe.

Herrfahrdt bejaht, im Gegensatz zu Peters, Hesses These, daß die normierende Kraft der Verfassung keine feststehende Größe ist. Der hier beschrittene Weg der Verfassungsauslegung sei sogar besonders zu begrüßen; allerdings gerate die Wissenschaft in mancherlei Schwierigkeiten, wenn sie den Boden bloßer Interpretation verlasse. Die sich hierbei ergebenden Probleme könnten ohne eine umfassende Wissenschaft vom Staate nicht wahrhaft beantwortet werden. Nur unter dieser Voraussetzung sei es denkbar, ohne revolutionären Bruch und ohne Erschütterung der Rechtssicherheit von einer geschriebenen Verfassung aus zu einem neuen Zustand zu gelangen.

Herrfahrdt hält deshalb mit Hesse eine Revision hergebrachter Vorstellungen vom Wesen der Demokratie für erforderlich, die in der Tat heute nicht mehr als eine Regierung des Volkes begriffen werden könne. Demokratie im hergebrachten Sinne sei eine geschichtliche Episode gewesen und im wesentlichen nur im Anschluß an die griechische Tyrannis und an die europäische absolute Monarchie verwirklicht worden. Ob es gelingen werde, nach dem Vorbild angelsächsischer Demokratie die Wirklichkeit der modernen Industriegesellschaft in den Staatsbegriff aufzunehmen, sei zumindest sehr zweifelhaft. An eine Nachahmung angelsächsischer Verfassungstradition und insbesondere ihres Zweiparteiensystems sei unter den deutschen Verhältnissen kaum zu denken, zumal sich bei uns mit Parteikämpfen in aller Regel eine menschliche Entfremdung verbinde. Unter solchen Gesichtspunkten habe eine wissenschaftliche Analyse vor allem auf eine Typologie des Parteiwesens Gewicht zu legen, wobei zwischen Weltanschauungsparteien, im Gewande einer Partei auftretenden Interessengruppen und Wetteiferparteien unterschieden werden müsse.

Ridder stellt an Krüger die Frage, ob dieser zumindest einen Teil der Prämissen des leider abwesenden Kollegen Leibholz mit diesem teilt und daher sagen will, daß die politische Partei sozusagen das Repräsentationserbe des einzelnen Abgeordneten angetreten habe. Herrn Krügers Kopfschütteln belehre ihn allerdings darüber, daß dieser nicht in solchem Sinne verstanden sein wolle.

Krüger antwortet, ihm gehe es entscheidend allein um den „Prozeß der Aufbesserung“, der sich jedoch nur in einer unendlichen Reihe von Etappen vollziehen könne und allerdings seine

Krönung im Parlament erfahre. Die Parteien seien in diesen Prozeß maßgeblich eingeschaltet; sie seien die ersten „Vorformer" politischer Willensbildung, um den von Scheuner geprägten Begriff zu verwenden.

Ridder erwidert, das alles laufe wahrscheinlich auf das hinaus, was schon früher von Grewe als Legitimation der Parteien am Gemeinwohl bezeichnet worden sei. Allerdings dürfe darüber die Praxis nicht übersehen werden, wenngleich wir hier nicht genügend Zeit und vor allem kein zureichendes Material für deren sorgsame Analyse hätten. Immerhin gebe es Beispiele aus der Bundesgesetzgebung, wo Parteien durch Interessengruppen bewegt worden seien, was im Falle eines Zweiparteiensystems die Möglichkeit eines Gegenübers einer Partei von Saturierten und einer anderen Partei von Nichtsaturierten in sich schließe, wobei der Pendelschwung zwischen beiden jeweils vom wirtschaftlichen Barometer abhängig sei.

Ein Seitenblick auf das amerikanische Parteiwesen, innerhalb dessen von demokratischem Aufbau und demokratischer Willensbildung kaum die Rede sein könne, lasse erkennen, daß sich gerade unter diesen Umständen eine starke Annäherung der Parteiprogrammatik ergebe. Umgekehrt sei zu fragen, ob nicht Art. 21 GG mit seinem Anliegen einer Demokratisierung der Parteien diese zwangsläufig in die Linie von Interessenverbänden abdränge, womit die Unterscheidung zwischen Partei und Interessenverband verfassungsrechtlich eingeebnet sei.

Scheuner betont, daß die Rolle der Parteien als einer Erscheinungsform des repräsentativen Systems sich keineswegs ausschließlich auf das Repräsentativmoment beschränke. Rechnet man die Parteien in Übereinstimmung mit Leibholz zu den plebiszitären Einrichtungen des geltenden deutschen Verfassungsrechts, so sei es ihre Aufgabe, die Meinungen des Volkes in sich aufzunehmen und zur Geltung zu bringen. Allerdings könne man fragen, ob sich diese plebiszitäre Komponente genügend entfalte oder ob es nicht vielleicht notwendig sei, neben seiner Vertretung durch die Parteien das Volk selbst unmittelbar zum Sprechen zu bringen. Dabei müsse allerdings zwischen sachlichen und personalen plebiszitären Fragestellungen schärfer, als dies gemeinhin in der Literatur geschieht, unterschieden werden.

Leibholz denke unter dem Eindruck des englischen Mandats bei einem Plebiszit offenbar vornehmlich an ein Sachplebiszit über eine konkrete Frage. Nur dann, wenn man das Plebiszit im Sinne einer Personenauswahl verstehe, hätten die heutigen Parteien hingegen eine plebiszitäre Funktion. Diese sei insbesondere deswegen wichtig, weil eine unmittelbare auf Volkswahlen gegründete plebiszitäre Führung in der Praxis fast immer autoritäre Züge gewinnen würde. Deshalb sei der plebiszitär gewählte Präsident der Vereinigten Staaten nur unter der Voraussetzung einer sorgfältigen Gewaltenteilung mit demokratischen Vorstellungen vereinbar.

Die irrtümliche Beurteilung des Parteiwesens seitens der deutschen Staatsrechtslehre habe eine doppelte Ursache. Einmal stehe sie im Banne der These Rousseaus, das Volk könne unmittelbar politisch agieren; zum anderen konserviere sie die überlieferte Vorstellung einer monarchischen Spitze, von der aus die gesamte Staatswillensbildung ihre eigentlichen Antriebe erhält. So werde die deutsche Staatsrechtslehre einerseits zu der Vorstellung gedrängt, die Parteien gehörten zu den intermediären Gewalten im Sinne Rousseaus und seien als solche zu verdammen. Auf der anderen Seite sei für die deutsche staatsrechtliche Diskussion des Parteiwesens charakteristisch, daß bis auf den heutigen Tag die staatsrechtliche Dogmatik an Leitbildern der spätkonstitutionellen Monarchie festhalte und damit unfähig sei, die Wirklichkeit moderner Demokratie zu erfassen.

Der Redner verweist in diesem Zusammenhang auf die neue französische Verfassung vom 28. September 1958, deren Art. 4 eine erkennbare Verwandtschaft mit dem Art. 21 des Grundgesetzes aufweist. Allerdings solle man sich nicht darüber täuschen, daß die französische Verfassung die Parteien nicht gleich dem Grundgesetz zu einer Mitwirkung an der politischen Willensbildung berufen habe. Wenn es dort heißt: „Les parties et groupements politiques concourent à l'expression du suffrage", so sei damit lediglich auf ihre Bedeutung als „Vorformer" der politischen Willensbildung hingewiesen.

Weiter sei auf die Forderung des französischen Verfassungsrechts hingewiesen: „Ils doivent respecter les principes de la souveraineté nationale et de la démocratie". Dieser Satz stamme aus einem Vorentwurf des Conseil d'Etat und schließe offenbar die Möglichkeit eines Parteiverbotes in sich. Dagegen sei eine weitere Bestimmung aus diesem Vorentwurf, der zufolge die Minister keiner Partei angehören dürfen, nicht in den Verfassungstext aufgenommen worden. Man könne sich bei diesem Vorschlag an ein Wort Léon Blums erinnern, der im Jahre 1943 aus dem Gefängnis einem Freunde geschrieben habe, ohne Parteien sei eine Demokratie nicht vorstellbar.

Pfeifer geht davon aus, daß es in fundamentalen Fragen des Rechts, der Sittlichkeit, der Existenz eines Volkes oder Staates einen einheitlichen Volkswillen gibt. Hingegen seien Volkswille und Parteiwille, wie insbesondere die Schweizer Praxis beweise, keineswegs immer und überall gleich. Dabei sei es ein kritischer Punkt des Parteiwesens, ob hier wirklich im Sinne Hesses eine freie und offene Willensbildung stattfinde. In der Wirklichkeit sei es doch häufiger so, daß die Parteien im wesentlichen Propaganda für die Ideen ihrer Parteiführung machen.

Das von Hesse unterstellte Verbot einer Einfügung der Parteien in organisierte Staatlichkeit sei ihm unverständlich, denn Parteienstaat und parlamentarische Regierung müßten doch wohl gerade umgekehrt verstanden werden. Es bleibe allerdings das Problem, daß zumindest an der Staatsspitze nur die Vertreter der Regierungsparteien in diese organisierte Staatlichkeit eingefügt seien. Zum anderen bedürfe das im Parteienstaat wesensnotwendig angelegte Institut des Kompromisses einer genaueren Analyse, um insbesondere den Kompromiß von einem im Kern fehlerhaften Kuhhandel zu unterscheiden.

Weiter meldet der Redner gegenüber der These Kafkas, Österreich sei durch einen Vertrag zwischen politischen Parteien entstanden, Vorbehalte an. Der ursprüngliche Auftrag der Parteien habe sich auf Wiederherstellung der alten Verfassung beschränkt. Diese sei jedoch nicht das Produkt einer Parteivereinbarung sondern vielmehr der damals gewählten Constituante. Von einer verfassunggebenden Gewalt der politischen Parteien könne daher keine Rede sein. Im übrigen könne kein Parteiprogramm alle Fragen vorwegnehmen, die später in der Praxis des Parlaments beantwortet werden müßten; zumindest für diese müsse dem Abgeordneten volle Gewissensfreiheit gewahrt bleiben. Das gelte insbesondere dann, wenn ein Konflikt mit Verfassung, Recht oder Sittlichkeit gegeben sei, in dem der Abgeordnete ohne Rücksicht auf seine Partei zu eigenverantwortlicher Entscheidung verpflichtet sei.

Kaiser knüpft an die am Anfang von Hesses Referat gebrachte These von der normativen Kraft der Verfassung an. Das sei eine einprägsame Formulierung, es sei jedoch zu fragen, ob sie der bekannten Formulierung von Georg Jellinek („Normative Kraft des Faktischen") benachbart sei und daher in Wirklichkeit zu Lasten der normativen Kraft geschriebener und ungeschriebener Verfassungsnormen einen Vorrang politisch-soziologischer Realitäten betone.

In diese Richtung deute z. B., wenn mehrfach — insbesondere im zweiten Teil des Referates — von „Einordnung konkreter Lebensverhältnisse" gesprochen werde. Es sei nicht unbedenklich, wenn etwa die Eigengesetzlichkeit der Partei ausdrücklich betont und dieser damit eine normative Kraft in dem Sinne zugebilligt werde, daß diese im Falle einer Konkurrenz mit den

Verfassungsnormen zu einer einschränkenden Interpretation der dort für das Parteiwesen aufgestellten Rechtsgrundsätze führe.

Merk nimmt zu der in der Aussprache aufgeworfenen Frage Stellung, ob die Entstehung von politischen Parteien das Bestehen von Volksvertretungen voraussetze, also in Staaten mit unmittelbarer Volksherrschaft nicht denkbar sei. Diese Frage sei geschichtlich zu verneinen. So habe es im Altertum sowohl in den griechischen Stadtstaaten wie auch in Rom bei der sog. unmittelbaren Volksherrschaft auch schon Parteien — oder vielleicht besser ausgedrückt: Parteiungen — gegeben, wenn auch in verhältnismäßig loser Form und in geradezu unverträglicher — die Vernichtung oder Vertreibung des politischen Gegners erstrebender — Weise (Adelspartei, Volkspartei). Man denke z. B. in Rom an den Gegensatz von Adelspartei (Optimaten) und Volkspartei nach dem Aufkommen der Gracchen, und an die Parteikämpfe zwischen Sulla und Marius, Cäsar und Pompejus mit ihren Anhängern. Allerdings seien in der Neuzeit die Parteien im Zusammenhang mit der Einrichtung einer Volksvertretung entstanden, wie zuerst in England nach der Wiederherstellung des Königtums bald nach dem Jahre 1660 mit dem Aufkommen der Tories und Whigs. So sei es auch in Deutschland erst auf dem Boden einer Verfassung mit einer gewählten Volksvertretung zu einem Parteiwesen gekommen, zuerst bekanntlich in der Frankfurter Paulskirche im Jahre 1848.

Kafka (Schlußwort): In Anbetracht meiner etwas provokatorischen Ausführungen bin ich eigentlich in der Diskussion sehr sanft behandelt worden. Ich hoffe aber, daß einiges, was heute ungesagt blieb, später vielleicht nachgeholt werden wird.

Ich möchte darum hier nur noch auf einige Punkte eingehen, die Herr Professor Pfeifer angeschnitten hat, und zunächst einmal ein kleines Mißverständnis beseitigen. Was die demokratische Theorie des 18. und 19. Jahrhunderts so gegen die Parteien eingenommen hat, war der Umstand, daß man unter „volonté générale" den auf das Gemeinwohl gerichteten Willen verstanden hat, nicht den Willen aller; man hat als Axiom angesehen, daß der Wille des Volkes als Ganzen automatisch auf das Gemeinwohl gerichtet sei. Dieses Axiom bestimmt heute kaum noch die politische Wirklichkeit. Ich glaube, das ist bei allen Fragen nach dem Wert plebiszitärer Elemente einer Verfassung zu berücksichtigen.

Wenn Herr Professor Pfeifer meinte, daß durch die Verlagerung der Diskussion und des dialektischen Prozesses der Gesetzgebung in die Koalition, die Gesetze schlechter werden, so möchte ich das nicht unbesehen unterschreiben. Ich glaube nicht, daß sich durch eine Rückverlagerung sehr viel ändern würde. Den sogenannten Kuhhandel können Sie auch durch eine parlamentarische Behandlung von Vorlagen, etwa im Stile des amerikanischen Repräsentantenhauses und Senats, nicht gut verhindern. Es liegt in der Natur der Dinge, partikuläre Interessen durch Kompromisse auszugleichen. Ich gebe zu, daß eine möglichst breite Diskussion sehr oft wünschenswert wäre. Gott sei Dank gibt es ja aber auch eine unabhängige Presse und immerhin noch genügend kritische Leute, die ihr Wort zur Sache zu sagen haben. Schlechte Gesetze zu verhindern, ist schließlich auch eine der Funktionen unseres Bundesrates, der immerhin seit 1945 13 suspensive Vetos eingelegt hat, von denen wiederum einige zur Änderung von ausgesprochenen Schnitzern der Gesetzesvorlage geführt haben.

Wenn Sie die Grundlage unseres Verfassungswerkes, die Unabhängigkeitserklärung, den Bundes- und Parteienvertrag abwerten und meinen, die bis 1933 geltende Verfassung hätte sich geradezu von selbst aufgedrängt, so stimmt das insofern nicht, als es 1945 durchaus nicht so sicher war, daß die Verfassung von 1929 wieder in Kraft gesetzt werden würde. Ich darf daran erinnern, daß im Aufruf des Marschalls Tolbuchin an die Wiener Bevölkerung vom März 1945 davon die Rede war, daß Österreich unter den Bedingungen, „die bis zum Jahre 1938 bestanden", wieder hergestellt werden sollte. Das wäre die Verfassung von 1934 gewesen. Aus den Memoiren des jetzigen Bundespräsidenten werden Sie sich vielleicht auch erinnern können, daß sich die Kommunisten heftig gegen die Wiedereinführung der Verfassung von 1929 gewehrt haben, daß sogar später im Alliierten Rat noch versucht wurde, die Verfassung von 1929 nicht als Grundlage der Gesetzgebung des Staates anzuerkennen, und daß der Alliierte Rat der österreichischen Bundesregierung 1946 aufgab, eine neue „demokratische" Verfassung vorzulegen. All das, glaube ich, spricht doch ein wenig gegen Ihre These.

Was nun die Gewissensfreiheit betrifft, so bin ich ganz Ihrer Ansicht, daß ich auch als Parteiangehöriger meinem Gewissen zu folgen habe; das ist eine Selbstverständlichkeit. Nur ist die Frage, ob ich mir mein Gewissen nicht auch etwas kosten lassen muß, ob die Verfassung bei einer abweichenden Meinung oder einem Bruch der Parteidisziplin dieses Verhalten zu honorieren verpflichtet ist. Der Ansicht bin ich eben nicht, weil vom positiven Recht her eine Verfassung, die durch einen Parteienvertrag zustande gekommen ist, nicht so ausgelegt werden kann.

Jetzt noch eine Schlußbemerkung allgemeiner Art. Ich habe schon vorhin in der Diskussion gesagt, daß ich hier gewissermaßen als Verteidiger des „österreichischen Systems" aufgetreten bin. Ich bin aber durchaus nicht der Überzeugung, daß das „österreichische System" die beste Verfassung wäre, die überhaupt denkbar ist. Es ist aber die Verfassung, nach der Österreich nun einmal regiert wird. Ich sehe keine andere politische Kraft, die eine andere Verfassung zuwege bringen könnte. Wir alle wissen sehr genau — und ich habe nicht ohne Grund völkerrechtliche Kategorien anzuwenden versucht —, wie gefährdet das Völkerrecht ist. Wir wissen, wie gefährdet es gerade heute ist, nachdem zwei große Staaten in ihrer Ideologie die universale Rechtsgenossenschaft, die die Grundlage der Völkerrechtsgemeinschaft ist, nicht mehr ohne Vorbehalt anerkennen. Das ist die große Schwierigkeit, auf die auch Verdroß in der letzten Auflage seines Lehrbuches hingewiesen hat. Ebenso gefährdet ist ein Gemeinwesen, das auf der Rechtsgenossenschaft politischer Parteien beruht. Solange es aber besteht — und es ist schließlich auch eine Aufgabe der Wissenschaft, bewußt zu machen, daß es fallen kann —, solange muß die jetzige Realverfassung Österreichs auch als Grundlage juristischer Überlegungen akzeptiert werden. Ich wüßte mehrere idealere Verfassungen. Aber eine Verfassung wird eben nicht auf dem Reißbrett entworfen, sondern von politischen Kräften nach ihren Interessen gestaltet. Und daß sie in Österreich von maßgeblichen politischen Kräften getragen wird, das zu beweisen habe ich versucht.

Hesse (Schlußwort): Herr Herrfahrdt hat mit vollem Recht hervorgehoben, daß uns heute eine Wissenschaft vom Staate als Ganzem fehlt. Ich kann das nur unterstreichen. Es fehlt uns vor allem eine Staatstheorie, und darin lag die Schwierigkeit sowohl der Referate wie der Diskussion.

Diesem Mangel gegenüber mußte ich mich damit begnügen, gewisse Ansätze einer Verfassungstheorie zu entwickeln, und ich habe dafür den Begriff der „normativen Kraft der Verfassung" gewählt. Dieser meint — ich konnte das nur sehr kurz darlegen — nicht die normative Kraft des Faktischen im Sinne Georg Jellineks; viel eher trifft es das Gemeinte, wenn in einer neueren kleinen Schrift von der „normativen Kraft des Normativen" gesprochen und diese gegenüber der heute vielfach anzutreffenden Faszination durch das Faktische hervorgehoben worden ist[1]). Allerdings: eine normative Kraft des Normativen, bei der der innere Zusammenhang der Dinge beachtet werden muß; das scheint mir das Entscheidende zu sein. Das Wesen des Rechts erschöpft sich nicht in einer isolierten Normativität — so-

[1]) W. Hennis, Meinungsforschung und repräsentative Demokratie (1957) S. 52.

lange wir das nicht sehen, werden wir aus dem Positivismus nicht in neue Denkformen hinüberfinden —, das Normative steht im Gesamtzusammenhang der Interdependenzen, und es muß in diesem Zusammenhang gesehen werden, wenn das Recht in seiner Wesensart und seiner Rolle innerhalb des Ganzen recht verstanden werden will. Das gilt besonders für das Verfassungsrecht. Die normative Kraft der Verfassung ist keine feststehende Größe. Hier fühle ich mich durch Herrn Peters noch nicht ganz widerlegt. Die Verfassung, sagt Herr Peters, ist etwas Feststehendes, aber es wechseln die soziologischen Größen. Gerade dabei scheint mir der innere Zusammenhang nicht gesehen zu sein. Wenn die normative Kraft, die optimale Geltung der Verfassung der Richtpunkt jeder Auslegung und Anwendung der Verfassung ist, dann ändert sich mit den „soziologischen" Gegebenheiten auch das Recht. — Die Dinge weiter zu verfolgen würde in die Problematik der Verfassungswandlung führen.

Ich habe ferner bewußt darauf verzichtet, die verfassungsrechtliche Stellung der politischen Parteien auf den Hintergrund des Begriffspaares „Staat und Gesellschaft" zu projizieren, obwohl dies an sich nahegelegen hätte. Die Unterscheidung ist in der Form, in der sie von Hegel und Lorenz von Stein ausgeprägt worden und in die deutsche Staatstheorie eingegangen ist, wesentlich; sie führt jedoch nicht weiter, wenn sie im Sinne einer realen Entgegensetzung beider Größen verstanden wird, und zwar deshalb, weil sich beide Bereiche ineinandergeschoben haben. Der Staat ist heute weithin ein Produkt der gesellschaftlichen Kräfte, wie umgekehrt das Wirken des Staates Voraussetzung für die Existenz der Gesellschaft geworden ist. Aus dieser Lage ergibt sich die heute gestellte Aufgabe, die mit jenen Kategorien nicht bewältigt werden kann. Wenn ich von dieser Grundlage aus von einem öffentlichen Status der Parteien gesprochen habe, dann bedeutet das darum nicht notwendig eine Annäherung von Parteigewalt und Staatsgewalt. Es bedeutet auch nicht, daß die Parteien vom „Staat" als solchem getrennt wären. Ich habe vielmehr bewußt unterschieden zwischen der organisierten und institutionalisierten Staatlichkeit und dem Bereich des Nicht-Organisierten, des Nicht-Institutionalisierten und des Nicht-Rationalisierten, der gleichwohl für Leben und Existenz des Staates von wesentlicher Bedeutung ist. Beide Bereiche müssen gesehen, dürfen aber nicht identifiziert werden.

In der Frage, wieweit das Verhältnis von Parteien und Staat dem Gedanken der repräsentativen Demokratie zuzuordnen ist, kann ich nur voll unterstreichen, was Herr Scheuner dazu ausgeführt hat. Für das Verständnis des Wesens der heutigen Demokratie besitzen freilich sowohl der Begriff der Volksrepräsentation

sentation wie der der Identität nur noch bedingten Wert. Das ist für den Begriff der Repräsentation, jedenfalls in seinem klassischen Sinngehalt, vielfach bemerkt worden. Es ist aber eine unechte Alternative zu meinen, daß dann bloß die Möglichkeit der identitären Demokratie bleibe, wie uns das von Herrn Kollegen Leibholz vorgetragen wird. Diese Alternative besteht nur, solange Demokratie als Herrschaft des Volkes verstanden wird. Sie besteht nicht für eine Sicht der Demokratie als einer Herrschaft für das Volk, und es ist nur die Frage, ob diese Form der Demokratie noch durch den ideengeschichtlich allzu komplexen, vieldeutigen und deshalb die Dinge eher verdunkelnden als klärenden Begriff der Repräsentation, der dann in einer gewandelten Bedeutung verstanden werden müßte, hinreichend gekennzeichnet werden kann. Ebenso muß natürlich der Begriff der Demokratie selbst in einer gewandelten Bedeutung verstanden werden. Wenn er in seiner ursprünglichen Gestalt der heutigen Wirklichkeit nicht mehr entspricht, dann zwingt das nach meiner Auffassung nicht dazu, den Begriff der Demokratie schlechthin aufzugeben.

Herr Krüger hat darauf hingewiesen, daß in der Entwicklung der Funktionen der Parteien heute einige Lücken bestehen; die Parteien seien wesentliche Elemente der Selbstgestaltung des Volkes; das Parteiwesen sei ein Versuch, „über sich selbst hinauszukommen". Ich würde dem voll zustimmen, nur wird man hier wohl ein Fragezeichen setzen müssen, jedenfalls soweit es das deutsche Parteiwesen betrifft. Der Gedanke der Selbstgestaltung des Volkes ist, wie mir scheint, im Zeichen heutiger politischer Entfremdung problematisch geworden. Gerade dieser Tatbestand bildet ja das eigentliche Problem moderner Staatstheorie. Das, was ich hier nur zeigen wollte, war, daß politisches Leben und politische Aktivität sich jedenfalls nicht durch rechtliche Normierungen hervorbringen lassen.

Schließlich noch ein Wort zur politischen Willensbildung. Ich habe diesen Begriff nicht auf die politische Willensbildung im Parlament beschränkt — insofern dürfte vielleicht ein Mißverständnis unterliegen — sondern bewußt die Regierung und auch das Amt des Bundespräsidenten einbezogen. Gewiß werden auch in der Verwaltung „politische" Entscheidungen getroffen; die Verwaltung steht nicht jenseits aller Politik. Aber es wird in der Verwaltung kein politischer Wille gebildet. Ich glaube daran läßt sich nur schwer rütteln.

Insgesamt bin ich dankbar, daß meine nur sehr thesenhaft und fragmentarisch vorgetragenen Überlegungen so viel Verständnis gefunden haben. Ich bin dankbar für die Ergänzungen und Anregungen. Ich bin insbesondere dankbar für alle Kritik.

Zweiter Beratungsgegenstand:

Das Verwaltungsverfahren

1. Bericht von Professor Dr. Karl August Bettermann, Berlin

A. Begriff und Arten des Verwaltungsverfahrens

I. Verwaltungsverfahren ist das Verfahren der Verwaltungsbehörden.

1. Der Begriff der Verwaltung wird hier also im formellen Sinne verstanden. Das erscheint zweckmäßiger als die Verwendung des materiellen oder funktionellen Verwaltungsbegriffs. Denn würde man unter Verwaltungsverfahren jedes Verfahren bei Ausübung vollziehender Gewalt verstehen, so müßte man auch eine Reihe gerichtlicher Verfahren einbeziehen, nämlich diejenigen, bei denen die Gerichte nicht rechtsprechen, sondern verwalten, wie z. B. in weiten Bereichen der Freiwilligen Gerichtsbarkeit[1]) oder der Zwangsvollstreckung. Andererseits würde aus dem Begriff des Verwaltungsverfahrens herausfallen das Verfahren der Verwaltungsbehörden bei der Rechtsetzung, also beim Erlaß von Rechtsverordnungen, Verwaltungsvorschriften und Satzungen. Diese Verfahrensart von vornherein auszuscheiden und das Verwaltungsverfahren auf den Erlaß von Einzelakten zu beschränken, erscheint mir nicht gerechtfertigt, zumal die Grenzen zwischen abstrakter und konkreter und zwischen genereller und individueller Regelung im Bereich der Verwaltung flüssig sind.

2. In diesem formellen Sinne: als Verfahren vor den Verwaltungsbehörden, gebraucht auch das Grundgesetz den Begriff des Verwaltungsverfahrens, wenn es in Art. 84 I bestimmt, daß dort, wo die Länder die Bundesgesetze als eigene Angelegenheit ausführen, sie die Einrichtung der Behörden und das Verwaltungsverfahren regeln, wenn nicht Bundesgesetze mit Zustimmung des Bundesrats etwas anderes bestimmen. Für das gerichtliche Verfahren weist demgegenüber Art. 74 Ziff. 1 GG die Gesetzgebungskompetenz primär dem Bund zu und ohne den Vorbehalt

[1]) Vgl. meinen Beitrag zur Lent-Festschrift (1957): Die Freiwillige Gerichtsbarkeit im Spannungsfeld zwischen Verwaltung und Rechtsprechung (S. 17 ff.); Wertenbruch, Registereintragungen der Freiwilligen Gerichtsbarkeit als Verwaltungsakte, DÖV 1958, 732.

bundesrätlicher Zustimmung. In Art. 108 III 2 spricht das Grundgesetz vom Aufbau der Landesfinanzbehörden und dem von ihnen (!) anzuwendenden Verfahren[2]; beide kann der Bund mit Zustimmung des Bundesrats regeln. Diese benötigt er dagegen nicht für die einheitliche Regelung der Finanzgerichtsbarkeit, die ihm Art. 108 V zur Pflicht macht.

3. Das Grundgesetz unterscheidet also deutlich zwischen dem gerichtlichen und dem verwaltungsbehördlichen Verfahren. Das sollten auch wir tun — auch im Bereich der Verwaltungsrechtspflege. Zum Verwaltungsverfahren gehört daher nicht das verwaltungsgerichtliche Verfahren, wohl aber das diesem vorgeschaltete verwaltungsbehördliche Rechtsmittelverfahren, das sogenannte Vorverfahren[3].

4. Das Verwaltungsverfahrensrecht ist also nicht Verwaltungsprozeßrecht und auch kein Teil davon, sondern bildet dessen Gegenbegriff. Prozeßrecht ist, im formellen Sinne verstanden, das Recht des gerichtlichen Verfahrens — im materiellen Sinne ist es das Recht des Verfahrens der rechtsprechenden Staatsorgane. *Das Verwaltungsverfahrensrecht gehört nicht zum Prozeßrecht, sondern zum Verwaltungsrecht.*

Diese Standortbestimmung hat u. a folgende Konsequenzen: Mängel des Verwaltungsverfahrens, d. h. Verstöße gegen die Normen des Verwaltungsverfahrensrechts, begründen keine Verfahrensmängel i. S. der Prozeßgesetze. Auf sie finden die Vorschriften der Zivilprozeßordnung, des Bundesverwaltungsgerichtsgesetzes und des Sozialgerichtsgesetzes über die Revision wegen Verfahrensmängeln[4] keine Anwendung[5]. Die Verletzung von Vorschriften über das Verwaltungsverfahren einschließlich des Vorverfahrens kann nur unter den gleichen Voraussetzungen gerügt werden wie die Verletzung materiellen Rechts[5]. Beim Bundesverwaltungsgericht sind Verwaltungsverfahrensvorschriften also nur dann revisibel, wenn sie dem Bundesrecht angehören[6], während Prozeßrechtsnormen unbeschränkt, also auch als Landesrecht, der Prüfung des Bundesverwaltungsgerichts unterliegen, § 56 Abs. 1 Satz 1 gegen Satz 2 BVerwGG. Im Ver-

---

[2]) Ebenso Art. 108 I 2: „Der Aufbau dieser Behörden" (d. h. der Bundesfinanzbehörden) „und das von ihnen (!) anzuwendende Verfahren (!) werden durch Bundesgesetz geregelt".

[3]) Vgl. zu ihm auch u. S. 154 f., 170 f.

[4]) §§ 551 Ziff. 5, 554 III Ziff. 2 b, 559 S. 1, 564 II, 566 a III ZPO; §§ 54, 56 I S. 2 BVerwGG; § 162 I Ziff. 2 SGG.

[5]) BVerwG DÖV 1955, 348; BVerwGE 2, 31 (33); BSG in Sozialrechtliche Entscheidungssammlung I 4 SGG, § 162 I Ziff. 2 Nr. 13; BSG NJW 1958, 1320.

[6]) BVerwGE 2, 31 (33)

waltungsprozeß besteht also kein Unterschied zwischen materiellem Verwaltungsrecht und Verwaltungsverfahrensrecht; die Trennungslinie verläuft nicht zwischen ihnen, sondern zwischen Verwaltungsrecht und Prozeßrecht.

II. Wenn aber das Verwaltungsverfahrensrecht kein Teil des Prozeßrechts, sondern des Verwaltungsrechts ist, wie ist es dann von dessen übrigen Bestandteilen abzugrenzen, insbesondere vom sogenannten materiellen Verwaltungsrecht?

1. Auf diese Frage, die für die Verteilung der Rechtssetzungskompetenz zwischen Bund und Ländern eine wesentliche Bedeutung hat[7]), ist zunächst die negative Antwort zu geben, daß materielles Verwaltungsrecht und Verwaltungsverfahrensrecht sich nicht so abgrenzen lassen wie materielles Recht und Prozeßrecht. Die Unterscheidung von materiellem Recht und Prozeßrecht beruht auf dem Gegensatz von Verhaltensnorm und Beurteilungsnorm[8]), d. h. auf der Einsicht[9]), daß eine Rechtsnorm für den Rechtsgenossen oder Rechtsunterworfenen eine andere Funktion hat als für den Richter, der dem Rechtsgenossen das Recht spricht. Während der Rechtsgenosse *sich* nach der Norm zu richten und auszurichten hat, dient sie dem Richter dazu, das Verhalten der *Parteien* nach ihr zu beurteilen und auszurichten. In dieser Sicht ist materielles Recht die Summe der richterlichen Beurteilungsnormen, während das Prozeßrecht die Handlungsnormen für den Richter und die Prozeßbeteiligten enthält. Es regelt, wie die Richter und die sonstigen „Gerichtspersonen" sich in iudicando et procedendo und wie sich die Parteien und sonstigen Prozeßbeteiligten vor Gericht zu verhalten haben.

Diese Unterscheidung von materiellem Recht und Prozeßrecht nach Verhaltens- und Beurteilungsnorm ist für die Abgrenzung von materiellem Verwaltungsrecht und Verwaltungsverfahrensrecht unbrauchbar. Denn das gesamte Verwaltungsrecht ist Verhaltensrecht; auch die Bestimmungen des sogenannten materiellen Verwaltungsrechts sind Verhaltensnormen — nicht nur für den Bürger, sondern auch für die Verwaltungsbehörde, soweit sie an sie gerichtet sind und ihr Rechte und Pflichten zumessen. Jede Norm des Verwaltungsrechts ist für die Verwaltungsbehörde Verhaltensnorm, nicht Beurteilungsnorm. Darin liegt ja

---

[7]) Näheres darüber u. S. 154 ff.

[8]) Forsthoff, Über Maßnahmegesetze, in Gedächtnisschrift für Walter Jellinek (1955) S. 221 ff. (232/3) unterscheidet bei der verfassungsgerichtlichen Gesetzgebungskontrolle Funktionsnorm und Kontrollnorm, wobei er aber — m. E. unzutreffend — annimmt, daß die Kontrollnorm notwendig hinter der Funktionsnorm zurückbleibe, obwohl es sich jeweils um dieselbe Norm handelt!

[9]) Die wir, wenn ich recht sehe, vornehmlich James Goldschmidt, Der Prozeß als Rechtslage (1925) S. 227 ff. verdanken.

gerade einer der wesentlichen Unterschiede zwischen Rechtsprechung und Verwaltung, zwischen Gericht und Verwaltungsbehörde, trotz beiderseitiger Rechtsgebundenheit und Rechtsunterworfenheit: daß das Recht für die Verwaltung Verhaltensmaßstab, für den Richter aber — mit Ausnahme des Prozeßrechts, soweit es an ihn adressiert ist — Beurteilungsmaßstab ist[10]).

2. a) Materielles Verwaltungsrecht und Verwaltungsverfahrensrecht lassen sich auch nicht abgrenzen nach den Kriterien Form und Inhalt. Denn Formvorschriften enthält auch das materielle Recht — und das Verfahrensrecht besteht nicht nur aus Formvorschriften; das Verwaltungsverfahrensrecht regelt keineswegs nur die Formen des verwaltungsbehördlichen Handelns und die des Bürgers im Umgang mit der Verwaltungsbehörde. Inhalt, Wesen und Bedeutung des Prozeßrechts wie des Verfahrensrechts überhaupt werden verkannt mit der Bezeichnung oder Begreifung als bloße Form, als nur formelles Recht. Von hier ist es dann nur noch ein kleiner Schritt zum Verdikt des Formelkrams. Wir wissen aber alle, daß der Vorwurf des Formalisten den Juristen in seiner Gesamterscheinung trifft — auch und gerade dort, wo er das materielle Recht wahrt, anwendet und auslegt.

b) Richtiger und plastischer als die Formel von Inhalt und Form ist das von Merkl[11]) gebrauchte Bild von Weg und Ziel[12]). Aber es zeichnet weder genau noch vollständig den Unterschied zwischen materiellem Verwaltungsrecht und Verwaltungsverfahrensrecht. Das materielle Verwaltungsrecht regelt nicht nur die Ziele der Verwaltung, sondern auch den Gegenstand, den Adressaten und den Inhalt ihres Handelns — und das Verwaltungsverfahrensrecht regelt nicht nur das Zustandekommen der verwaltungsbehördlichen Entscheidungen, sondern auch deren Form und Bekanntmachung, ferner ihren Vollzug, sowie ihre Anfechtung, Änderung und Aufhebung.

3. Damit ist aber bereits die Stelle erreicht, wo zwar keine Definition, wohl aber eine Beschreibung, keine Umgrenzung, aber eine Umschreibung des Verwaltungsverfahrens und seines Rechts möglich wird: Das Verwaltungsverfahrensrecht regelt das Zustandekommen, die Form und Bekanntmachung, den Vollzug, die Anfech-

---

[10]) Wie ich in meinem Beitrag zur Gedächtnisschrift für Walter Jellinek (1955) „Verwaltungsakt und Richterspruch" S. 361 ff., insbes. S. 362—369, näher ausgeführt habe.

[11]) Merkl, Allgemeines Verwaltungsrecht (1927) S. 213, dem Antoniolli, Allgemeines Verwaltungsrecht (1954) S. 222, folgt.

[12]) oder das von Tezner, Das österreichische Administrativverfahren (1922) S. 145, gebrauchte Bild von Erzeugung und Erzeugnis.

tung und Änderung von Entscheidungen der Verwaltungsbehörden sowie deren Kontrolle. Damit sind vielleicht nicht alle, wohl aber die wesentlichen Teile und Materien des Verwaltungsverfahrensrechts aufgeführt, wie mir scheint.

Zu den einzelnen Elementen dieser Aufzählung sei an dieser Stelle nur folgendes bemerkt:

a) „Entscheidung einer Verwaltungsbehörde" ist in dieser Umschreibung nicht gleichbedeutend mit Verwaltungsakt. Mein Entscheidungsbegriff ist viel weiter; er ist in seinem echten und ursprünglichen Wortsinne gemeint. Das Verwaltungsverfahrensrecht regelt nicht nur das Verfahren des Erlasses und Vollzugs, der Kontrolle und Korrektur von Verwaltungsakten, sondern auch von Verordnungen und sonstigen Rechtssetzungsakten der Exekutive, ferner die Willensbildung und den Willensvollzug bei den nichtrechtsgeschäftlichen Amtshandlungen und im schlicht hoheitlichen Bereich, ja selbst beim fiskalischen Handeln der Verwaltung. Man darf das Verwaltungsverfahrensrecht nicht ausschließlich um den Verwaltungsakt gruppieren und an ihm orientieren. Dadurch wird man zu unnötigen und unbrauchbaren Anleihen beim und zu falschen Parallelen zum Prozeßrecht verleitet, das in der Tat und mit Recht sich am Urteil, am Richterspruch, ausrichtet. Man darf beim Verwaltungsverfahren auch nicht nur an den hoheitlichen Umgang der Behörde mit dem Bürger denken oder gar nur an die obrigkeitliche Verwaltung. Zwar steht dieser Bereich der Verwaltung für die Gestaltung des Verwaltungsverfahrens und seines Rechts im Vordergrund des juristischen und vor allem des rechtspolitischen Interesses: weil hier rechtsstaatliche Forderungen und Bedürfnisse zu befriedigen sind. Aber darum sind die Fragen, wie die Entscheidungen über die Errichtung und Gestaltung einer Schule, über den Bau eines Theaters oder die Einrichtung eines Krankenhauses zustandekommen, ausgeführt, finanziert und kontrolliert werden, weder rechtlich noch politisch gleichgültig, vielmehr einer Normierung und Reglementierung nicht weniger zugänglich und bedürftig. Die Stichworte Selbstverwaltung, Staatsaufsicht, Haushaltsordnung und Finanzausgleich mögen genügen, um zu zeigen, welches Gewicht die Regeln und Probleme des Verfahrens der schlicht hoheitlichen bis hin zur fiskalischen Verwaltung haben oder doch gewinnen können. Diesen Verwaltungsbereich aus dem Verwaltungsverfahrensrecht auszuklammern kann m. E. heute im Zeichen der Ausbreitung des Wohlfahrtsstaates und seiner rechtsstaatlichen Durchformung ernstlich nicht mehr erwogen werden.

b) Das Verwaltungsverfahrensrecht regelt das Zustandekommen verwaltungsbehördlicher Entscheidungen — man könnte auch sagen: die Willensbildung der Verwaltungsbehörden. Welchen Willen sie im Einzelfall bilden, welchen Inhalt ihre Entscheidungen haben können, dürfen, sollen oder müssen, das bestimmt — wenn auch nicht ausschließlich, so doch überwiegend — das materielle Verwaltungsrecht; aber wie sie den Willen bilden und zur Entscheidung gelangen, das regelt das Verwaltungsverfahrensrecht. Dabei sind vor allem folgende Probleme regelungsfähig und -bedürftig: Welche Personen und Behörden — außer den entscheidenden — können oder müssen am Verfahren beteiligt werden? Welche Rechte und Pflichten haben sie im Verfahren? Damit zusammenhängend: antragsbedingtes oder amtswegiges Verfahren? Wieweit beherrscht die Behörde das Verfahren, wieweit tun es die sonstigen Beteiligten, insbesondere der betroffene Bürger?[13]) Wie wird der rechtlich, verwaltungsökonomisch oder sonst erhebliche Sachverhalt ermittelt, wie die Tatsachen, auf die die Entscheidung zu gründen ist? Aufklärung des Sachverhalts, Gestaltung des Beweisverfahrens. Für dieses wie für das gesamte Verfahren der verwaltungsbehördlichen Willensbildung stellen sich ferner die Fragen nach Unmittelbarkeit oder Mittelbarkeit, Mündlichkeit oder Schriftlichkeit, Öffentlichkeit oder Geheimhaltung. In die meisten der bisher genannten Probleme ist ferner die Frage des sogenannten rechtlichen Gehörs verwoben.

c) Das Verwaltungsverfahrensrecht normiert ferner Form und Bekanntmachung verwaltungsbehördlicher Entscheidungen. Hierher gehören bei Verordnungen und Satzungen die Fragen, ob, wo und wie sie zu publizieren sind, ob sie die gesetzliche Grundlage und die aufsichtsbehördliche Genehmigung, wo solche vorgeschrieben, anführen müssen; bei Verwaltungsakten die Fragen: Genügt konkludentes Handeln oder ist ausdrückliche Erklärung nötig? Genügt mündliche Erklärung oder ist Schriftform oder eine sonstige Formalisierung erforderlich?[14]) Müssen die Entscheidungen

---

[13]) Das Problem stellt sich im Prozeßrecht als Frage nach der Partei- oder Richterherrschaft über den Prozeß. So kann sie im Verwaltungsverfahren nicht gestellt werden, weil die Verwaltungsbehörde nicht quasirichterlich, weil nicht als unbeteiligter und unparteiischer Dritter in fremder Sache, sondern als Beteiligter in eigener Sache entscheidet. Die Verkennung dieses grundlegenden Unterschiedes zwischen dem gerichtlichen Rechtsprechungsverfahren, dem Prozeß i. e. S., und dem Verwaltungsverfahren einschließlich des verwaltungsbehördlichen Rechtsmittelverfahrens ist m. E. der Grundfehler des österreichischen Allgemeinen Verwaltungsverfahrensgesetzes.

[14]) § 14 II Berliner VerwaltungsverfahrensG vom 2. 10. 1958 (GVBl. S. 951) schreibt für alle Verwaltungsakte, ausgenommen Polizeiver-

begründet werden?[15]) Muß über etwaige Rechtsmittel belehrt werden?[16]) Wie müssen die Entscheidungen den Beteiligten bekannt gemacht werden? Zustellungswesen!

d) Zum Verwaltungsverfahrensrecht rechnet ferner der Vollzug verwaltungsbehördlicher Entscheidungen. Davon ist die Verwaltungsvollstreckung, wie sie in dem so genannten Bundesgesetz von 1953[17]) geregelt ist, nur ein Ausschnitt, ebenso wie die Begriffe „Verwaltungszwang" und „Vollziehung" von Verwaltungsakten nur Teilbereiche des Verwaltungsvollzugsverfahrens bezeichnen. Auch in diesem Teil des Verwaltungsverfahrensrechts darf man nicht nur an den Verwaltungsakt und an die obrigkeitliche Verwaltung denken. Auch verwaltungsinterne Entscheidungen können oder müssen vollzogen werden. Dieser Vollzug ist regelbar und vielfach geregelt. Man denke nur an den Vollzug der Beschlüsse der Gemeindeverfassungsorgane durch die Gemeindeverwaltung und an die Kontrolle dieses Vollzugs durch das Gemeindeparlament einerseits, durch die staatliche Aufsichtsbehörde andererseits.

e) Die Regeln über die Anfechtung verwaltungsbehördlicher Entscheidungen, insbesondere, aber nicht nur der Verwaltungsakte, gehören zum Verwaltungsverfahrensrecht, soweit die Anfechtung nicht durch Klage oder einen sonstigen gerichtlichen oder prozessualen Rechtsbehelf, sondern durch einen solchen des Verwaltungsrechts erfolgt: wenn also nicht im Rechtsweg, sondern im Verwaltungsweg angefochten wird, wenn nicht eine richterliche, sondern eine verwaltungsbehördliche Korrektur beantragt wird.

f) Wenn das aber richtig ist, dann müssen auch die — geschriebenen und ungeschriebenen — Regeln über die Korrektur von Amts wegen zum Verwaltungsverfahrensrecht gerechnet werden. Wenn Einspruch, Widerspruch, Beschwerde und Rekurs wesent-

---

fügungen, Schriftform vor; nur in Eilfällen können sie mündlich erlassen werden, müssen dann jedoch unverzüglich schriftlich bestätigt werden. Das ist eine unerträgliche — und vermutlich undurchführbare — Formalisierung des Verwaltungsverfahrens.

[15]) So generell § 10 III 1 Berliner VwVerfG für alle anfechtbaren Verwaltungsakte.

[16]) So z. B. § 21 I BVerwGG; § 46 II MRVO Nr. 165; § 40 II VGG; § 21 VGG Rheinland-Pfalz; § 27 II VGG Saarland; §§ 1590, 1631 IV RVO; § 332 I 2 LAG (vgl. Anm. 24), auf den § 36 III FeststG (vgl. Anm. 23) verweist; § 18 Ziff. 1 GaststG vom 28. 4. 1930 (RGBl. I S. 146); § 14 III 2 Berliner VwVerfG; § 33 II nieders. SOG (vgl. Anm. 28); §§ 21 II, 25 II bayer. PolAufgG vom 16. 10. 1954 (GVBl. S. 237). — Vgl. auch die Sollvorschriften § 48 preuß. PVG; §§ 211 II Ziff. 1, 258 I 2 AO; auf § 211 AO verweist auch § 125 II LAG.

[17]) Verwaltungsvollstreckungsgesetz (VwVG) vom 27. 4. 1953 (BGBl. I S. 157).

liche Institutionen des Verwaltungsverfahrens sind, ja zu dessen Kernbestand gehören, was niemand bezweifeln wird, dann gehört auch die Lehre vom Widerruf des Verwaltungsaktes[18]) zur Lehre vom Verwaltungsverfahren und seinem Recht. Wird doch mit diesen Rechtsbehelfen, mit der Anfechtung, nichts anderes als der Widerruf, die Rücknahme, die Aufhebung oder Abänderung des Verwaltungsakts erstrebt! Ob sie auf Antrag oder von Amts wegen erfolgen, kann für die Frage, welchem Recht die Regelung ihrer Voraussetzungen und Formen zuzurechnen ist, keinen Unterschied machen. Überdies zeigt die Dienstaufsichtsbeschwerde, die sicherlich ebenfalls zum Verwaltungsverfahrensrecht gehört, wie fließend die Übergänge von der antragsbedingten zur amtswegigen Korrektur sind. Und wie oft liegt dem echten Widerruf, d. h. dem Widerruf, der nicht auf Anfechtung hin ergeht, dennoch ein Antrag oder eine Anregung des Betroffenen oder eines sonstigen Beteiligten zugrunde!

Der vom V. Senat des Bundesverwaltungsgerichts[19]) vertretenen Auffassung, daß das Widerrufsrecht zum Recht des Verwaltungsverfahrens i. S. des Art. 84 GG gehöre, hat Bachof[20]) „mit Nachdruck" widersprochen und bei Aufrechterhaltung und Durchsetzung dieser Auffassung „das Ende des deutschen Verwaltungsrechts" prophezeit. Ich will auf diese Folgerung Bachofs aus der von ihm bekämpften Rechtsprechung des Bundesverwaltungsgerichts hier noch nicht eingehen[21]), sondern nur prüfen, of Bachofs Widerspruch gegen die Zuordnung des Widerrufsrechts zum Verwaltungsverfahrensrecht begründet ist. Bachofs einziges Gegenargument ist dies, daß der Widerruf eines Verwaltungsakts selbst wieder ein Verwaltungsakt sei; die Voraussetzungen für den Erlaß eines Verwaltungsakts aber gehörten eindeutig dem materiellen Verwaltungsrecht an. Doch schon diese These ist nicht richtig. Es gibt auch verfahrensmäßige Voraussetzungen für den Erlaß von Verwaltungsakten: zum Beispiel der Antrag des Betroffenen oder eines Beteiligten,

---

18) die ja auch „Selbstanfechtung" genannt wird. Nur diesen Widerruf des Verwaltungsakts meine ich, nicht den „Widerruf" eines durch einen Verwaltungsakt verliehenen Rechts oder einer durch einen Verwaltungsakt begründeten Rechtsstellung wegen veränderter Umstände wie z. B. der „Widerruf" des Beamtenverhältnisses beim Widerrufsbeamten oder wie die Konzessionsentziehung, die häufig in das Gewand einer Rücknahme der Erlaubniserteilung gekleidet wird. Hier herrscht im Verwaltungsrecht die gleiche Begriffsverwirrung, die im bürgerlichen Recht beim „Widerruf" der Schenkung (§§ 530 ff. BGB) einerseits, bei der „Anfechtung" nach §§ 119 ff. BGB andererseits begegnet.

19) DVBl. 1957, 391 = VerwRspr. 9, 574; DVBl. 1957, 730 = DÖV 1957, 889.

20) „Das Ende des deutschen Verwaltungsrechts", DÖV 1958, 27 ff.

21) Vgl. dazu u. S. 162 ff.

dessen Zustimmung oder diejenige einer anderen Behörde oder eines Dritten, ferner die Einhaltung von Fristen oder die Anhörung eines Beteiligten, gutachtliche Stellungnahme eines Sachverständigen oder einer berufsständischen Organisation usw. Aber auch wenn und soweit die Voraussetzungen für den Erlaß eines Verwaltungsakts dem materiellen Recht angehören, braucht dies für die Voraussetzungen seines Widerrufs oder seiner Änderung nicht zuzutreffen. Um das zu erkennen, braucht man nur an den Widerruf richterlicher Entscheidungen zu denken: Unter welchen Voraussetzungen der Richter der Klage stattgeben oder sie durch Sachurteil abweisen darf und muß, bestimmt sich gewiß vornehmlich, wenn auch nicht ausschließlich, nach materiellem Recht. Aber unter welchen Bedingungen er seine eigene Entscheidung von Amts wegen abändern darf, normiert ausschließlich das Prozeßrecht. § 318 ZPO verbietet es dem erkennenden Zivilrichter für seine End- und Zwischenurteile schlechterdings; § 18 FGG gestattet es dem Richter der Freiwilligen Gerichtsbarkeit mit gewissen Einschränkungen: Entscheidungen, die der sofortigen Beschwerde unterliegen, dürfen überhaupt nicht, Ablehnungen antragsbedingter Verfügungen nur auf (neuen) Antrag hin geändert werden. Kann man ernstlich bezweifeln, daß dieser § 18 FGG ein Teil des Verfahrensrechts der Freiwilligen Gerichtsbarkeit ist? Dann kann aber für die Bestimmungen über den Widerruf von Verwaltungsakten nichts anderes gelten als die Zurechnung zum Verwaltungsverfahrensrecht, zumal die Freiwillige Gerichtsbarkeit, vor allem in ihrem klassischen Anwendungsbereich, materiell und funktionell weitgehend Verwaltungstätigkeit ist[1]). Nur insoweit bestimmen sich die Widerrufsvoraussetzungen nach materiellem Verwaltungsrecht, als der Widerruf wegen Rechtswidrigkeit des zu widerrufenden Verwaltungsakts erfolgt: ob im Einzelfall diese Voraussetzung der Widerrechtlichkeit vorliegt, darüber ist allerdings — wenn auch nicht allein — das materielle Verwaltungsrecht zu befragen. Aber von dieser — speziellen — Voraussetzung handelt ja die Widerrufslehre nicht, sondern von den allgemeinen Voraussetzungen, unter denen Verwaltungsakte ohne Rücksicht auf den Verwaltungszweig, in dem sie ergangen sind, widerrufen oder geändert werden können. Soweit der Widerruf im allgemeinen Teil des Verwaltungsrechts und als Teil der Lehre vom Verwaltungsakt behandelt wird, gehört er zum Verwaltungsverfahrensrecht.

Dahin rechnen ihn weithin auch Gesetzgebung, Rechtsprechung und Lehre.

a) Die Reichsabgabenordnung regelt die Zurücknahme, Änderung, Ersetzung und Einschränkung finanzbehördlicher Verfügungen in den §§ 92—96, die Berichtigung von Steuerbescheiden, Freistellungs- und Feststellungsbescheiden in § 222. Dieser steht im Unterabschnitt: „Ermittlungs- und Festsetzungsverfahren" — jene Bestimmungen gehören zum Unterabschnitt, der überschrieben ist „Vorschriften zum Verfahren". — Die thüringische Landesverwaltungsordnung[22]) behandelt das Widerrufsthema zusammen mit der Anfechtung unter der Überschrift „Anfechtung und sonstige Änderungen von Verfügungen" hinter dem „Verwaltungsgerichtsverfahren" und vor dem „Zwangsverfahren". Diese drei Kapitel bilden zusammen mit dem über das „allgemeine Verwaltungsverfahren" den zweiten Hauptteil „Verfahren". — Im Lastenausgleichsrecht behandeln das Widerrufsproblem einmal die §§ 37a und 39 I FeststellungsG[23]); sie finden sich im (IV.) Abschnitt „Verfahren". Der zwischen ihnen stehende § 38 ist mit „Rechtsmittel" überschrieben. § 39 I aaO. verweist auf § 342 LAG[24]), der die Änderung rechtskräftiger Bescheide über die Hauptentschädigung, Kriegsschadenrente und Hausratsentschädigung im Gewande der „Wiederaufnahme des Verfahrens" und im 13. Abschnitt des LAG regelt, der mit „Verfahren" überschrieben ist. In diesem Abschnitt stehen auch § 343 über die Einstellung, das Ruhen und die Änderung der Zahlungen von Kriegsschadenrenten bei nachträglicher Änderung ihrer Voraussetzungen, und § 335a, der dem oben erwähnten § 37a FeststellungsG entspricht: Er behandelt in Abs. I den Widerrufsvorbehalt; im Abs. II verweist er auf „die Grundsätze des allgemeinen Verwaltungsrechts, nach denen Bescheide ohne ausdrücklichen Vorbehalt geändert, zurückgenommen oder sonst aufgehoben werden können". — Das preußische Polizeiverwaltungsgesetz[25]), das noch in Berlin[26]), Nordrhein-Westfalen[27]) und dem Saarland gilt, und die Polizeigesetze von Niedersachsen[28]) und Rheinland-Pfalz[29]) regeln die „Zurücknahme und nachträgliche Einschränkung" polizeilicher Erlaubnisse und Bescheinigungen und die Aufhebung polizeilicher Dauerverfügungen unmittelbar

---

[22]) vom 10. 6. 1926 (GS. S. 177) i. d. F. d. Bek. vom 22. 7. 1930 (GS. S. 123).

[23]) G über die Feststellung von Vertreibungsschäden und Kriegsschäden (FeststG) i. d. F. d. Bek. vom 14. 8. 1952 (BGBl. I S. 534) und des 4. ÄnderungsG zum LAG vom 12. 7. 1955 (BGBl. I S. 403).

[24]) G über den Lastenausgleich vom 14. 8. 1952 (BGBl. I S. 446) mit zahlreichen Änderungen.

[25]) § 42 PVG vom 1. 6. 1931 (GS. S. 77).

[26]) i. d. F. d. Bek. vom 2. 10. 1958 (GVBl. S. 961).

[27]) i. d. F. d. Bek. vom 27. 11. 1953 (GVBl. S. 403).

[28]) § 31 G über die öffentliche Sicherheit und Ordnung vom 21. 3. 1951 (GVBl. S. 79).

[29]) § 50 PVG vom 23. 3. 1954 (GVBl. S. 31).

vor den Vorschriften über die Form und Begründung von Polizeiverfügungen und über deren Anfechtung, also in unmittelbarem Zusammenhang mit verfahrensrechtlichen Normen. — Nach §§ 8, 9 des bremischen Gesetzes über das Verwaltungsverfahren (!) und den Verwaltungszwang[30]) kann eine verwaltungsbehördliche Verfügung nach ihrer Bekanntgabe nur wegen Übergehung des Kostenpunktes oder wegen Schreib- oder Rechenfehlern oder ähnlicher offenbarer Unrichtigkeiten von Amts wegen, sonst nur auf Antrag oder mit Zustimmung dessen geändert werden, an den sie gerichtet ist. — Die „Berichtigung von Bescheiden" der Versorgungsbehörden normiert nicht das Bundesversorgungsgesetz[31]), sondern das Gesetz über das Verwaltungsverfahren (!) in der Kriegsopferversorgung[32]) in seinen §§ 40 bis 44. — Im ehemaligen Lande Baden war bzw. ist das Widerrufsproblem in § 43 der Landesherrlichen Verordnung, das Verfahren (!) in Verwaltungssachen betreffend, vom 31. 8. 1884[33]) geregelt — in Österreich in §§ 68 ff. des Allgemeinen Verwaltungsverfahrensgesetzes[34]), auch hier im Zusammenhang mit der Anfechtung unter der gemeinsamen Überschrift „Rechtsschutz". Der so überschriebene Teil des Allgemeinen Verwaltungsverfahrensgesetzes gliedert sich in die Abschnitte „Berufung", „Sonstige Abänderung von Bescheiden" und „Entscheidungspflicht". Der zweite, unser Widerrufsproblem behandelnde Abschnitt wiederum ist unterteilt in die „Abänderung und Behebung von Amts wegen" und die „Wiederaufnahme des Verfahrens" auf Antrag einer Partei. Hier wird erneut der verfahrensrechtliche Aspekt des Problems der Beständigkeit oder Bestandsfestigkeit von Verwaltungsakten deutlich. Jede Änderung eines bereits unanfechtbar gewordenen Verwaltungsakts bedeutet eine Wiederaufrollung des in diesem Verwaltungsakt entschiedenen Falles. Das Widerrufs- und Änderungsverfahren kann in der Tat als eine Art Wiederaufnahmeverfahren angesehen werden[35]) — jedenfalls dann, wenn es sich um die Änderung und Aufhebung eines bereits unanfechtbar gewordenen Verwaltungsakts handelt.

---

[30]) vom 11. 4. 1934 (GBl. S. 132) i. d. F. vom 29. 10. 1954 (GBl. S. 111, ber. S. 161).

[31]) G über die Versorgung der Opfer des Krieges (Bundesversorgungsgesetz) i. d. F. vom 6. 6. 1956 (BGBl. I S. 469).

[32]) vom 2. 5. 1955 (BGBl. I S. 202).

[33]) GBl. S. 385.

[34]) vom 21. 7. 1925 (BGBl. Nr. 274); neu verlautbart durch Kundmachung der Bundesregierung vom 23. 5. 1950 (BGBl. Nr. 172).

[35]) So geschehen in § 342 LAG, auf den — jeweils in dem Abschnitt über das „Verfahren" — § 39 I FeststG, § 9 VI G über einen Währungsausgleich für Sparguthaben Vertriebener i. d. F. d. Bek. vom 14. 8. 1952 (BGBl. I S. 547) und § 16 G zur Milderung der Härten der Währungsreform (AltsparerG) vom 14. 7. 1953 (BGBl. I S. 495) Bezug nehmen.

In einem weiteren Sinne führt aber auch jeder sonstige Rechtsbehelf ebenso wie jede amtswegige Änderung eines Verwaltungsakts zu einer Wiederaufnahme des Verfahrens, mit der der durch den Verwaltungsakt zunächst geregelte und abgeschlossene Fall erneut aufgerollt wird.

β) Damit ist dann aber das Thema der Rechtskraft angeschlagen; denn die Wiederaufnahme ist ja ein Mittel zur Beseitigung der Rechtskraft. In der Tat wurde und wird das Problem der Widerruflichkeit und Abänderlichkeit von Verwaltungsakten in Lehre und Rechtsprechung weithin — im Steuerrecht sogar vorwiegend — unter der Fragestellung: materielle Rechtskraft von Verwaltungsakten? erörtert. Ipsen hat das in seiner Dissertation über den „Widerruf gültiger Verwaltungsakte"[36]) eingehend und kritisch dargestellt. Kritisch deshalb, weil man füglich daran zweifeln kann, ob die Unwiderruflichkeit ein Element der materiellen Rechtskraft bildet oder nicht vielmehr der formellen Rechtskraft — oder ob sie nicht eine dritte Erscheinungsform der Beständigkeit und Verbindlichkeit von Entscheidungen neben der materiellen und der formellen Rechtskraft ist. Schließlich kann man — noch kritischer — fragen, ob nicht der Begriff der Rechtskraft auf richterliche Entscheidungen beschränkt und dem Prozeßrecht vorbehalten werden soll oder muß. Alle diese Fragen kann ich hier unbeantwortet lassen. In unserem Zusammenhang genügt die bloße Tatsache, daß das Widerrufsproblem im Verwaltungsrecht vielfach unter dem Rubrum „Rechtskraft" erörtert ist, zum Beweise, daß es als Verfahrensfrage angesehen wird. Denn die Rechtskraft ist ja ein Institut des Verfahrensrechts.

γ) Angesichts dieser Zuordnung des Widerrufsproblems in Gesetzgebung, Rechtsprechung und Literatur war das Bundesverwaltungsgericht wohl berechtigt, zum Verwaltungsverfahren, dessen Regelung im Bereich der landeseigenen Ausführung von Bundesgesetzen Art. 84 I GG grundsätzlich den Ländern vorbehält, auch den Widerruf und die Änderung von Verwaltungsakten zu rechnen — selbst wenn diese Zuordnung rechtslogisch nicht zwingend oder gar unrichtig sein sollte. Denn der Begriff des Verwaltungsverfahrens in Art. 84 muß sicherlich historisch-empirisch und darf nicht apriorisch-logisch interpretiert werden.

g) Schließlich möchte ich zum Verwaltungsverfahren noch die Verwaltungskontrolle rechnen, also die Staatsaufsicht in ihren verschiedenen Formen der Rechts-, Dienst-, Fach- und Finanzaufsicht. Mit Ausnahme der Finanzaufsicht hängen diese

[36]) Hamburg 1932; veröffentlicht in: Hamburgische Universität — Abhandlungen und Mitteilungen aus dem Seminar für Öffentliches Recht, Heft 26; S. 22 ff.

Kontrollen ja eng auch mit dem Rechtsschutz des Bürgers zusammen. Das zeigt nicht nur die Dienstaufsichtsbeschwerde. Auch bei den förmlichen Rechtsbehelfen des Verwaltungsverfahrens ist der Rechtsmittelzug weitgehend identisch mit dem Aufsichtsinstanzenweg, die förmliche Verwaltungsbeschwerde häufig die Anrufung der Aufsichtsbehörde, nicht anders als bei der formlosen Dienstaufsichtsbeschwerde.

4. Freilich, die Staatsaufsicht gehört nicht nur zum Verwaltungsverfahren, sie ragt auch weit hinein in die Verwaltungsorganisation. Deren Recht ist nicht ein Bestandteil des Verwaltungsverfahrensrechts, sondern dessen Gegenstück oder Komplement[37]). Ihre Abgrenzung voneinander ist z. B. wegen der differierenden Regelung der Gesetzgebungskompetenz in Art. 84 bis 86 GG nötig, wo zwischen „Einrichtung der Behörden" und „Verwaltungsverfahren" unterschieden wird.

a) Diese Abgrenzung zwischen Verwaltungsorganisationsrecht und Verwaltungsverfahrensrecht ist genau so schwierig und unsicher wie die zwischen Prozeßrecht und Gerichtsverfassungsrecht. Warum ist z. B. die örtliche Zuständigkeit für das Erkenntnisverfahren[38]) der ordentlichen Gerichte in der Zivilprozeßordnung[39]) und Strafprozeßordnung[40]), die sachliche und funktionelle Zuständigkeit einschließlich der Kompetenz (i. e. S.) aber im Gerichtsverfas-

---

[37]) Diese Erkenntnis bestimmt vielfach die Gliederung von Gesetzen. So regeln z. B. das KartellG vom 27. 7. 1957 (BGBl. I S. 1081) das Recht der „Behörden" und das „Verfahren", das AVAVG i. d. F. d. Bek. vom 3. 4. 1957 (BGBl. I S. 322) die „Organisation" und das „Verfahren" in verschiedenen Abschnitten. Auch das Allgemeine KriegsfolgenG vom 5. 11. 1957 (BGBl. I S. 1747) (4. Teil, 2. Abschnitt) und das SoldatenversorgungsG vom 26. 7. 1957 (BGBl. I S. 785) (4. Teil) unterschieden zwischen „Organisation" und „Verfahren", das BEG i. d. F. d. Bek. vom 29. 6. 1956 (BGBl. I S. 562) im 9. Abschnitt zwischen „Entschädigungsorganen" (§§ 173 f., 184 bis 227) und „Verfahren" (§ 175—183), die Berliner Zuständigkeits- und Verfahrensordnung zum BEG vom 8. 9. 1958 (GVBl. S. 904) im 1. Abschnitt zwischen „Entschädigungsbehörden" und dem „Verfahren vor den Entschädigungsbehörden". — In der AO folgen auf die Vorschriften über die „Behörden" (§ 17—70) die „Vorschriften zum Verfahren" (§§ 71—96).

[38]) Anders beim Vollstreckungsverfahren, für das die ZPO und die StPO auch die sachliche und funktionelle Zuständigkeit regeln, vgl. §§ 706, 707, 719 II, 722 II, 724 II, 731, 732 I, 764 I/II, 767, 769 I, 770, 771 I, 791 I, 796 III, 797 I/III/V, 797 a I/II, 805 II, 828 II, 848 I, 858 II, 879, 888 I, 889 I, 890 I/II, 893 II, 899, 919, 942 I ZPO; §§ 453 II (auf den § 453 a I und 454 III verweisen), 462 I/III, 462 a StPO.

[39]) Vgl. §§ 12—40, 978, 983, 987 a, 990, 1002 II, 1005 I ZPO.

[40]) Vgl. §§ 7—21 StPO.

sungsgesetz[41]) normiert[42])? Die Verwaltungsgerichtsgesetze[43]) regeln die Zuständigkeit in einem eigenen Abschnitt hinter den Vorschriften über die Bildung und Besetzung der Verwaltungsgerichte und vor den Regeln über das Verfahren. Die Probleme des judex vel magistratus suspectus et inhabilis sind für die ordentliche Gerichtsbarkeit in den Prozeßordnungen, nicht im Gerichtsverfassungsgesetz geregelt[44]), für die Verwaltungsgerichtsbarkeit bald bei den Organisationsvorschriften[45]), bald unter den allgemeinen Verfahrensvorschriften[46]). Die Reichsabgabenordnung[47]) behandelt die „Ausschließung und Ablehnung der Amtsträger" im Teil „Behörden", nicht unter den „Vorschriften zum Verfahren", ebenso das Österreichische Allgemeine Verwaltungsverfahrensgesetz[48]) — wie ich glaube, mit Recht! Denn hier geht es um die Frage des „wer?", nicht des „wie?". Wer darf entscheiden oder handeln? Wer ist Träger oder Organ einer bestimmten Exekutivfunktion? — diese Fragen betreffen die Verwaltungsorganisation; das Verwaltungsverfahren dagegen beantwortet die Frage, wie die Entscheidungen dieser Funktionäre zustandekommen.

Deshalb möchte ich auch die Zuständigkeitsnormen zum Organisationsrecht rechnen, nicht zum Verwaltungsverfahrensrecht. Heißt doch „organisieren" nicht nur: Organe schaffen, sondern auch: ihnen Funktionen zuordnen. Organisieren bedeutet immer auch und wesentlich: Zuständigkeiten verteilen. In der Organisationsgewalt[49]) steckt daher stets auch eine Kompetenz-Kompetenz: die Zuständigkeit zur Zuständigkeitsregelung.

Die hier versuchte Konfrontierung von „wer?" und „wie?" des Verwaltungshandelns will jedoch nicht mehr als eine Faust-

---

41) Vgl. §§ 13, 23—26, 28, 71—74 b, 80, 94—96, 100, 119—121, 133 bis 135 GVG.

42) Das gilt aber nicht für einige Sonderverfahren, wie Wiederaufnahme (§ 584 ZPO, § 367 I StPO), Entmündigung (§§ 645 I, 648 [und den hierauf verweisenden § 680 III], 665 [auf den §§ 679 IV, 684 IV, 686 IV Bezug nehmen], 676 ZPO [und den hierauf verweisenden § 685]), Mahnverfahren (§ 689 ZPO), Schiedsverfahren (§§ 1045 I, 1046, 1047 ZPO), Strafbefehl (§ 407 I StPO), Strafverfügung (§ 413 II StPO) und Sicherungsverfahren (§ 429b III StPO), Einziehung und Vermögensbeschlagnahme (§ 430 StPO).

43) Vgl. §§ 9—11 BVerwGG; §§ 22, 27, 29 MRVO Nr. 165; §§ 21, 22, 26, 27 VGG; §§ 25—29 VGG Rheinland-Pfalz; §§ 30, 31 VGG Saarland; §§ 19, 24, 26 VGG Berlin; §§ 44—54 EntwBVerwGO.

44) Vgl. §§ 41—49 ZPO; §§ 22—31 StPO.

45) Vgl. § 17 VGG; § 10 VGG Rheinland-Pfalz; § 12 VGG Saarland.

46) Vgl. § 13 BVerwGG; § 38 MRVO Nr. 165; § 55 EntwBVerwGO.

47) Vgl. §§ 67—70 AO.

48) Vgl. § 7.

49) Über sie vgl. VVDStRL 16 (1958) mit den Berichten von Köttgen (S. 154 ff.) und Ermacora (S. 191 ff.).

regel sein. Es wird immer eine breite Zone umstrittenen Grenzgebiets zwischen Verwaltungsorganisationsrecht und Verwaltungsverfahrensrecht bleiben.

b) Überdies darf man nicht nur an das denken, was sie trennt, sondern auch an ihre Verbindungen miteinander. Es bestehen vielfache und enge Wechselbeziehungen zwischen der Organisationsform und der Verfahrensgestaltung. Das Verfahren einer bürokratisch oder monokratisch organisierten Behörde sieht anders aus als bei einer Kollegialbehörde. Die Beschlußausschüsse der preußischen Verwaltungsreform nach dem siebziger Krieg gebaren ein besonderes Beschlußverfahren[50]), das teilweise noch heute besteht. Sobald man Beschlußkörper schafft, also Kollegialbehörden verwalten läßt, muß man die Bildung des körperschaftlichen Willens regeln, also Verfahrensnormen setzen: über Zusammentritt, Unterrichtung, Beratung, Abstimmung, Bekanntmachung und Vollzug. Aber auch jede monokratisch organisierte Behörde braucht, wenn sie aus mehr als einem Amtsträger besteht, eine Geschäftsordnung, die das Zusammenwirken der mehreren Amtsträger regelt, und eine Dienstordnung, die die Dienstpflichten jedes Amtsträgers im Getriebe und Betriebe des Behördenorganismus, dem er angehört, regelt.

Auch diese Ordnungen des inneren Behördenbetriebes gehören zum Verwaltungsverfahrensrecht, die nicht schon deshalb unwichtig sind, weil sie vielfach nur in Verwaltungsvorschriften enthalten sind oder weil sie von uns wenig beachtet werden. Man darf das Verwaltungsverfahrensrecht nicht beschränken auf den Verkehr der Verwaltungsbehörden mit dem Bürger, sondern muß auch den Verkehr der Ämter und Beamten untereinander einbeziehen. Man darf also nicht nur fragen, wie die Behörde mit dem Bürger und dieser mit ihr verfährt, sondern auch, wie die Behörden und ihre Träger miteinander verfahren. Das ist um so nötiger und wichtiger, je mehr der Bürger neben seiner Rolle als Gegenspieler der Verwaltung, als Gewaltunterworfener und damit ihr „Objekt", zu ihrem Subjekt wird: zum Mitinhaber öffentlicher Gewalt, zum Mitspieler in der Verwaltung und zum Mitglied ihrer Organisation: Jede Form von Selbstverwaltung, bürgerschaftlicher oder berufsständischer Mitverwaltung oder personeller Mitbestimmung wie jede Beteiligung gesellschaftlicher Gruppen an der Staatsverwaltung ändern nicht nur den Verwaltungsstil, sondern auch das Verwaltungsverfahren. Sie

---

50) Es geht zurück auf §§ 140—163 der Kreisordnung für die Provinzen Ost- und Westpreußen, Brandenburg, Pommern, Schlesien und Sachsen vom 13. 12. 1872 (GS. S. 661) und beruhte auf §§ 115—126 des G über die allgemeine Landesverwaltung vom 30. 7. 1883 (GS. S. 195).

machen aber auch neue Verfahrensregeln nötig: über die Art und Weise, in der diese Beteiligung realisiert und praktiziert wird.

c) Daraus scheint sich mir für die Organisationsgewalt eine wichtige Folgerung zu ergeben: In jeder Organisationskompetenz steckt auch ein Stück Zuständigkeit zur Verfahrensregelung: nämlich für das Verfahren innerhalb der Organisation. So wie die Organisationsgewalt, außer der Macht zur Schaffung, Besetzung und Auflösung von Behörden, auch die Zuständigkeit zur Kompetenzverteilung enthält, so schließt sie auch ein die Befugnis zur Ordnung des behördeninternen Verfahrens, insbesondere über das Zusammenwirken mehrerer Behörden, Amtsträger oder Organe.

Das ergibt für Art. 85 I GG folgende Nutzanwendung. Dort heißt es, daß bei der Bundesauftragsverwaltung die Einrichtung der Behörden Angelegenheit der Länder bleibt, solange keine, der Zustimmung des Bundesrats bedürftige, Bundesregelung vorliegt, während bei der landeseigenen Ausführung der Bundesgesetze nach Art. 84 die Länder außer der Behördeneinrichtung auch das Verwaltungsverfahren regeln, solange und soweit der Bund sich dessen enthält. Hier umfaßt die Landeskompetenz zur Einrichtung der Behörden nicht nur deren Errichtung und nicht nur die Verteilung der durch die auszuführenden Bundesgesetze begründeten Befugnisse und Pflichten auf die bereits vorhandenen oder neu zu errichtenden Landesbehörden, sondern erstreckt sich auch auf die Regelung ihres internen Verfahrens, ihres „Funktionierens" — dagegen nicht auf ihren Umgang mit dem Bürger oder Publikum, nicht auf ihre Tätigkeit nach außen, nicht auf ihre Amtshandlungen bei der Ausführung der Bundesgesetze. Dieses externe Verfahren ist vielmehr das Verwaltungsverfahren des Art. 84, dessen Regelung nach dem Grundgesetz den Ländern nur im Bereich der landeseigenen Ausführung der Bundesgesetze, nicht auch bei der Bundesauftragsverwaltung, ausdrücklich vorbehalten ist.

Ebenso liegt es bei der bundeseigenen Verwaltung nach Art. 86. Er räumt der Bundesregierung die Kompetenz einerseits zum Erlaß allgemeiner Verwaltungsvorschriften, andererseits zur Regelung der Behördeneinrichtung ein, während er über das Verwaltungsverfahren schweigt. Dieses Schweigen ist insoweit konkludent, als es sich um das Verwaltungsverfahren i. S. des Art. 84 I handelt, also um das Verwaltungsverfahren im Verkehr der Bundesbehörden mit den Bundesbürgern und dieser mit ihnen. Dafür verleiht Art. 86 der Bundesregierung keine Regelungskompetenz, wohl aber für das Verfahren innerhalb der mit der bundeseigenen Verwaltung betrauten Bundesbehörden oder bundesunmittelbaren Körperschaften.

5. Diese zwischen Behördenorganisation und Verwaltungsverfahren unterscheidende Regelung des Grundgesetzes nötigt zu einer Differenzierung auch des Begriffs des Verwaltungsverfahrens und seines Rechts: danach, ob Gegenstand des Verfahrens das Zusammenwirken der verschiedenen Behörden, Amtsträger und Organe der Verwaltung bildet oder deren Tätigkeit gegenüber dem Bürger. Es muß zwischen internem und externem Verwaltungsverfahren unterschieden werden — oder auch zwischen Verwaltungsverfahren im engeren und im weiteren Sinne[51]). Zum Verwaltungsverfahren i. w. S. gehört auch das bloß interne Verwaltungsverfahren, das Verwaltungsverfahren i. e. S. beschränkt sich auf das externe Verwaltungsverfahren.

Freilich ist die Berechtigung und Möglichkeit der Unterscheidung vom Innen und Außen der öffentlichen Verwaltung im letzten Jahrzehnt infrage gezogen worden. Herbert Krüger hat sie in der Smend-Festschrift[52]) schlechthin verworfen, Forsthoff in seinem Lehrbuch[53]) und Bachof in der Laforet-Festschrift[54]) haben sie gegen Krüger verteidigt, die Grenzen aber verrückt und deren Labilität aufgezeigt. Obermayer hat die Unterscheidung in seinem Buch über „Verwaltungsakt und innerdienstlichen Rechtsakt"[55]) für den Bereich der besonderen Gewaltverhältnisse abgelehnt, will sie im übrigen aber doch aufrechterhalten, wenn ich ihn recht verstanden habe. Diese Diskussionen wie auch die am zweiten Tage unserer Mainzer Tagung[56]) wurden ausschließlich oder vorwiegend im Hinblick auf den Rechtsschutz gegenüber internen Maßnahmen und im Innenverhältnis der Verwaltungsorgane zueinander geführt. Man fragte, ob und inwieweit aus dem internen Charakter einer Verwaltungsmaßnahme auf deren Unanfechtbarkeit oder Rechtsweglosigkeit geschlossen werden dürfe und ob der Verwaltungs-

---

[51]) Auch Kratzer DÖV 1952, 233 spricht — im Hinblick auf Art. 84 I GG — von Verfahrensvorschriften i. e. S., worunter er aber „Zuständigkeitsnormen, Rechtsbehelfe, Beschwerdefristen u. ähnl." verstanden wissen will, also Dinge zusammenfaßt, die nach meiner oben entwickelten Auffassung verschiedenen Rechtsbereichen zuzurechnen sind.

[52]) Rechtsverordnung und Verwaltungsanweisung, in: Rechtsprobleme in Staat und Kirche, Festgabe für Rudolf Smend (1952) S. 219; NJW 1953, 1371.

[53]) Lehrbuch des Verwaltungsrechts, I. Band, Allgemeiner Teil, 7. Aufl., S. 127 ff.

[54]) Verwaltungsakt und innerdienstliche Weisung, in: Verfassung und Verwaltung, Festschrift für Laforet (1952) S. 285 (290 ff.).

[55]) (1956), z. B. S. 110, 164.

[56]) VVDStRL 15 (1957) S. 109 ff.

rechtsschutz oder die Verwaltungsgerichtsbarkeit sich auf den Bereich externer Verwaltung beschränke. Ich möchte für meine Frage, ob man für Begriff und Regelung des Verwaltungsverfahrens zwischen Außen- und Innenverhältnis unterscheiden kann und muß, genau umgekehrt argumentieren — nämlich dahin, daß zum Verwaltungsverfahren im engeren, eigentlichen und technischen Sinne nur diejenigen Verfahren gehören, die nach dem positiven Recht der doppelten Generalklausel[57]) in ein verwaltungsgerichtliches[58]) Verfahren, in ein Verwaltungsstreitverfahren übergehen können, bei denen also der Verwaltungsweg in den Verwaltungsrechtsweg einmünden kann.

6. Freilich: diese Abstellung auf die Möglichkeit eines anschließenden Verwaltungsstreitverfahrens, diese Qualifizierung des Verwaltungsverfahrens nach dem Zusammenhang mit der Verwaltungsgerichtsbarkeit, verengt den Begriff des Verwaltungsverfahrens noch in anderer Richtung: sie beschränkt ihn auf die hoheitliche Verwaltung und scheidet die fiskalische Verwaltung aus, also diejenige Verwaltungstätigkeit, die mit den Mitteln und in den Formen des Privatrechts erfolgt. Sie hat auch der Gesetzgeber ausgeklammert. Sowohl das Österreichische Allgemeine Verwaltungsverfahrensgesetz als auch die thüringische Landesverwaltungsordnung, das Berliner Verwaltungsverfahrensgesetz und der württembergische Entwurf eines Verwaltungsverfahrensgesetzes von 1931[59]) beschränken sich auf die hoheitliche Verwaltung. Diese Beschränkung ist auch sachlich gerechtfertigt, wenn und soweit es sich um das Verfahren bei der Ausübung der öffentlichen Gewalt gegenüber dem Gewaltunterworfenen handelt, also um den externen Teil, um das Verfahren der Behörde gegenüber dem Bürger. Für den internen Teil, das Verfahren im Innern der Behördenorganisation, ist dagegen die Unterscheidung von hoheitlicher und fiskalischer, von öffentlichrechtlicher und privatrechtlicher Verwaltung ohne grundsätzliche Bedeutung. Für beide Bereiche können die glei-

---

[57]) Erste Generalklausel: alle Verwaltungsakte sind verwaltungsgerichtlich anfechtbar. Zweite Generalklausel: alle Streitigkeiten des öffentlichen Rechts (mit Ausnahme der Verfassungsstreitigkeiten). können vor das Verwaltungsgericht gebracht werden, soweit keine andere gerichtliche Zuständigkeit besteht. Vgl. § 22 I MRVO Nr. 165; § 22 I VGG; § 15 I VGG Rheinland-Pfalz; §§ 20—22 VGG Saarland; § 19 I VGG Berlin. Auf die darin enthaltene zweifache Generalklausel habe ich in VVDStRL 15 S. 214 f. hingewiesen.

[58]) oder in ein zivilgerichtliches Verfahren, wenn die zivilgerichtliche Zuständigkeit eine solche kraft Zuweisung ist, d. h. auf regelwidriger Zuweisung einer verwaltungsrechtlichen Streitigkeit an die Zivilgerichtsbarkeit beruht.

[59]) Vgl.: Verwaltungsrechtsordnung für Württemberg, Entwurf eines Gesetzes mit Begründung (1931), S. 645 ff. (Anhang): Verwaltungsverfahrensgesetz.

chen Regeln über Willensbildung, Amtshilfe, Aufsicht usw. anwendbar sein und hier wie dort gleichermaßen passen. Der Unterschied von privatem und öffentlichem Recht wird fundamental erst, wenn die Verwaltung nach außen tätig wird: wenn sie den Rechtskreis eines Dritten berührt. Dann ist es entscheidend, ob sie dies durch Verwaltungsakt oder Amtshandlung einerseits oder durch privatrechtliche Willenserklärung, Rechtsgeschäft oder Realakt andererseits tut.

7. Um eine Eingrenzung des in Art. 84 I GG verwendeten Begriffs des Verwaltungsverfahrens hat sich Köttgen schon 1952[60]) bemüht.

a) Er will es als „förmliches Verfahren" qualifizieren und am Prozeßrecht orientieren. Beides halte ich nicht für richtig. Denn förmlich wird ein Verfahren erst dadurch, daß es rechtlich geregelt wird, und jedes geregelte Verfahren ist mehr oder weniger förmlich. Prozeßförmig aber kann das Verwaltungsverfahren nicht sein, weil ihm die zentrale Figur des Prozeßrechts fehlt: der Richter als unparteiischer Dritter. Das habe ich ja gleich zu Anfang meines Referats klarzustellen versucht. Trotzdem bin ich — wie ich glaube — im Ergebnis gar nicht weit von Köttgen entfernt: Denn einerseits spricht er von der „Legalisierung des dem Prozeß vorausgehenden Verwaltungsverfahrens", setzt also ebenfalls das Verwaltungsverfahren des Art. 84 in Beziehung zum Verwaltungsstreitverfahren — andererseits setzt er es ab „gegenüber all jenen Verfahrensnormen im weiteren Sinne, die zwar den Verwaltungsablauf steuern, aber nicht das individuelle Verhältnis der Behörde zum Bürger normativ verdichten wollen". Das scheint mir identisch zu sein mit meiner Abstellung auf das Innen und Außen.

b) Trotzdem befinde ich mich in einem erheblichen Dissens zu Köttgen, nämlich darüber, wem gegenüber die so bestimmte Grenze zu ziehen ist. Während ich den Gegensatz vom Innen- und Außenverhältnis zur Abgrenzung des Verfahrensrechts vom Organisationsrecht benutze, indem ich das Verfahren im Innern des Verwaltungsorganismus aus dem Verwaltungsverfahrensrecht i. e. S. ausklammere und zum Organisationsrecht — im weiteren Sinne und im Sinne des VIII. Abschnitts des Grundgesetzes — schlage, sieht Köttgen sein „förmliches Verwaltungsverfahren" „mehr oder weniger deutlich" in das Organisationsrecht „eingebettet", beide also „mehr oder weniger" als Einheit an. Damit will er die einheitliche Behandlung beider in Art. 84 I verfassungspolitisch rechtfertigen, wobei er mir zu

60) in seinem Aufsatz: Das Verwaltungsverfahren als Gegenstand der Bundesgesetzgebung, DÖV 1952, 422 ff.

übersehen scheint, daß bereits Art. 85 und 86 sie nicht mehr gleich behandeln.

Köttgen geht es also nicht um die Abgrenzung des Verwaltungsverfahrensrechts vom Organisationsrecht, sondern vom materiellen Verwaltungsrecht und um die Auskreisung des „förmlichen Verfahrens" aus den übrigen Regeln über den „Verwaltungsablauf". Diese Grenzziehung ist deshalb wichtig, weil Art. 84 I für bundesgesetzliche Regelungen nur insoweit die Zustimmung des Bundesrats verlangt, als eine solche Regelung die „Einrichtung der Behörden und das Verwaltungsverfahren" zum Gegenstand hat. Je enger man diese beiden Begriffe faßt, um so mehr verengert sich der Kreis der zustimmungsbedürftigen und erweitert sich der Bereich zustimmungsfreier Bundesgesetzgebung. Um diese Ausweitung aber geht es Köttgen.

c) Ihr muß ich de constitutione lata widersprechen, wie das schon Robert Held[61] und Dieter Haas[62] getan haben. Sie entspricht weder der grundsätzlichen Kompetenzverteilung zwischen Bund und Ländern in Art. 30 und 70 GG mit ihrer Vermutung für die Landeszuständigkeit, noch harmoniert sie mit der speziellen Regelung der Verwaltungskompetenzen in Art. 83 ff. Diese Regelung umfaßt nicht den Gesamtbereich der öffentlichen Verwaltung in Bund und Ländern, sondern nur zwei Teilbereiche, was schon in der Überschrift des VIII. Abschnitts zum Ausdruck kommt: erstens „die Ausführung der Bundesgesetze" und zweitens „die Bundesverwaltung". Mit dem ersten Bereich, der Exekutivfunktion der Verwaltung, befassen sich die Art. 83—86, mit der zweiten die Art. 86—90. Dabei bildet Art. 86 den Schnittpunkt zwischen beiden, indem er die Ausführung von Bundesgesetzen durch Bundesorgane regelt. Schon darin zeigt sich, daß beide Bereiche keine sich ausschließenden Gegensätze bilden, sondern sich wie zwei sich schneidende Kreise verhalten. Die bundeseigene Verwaltung nach Art. 87 ff. kann auch exekutorische, auf den Gesetzesvollzug beschränkte Verwaltung sein, sie muß es aber nicht sein und ist es weithin nicht. Dagegen handelt es sich bei den Art. 83—86, in denen allein unsere Abgrenzungsprobleme auftauchen, ausschließlich um die Verwaltung als Gesetzesvollzug. Behält man das im Auge, dann kann, glaube ich, die Bestimmung des Begriffs „Verwaltungsverfahren" in diesen sich mit der Ausführung der Bundesgesetze befassenden Artikeln nicht mehr schwierig sein: Verwaltungsverfahrensrecht bedeutet in diesem Zusammenhang die Summe der

[61]) Der autonome Verwaltungsstil der Länder und das Bundesratsveto nach Art. 84 Abs. I des Grundgesetzes, AöR Bd. 80, 50 (71 ff.).

[62]) Bundesgesetze über Organisation und Verfahren der Landesbehörden, AöR Bd. 80, 81 (83 ff.).

Regeln darüber, wie die Bundesgesetze auszuführen sind — so wie „die Einrichtung der Behörden" die Frage betrifft, wer die Bundesgesetze ausführt. Hier, bei der reinen Exekutive, ist die oben[63] aufgestellte Faustregel vom „wer?" und „wie?" am leichtesten zu handhaben und trifft sie am ehesten zu. Dabei dient sie nicht nur zur Abgrenzung von Organisationsrecht und Verfahrensrecht, sondern hier vor allem zur Kennzeichnung ihrer Komplementärfunktion. Organisationsrecht und Verwaltungsverfahrensrecht zusammen bilden das Recht des Gesetzesvollzugs[64]. Man kann daher das Verwaltungsverfahrensrecht i. S. des Art. 84 auch definieren als das Recht des Gesetzesvollzugs durch die Verwaltungsbehörden mit Ausnahme ihrer Organisation.

8. Aber wie kommt das Grundgesetz dazu, die Art und Weise des Gesetzesvollzugs als Verwaltungsverfahren zu bezeichnen? Nur wenn man darauf eine befriedigende Antwort zu geben vermag, ist man berechtigt, den Begriff des Verwaltungsverfahrensrechts in Art. 84 nach der Seite des materiellen Verwaltungsrechts hin so weit zu interpretieren, wie ich es hier getan habe: als Summe der Regeln über den Vollzug der Bundesgesetze mit Ausnahme der Behördenorganisation. Die Antwort ergibt sich daraus, daß Gesetzesvollzug zwar nicht ausschließlich, aber überwiegend Gesetzesanwendung darstellt oder doch voraussetzt, und zwar Gesetzesanwendung im Einzelfall. Diese erfordert die Ermittlung des konkreten Sachverhalts und dessen Subsumtion unter den abstrakten Tatbestand des Gesetzes, aus dem die Rechtsfolge für den konkreten Fall gezogen wird. Insoweit befindet sich der Verwaltungsbeamte in keiner anderen Lage als der Richter. Beide sind ja rechtsanwendende Organe, mag auch die Rechtsanwendung hier und dort eine verschiedene Funktion haben, indem sie jeweils einem anderen Zweck dient: beim Richter der Feststellung, was im Einzelfalle rechtens ist, der Entscheidung von Rechtsstreitigkeiten oder/und der Rechtsschutzgewährung — beim Verwaltungsbeamten dem Vollzug des Gesetzes, der Realisierung der vom Gesetzgeber gestellten Staatsziele und/oder der Förderung des Gemeinwohls. Diese Unterschiede im Zweck der Gesetzesanwendung ändern nichts an der Gemeinsamkeit

---

[63]) S. 131.

[64]) Charakteristisch dafür ist die Regelung der Kriegsopferversorgung. Das materielle Verwaltungsrecht ist im Bundesversorgungsgesetz i. d. F. vom 6. 6. 1956 (BGBl. I S. 469) enthalten. Seinen Vollzug regeln organisatorisch das Gesetz über die Errichtung der Verwaltungsbehörden der Kriegsopferversorgung vom 12. 3. 1951 (BGBl. I S. 169), verfahrensmäßig das Gesetz über das Verwaltungsverfahren der Kriegsopferversorgung vom 2. 5. 1955 (BGBl. I S. 202).

dieses Mittels: daß beide Gewalten die Gesetze anzuwenden haben; beide sind sie ihnen ja gleichermaßen unterworfen, Art. 20 III GG. Diese Gesetzes- oder Rechtsanwendung[65]) aber vollzieht sich denknotwendig in einem Verfahren: die richterliche Rechtsanwendung innerhalb und auf Grund eines Prozesses, die verwaltungsbehördliche im Verwaltungsverfahren.

Diesen Zusammenhang von Verfahren und Rechtsanwendung hat schon Merkl[66]) erkannt: Er hält ihn für so innig, daß er beide geradezu gleichsetzt: Er definiert das Prozeßrecht — worunter er nicht nur das Recht des gerichtlichen Verfahrens, sondern auch das Verwaltungsverfahren versteht — als diejenigen „Bestandteile der Gesamtrechtsordnung, die die Anwendung von Rechtssätzen regeln". Ich lasse offen, ob damit das Wesen des Verfahrensrechts erschöpfend beschrieben ist: ob es nur das Recht der Rechtsanwendung regelt. So viel scheint mir jedenfalls richtig zu sein: Gesetzesanwendung im Einzelfall ist nur mittels eines Verfahrens möglich; ja, Gesetzesanwendung ist selbst Verfahren. Die für den Vollzug des Gesetzes erforderliche Realisierung, Konkretisierung und Individualisierung der hypothetischen Regelung in der abstrakten und generellen Norm bedingt nicht nur ein Verfahren, sondern ist ein Verfahren, eine Prozedur: ein Aufklärungsprozeß, in dem der gesetzeserhebliche Sachverhalt ermittelt wird, ein Denkprozeß, in dem die Subsumtion dieses Sachverhalts unter das Gesetz erfolgt und dieses — notfalls — ausgelegt wird (Subsumtions- und Interpretationsprozeß), und endlich ein Verkündungs- und Vollstreckungsprozeß, in dem die so gefundene Entscheidung dem Betroffenen oder Beteiligten bekanntgemacht und, notfalls, vollstreckt wird.

Das Grundgesetz war also in der Tat berechtigt, in Art. 84 die Regelung des Vollzugs der Bundesgesetze durch die Länder als Regelung des Verwaltungsverfahrens zu bezeichnen. Denn wenn sich auch einerseits das Verwaltungsverfahren, wie die Verwaltung überhaupt, nicht im Gesetzesvollzug erschöpft, so ist

---

[65]) Ebenso wie die Rechtssetzung im Verfassungsstaat. Deshalb spricht man mit vollem Recht von einem Gesetzgebungsverfahren. Aber auch die sonstigen Gebiete des Verfassungsrechts enthalten in erheblichem Maße Verfahrensrecht — bis in die grundrechtlichen Teile hinein. Verfassungsrecht ist zu einem wesentlichen Teil Organisations- und Verfahrensrecht. Den „prozeßrechtlichen" Aspekt des Verfassungsrechts hat Merkl aaO., S. 214 ff. hervorgehoben, dessen Hinweis auch dann beachtlich bleibt, wenn man nicht, wie er, auf dem Boden der Kelsen'schen reinen Rechtslehre und Stufentheorie steht.

[66]) Allgem. Verwaltungsrecht (1927) S. 214/15.

doch andererseits jeder Gesetzesvollzug durch die Exekutive Verwaltungsverfahren.

9. a) So erweist sich erneut die Auffassung des Bundesverwaltungsgerichts als richtig, daß die Fragen der Widerruflichkeit von Verwaltungsakten zum Verwaltungsverfahren gehören; denn der Verwaltungsakt selbst ist ein Institut des Verwaltungsverfahrens und daher die Lehre vom Verwaltungsakt ein Bestandteil der Lehre vom Verwaltungsverfahren. Ist doch der Verwaltungsakt eine, wenn nicht die charakteristische Rechtsfigur des Gesetzesvollzugs. Er ist das typische Mittel zur Konkretisierung und Individualisierung des abstrakt-generellen Gesetzes. Das Verhältnis von Gesetz und Verwaltungsakt darf nicht allein derart gesehen werden, daß das Gesetz nur Mittel zum Zweck sei: nur Schranke oder nur Ermächtigung für den Verwaltungsakt. Vielmehr ist im Bereich der Verwaltung als vollziehender Gewalt umgekehrt der Verwaltungsakt ein Mittel zum Vollzug des Gesetzes.

b) Wenn aber die ganze Lehre vom Verwaltungsakt, die doch das Herzstück des allgemeinen Verwaltungsrechts ausmacht, zum Verwaltungsverfahrensrecht rechnet — und nach meiner Überzeugung muß sie dazu gerechnet werden — was bleibt dann noch vom materiellen Verwaltungsrecht übrig? Die Antwort auf diese berechtigte Frage lautet dahin: Das materielle Verwaltungsrecht steckt vornehmlich in eben jenen Gesetzen, die die Verwaltungsbehörden zu vollziehen haben. Das zu Vollziehende regelt das materielle Verwaltungsrecht, den Vollzug das Verwaltungsverfahrensrecht — in dieser Formel kann man das Verhältnis von materiellem Verwaltungsrecht und Verwaltungsverfahrensrecht vereinfachend skizzieren für denjenigen Bereich der Verwaltung, der Gesetzesvollzug ist. Daß aber dieser Bereich dauernd wächst auf Kosten des eigenverantwortlichen, schöpferischen und weitgehend gesetzesfreien Wirkungsraumes der Verwaltung, ist oft genug beschrieben und beklagt worden, jedoch schwerlich zu ändern und jedenfalls zu respektieren.

c) Die genannte Formel wirft aber auch Licht auf das Verhältnis des allgemeinen zum besonderen Verwaltungsrecht. Denn die Gesetze, die die Verwaltungsbehörden zu vollziehen haben, gehören, wenn nicht ausschließlich, so doch ganz überwiegend zum besonderen Verwaltungsrecht. Sie bilden dessen Kern, so wie das Verwaltungsverfahrensrecht ein Kernstück des allgemeinen Verwaltungsrechts ist. Freilich wäre es nicht nur eine unzulässige Vereinfachung, sondern eine grobe Unrichtigkeit, wollte man kurzerhand allgemeines Verwaltungsrecht mit Verwaltungsverfahrensrecht und besonderes Verwaltungsrecht mit materiellem Verwaltungsrecht identifizieren. Natürlich enthält das besondere Verwaltungsrecht als das Spezialrecht der einzelnen Verwaltungszweige auch verfahrens- und organisationsrechtliche Bestimmungen — und andererseits erschöpft sich der allgemeine Teil des Verwaltungsrechts nicht in den allgemeinen Regeln über den Gesetzesvollzug und über die Formen und Prinzipien der Behördenorganisation, sondern umfaßt alle Regeln, die sämtlichen oder doch mehreren Zweigen der Verwaltung gemeinsam sind, ohne Rücksicht darauf, ob sie materiellen, organisatorischen oder verfahrensmäßigen Inhalt haben. Trotzdem bestehen hier sachbedingte Zuordnungen und lassen sich Schwerpunkte bilden: *Das materielle Verwaltungsrecht hat seinen Schwerpunkt im besonderen Verwaltungsrecht.* Ob umgekehrt das Verwaltungsverfahrensrecht seinen Schwerpunkt im allgemeinen Verwaltungsrecht hat, ist zweifelhaft. M. E. ist die Frage verschieden zu beantworten, je nachdem ob man die Lehrbücher oder die positive Satzung zum Maßstab nimmt. Nicht zweifelhaft ist mir aber die Antwort auf die Frage, welche Bedeutung dem Verwaltungsverfahrensrecht im System des allgemeinen Teils des Verwaltungsrechts zukommt. *Das Verwaltungsverfahrensrecht bildet den Schwerpunkt des allgemeinen Verwaltungsrechts,* sein Kernstück. Allgemeines Verwaltungsrecht heißt weitgehend: Organisation und Verfahren der Verwaltungsbehörden. Das scheint mir für die Frage nach der Möglichkeit und Nützlichkeit einer Kodifikation des allgemeinen Teils des Verwaltungsrechts einerseits, der gesetzlichen Regelung des Verwaltungsverfahrens andererseits wichtig zu sein: *Den allgemeinen Teil kodifizieren bedeutet vor allem, das Verwaltungsverfahren und die Behördenorganisation in ihren allgemeinen Formen und Grundsätzen zu regeln — und diese zu regeln, d. h. allgemeine Organisations- und Verfahrensgesetze zu schaffen, das bedeutet, den allgemeinen Teil des Verwaltungsrechts zu positivieren oder gar zu kodifizieren.*

B

Damit ist das Gewicht der Aufgabe gekennzeichnet, über deren Erfüllbarkeit ich jetzt im zweiten Teil meines Referats sprechen will: **über die Notwendigkeit und Nützlichkeit, sowie über die Möglichkeiten und Rechtsformen einer Regelung des Verwaltungsverfahrens.**

I. Bei einer solchen Regelung denkt man an die Normierung eines für alle Verwaltungszweige geltenden Verwaltungsrechts — an ein allgemeines Verfahrensgesetz oder mehrere solcher allgemeiner Verfahrensgesetze, losgelöst von den einzelnen Verwaltungszweigen und dem speziell für sie geltenden Verwaltungsrecht. Aber das ist keineswegs die einzig mögliche und allein vernünftige Methode der Normierung des Verwaltungsverfahrens und der Positivierung seines Rechts. Es ist vielmehr gerade die Frage, ob nicht der bisher in Deutschland überwiegend eingeschlagene Weg beibehalten werden soll, jeweils in dem zu vollziehenden Gesetz das wer? und wie? des Vollzugs mitzuregeln, also den Weg spezialgesetzlicher Regelung im engen Zusammenhang mit dem jeweiligen materiellen Verwaltungsrecht zu wählen. Es ist eine durchaus noch offene Frage, ob es zweckmäßig, ja ob es überhaupt möglich ist, das Verfahren der, d. h. aller Verwaltungsbehörden zu regeln, oder ob nicht besser das Verfahren in der Kriegsopferversorgung getrennt vom Verfahren der Lastenausgleichsbehörden und wieder selbständig und abschließend das Steuerverfahren geregelt wird — wie es de lege lata der Fall ist.

Eine ähnliche Problematik besteht im Prozeßrecht. Dort wird seit einigen Jahren lebhaft die Frage der Angleichung und Vereinheitlichung der verschiedenen Prozeßordnungen erörtert. Die bundesdeutsche Anwaltschaft möchte am liebsten ein Einheitsverfahren — so wie sie für die Einheitsgerichtsbarkeit kämpft. Nun, auch unter uns gibt es solche Unifikateure: Streiter für die Einheit der Verwaltung, für die Wiederherstellung der allgemeinen und inneren Verwaltung preußischen Angedenkens. In der Tat sind und bleiben der Abbau von Sonderverwaltungen und die Allzuständigkeit der Kreise als unterer Verwaltungsbehörden ein wichtiges, freilich auch problematisches Anliegen der Verwaltungsreform. Aber man sollte es nicht verquicken mit dem Problem eines allgemeinen und einheitlichen Verwaltungsverfahrens — so wenig die Justizeinheit von Prozeßeinheit begleitet sein muß und so wenig die Erhaltung der jetzigen Vielfalt von Gerichtsbarkeiten eine Vereinheitlichung des Prozeßrechts hindert. Über die Möglichkeiten und Schwierigkeiten einer solchen Vereinheitlichung habe ich vor zwei Jahren vor den Prozeßrechtslehrern gesprochen[67]). Ich will das dort Gesagte hier nicht im einzelnen wiederholen, sondern nur einige Nutzanwendungen für unser Thema daraus ziehen.

---

[67]) Notwendigkeit, Möglichkeiten und Grenzen einer Angleichung der deutschen Verfahrensordnungen, ZZP 70 (1957), 161 ff.

1. Nur in dem Maße, in dem sich das Verfahrensrecht vom materiellen Recht und die einzelnen Verfahrensordnungen von den ihr zugeordneten materiellen Rechtsgebieten sich ablösen lassen, ist ihre Angleichung und Vereinheitlichung möglich. Da dieser Emanzipation des Verfahrensrechts vom materiellen Recht durch die Natur der Sache Grenzen gesetzt sind, so sind auch die Möglichkeiten der Angleichung und Vereinheitlichung begrenzt und ist ein Einheitsverfahren unmöglich. Das damals für das Prozeßrecht, also das Gerichtsverfahren, Festgestellte scheint mir für das Verwaltungsverfahren nicht weniger zuzutreffen. Gewiß kann das Verwaltungsverfahren weit mehr als bisher vereinheitlicht werden. Es ist darüber hinaus auch möglich, einzelne Teile, Probleme und Prinzipien des Verwaltungsverfahrens generell für alle oder viele Verwaltungszweige und losgelöst von ihnen zu regeln, also ein allgemeines Verfahrensgesetz oder mehrere solcher Art zu schaffen[68]). Aber ich halte es für ausgeschlossen, daß man auf diese Weise das gesamte Verwaltungsverfahren derart regeln kann, daß man mit einem solchen allgemeinen Teil auskommt. Vielmehr werden daneben immer Spezialregelungen für einzelne Verwaltungsgebiete nötig sein, die nicht nur die allgemeinen Regeln ergänzen, sondern auch modifizieren und korrigieren. Solche Spezialregeln sollten immer dort geschaffen oder beibehalten werden, wo sie durch die Besonderheiten des betreffenden Verwaltungszweiges und seines materiellen Verwaltungsrechts, aber auch seiner Organisation geboten sind. Die Fach- und Sachgerechtigkeit ist wichtiger als die Einheitlichkeit — und Unität ist noch keine Garantie für Qualität. Die richtige Fragestellung lautet also nicht: Einheitsverfahren oder Mehrheit oder Vielfalt von Spezialverfahren? sondern dahin, wieweit die Spezialisierung und wieweit die Generalisierung getrieben werden kann oder soll. Es geht um die richtige Kombination beider Methoden[69]).

---

[68]) Das ist in Deutschland vor allem durch folgende Gesetze geschehen: Im Bund durch das VerwaltungszustellungsG vom 3. 7. 1952 (BGBl. I S. 379) und das VerwaltungsvollstreckungsG vom 27. 4. 1953 (BGBl. I S. 157); in Baden-Württemberg durch das LandesverwaltungsG vom 7. 11. 1955 (GBl. S. 225); in Berlin durch das VerwaltungsverfahrensG vom 2. 10. 1958 (GVBl. S. 951); in Bremen durch das G über das Verwaltungsverfahren und den Verwaltungszwang vom 11. 4. 1934 (GBl. S. 132) i. d. F. vom 29. 10. 1954 (GBl. S. 111, ber. S. 161); im Saarland durch das G über die allgemeine Landesverwaltung vom 13. 7. 1950 (ABl. S. 796); in Thüringen durch die Landesverwaltungsordnung vom 10. 6. 1926 (GS. S. 177) i. d. F. vom 26. 11. 1945 (GS. 1946 S. 53); durch die Verwaltungszustellungs- und -vollstreckungsgesetze der Länder, vgl. Anm. 80 bis 83, 87.

[69]) Vgl. Merkl aaO., S. 219 Abs. II.

2. Man sollte ferner bei der Vereinheitlichung stufenweise vorgehen — stufenweise in mehrfacher Hinsicht:

a) Einmal und vor allem in der Richtung, daß man nicht gleich alle, sondern nur einige Verwaltungsgebiete unter einen Hut bringt: daß man verfahrensrechtlich die Vielfalt der Verwaltungszweige zu einzelnen Gruppen zusammenfaßt. Solche Gruppenbildung habe ich damals[70]) für das Prozeßrecht dahin vorgeschlagen, daß man zusammenfasse erstens alle Zivilverfahren einschließlich des arbeitsgerichtlichen Prozesses, zweitens alle Strafprozesse einschließlich des Disziplinarverfahrens, drittens alle Verwaltungsprozesse einschließlich der Finanz- und Sozialgerichtsbarkeit und viertens das Verfahren der Verfassungsgerichte. Der Vorschlag hat Zustimmung gefunden und ist auch für die Diskussion um die Justizeinheit nützlich geworden[71]), also vom Prozeßrecht auf das Gerichtsverfassungsrecht übertragen worden. Auf das Verwaltungsverfahrensrecht ist er so natürlich nicht übertragbar; aber er hat, wie ich glaube, heuristischen Wert. Einerseits glaube ich wegen des engen Zusammenhangs von Verwaltungsverfahren und Verwaltungsprozeß nicht, daß es viel Wert hat, die verfahrensrechtlichen Bestimmungen der Reichsabgabenordnung und der Reichsversicherungsordnung zugunsten eines allgemeinen Verfahrensgesetzes zu beseitigen, solange wir noch eine eigene Finanz- und Sozialgerichtsbarkeit neben der allgemeinen Verwaltungsgerichtsbarkeit haben. Andererseits weisen diese beiden Verwaltungsordnungen, die Reichsabgabenordnung und die Reichsversicherungsordnung, die ja auch Verfahrensordnungen sind, den Weg der Gruppenbildung. Sie sind schon solche Bildungen, und die Reichsabgabenordnung kann ihren Geltungsbereich noch erheblich erweitern, wie die Landesgesetzgebung der letzten Jahre zeigt: Fast alle Länder der Bundesrepublik haben die Reichsabgabenordnung, die nach ihrem § 3[72]) nur für die Zölle und die der Bundesgesetzgebung unterliegenden Steuern gilt, auf die landesgesetzlich regelbaren Steuern oder Abgaben für anwendbar erklärt[73]) — aber nur, wenn sie von den Landesfinanz-

---

[70]) Vgl. ZZP 70, 195 f.

[71]) Vgl. Baur, Empfiehlt es sich, die verschiedenen Zweige der Rechtsprechung ganz oder teilweise zusammenzufassen?, Verh. d. 42. DJT (1957) Bd. I/2 S. 28 ff.

[72] i. d. F. d. G zur Änderung von einzelnen Vorschriften der Reichsabgabenordnung und anderer Gesetze vom 11. 7. 1953 (BGBl. I S. 511). Dadurch ist § 39 I des 1. FinanzverwaltungsG vom 6. 9. 1950 (BGBl. I S. 448), der den Anwendungsbereich der AO auf „alle Abgaben, die durch Bundesfinanzbehörden oder durch Landesfinanzbehörden verwaltet werden", erstreckte, überholt, vgl. BTDrucks. 1. WP. Nr. 3926 Anl. 1 Begr. II 1.

[73]) Vgl. die Gesetze über die Anwendung bundesrechtlicher Ab-

behörden verwaltet werden, also nicht für die Gemeindesteuern oder -abgaben und nicht für diejenigen anderer juristischer Personen des öffentlichen Rechts. Sowohl auf Bundes- wie Landesebene könnte demnach der Geltungsbereich der Reichsabgabenordnung noch erweitert werden — im Endergebnis auf alle öffentlichrechtlichen Geldforderungen der öffentlichen Hand — so wie bereits jetzt § 5 I VerwVollstrG die Beitreibungsvorschriften der Reichsabgabenordnung auf alle öffentlichrechtlichen Geldforderungen des Bundes und der bundesunmittelbarer juristischen Personen des öffentlichen Rechts mit gewissen Ausnahmen erstreckt hat, soweit sie durch Bundesbehörden beigetrieben werden.

b) Diese Ausnahmen sich anzusehen, scheint mir für unsere Frage nach der Gruppierung und Kodifizierung nützlich: Die erste Ausnahme betrifft die Forderungen, die im Parteistreitverfahren der Verwaltungsgerichtsbarkeit geltend zu machen sind, die also ausgeklagt werden müssen (§ 1 II 1. Fall VerwVollstrG). Sie werden nach den Vollstreckungsvorschriften der Verwaltungsprozeßordnungen[74]) vollstreckt. Sie bleiben also durch das voraufgegangene Gerichtsverfahren dem Verwaltungsverfahren entzogen. Das Prozeßrecht behauptet sich gegen das Verwaltungsrecht, die dritte Gewalt gegen die zweite, obwohl die Vollstreckung staatsfunktionell Verwaltung, nicht Rechtsprechung ist.

Auf verwandter Erwägung beruht die zweite Ausnahme: Sie betrifft öffentlichrechtliche Geldforderungen, für die ein anderer Rechtsweg als der Verwaltungsrechtsweg begründet ist (§ 1 II 2. Fall), über die also im ordentlichen Rechtsweg entschieden wird. Der gesetzgeberische Gedanke ist hier offenbar folgender: Was der allgemeinen und besonderen Verwaltungsgerichtsbar-

---

gabenvorschriften in den Ländern Baden-Württemberg § 1 I Ziff. 1 G vom 27. 6. 1955 (GBl. S. 102); Bayern Art. 1 I Ziff. 1 G vom 12. 6. 1956 (GVBl. S. 102); Berlin § 1 I Ziff. 1 G vom 10. 3. 1955 (GVBl. S. 169); Hamburg § 1 I Ziff. 1 G vom 13. 6. 1955 (GVBl. S. 210); Hessen § 1 I Ziff. 1 G vom 5. 3. 1957 (GVBl. S. 15); Niedersachsen § 1 I Ziff. 1 G vom 21. 2. 1956 (GVBl. S. 11); Nordrhein-Westfalen § 1 I Ziff. 1 G vom 4. 1. 1955 (GVBl. S. 3); Rheinland-Pfalz § 1 I Ziff. 1 G vom 3. 12. 1954 (GVBl. S. 154); Schleswig-Holstein § 1 I Ziff. 1 G vom 15. 7. 1955 (GVBl. S. 139).

Vgl. auch die Verweisungen der Vergnügungssteuergesetze der Länder Baden-Württemberg § 27 G vom 31. 1. 1955 (GBl. S. 41); Bayern Art. 27 G vom 11. 6. 1958 (GVBl. S. 85); Bremen § 21 G vom 22. 4. 1958 (GBl. S. 39); Hessen § 27 G vom 14. 3. 1956 (GVBl. S. 83); Niedersachsen § 19 G vom 21. 3. 1951 (GVBl. S. 87); Nordrhein-Westfalen § 27 G vom 16. 9. 1956 (GVBl. S. 295); Schleswig-Holstein § 28 G vom 1. 11. 1952 (GVBl. S. 167) i. d. F. d. Bek. vom 16. 7. 1956 (GVBl. S. 120).

[74]) Vgl. § 76 BVerwGG; § 108 MRVO Nr. 165; § 34 VGG; § 98 VGG Rheinland-Pfalz; §§ 108 f. VGG Saarland.

keit entzogen ist, dem sind auch der Verwaltungsvollstreckungsweg und das Verwaltungsvollstreckungsverfahren verschlossen. Das Recht des Vollstreckungsverfahrens folgt dem Recht des Erkenntnisverfahrens — ein Prinzip, das ich zwar nicht für zwingend halte[75]), das aber unserem geltenden Recht vielfach zugrundeliegt und über dessen Beibehaltung oder Preisgabe man sich jedenfalls bei einer Neuordnung unseres Verwaltungsverfahrensrechts klar werden muß.

Dieses Prinzip dürfte auch die dritte Ausnahme von der Geltung des Verwaltungsvollstreckungsgesetzes tragen: den Vorbehalt seines § 1 III zugunsten der Justizbeitreibungsordnung[76]): Entscheidend hierfür ist nicht oder nicht nur, daß die Justizkosten von den Justizbehörden, also Gerichtsbehörden, beigetrieben werden, sondern vor allem, daß der Rechtsweg hiergegen zu den ordentlichen Gerichten führt[77]). Hier wie in den ersten beiden Ausnahmen zeigt sich wieder die Wechselbeziehung von Verwaltungsverfahren und Prozeß.

c) Viertens sind die Sozialversicherungsbeiträge ausgenommen[78]); deren Vollstreckung soll sich weiterhin nach der Reichsversicherungsordnung und ihren Nebengesetzen richten. Hier kreuzen sich zwei Kodifikationen: die des Sozialversicherungsrechts einerseits, des Verwaltungsvollstreckungsrechts andererseits. Dabei mußte sich die erste, die Reichsversicherungsordnung, schon deshalb als die stärkere behaupten, weil nicht alle Versicherungsträger bundeseigen sind, arg. Art. 87 II GG, das Verwaltungsvollstreckungsgesetz sich aber auf die Geldforderung des Bundes und seiner Verwaltungsträger beschränkt, § 1 I. Das gleiche Problem ergibt sich bei der Reichsabgabenordnung, die nach ihrem § 3 ja auch für einen Teil der den Ländern zufließenden Steuern gilt. Auch für sie macht daher § 1 III VerwVollstrG einen Vorbehalt, erklärt die Reichsabgabenordnung also zum derogierenden Spezialgesetz. Das wäre aber vermutlich auch ohne diese spezifisch bundesstaatsrechtliche Schwierigkeit geschehen; denn die Einheit des Verwaltungsvollstreckungsrechts

[75]) Vgl. dazu meine Ausführungen NJW 1953, 1007 (1009) sub 3 und DVBl. 1954, 298 f. sub II 2.

[76]) vom 11. 3. 1937 (RGBl. I S. 298) mit Änderungen vom 7. 8. 1952 (BGBl. I S. 401) und 26. 7. 1957 (BGBl. I S. 861).

[77]) § 8 JustizbeitreibungsO i. d. F. des G zur Änderung und Ergänzung kostenrechtlicher Vorschriften vom 26. 7. 1957 (BGBl. I S. 861). - Durch diese Neufassung sind überholt BayVerwGH NJW 1957, 394 = Bay VerwBl. 1956, 348; OVG Berlin JR 1952, 372; OVG Hamburg MDR 1954, 443; OVG Lüneburg Nds. Rpfl. 1951, 206, betr. Verwaltungs- oder ordentlicher Rechtsweg gegen Beitreibungsmaßnahmen der Justizkassen.

[78]) und die sonstigen öffentlichrechtlichen Geldforderungen von Sozialversicherungsträgern und -behörden des Bundes. Vgl. § 1 III VerwVollstrG.

wäre mit der Verstümmelung zweier — anderer — Kodifikationen, der Reichsabgabenordnung und der Reichsversicherungsordnung, zu teuer erkauft, wie mir scheint.

Doch welche Kodifikation und welche Einheit man auch für wertvoller hält: die des Abgaben- oder Finanzverwaltungsrechts und die des Sozialversicherungsrechts einerseits, die des Verwaltungsvollstreckungsrechts andererseits — jedenfalls muß man den Konflikt erkennen, der nicht nur hier, sondern überall dort entsteht, wo man ein allgemeines, für alle Verwaltungen geltendes Verfahrensgesetz schafft, mag es nun nur Teile des Verfahrens regeln, wie hier die Vollstreckung, oder das gesamte Verfahren in all seinen Erscheinungsformen. Man zerstört damit die Einheit und Geschlossenheit der bereits vorhandenen Gesamtregelungen einzelner Fachverwaltungsgebiete, wie sie ja nicht nur für die Finanzverwaltung und die Sozialversicherung bestehen, sondern z. B. auch für die Arbeitsverwaltung[79]), die Kriegsopferversorgung[80]) und den Lastenausgleich[81]), und für die Wehrverwaltung[82]) sich anbahnen.

d) Seinen Grund hat dieses Dilemma, vor das sich die Kodifikatoren eines allgemeinen Verwaltungsverfahrensrechts gestellt sehen, darin, daß die Normgruppen, die hier aufeinanderstoßen, nach verschiedenen Prinzipien gebildet sind — und um diese Gruppenbildung geht es uns ja hier. Man kann das Verwaltungsverfahrensrecht nach Verwaltungszweigen und -gebieten gruppieren, also nach Sachgebieten und im Anschluß an die Verwaltungsorganisation — man kann es aber auch nach speziell verfahrensmäßigen Gesichtspunkten, nach dem Gegenstand des Verfahrens oder nach Verfahrensabschnitten ordnen. Dann ergeben sich etwa folgende Gruppen: Das Verfahren beim Erlaß

---

[79]) Die bundesrechtlichen Vorschriften sind im wesentlichen: AVAVG vom 3. 4. 1957 (BGBl. I S. 321); GewO vom 21. 6. 1869 i. d. F. d. Bek. vom 26. 7. 1900 (RGBl. S. 871); HandwerksO vom 17. 9. 1953 (BGBl. I S. 1411); HGB i. d. F. d. ÄndG (Recht der Handelsvertreter) vom 6. 8. 1953 (BGBl. I S. 771); VorlLandarbeitsO vom 24. 1. 1919 (RGBl. S. 111); SeemannsG vom 26. 7. 1957 (BGBl. II S. 713); JugendschutzG vom 30. 4. 1938 (RGBl. I S. 437); MutterschutzG vom 24. 1. 1952 (BGBl. I S. 69); SchwerbeschädigtenG vom 16. 6. 1953 (BGBl. I S. 389); HeimarbeitsG vom 14. 3. 1951 (BGBl. I S. 191); ArbeitszeitO vom 30. 4. 1938 (RGBl. I S. 447); LadenschlußG vom 28. 11. 1956 (BGBl. I S. 875) i. d. F. vom 17. 7. 1957 (BGBl. I S. 722).

[80]) Siehe o. Anm. 64.

[81]) Vgl. insbesondere LAG (s. o. Anm. 24); FeststellungsG (s. o. Anm. 23); WährungsausgleichsG i. d. F. d. Bek. vom 14. 8. 1952 (BGBl. I S. 547); AltsparerG vom 14. 7. 1953 (BGBl. I S. 495); BundesvertriebenenG i. d. F. d. Bek. vom 14. 8. 1957 (BGBl. I S. 1215); Allg. KriegsfolgenG vom 5. 11. 1957 (BGBl. I S. 1747).

[82]) Vgl. dazu Reinfried, Die Bundeswehrverwaltung, ein neuer Zweig der öffentlichen Verwaltung, DÖV 1958, 142

von Verordnungen und sonstigen Rechtssetzungsakten der Verwaltung — beim Erlaß von Verwaltungsakten und bei der Vornahme sonstiger Amtshandlungen im Außenverhältnis der Verwaltung zum Bürger — bei der Vollstreckung von Verwaltungsakten und bei sonstiger Zwangsanwendung — bei der Rechtsschutzgewährung (Vorverfahren!) — bei der Kontrolle von Verwaltungsbehörden durch Verwaltungsbehörden — bei der fiskalischen Verwaltung — und schließlich das Verwaltungsstrafverfahren. An dieser Einteilung und Gruppenbildung ist die österreichische Gesetzgebung über das Verwaltungsverfahren orientiert mit ihrer Trias von Allgemeinem Verwaltungsverfahrensgesetz[34]), Verwaltungsstrafgesetz[83]) und Verwaltungsvollstreckungsgesetz[84]). Die bundesdeutsche Gesetzgebung hat diesen Weg ebenfalls betreten mit dem besprochenen Verwaltungsvollstreckungsgesetz[35]), dem Verwaltungszustellungsgesetz[85]) und dem Ordnungswidrigkeitengesetz[86]), die alle drei, wohl nicht zufällig, aus der gleichen Zeit 1952/53 stammen. Dabei unterscheidet sich die deutsche Methode von der österreichischen durch das etappenweise Vorgehen. Diese Methode der Teillösungen sollte, wenn überhaupt der Weg allgemeiner Verfahrensregelung weitergegangen wird, beibehalten werden: nicht von vornherein eine Gesamtregelung des ganzen Verwaltungsverfahrensrechts erstreben, sondern Teilregelung zu einzelnen Verfahrensfragen oder Fragenkomplexen, die dann später einmal in einer Kodifikation zusammengefaßt werden mögen, nachdem sie sich bewährt haben!

3. Ob dieses Ziel erstrebenswert ist und ob überhaupt dieser Weg allgemeiner, vom materiellen Recht und von den einzelnen Verwaltungszweigen abgelöster, also „reiner" Verfahrensregelungen weitergegangen werden soll[87]), ist mir zweifelhaft, bedarf aber jedenfalls gründlicher und vielfältiger Überlegungen. Es steckt darin und dahinter das allgemeine Rechtsquellenproblem,

---

[83]) vom 21. 7. 1925 (BGBl. Nr. 275); wiederverlautbart durch Kundmachung der Bundesregierung vom 23. 5. 1950 (BGBl. Nr. 172).

[84]) vom 21. 7. 1925 (BGBl. Nr. 276); wiederverlautbart durch Kundmachung der Bundesregierung vom 23. 5. 1950 (BGBl. Nr. 172).

[85]) Vgl. o. Anm. 68.

[86]) vom 25. 3. 1952 (BGBl. I S. 177) i. d. F. d. G vom 26. 7. 1957 (BGBl. I S. 861) und vom 26. 7. 1957 (BGBl. II S. 713).

[87]) Die Justizverwaltung in Gestalt der freiwilligen Gerichtsbarkeit ist ihn nie gegangen. Schon das FGG enthält von 200 Paragraphen nur 34 „allgemeine Vorschriften", der Rest regelt das Verfahren jeweils getrennt nach der Art der „Angelegenheit", also nach Verwaltungszweigen. Ebenso ist die spätere Gesetzgebung vorgegangen, die eine Fülle weiterer Angelegenheiten der freiwilligen Gerichtsbarkeit zugewiesen hat. Dabei hat sie sich meist nicht mit einer bloßen Verweisung auf das FGG, also auf dessen §§ 1—34, begnügt, sondern jeweils zusätzliche Spezialregeln erlassen.

ob und wieweit die allgemeinen Lehren, Grundsätze und Institutionen ein taugliches Objekt gesetzgeberischer Arbeit darstellen oder besser[88]) Rechtsprechung und Wissenschaft überlassen bleiben; ob es nötig und nützlich ist, allgemeine Teile nach der Art des ersten Buches des BGB zu schaffen; und ob gerade unsere Zeit und unser Rumpfstaat den Beruf zu solcher Gesetzgebung haben. Speziell für das Verwaltungsverfahrensrecht ist ferner folgendes zu erwägen:

a) Nicht jede Verfahrensfrage eignet sich gleichermaßen für eine allgemeine Regelung: manche sind dafür geradezu prädestiniert, wie z. B. das Ladungs- und Zustellungswesen, die Berechnung der Fristen und das Verfahren der Wiedereinsetzung bei Fristversäumung, die Stellvertretung, Beistandschaft und Rechtsberatung der Bürger im Verfahren vor der Verwaltungsbehörde, die Amtshilfe und die Akteneinsicht, die Vollstreckung und das Verwaltungsstrafverfahren. Umgekehrt gibt es Verfahrensfragen, die nur oder besser im Zusammenhang mit dem zugehörigen Organisationsrecht und dem materiellen Recht, also speziell für den Verwaltungszweig, in dem sie auftauchen, geregelt werden können. Manche vertragen gar keine einheitliche Beantwortung für alle Verwaltungsgebiete. Das trifft z. B. zu für die Form und den Widerruf von Verwaltungsakten, sowie für das sogenannte rechtliche Gehör. Ich halte es daher für keinen Zufall, daß die Reichsabgabenordnung (§§ 92—96, 222—225 a) die Abänderung von Steuer-Verwaltungsakten durchaus eigenständig und mit erheblicher Abweichung von dem, was man im allgemeinen Teil über die Widerruflichkeit lehrt, geregelt hat. Ich halte es auch für richtiger, daß man die Voraussetzungen für die Änderung von Rentenbescheiden der Versicherungsämter spezialrechtlich in den Sozialversicherungsgesetzen regelt, statt einfach auf die einschlägigen Bestimmungen einer Bundes- oder Landesverwaltungsordnung oder eines allgemeinen Verwaltungsverfahrensgesetzes zu verweisen. Durch solche Verallgemeinerungen wird das Widerrufsproblem in unzulässiger Weise vereinfacht — genau wie das Problem des nichtigen Verwaltungsakts, dessen Behandlung u. a. daran leidet, daß versucht wird, es für alle Verwaltungsakte gleichmäßig, also für *den* Verwaltungsakt

---

88) So W. *Weber*, Der fehlerhafte Staatsakt als Gegenstand der Gesetzgebung, AöR N. F. Bd. 34, 60 (83 ff.); *Forsthoff*, Lehrbuch des Verwaltungsrechts I, 7. Aufl., S. 149; *Scheuner*, Die Einheit des deutschen Rechtsstandes und die Frage der juristischen Ausbildung, DÖV 1955, 321 (322); *ders.*, in VVDStRL Heft 14 (1956), 187. A. A. *Hufnagl*, Bemerkungen zum Entwurf einer Verwaltungsgerichtsordnung, DVBl. 1950, 559 f.; v. *Rosen-v. Hoewel*, Zur Frage der Kodifikation des allgemeinen Verwaltungsrechts, DÖV 1952, 101 (102).

schlechthin zu beantworten, statt nach Art und Inhalt des fehlerhaften Verwaltungsaktes, und nicht nur nach der Art des Fehlers, zu differenzieren. Nicht weniger gefährlich als die Spezialisierung kann die Generalisierung sein: Über die Unifizierung führt sie leicht zur Simplifizierung. Sie setzt daher sorgfältige Prüfung voraus, welche Fragen des Verwaltungsrechts eine Generalisierung vertragen und wieweit sie es tun. Hier ist noch viel Vorarbeit zu leisten, wie mir scheint. Insbesondere ist zunächst einmal eine Bestandsaufnahme darüber nötig, welche Verfahrensfragen und wie sie bisher schon positivrechtlich geregelt sind und warum diese Regelungen voneinander abweichen. Bei solcher Auswertung des besonderen Verwaltungsrechts, an der es mir noch erheblich zu fehlen scheint, wird sich dann herausstellen, welche Probleme einer einheitlichen Regelung zugänglich sind und welche weiterhin differenziert und somit spezialgesetzlich geregelt sein müssen. Ich glaube nicht, daß die erste Gruppe sehr umfangreich ausfallen wird.

b) Aber auch wenn sie es täte, wären damit die geplanten[89]) Kodifikationen des Verwaltungsverfahrensrechts noch nicht hinreichend gerechtfertigt. Vielmehr wäre erstens noch das Bedürfnis nach solcher Einheitlichkeit nachzuweisen — mindestens dort, wo es sich um bundesgesetzliche Regelungen im Bereich der konkurrierenden Gesetzgebung handelt[90]). Zweitens und vor allem ist noch zu berücksichtigen, daß die Einheitlichkeit auch auf andere Weise als durch Kodifikation eines allgemeinen Teils erreicht werden kann: nämlich dadurch, daß man in den einschlägigen Spezialregelungen die gleichen Verfahrensfragen soweit als möglich übereinstimmend regelt. Das genügt i. d. R. den praktischen Bedürfnissen. Denn auf die Gleichheit, nicht auf die Einheit, auf die Homogenität, nicht auf die Identität der Regelungen kommt es bei der Vereinheitlichung des Verwaltungsverfahrensrechts an. Was wir im Prozeßrecht wie im Verwaltungsverfahrensrecht brauchen und erreichen können, ist nicht das Reichseinheitsverfahren, das alles über einen Leisten schlägt und deshalb doch alsbald wieder von vielfachen Sonderbildungen überwuchert wird. Nottut vielmehr die Beseitigung willkürlicher Ungleichheiten

---

[89]) Die Konferenz der Innenminister und Senatoren für Inneres der Bundesländer hat im April 1956 beschlossen, den Ländern die Schaffung von möglichst übereinstimmenden Verwaltungsverfahrensgesetzen zu empfehlen. Über die in Vorbereitung befindlichen Gesetze nach dem Stand vom Oktober 1956 (?) berichtet Fellner, Zur Regelung des Verwaltungsverfahrens in den Ländern, VerwArch. Bd. 48, 95 (97). Inzwischen ist Berlin mit einem Allgemeinen ZuständigkeitsG vom 2. 10. 1958 (GVBl. S. 947) und einem VerwaltungsverfahrensG vom 2. 10. 1958 (GVBl. S. 951) vorgeprescht.

[90]) Vgl. Art. 72 Abs. II (primo) GG.

in der Regelung gleicher Fragen und Interessenlagen. Darauf ist die Vereinheitlichung zu beschränken.

c) Dafür aber reicht i. d. R. die Form der Angleichung aus. Mindestens sollte man zunächst diese Form wählen und die Angleichung erproben, ehe man zur nächsten Stufe, dem Einheitsgesetz übergeht. Auch insoweit sollte man etappenweise vorgehen.

Dabei ergeben sich als Zwischenstufen oder Zwischenformen die Verweisung und die Übernahme. Von ihnen ist gerade auf dem Gebiet des Verwaltungsverfahrensrechts in den letzten Jahren Gebrauch gemacht worden. So haben alle Länder der Bundesrepublik das Verwaltungszustellungsgesetz des Bundes[91]) in ihr Landesrecht übernommen[92]) — Baden-Württemberg allerdings nur vorübergehend[93]) —, und zwar für die gesamte unmittelbare und mittelbare Landesverwaltung, außer Bayern, wo sie nur für einzelne Verwaltungszweige, z. B. für die Landesfinanzbehörden[94]) und die Wohnungsbewirtschaftung[95]) recipiert wurde. Auch beim Gesetz über Ordnungswidrigkeiten[86]) begegnen beide Methoden der Übernahme: die totale Übernahme in den Gesamtbereich der Landesverwaltung[96]) und die partielle Übernahme des ganzen Gesetzes für die Zuwiderhandlungen auf einzelnen Verwaltungsgebieten oder gegen einzelne Verwaltungsgesetze[97]). Dagegen hat das Verwaltungsvollstreckungs-

91) Vgl. o. Anm. 68.

92) Berlin durch G vom 5. 8. 1952 (GVBl. S. 648), jetzt § 16 VwVerfG; Bremen durch G vom 14. 9. 1954 (GBl. S. 103, ber. S. 108); Hamburg durch G vom 21. 6. 1954 (GVBl. S. 33); Hessen durch G vom 14. 2. 1957 (GVBl. S. 9); Niedersachsen durch G vom 20. 11. 1953 (GVBl. S. 86); Nordrhein-Westfalen durch G vom 23. 7. 1957 (GVBl. S. 213); Rheinland-Pfalz durch G vom 14. 3. 1955 (GVBl. S. 25, ber. S. 69); Saarland durch G vom 27. 3. 1958 (ABl. S. 393); Schleswig-Holstein durch G vom 15. 2. 1954 (GVBl. S. 31).

93) Baden-Württemberg erließ ein eigenes VerwaltungszustellungsG vom 30. 6. 1958 (GBl. S. 165), das ältere Verweisungen auf das BundesverwaltungszustellungsG (z. B. § 5 AusführungsG zum WBewG vom 14. 6. 1954 (GBl. S. 79); § 12 BerufsgerichtsO vom 27. 7. 1955 (GBl. S. 177) aufhob.

94) § 1 I Ziff. 4 G über die Anwendung von bundesrechtlichen Vorschriften des allgemeinen Abgabenrechts auf landesrechtlich geregelte Abgaben vom 12. 6. 1956 (GVBl. S. 102).

95) § 5 AusführungsG zum WBewG vom 7. 5. 1954 (GVBl. S. 105).

96) So in Bayern durch Art. 47 LStraf- und VerordnungsG vom 17. 11. 1956 (GVBl. S. 261); in Bremen durch das LOrdnungswidrG vom 16. 7. 1957 (GBl. S. 71); in Hamburg durch das LOrdnungswidrG vom 6. 12. 1954 (GVBl. S. 137); in Nordrhein-Westfalen durch § 27 des 1. VereinfachungsG vom 23. 7. 1957 (GVBl. S. 189).

97) Vgl. z. B. für Baden-Württemberg: § 35 III LJagdG vom 15. 3. 1954 (GBl. S. 35, ber. S. 60); § 13 I Sonn- und FeiertagsG vom 13. 12. 1954 (GBl. S. 167 ber. GBl. 1955 S. 6); Art. 19 IV LWahlG vom 9. 5. 1955 (GBl. S. 71); Bayern: Art. 3 LStraf- und VerordnungsG; vgl. aber auch die Generalreception in Art. 47 dieses Gesetzes;

gesetz nur in Berlin eine Reception erfahren[98]). Doch gilt sein erster Abschnitt über die Geldvollstreckung indirekt auch in den meisten Ländern, weil und soweit diese — wie früher erwähnt[99]) — die Reichsabgabenordnung recipiert haben; denn das Verwaltungsvollstreckungsgesetz verweist ja seinerseits wieder auf die Beitreibungsvorschriften der Reichsabgabenordnung.

Man sieht an dem letzten Beispiel, wie verschlungen die Wege sein können, auf denen die Rechtseinheit im Bundesstaat hergestellt oder gewahrt wird. In der Tat sind Verweisung und Übernahme typische Mittel zur Überwindung der Hindernisse, die sich aus der föderativen Staatsstruktur für die Kodifizierung des Verwaltungsverfahrensrechts ergeben und über die noch zu sprechen ist[100]). Das andere Mittel dazu ist die möglichste Coordinierung landesgesetzlicher Regelungen mit denen der übrigen Länder und denen des Bundes. Materiellrechtlich führt diese das Selbstgefühl der Länder mehr schonende Form kongruenter Landesgesetzgebung über die gleichen Fragen zum gleichen Ergebnis wie Verweisungen oder Mantelgesetze. Ob sie es auch prozeßrechtlich tun, nämlich in der Frage der Revisibilität, ist dagegen zweifelhaft; darüber später[101]).

Berlin: § 11 II GewerbezulassungsG vom 13. 5. 1954 (GVBl. S. 282); § 5 I Sonn- und FeiertagsG vom 28. 10. 1954 (GVBl. S. 615); §§ 33, 76 PolizeiverwaltungsG; § 21 MeldeG vom 16. 10. 1958 (GVBl. S. 1022); Hessen: § 53 II PolizeiG vom 10. 11. 1954 (GVBl. S. 203); Art. 145 f. BachG i. d. F. d. Bek. vom 1. 7. 1957 (GVBl. S. 77); § 19 IV LandtagswahlG i. d. F. d. Bek. vom 21. 7. 1958 (GVBl. S. 81); Niedersachsen: § 28 IV SchulG vom 14. 9. 1954 (GVBl. S. 89); § 48 LWahlG i. d. F. d. Bek. vom 17. 12. 1958 (GVBl. S. 183); §§ 4, 13 Feld- und ForstordnungsG vom 23. 12. 1958 (GVBl. S. 244); Rheinland-Pfalz: § 39 II PolizeiverwaltungsG; § 36 II PrivatschulG vom 21. 12. 1957 (GVBl. 1958 S. 15); § 18 III MeldeG vom 24. 7. 1958 (GVBl. S. 129); Schleswig-Holstein: § 12 II Sonn- und FeiertagsG vom 12. 12. 1953 (GVBl. S. 161); § 14 II SchulpflichtG vom 5. 12. 1955 (GVBl. S. 169); § 12 IV StrahlenschutzG vom 30. 6. 1958 (GVBl. S. 225). — Im Saarland wurde der Anwendungsbereich des OWiG nur auf die Sachgebiete ausgedehnt, die das Saarland gem. § 6 EingliederungsG vom 23. 12. 1956 (BGBl. S. 1010) durch partielles Bundesrecht geregelt hat, vgl. § 2 G Nr. 609 vom 17. 12. 1957 (ABl. S. 187). — Weitere Nachweise bei Patzig, DÖV 1954, 360 ff. und 1956, 261 ff., 295 ff.

[98]) durch G vom 30. 5. 1953 (GVBl. S. 361), jetzt § 16 II VwVerfG. Vorübergehend war es auch in Nordrhein-Westfalen für einzelne Verwaltungszweige rezipiert, z. B. durch § 10 LWohnungsG vom 9. 6. 1954 (GVBl. S. 205), und durch § 25 S. 1 OrdnungsbehördenG vom 16. 10. 1956 (GVBl. S. 289). — Inzwischen haben eigene VerwVollstr-Gesetze erlassen: Bremen am 29. 10. 1954 (GBl. S. 111); Nordrhein-Westfalen am 23. 7. 1957 (GVBl. S. 216, ber. S. 236); Rheinland-Pfalz am 8. 7. 1957 (GVBl. S. 101).

[99]) Siehe o. S. 144 f.

[100]) Siehe u. S. 154 ff.

[101]) Siehe u. S. 161 f.

4. Eine weitere Form schrittweisen Vorgehens zur Erprobung künftiger Regelung durch Gesetz oder Rechtsverordnung bietet die Rechtsfigur der Verwaltungsvorschrift. Ein großer Teil der Verfahrensfragen steht dieser Form rechtlicher Regelung offen[102]). Verwaltungsvorschriften können nämlich nicht nur das Verfahren im Innern der Verwaltungsorganisation regeln, sondern auch zu einem erheblichen Teil zwischen Verwaltungsbehörde und Bürger, also das, was wir oben[103]) das Verwaltungsverfahren im engeren Sinne nannten, also das förmliche Verwaltungsverfahren Köttgens. Es wäre verkehrt, aus dem Charakter der Verwaltungsvorschrift als bloß innerdienstlicher Weisung, als generellen Dienstbefehls, zu schließen, daß Gegenstand ihrer Regelung nur das Innen-, nicht auch das Außenverhältnis der Verwaltung sein könne. Man muß zwischen dem Gegenstand einer Regelung, ihrem Geltungsbereich und ihrem Adressaten unterscheiden. Daher kann in einer Verwaltungsvorschrift sehr wohl auch das Verhalten und das Verfahren der Verwaltungsbehörde und ihrer Funktionäre gegenüber dem Bürger, nicht nur gegenüber anderen Behörden und Funktionären, geregelt werden. Verschlossen ist ihrer Regelung nur das Verhalten des Bürgers gegenüber der Behörde. Verwaltungsverfahrensrechtliche Pflichten und Rechte des Bürgers können — natürlich — nur durch einen perfekten Rechtssatz begründet, geändert und aufgehoben werden.

---

[102]) Einen Gesetzesvorbehalt im technischen Sinne enthalten die Art. 84 I und Art. 108 Abs. I Satz 2 und Abs. III Satz 2 GG nicht, selbst wenn man sie als Zuständigkeitsnormen ansieht, was für Art. 84 I nicht zutrifft (s. u. S. 156 ff.). Sie schließen weder aus, daß der Bundesgesetzgeber die Bundesregierung im Rahmen des Art. 80 zur Verfahrensregelung durch Rechtsverordnung ermächtigt, noch daß die Bundesregierung auf Grund ihrer Kompetenz zum Erlaß allgemeiner Verwaltungsvorschriften nach Art. 84 II, 85 II und 108 VI im Rahmen von Gesetz und Recht das Verwaltungsverfahren durch Verwaltungsvorschriften regelt; diese Kompetenz wird durch Art. 84 Abs. I und Art. 108 Abs. I (2) und Abs. III (2) m. E. nicht eingeschränkt.

Das Gleiche gilt für das Verhältnis des Landesgesetzgebers zur Landesregierung — selbst dort, wo die Landesverfassung nicht nur — wie in Baden-Württemberg (Art. 70), Bayern (Art. 77), Hamburg (Art. 57), Niedersachsen (Art. 43 II) und Nordrhein-Westfalen (Art. 77) — für die Verwaltungsorganisation, sondern auch — wie in Schleswig-Holstein (Art. 38) — für das Verwaltungsverfahren vorschreibt, daß sie durch Gesetz zu regeln sind. Auch hier ist, jedenfalls für das Verwaltungsverfahren, Raum für Verordnungsdelegationen und Verwaltungsvorschriften geblieben. Vgl. auch BVerfG NJW 1959, 235, dessen Ausführungen sub 2 a) in dem Satz gipfeln, daß die Regelung von Verfahren und Zuständigkeiten jedenfalls der Leistungsverwaltung keinem Gesetzesvorbehalt unterliegt.

[103]) S. 134.

Ferner entfällt — worauf Bachof[104]) hingewiesen hat — die Rechtsform der Verwaltungsvorschrift für das Verfahren nicht weisungsgebundener Beschlußkörper und sonstiger „unabhängiger" Verwaltungsorgane; der weisungsfreie Verwaltungsraum ist der Verwaltungsvorschrift nicht zugänglich.

III.*) Nun zu den bundesstaatsrechtlichen Hindernissen und Schwierigkeiten einer Positivierung und Kodifizierung des Verwaltungsverfahrensrechts[105]).

1. Der Bund hat keine Kompetenz zu einer allgemeinen und allumfassenden Regelung des Verwaltungsverfahrens, die für jedes Verfahren jeder bundesdeutschen Verwaltungsbehörde gelten könnte; darüber herrscht kein Streit. Aber eine solche Kompetenz beansprucht der Bund für einen Teil des Verwaltungsverfahrens, nämlich für das sogenannte Vorverfahren, also für das verwaltungsbehördliche Rechtsmittelverfahren, das der Anfechtungs- oder Vornahmeklage zum Verwaltungsgericht voraufgeht. Er hat es im Sozialgerichtsgesetz[106, 107]) geregelt, und die Bundesregierung will es in der Bundesverwaltungsgerichtsordnung[108]) mitregeln — beide Male ohne Rücksicht darauf, ob der angefochtene Verwaltungsakt oder die beantragte Amtshandlung von einer Bundes- oder einer Landesbehörde und von dieser in Eigenverwaltung oder in Bundesauftragsverwaltung erlassen wurde oder vorzunehmen ist. Man beruft sich dafür auf Art. 74 Ziff. 1 GG, der dem Bund die konkurrierende Gesetzgebung u. a. für das gerichtliche Verfahren zuweist. Aber diese Bestimmung verleiht dem Bund auch dann keine Kompetenz für das Vorverfahren, wenn dessen Erschöpfung oder Erfolglosigkeit durch eine Prozeß- oder Gerichtsordnung zur Klage- oder Prozeßvoraussetzung des gerichtlichen Verfahrens gemacht wird[109]). Ich habe schon zu Eingang meines

*) Der Abschnitt III (S. 154 bis 164) wurde beim Vortrag wegen der beschränkten Zeit fortgelassen.

104) Verwaltungsakt und innerdienstliche Weisung, in: Festschrift für Laforet (1952) S. 285 (313 f.); VVDStRL Heft 16 (1958) S. 265.

105) In diesem Abschnitt III wird unter Verwaltungsverfahren nur das externe Verwaltungsverfahren in dem o. S. 134 ff. entwickelten Sinne verstanden. Vgl. auch Leitsätze 13 und 16.

106) §§ 77—86 SGG i. d. F. d. Bek. vom 23. 8. 1958 (BGBl. I S. 613).

107) Hier liegt es freilich insofern anders als bei der Bundesverwaltungsgerichtsordnung, als hier dem Bund weit(er)gehende Kompetenzen auf Grund des Art. 74 Ziff. 12 zustehen. Daraus kann die Vorverfahrensregelung des Sozialgerichtsgesetzes gerechtfertigt werden.

108) §§ 70—81 EntwVGO (BTDrucks. 3. WP. Nr. 55).

109) Ebenso Kratzer Bay Bgm. 1953, 78; Fellner VerwArch. 48, 98.

Referates betont, daß verwaltungsbehördliches und verwaltungsgerichtliches Verfahren sauber unterschieden werden können und müssen. Angesichts seiner strengen Gewaltenteilung zwischen vollziehender Gewalt und Rechtsprechung kann dem Grundgesetz nicht unterstellt werden, es habe, wenn es vom gerichtlichen Verfahren spricht, trotzdem auch das Verwaltungsverfahren dann mitgemeint, wenn es Vorläufer oder Voraussetzung eines Gerichtsverfahrens sei. Da ist auch für eine Zuständigkeit kraft notwendigen Sachzusammenhangs, wie sie Bachof[110]) behauptet, kein Raum. Ich will hier nicht auf die Streitfrage[111]) eingehen, ob der Sachzusammenhang überhaupt einen legitimen Kompetenztitel im Bereich des Grundgesetzes abgeben kann. Hier fehlt ihm jedenfalls die Notwendigkeit. Der Bund benötigt diese Hilfskompetenz gar nicht zur Ausübung der Hauptkompetenz. Das verwaltungsgerichtliche Verfahren kann sehr wohl ohne das Vorverfahren geregelt werden. Was nötig und nach Art. 74 Ziff. 1 möglich ist, das ist nur dies: zu bestimmen, ob und inwieweit ein verwaltungsbehördlicher Rechtsbehelf, wenn er nach geltendem Verwaltungsverfahrensrecht gegeben ist, ergriffen werden muß, bevor geklagt werden kann[112]). Ja, der Bund kann — vielleicht — auch noch bestimmen, daß der An-

---

110) Bachof DVBl. 1958, 6 (8) Anm. 15.

111) Grundsätzlich bejahend: BVerfGE 3, 407 (421); v. Mangoldt, GG (1953) Art. 30 Bem. 2, Art. 70 Bem. 2; Dennewitz, Bonner Komm. Art. 30 Anm. II 2; Grewe, DRZ 1949, 350; Dernedde, DV 1949, 315/6; Giese, Die Bundeskompetenz zur Regelung und Gestaltung der Raumordnung (1952) S. 36 und AöR 80, 213/4; Wacke, Das Finanzwesen der Bundesrepublik (1950) S. 66; Fischer-Menshausen, DÖV 1952, 673 (675); Koellreutter, Deutsches Staatsrecht (1953) S. 143 f.; Küchenhoff, DVBl. 1957, 585 f., 617 f. (621) m. w. Nachw.; Ergebnisse der Weinheimer Tagung des Instituts für Förderung öffentlicher Angelegenheiten, in Bundesrecht und Bundesgesetzgebung (1949) S. 192 und AöR 75 (1949), 475 sowie Referate bzw. Diskussionsbeiträge von Grewe (S. 31, 39 f., 47 f., 136), Joel (S. 134), Kaufmann (S. 84) und Ernst Wolff (S. 80); vgl. auch Köttgen Städtetag 1952, 3. — Grundsätzlich verneinend: Ringelmann, Weinheimer Bericht S. 25, 27, 81; Maunz, Deutsches Staatsrecht (7. Aufl. 1958) S. 179/180 und ÖV 1950, 643 f.; Jansen, DÖV 1955, 436; Hamann, Das GG (1956) Art. 30 Anm. 20. — Für das frühere Recht vgl. Triepel, Die Kompetenzen des Bundesstaates und die geschriebene Verfassung, in Festgabe für Laband (1908) S. 249, insbes. 252 f. und 270 f.; Anschütz, HDStR (1930) Bd. 1 S. 367; Lassar, HDStR Bd. 1 S. 310.

112) Auf diese Regelung beschränken sich die Vorverfahrensbestimmungen der §§ 46—48 des Entwurfs der Bundesfinanzgerichtsordnung (BTDrucks. 3. WP Nr. 127). Dabei ist gerade hier die Beschränkung nicht nötig, weil der Bund im Bereich der Finanzverwaltung die volle Kompetenz zur Regelung des gesamten Vorverfahrens hat: auf Grund des Art. 108 Abs. I Satz 2 und Abs. III Satz 2 GG, s. u. S. 160 sub (4).

fechtungskläger bei der beklagten Behörde erfolglos remonstriert oder ihr die Klage angedroht haben müsse, bevor er klagen könne. Solche Regelungen sind durch die Prozeßrechtskompetenz gedeckt, weil sie das Rechtsschutzbedürfnis betreffen, das eindeutig dem Prozeßrecht zugehört. Dagegen berechtigt diese Kompetenz nicht zur Schaffung neuer oder zur Änderung, Aufhebung oder Ausgestaltung vorhandener Rechtsbehelfe zu den Verwaltungsbehörden. Die Kompetenz dafür richtet sich nach der Kompetenz für das Recht des Verwaltungsverfahrens und der Verwaltungsorganisation, nicht nach derjenigen für das Gerichtsverfassungs- und Gerichtsverfahrensrecht.

2. Wie aber steht es mit der Kompetenzverteilung zwischen Bund und Ländern für das Verwaltungsverfahrensrecht, wenn dafür die Verfahrenskompetenz des Art. 74 Ziff. 1 ganz ausscheidet? Hier läßt das Grundgesetz manches unklar, und vieles ist bestritten[113]). Ich will hier die Kontroversen nicht ausbreiten, sondern nur meine Ansicht entwickeln. Bekanntlich schweigen die Gesetzgebungskataloge der Art. 73—75 und des Art. 105 GG sich über die Behördenorganisation und das Verwaltungsverfahren aus. Beide Materien werden vielmehr erst in den Vorschriften des Grundgesetzes über die Verwaltung einschließlich der Finanzverwaltung, also in Art. 84 ff. und Art. 108 behandelt. Für Art. 84 I und Art. 85 I hat schon Haas[114]) die Frage gestellt, ob sie überhaupt Kompetenznormen seien oder nicht vielmehr Bestimmungen über das Gesetzgebungsverfahren träfen, ob sie also eine Kompetenz des Bundesgesetzgebers erst begründen oder nicht vielmehr nur die Ausübung einer sich schon aus Art. 73 ff. er-

---

[113]) Vgl. neben den Kommentaren zum GG insbes.: Haas, Bundesgesetze über Organisation und Verfahren der Landesbehörden, AöR 80, 81 f.; Held, Der autonome Verwaltungsstil der Länder und das Bundesratsveto nach Art. 84 I GG, AöR 80, 50 f.; Köttgen, Das Verwaltungsverfahren als Gegenstand der Bundesgesetzgebung, DÖV 1952, 422 f.; Kratzer, Zustimmungsgesetze, AöR 77, 266 f.; ders., Die Befugnis zum Erlaß allgemeiner Verwaltungsvorschriften, DÖV 1953, 173; Ule, Verwaltungsverfahren und Verwaltungsgerichtsbarkeit, DVBl. 1957, 597 f.; DVBl. 1958, 9 f.; Nawiasky, Grundgedanken des Grundgesetzes für die Bundesrepublik Deutschland (1950) S. 41 f.; Spanner, Grundsätzliches zum Verwaltungsverfahren, DÖV 1958, 651 f.; Rohwer-Kahlmann, Verfassungsrechtliche Schranken der Zustimmungsgesetze, AöR 79, 208 f.; Pathe, Die Ausführung der Bundesgesetze, DVBl. 1951, 681 f.; Fellner, Zur Regelung des Verwaltungsverfahrens in den Ländern, VerwArch. 48, 95 f.; von Hausen-von der Heide, Die rechtliche und funktionelle Bedeutung der Art. 84 und 85, DÖV 1958, 753 f.; Katzenstein, Rechtliche Erscheinungsformen der Machtverschiebung zwischen Bund und Ländern seit 1949, DÖV 1958, 593 f.

[114]) AöR 80, 85/86.

gebenden Bundeskompetenz an die Zustimmung des Bundesrats binden. Regeln Art. 84 I und 85 I auch die Kompetenz des Bundes oder nur die Mitwirkung des Bundesrats? Haas[115]) beantwortet die Frage für das Organisationsrecht anders als für das Verfahrensrecht: für das Organisationsrecht soll die Kompetenz erst aus Art. 84 und 85 folgen, für das Verfahrensrecht schon aus Art. 73 ff.

a) In diesem letzten Punkte ist Haas zuzustimmen, mit Ausnahme der Finanzverwaltung. Für ihre Organisation und ihr Verfahren wird in Art. 108 III 2 nicht nur die Zustimmung des Bundesrats vorgeschrieben, sondern eindeutig die Regelungskompetenz[116]) des Bundes begründet[117]), und zwar ohne Rücksicht darauf, ob die Landesfinanzbehörden Bundessteuergesetze oder Landessteuergesetze ausführen, während Art. 84 und 85 nur denjenigen Teil der Landesverwaltung betreffen, der in der Ausführung von Bundesgesetzen besteht. Gerade weil auf dem Gebiet der Steuerverwaltung der Bund die Behördeneinrichtung, das Verwaltungsverfahren und die Ausbildung auch dort sollte regeln können, wo die Länder ihre eigenen Steuergesetze ausführen, war es nötig, die Bundeskompetenz für das Organisations-, Verfahrens- und Ausbildungsrecht ausdrücklich zu normieren. Eine so weite, auch die Ausführung der Landessteuergesetze umfassende Kompetenz konnte sich aus den Art. 73 ff. nicht ergeben. Was sich aus ihnen ableiten läßt, ist eine Organisations- und Verfahrensrechtskompetenz des Bundes nur im Bereich der Ausführung von Bundesgesetzen, und auf diesen Bereich beschränken sich die Art. 84 und 85.

b) In der Tat schließen die Art. 73 ff. auch organisations- und verwaltungsverfahrensrechtliche Kompetenzen in sich ein. Soweit der Bund materielles Verwaltungsrecht setzen kann, darf er auch das zugehörige formelle Verwaltungsrecht mitregeln. Wenn und soweit er Gesetze erlassen kann, die durch Verwaltungsbehörden auszuführen sind, die also einer Vollziehung bedürftig oder doch fähig sind, muß er in den Schranken der Verfassung auch regeln können, von wem und wie diese Gesetze vollzogen werden sollen. Mit dem Verwaltungsverfahrensrecht steht es also ähnlich wie mit dem Polizeirecht. Eine generelle Polizeirechtskompetenz hat der Bund nicht; wohl aber kann er spezielles Polizeirecht auf den Gebieten setzen, die seiner Gesetzgebungskompetenz unterliegen. Das hat das Bundesverfassungsgericht[118]) in seinem Gutachten über die Zuständigkeit des Bundes zur Bau-

---

115) aaO., S. 87.

116) Es handelt sich um eine konkurrierende, nicht um eine exkludierende Kompetenz des Bundes. Siehe u. S. 160.

117) Vgl. auch Art. 108 Abs. I Satz 2 GG.

118) E 3, 407 (433); vgl. ferner BVerfG NJW 1959, 29.

rechtsgesetzgebung geklärt. Dort hat es die Polizeigewalt als Annex des Sachgebiets bezeichnet, auf dem sie tätig wird. So ist auch das Verwaltungsverfahren, soweit es den Gesetzesvollzug betrifft, ein Annex zu dem Gesetz, das die Verwaltung zu vollziehen hat, und zu dem Sachgebiet, auf dem sie tätig wird:

c) Daraus folgt, daß der Bund das Verwaltungsverfahren nur für diejenigen Verwaltungszweige regeln kann, deren materielles Verwaltungsrecht seiner ausschließlichen oder konkurrierenden Gesetzgebung unterliegt. Fällt eine Materie in seine Rahmenkompetenz, kann er auch für das zugehörige Verwaltungsverfahren nur Rahmenvorschriften erlassen. Dagegen ist aus der Annexität und Accessorietät der Verwaltungsverfahrensrechtskompetenz nicht zu folgern, daß der Bund nur spezielles Verwaltungsverfahrensrecht setzen, d. h. jeweils nur das Verfahren für den Vollzug eines bestimmten Bundesgesetzes regeln könne und nur in diesem Gesetz oder im Zusammenhang mit ihm. Er kann das Verwaltungsrecht für den Vollzug von Bundesgesetzen auch losgelöst von diesen Gesetzen derart regeln, daß die Verfahrensregeln für den Vollzug aller Bundesgesetze oder bestimmter Gruppen von ihnen gelten sollen[119]). Aber der Geltungsbereich solcher allgemeinen Verfahrensrechtsnormen des Bundes beschränkt sich auf den Vollzug der Bundesgesetze und erstreckt sich nicht auf den Vollzug der Landesgesetze, auch wenn diese im Bereich der konkurrierenden Gesetzgebung des Bundes und nicht im Bereich ausschließlicher Landeskompetenz ergangen sind. Die allgemeinen Verwaltungsverfahrensregeln des Bundes gelten nicht im Gesamtbereich der Sachgebiete, für die der Bund gesetzgebungsbefugt ist, sondern nur für den Bereich, in dem er von dieser Befugnis Gebrauch gemacht hat. Das ist beim Ordnungswidrigkeitengesetz[86]), das ja zu einem erheblichen Teil Verwaltungsverfahrensrecht enthält, erkannt und berücksichtigt worden. Nach seinem § 3 gilt es nur bei „Zuwiderhandlungen auf Sachgebieten, für die der Bund von seiner Gesetzgebungsbefugnis Gebrauch gemacht hat oder Gebrauch macht“. Ein entsprechender Vorbehalt besteht für alle Verwaltungsverfahrensgesetze des Bundes, auch wenn er nicht ausdrücklich zugefügt wird: Allgemeine Verwaltungsverfahrensvorschriften des Bundes gelten uneingeschränkt nur für die Bundesbehörden, für die Landesbehörden nur dann, wenn und soweit sie Bundesgesetze ausführen.

d) Danach ergibt sich folgendes Bild über die Kompetenzverteilung zwischen Bund und Ländern auf dem Gebiete des Verwaltungsverfahrensrechts.

---

119) A. A. Ule, DVBl. 1957, 597 (601).

(1) Für das Verfahren der Verwaltungsbehörden des Bundes ist dieser[120]) ausschließlich kompetent[121]). Der Zustimmung des Bundesrats bedürfen solche Verfahrensvorschriften nur dann, wenn das Gesetz, dessen Vollzug sie regeln, zustimmungsbedürftig ist[122]) — jedoch auch dann nicht, wenn das Verfahren durch

a) Verwaltungsvorschrift geregelt wird, arg. Art. 86;

b) Rechtsverordnung geregelt wird und das die Verordnungsermächtigung enthaltende Gesetz die Zustimmungsbedürftigkeit ausdrücklich ausgeschlossen hat, arg. Art. 80 II.

(2) Für das Verfahren der Landesverwaltungsbehörden — auch derjenigen mittelbarer Landesverwaltung — sind die Länder ausschließlich kompetent, sofern es sich nicht um die Ausführung von Bundesgesetzen handelt.

(3) In diesem dritten Bereich. Ausführung von Bundesgesetzen durch Landesbehörden, konkurrieren Bund und Länder nach Maßgabe des Art. 72[123]) und mit der weiteren Einschränkung[124]), daß der Bund nur Rahmenvorschriften erlassen kann, wenn das von den Ländern zu vollziehende Bundesgesetz ein Rahmengesetz nach Art. 75 ist. Der

---

[120]) d. h. der Bundesgesetzgeber. Die Bundesregierung kann das Verwaltungsverfahren durch Rechtsverordnung nur regeln, wenn und soweit sie dazu durch ein die Grenzen des Art. 80 I wahrendes Bundesgesetz ermächtigt wird — anders als bei der Organisationsregelung, für die ihr bereits Art. 86 (2) ein Rechtsverordnungsrecht — genauer: ein Organisationsverordnungsrecht — verleiht. Wohl aber kann nach Art. 86 (1) die Bundesregierung das Verwaltungsverfahren ohne gesetzliche Ermächtigung durch Ververwaltungsvorschriften regeln, soweit es nach dem o. S. 153 f. Ausgeführten einer solchen Regelung überhaupt zugänglich ist.

[121]) Sog. Zuständigkeit aus der Natur der Sache. Vgl. auch hierfür die Nachw. in Anm. 111.

[122]) So für die Regelung durch Rechtsverordnung ausdrücklich Art. 80 II. Für die Verfahrensgesetze ergibt sich die Zustimmungsbedürftigkeit aus dem Gesichtspunkt der Annexität oder Accessorietät der Verfahrenskompetenz.

[123]) Dabei besteht kein Unterschied zwischen Bundesauftrags- und landeseigener Verwaltung. Es wäre unzutreffend, aus Art. 85 I einen Umkehrschluß dahin zu ziehen, daß die Regelung des Verwaltungsverfahrens der Länder bei der Bundesauftragsverwaltung ausschließlich Sache der Länder oder ausschließlich Sache des Bundes sei. Das ist offenbar, wenn man Art. 85 überhaupt nicht als Zuständigkeitsnorm ansieht, gilt aber auch im gegenteiligen Falle. Der einzige Umkehrschluß, der aus Art. 85 I gezogen werden kann, ist der, daß die bundesgesetzliche Regelung des Verfahrens der Bundesauftragsverwaltung nicht der Zustimmung des Bundesrats bedarf. Doch ist auch die Berechtigung dieses Schlusses bestritten, s. u. in und zu Anm. 126, 127.

[124]) Die sich wiederum (vgl. Anm. 122) aus dem Gesichtspunkt der Annexität der Verfahrensregelungskompetenz ergibt.

Bund bedarf zur Verfahrensregelung der Zustimmung des Bundesrats, wenn die Regelung

a) durch Verwaltungsvorschrift erfolgt[125]): immer, Art. 84 II, 85 II, außer in den Fällen des Art. 87b II 2 (2) und des Art. 120a I 2 (1);

b) durch Rechtsverordnung erfolgt: immer, sofern nicht das ermächtigende Gesetz die Zustimmungsbedürftigkeit ausdrücklich ausgeschlossen hat, Art. 80 II;

c) durch Gesetz erfolgt: sofern es sich um den landeseigenen Vollzug handelt, nicht um Bundesauftragsverwaltung, Art. 84 I, 85 I. Doch ist die letztgenannte Einschränkung[126]) bestritten: Teilweise wird auch die Bundesverfahrensgesetzgebung im Bereich der Bundesauftragsverwaltung für zustimmungsbedürftig gehalten[127]).

(4) Im Bereich der Finanzverwaltung ist der Bund allein kompetent für das Verfahren seiner eigenen Finanzbehörden[128]), [129]).

Er konkurriert[130]) mit den Ländern für das Verfahren der Landessteuerverwaltung, auch soweit sie Landessteuergesetze ausführt, Art. 108 Abs. III 2, Abs. VI[131]). Die Frage, wieweit die Bundesregierung oder der Bundestag zur Regelung des Verfahrens der Landesfinanzbehörden der Zustimmung des Bundesrats bedarf, beantwortet sich wie bei der sonstigen Landesverwaltung; also sind zustimmungsbedürftig

---

[125]) Daß sie durch Verwaltungsvorschriften erfolgen kann, s. o. Anm. 102.

[126]) Die auch vertreten wird von Haas in DVBl. 1957, 773 Anm. 32 und Maunz, Deutsches Staatsrecht (7. Aufl. 1958) S. 272.

[127]) So anscheinend Koellreutter, Deutsches Staatsrecht (1953) S. 232. Nawiasky aaO., S. 44 und Haas, AöR 80, 87 zu Anm. 19 halten das Fehlen einer Regelung für das Verfahren in Art. 85 I für ein Versehen, ohne sich darüber zu äußern, ob und wie dieses Versehen korrigiert werden kann. Herrfahrdt, Bonn-Komm. Art. 85 Bem. II 2 folgert aus dem Schweigen des Art. 85 I über das Verwaltungsverfahren lediglich, daß dieses durch Verwaltungsvorschriften der Bundesregierung geregelt werden könne.

[128]) S. o. Anm. 121, 111.

[129]) Ob die Zustimmung des Bundesrats nötig ist, beantwortet sich wie zu (1), vgl. Art. 80 II, 108 VI. — Wenn § 40 des 1. FinanzverwaltungsG (Anm. 72) und § 4 des 2. FinanzverwaltungsG vom 15. 5. 1952 (BGBl. I S. 293) i. d. F. d. G vom 11. 7. 1953 (BGBl. I S. 511) für alle zur Durchführung dieser Gesetze erforderlichen Verwaltungsvorschriften, also auch insoweit sie sich an die Bundesfinanzbehörden richten, die Zustimmung des Bundesrats verlangen, so ist das mit Art. 108 VI GG nicht vereinbar (vgl. Wacke Finanzarchiv 12 [1950/51] 720: „geht über das GG hinaus") und daher ungültig.

[130]) Arg. Absatz III Satz 2: „Der Bund kann ... regeln". Vgl. demgegenüber Absatz I Satz 2: „... werden durch Bundesgesetz geregelt."

[131]) Abs. VI muß sinngemäß dahin ausgelegt werden, daß er eine

a) die Verwaltungsvorschriften der Bundesregierung immer; Art. 108 VI;

b) die Rechtsverordnungen immer dann, wenn nicht das ermächtigende Gesetz die Zustimmungsbedürftigkeit ausgeschlossen hat, Art. 80 II;

c) die Gesetze jedenfalls im Bereich der landeseigenen Finanzverwaltung, Art. 108 III 2, während bei der Bundesauftragsverwaltung — wie bei Art. 85 I[132]) — wieder zweifelhaft ist, ob auch hier die Verfahrensregelung durch den Bund der Zustimmung des Bundesrats bedarf[133]).

3. Was ergibt sich daraus für die Länder und ihr Vorhaben[134]), das allgemeine Verwaltungsrecht oder das Verwaltungsverfahrensrecht zu kodifizieren? Sie können es nur für die unmittelbare und mittelbare Landesverwaltung, und auch für diese nur in einem Teilbereich: nur dort, wo nicht Bundesgesetze ausgeführt werden. Soweit das Land Bundesgesetze ausführt, kann es dessen Verfahren nur regeln, wenn und soweit der Bund noch keine Regelung getroffen hat und solange er keine trifft, Art. 72 I GG. In diesem Bereich der Landesexekutive von Bundesgesetzen kann also der Bund Verfahrensregelungen der Länder jederzeit überspielen, wenn auch nur mit Zustimmung der Länderkammer. Angesichts der Weite dieses Bereichs und der Aktivität der Bundesgesetzgebung sollten die Länder sich sorgfältig überlegen, ob sich der Aufwand landesrechtlicher Verfahrenskodifikation noch lohnt.

a) Sie sollten ferner bedenken, welche Gefahren für die Rechtseinheit im Bundesgebiet durch solche landesrechtlichen Verwaltungsordnungen oder Verwaltungsverfahrensgesetze entstehen. Diese Gefahren werden selbst bei tunlichster Angleichung an die korrespondierende(n) Regelung(en) anderer Bundesländer und des Bundes nicht voll gebannt. Vor allem sollte man die Auswirkung solcher Landesregelungen auf die Revisionszuständigkeit des Bundesverwaltungsgerichts berücksichtigen. Wie zu Eingang[135]) ausgeführt, ist das Verwaltungsverfahrensrecht nur revisibel, wenn es Bundesrecht ist. Das

---

ausschließliche Kompetenz der Bundesregierung nur für die Bundesfinanzverwaltung begründet, während im Bereich der Landesfinanzverwaltung Bund und Länder konkurrieren, wie bei Art. 108 III 2. A. A. Nawiasky aaO. S. 53. Allerdings kann der Bund durch Gesetz (Art. 108 III 2) die Befugnisse der Länder einschränken, z. B. — sofern hier nicht Bedenken unter dem Gesichtspunkt „Mischverwaltung" bestehen — ihre Verwaltungsvorschriften an die Zustimmung des Bundesfinanzministers binden, wie in § 1 II des 2. FinanzverwaltungsG (s. Anm. 129).

[132]) S. o. S. 160 sub (3) c zu Anm. 126, 127.

[133]) Bejahend BVerfGE 1, 76 (79); Nawiasky aaO. S. 52.

[134]) Vgl. die oben in Anm. 89 angeführte Empfehlung.

[135]) S. o. S. 119.

ist es aber bestimmt nicht mehr, wenn und soweit es landesgesetzlich geordnet wird[136]). Solange es dagegen ungeschrieben ist, besteht die Chance, daß das Bundesverwaltungsgericht es als Bestandteil des gemeinen deutschen Verwaltungsrechts ansieht und deshalb schlechthin für revisibel hält oder doch für den Fall, daß es zur Ergänzung geschriebenen Bundesrechts herangezogen wird oder für das Verfahren bei der Ausführung von Bundesgesetzen. Ich spreche von „Chance" statt von Gewißheit, weil das Bundesverwaltungsgericht bisher noch keine feste Linie in der Frage der Revisibilität der ungeschriebenen allgemeinen Grundsätze und Regeln des deutschen Verwaltungsrechts gefunden hat[137]). Nimmt man mit dem V. Senat[138]) an, daß das Verfahrensrecht der landeseigenen Ausführung von Bundesgesetzen nur dann Bundesrecht sei, wenn der Bund es geregelt habe, also Landesrecht auch dann, wenn und solange es ungeregelt sei, dann tritt freilich durch seine landesgesetzliche Regelung keine Veränderung in der Revisibilität ein. Durch die Landesregelung w i r d dann das Verfahrensrecht nicht irrevisibel, sondern es b l e i b t irrevisibel. Alsdann kann die Revisibilität nur auf dem Wege des Art. 99 GG erreicht werden: durch landesgesetzliche Eröffnung. Davon sollten alle Länder Gebrauch machen, wenn und soweit sie den allgemeinen Teil des Verwaltungsrechts oder des Verwaltungsverfahrensrechts kodifizieren. Sie sollten darin bestimmen, daß die Revision zum Bundesverwaltungsgericht in solchen landesrechtlichen Streitigkeiten zulässig ist, bei denen es sich um die Anwendung oder Auslegung dieses allgemeinen Verwaltungs- oder Verfahrensgesetzes handelt. Auf die Verletzung auch dieser landesrechtlichen Vorschriften müßte die Revision gestützt werden können. Auch eine solche partielle Revisionseröffnung dürfte durch Art. 99 gedeckt sein.

Freilich — richtiger als dieser Umweg, auf dessen Beschreitung der Bund keinen Einfluß hat, wäre der direkte Weg der Ä n d e r u n g d e s § 56 I 1 B V e r w G G, wozu die Bundesverwaltungsgerichtsordnung gute Gelegenheit bietet: die Änderung dahin, daß revisibel jede Norm ist, die in mehr als einem Ober-

136) es sei denn, daß diese Regelung inhaltlich mit der eines anderen Landes oder des Bundes voll übereinstimmt. In diesem Falle könnte man eine Revisibilität erwägen: wenn man sich dazu durchringen könnte, schon de lege lata anzuerkennen, daß revisibel nach § 56 I 1 BVerwGG jede Norm sei, die in mehr als einem OVG-Bezirk gilt — wie ich es in JZ 1958, 235 (237) vorgeschlagen habe.

137) Vgl. meine Anm. in NJW 1957, 1204 mit Nachw., ferner BVerwGE 6, 1 (5) und die in Anm. 138 angeführten Entscheidungen. Vgl. auch H a a s DVBl. 1957, 368 (insbes. 373); B a c h o f DÖV 1958, 27; B e t t e r m a n n DVBl. 1956, 11 und JZ 1958, 11.

138) DÖV 1957, 264 = DVBl. 1957, 391 (392) = ZMR 1956, 382; DÖV 1957, 889 (890) = DVBl. 1957, 730 (731) = ZMR 1957, 318; ZMR 1956, 30 (31).

verwaltungsgerichtsbezirk gilt, analog der Regelung in § 549 ZPO und § 162 II SGG[139]). Dann wäre der Streit darüber, ob und wann die allgemeinen Grundsätze des Verwaltungsrechts einschließlich des Verwaltungsverfahrensrechts zum Bundesrecht oder zum Landesrecht gehören, weithin erledigt.

b) Ganz begraben wäre er damit freilich nicht. Er bleibt akut für das vorkonstitutionelle Recht, soweit es nach Art. 123—125 GG fortgilt, wegen der Sperrwirkung, die die Fortgeltung als Bundesrecht auslöst. Sie wird gerade für das Verwaltungsverfahrensrecht akut, weil dessen allgemeine Grundsätze ja fast alle aus der Zeit vor dem Grundgesetz stammen und zum großen Teil schon Gewohnheitsrecht geworden sind. Wurden sie nun am 24. Mai 1949 Bundes- oder Landesgewohnheitsrecht oder beides? Die Frage ist leicht zu beantworten für die Verwaltungsgebiete, die der ausschließlichen Gesetzgebungskompetenz des Bundes oder der Länder unterliegen, schwierig dagegen für den Bereich der konkurrierenden Kompetenz einschließlich der Rahmenkompetenz. Hält man sich an den Wortlaut des Art. 125 und versteht man unter „Recht" auch das Gewohnheitsrecht und die allgemeinen Verwaltungsgrundsätze, dann ist die Frage generell zugunsten des Bundes beantwortet; denn die Voraussetzung der Zoneneinheitlichkeit ist ja für dieses allgemeine Verwaltungsrecht immer oder fast immer zu bejahen. Die Folge davon wäre, daß die Länder allgemeine Verwaltungs- und Verwaltungverfahrensgesetze nur für den Bereich der Landesverwaltung schaffen könnten, in dem sie nicht Bundesgesetze ausführen, während der Gesamtbereich des Landesvollzugs von Bundesgesetzen einer landesrechtlichen Regelung in den grundsätzlichen und allgemeinen Fragen des Verwaltungsverfahrensrechts entzogen wäre, auch wenn und soweit und solange der Bund noch keine positivrechtliche Regelung getroffen hat. Dieses Ergebnis, das Bachof[140]) vertritt, wenn ich ihn recht verstanden habe, scheint mir aber mit der Regelung des Art. 84 I GG und seinem Grundgedanken nicht vereinbar zu sein, wonach im Bereich der landeseigenen Verwaltung die Gestaltung des Verwaltungsverfahrens durch die Länder die Regel und die Ordnung durch den Bundesgesetzgeber die Ausnahme bildet[141]). Auch wird auf diese

---

[139]) Über die verfassungsrechtliche Zulässigkeit einer solchen Regelung vgl. insbes. BGHZ 6, 147 (153), BArbGE 4, 346, Bettermann JZ 1958, 235, Arndt DVBl. 1957, 566, Müller NJW 1958, 11 und Werthauer NJW 1957, 1387 gegen Haas DVBl. 1957, 368, 567, von Mangoldt, GG (1953), Anm. 3d vor Art. 92, Anm. 2 zu Art. 99, Friesenhahn DV 1949, 478 (480).

[140]) DÖV 1958, 27 (28/29).

[141]) Ebenso im Ergebnis Haas DVBl. 1957, 373/4.

Weise das dort vorgeschriebene Erfordernis der Zustimmung des Bundesrats illusorisch gemacht. Daher verdient die Auffassung des Bundesverwaltungsgerichts den Vorzug, daß die Regeln über den Vollzug von Bundesgesetzen durch die Länder in Eigenverwaltung dem Landesrecht angehören, wenn und soweit der Bundesgesetzgeber keine solche Verfahrensregeln gesetzt hat, außer wenn die bundesrechtliche Regelung als erschöpfend gedacht ist, also kodifikatorischen Charakter trägt, und zwar nicht nur für das materielle, sondern auch für das Verfahrensrecht. Die Vermutung spricht aber gegen solche Kodifikationsabsicht — jedenfalls beim Organisations- und Verfahrensrecht.

C. Verwaltung und Verwaltungsgerichtsbarkeit

Ich komme zum letzten Kapitel: über die Wechselbeziehungen zwischen der Gestaltung des Verwaltungsverfahrens und der des Verwaltungsprozesses, damit auch zur Frage der Justizförmigkeit des Verwaltungsverfahrens.

I. Diese Wechselbeziehungen sind jüngst ins Licht gerückt worden durch eine Kontroverse zwischen Bachof und Ule[142]) über die Frage, ob es zulässig und zweckmäßig sei, den Instanzenweg der Verwaltungsgerichtsbarkeit zu kürzen zugunsten eines Ausbaus des Vorverfahrens und einer justizförmlichen Ausgestaltung des Verwaltungsverfahrens überhaupt. Diesen Weg hat Österreich[143]) beschritten und ist ihn konsequent zu Ende gegangen: Nur eine gerichtliche Instanz, die überdies reine Rechtsinstanz, keine Tatsacheninstanz ist; Verwaltungsgerichtshof und Verfassungsgerichtshof können beide erst nach Erschöpfung des verwaltungsbehördlichen Instanzenzuges ange-

---

142) Bachof, Wehrpflichtgesetz und Rechtsschutz (Recht und Staat Heft 202/203, 1957), S. 26, 51 f.; ders., DVBl. 1958, 6; Ule, Verwaltungsverfahren und Verwaltungsgerichtsbarkeit, DVBl. 1957, 597 und DVBl. 1958, 9. Vgl. ferner: Fellner, Zur Regelung des Verwaltungsverfahrens in den Ländern, VerwArch. Bd. 48, 95 (105); Meyer-Hentschel, Reform der Verwaltungsgerichtsbarkeit als Teilproblem der Verwaltungsreform, VerwArch. Bd. 48, 142 (156 ff.); Spanner, Grundsätzliches zum Verwaltungsverfahren, DÖV 1958, 651; Reuß, Das Verwaltungsverfahren — psychologisch betrachtet, DÖV 1958, 656; Hauck, Vorverfahren und gerichtliches Verfahren nach dem Sozialgerichtsgesetz, NJW 1958, 327; Schiller in der Diskussion über „Die Verwaltungsgerichtsbarkeit", Verh. des 38. DJT D 80; die Besprechungen von Bachofs Wehrpflichtgesetz und Rechtsschutz durch Ule in DVBl. 1957, 326 und Ridder in DÖV 1957, 511.

143) durch das AVG (vgl. Anm. 34) und das VerwaltungsgerichtshofG vom 12. 10. 1945 (StGBl. Nr. 208) — wiederverlautbart durch Kundmachung der Bundesregierung vom 6. 5. 1952 (BGBl. Nr. 96).

rufen werden[144]), der grundsätzlich[145]) bis zum Minister läuft[146]) und prozeßähnlich gestaltet ist.

1. Eine solche Radikallösung scheitert in der Bundesrepublik schon an verfassungsrechtlichen Hindernissen. Dem Abbau der Verwaltungsgerichtsbarkeit bis auf eine Rechtsinstanz steht Art. 96 I GG entgegen, der je ein „o b e r e s Bundesgericht" für die Verwaltungs-, Finanz- und Sozialgerichtsbarkeit fordert, also untere Verwaltungsgerichte in den Ländern voraussetzt und die oberen Bundesgerichte als Rechtsmittelgerichte charakterisiert[147]). Die Erschöpfung eines mehrstufigen Instanzenzugs zur Voraussetzung der Klage beim Verwaltungsgericht zu machen, ist mit der Rechtsweggarantie des Art. 19 IV GG unvereinbar, dem nur bei a l s b a l d i g e r Eröffnung des Rechtswegs genügt ist[148]). An Art. 19 IV scheitert ferner die Beschränkung der einzigen Gerichtsinstanz auf Rechtsfragen; er verlangt mindestens eine gerichtliche Tatsacheninstanz[149]). Schließlich versprechen einige Landesverfassungen[150]) eine mindestens zweistufige Verwaltungsgerichtsbarkeit, wobei das Bundesverwaltungsgericht nicht mitzählt[151]), weil es ein reines Bundesgericht und als Revisionsgericht auf die Nachprüfung von Bundesrecht beschränkt ist[152]).

2. In diesen und anderen Verfassungsbestimmungen kommt die grundsätzliche Entscheidung zum Ausdruck, die das bundes-

---

[144]) Vgl. Art. 131 I Bundes-VerfassungsG (BVerfG) vom 1. 10. 1920 (StGBl. Nr. 450) i. d. F. vom 9. 10. 1946 (BGBl. Nr. 211).

[145]) soweit nicht durch Bundesgesetz ausdrücklich anders bestimmt ist, Art. 103 IV BVerfG.

[146]) Vgl. Art. 103 IV BVerfG (Anm. 144) für die „mittelbare Bundesverwaltung". Nach der Rechtsprechung gilt auch in den übrigen Verwaltungsbereichen der „Grundsatz des uneingeschränkten Instanzenzuges"; vgl. A d a m o v i c h , Handbuch des österreichischen Verwaltungsrechts Bd. I (5. Aufl. 1954) S. 59; R i n g h o f e r , Der Verwaltungsgerichtshof (1955), S. 128 f.

[147]) Das ist unbestritten. Zweifelhaft ist nur, ob und wieweit den oberen Bundesgerichten daneben auch erstinstanzliche Zuständigkeiten übertragen werden können; vgl. dazu neuestens BVerfG NJW 1958, 2011 = NJW 1959, 93 (LS).

[148]) BVerwG ZMR 1954, 318/319; B e t t e r m a n n in Bettermann-Nipperdey-Scheuner, Die Grundrechte Bd. III/2 (1959) S. 807 sub 10 m. Nachw.

[149]) Vgl. B e t t e r m a n n aaO. S. 810 sub c) m. Nachw.; H o l t - k o t t e n , BGG Art. 92 Erl. II 2 f.; K l e i n , VVDStRL 8 (1950) S. 94/95; M a u n z - D ü r i g , GG Art. 19 Abs. IV Anm. 47.

[150]) Art. 67 III Baden-Württemberg; Art. 74 II Nordrhein-Westfalen.

[151]) Vgl. BVerwGE 2, 186 (187); 3, 291 (292); Baden-Württ. StGH GBl. 1955, 242 = DÖV 1955, 760 f.; VGH Stuttgart DÖV 1954, 409 f.; 1955, 608 f.; J e l l i n e k , DÖV 1954, 595 (596 f.).

[152]) Vgl. § 56 I BVerwGG.

republikanische Deutschland bei der Neuordnung der Verwaltungsrechtspflege und des Verwaltungsrechtsschutzes getroffen hat und die ebenso der süddeutschen und österreichischen wie der preußischen Tradition widerspricht. Der geistige Ahnherr unserer neudeutschen Verwaltungsgerichtsbarkeit ist weder Hans Kelsen noch Rudolph von Gneist, sondern Otto Bähr. Wir haben die justizstaatliche Lösung gewählt, indem wir den Rechtsstaat durch den Rechtswegstaat verwirklicht haben. Die wirkliche Differenz zwischen Gneist[153]) und Bähr[154]) bestand nämlich gar nicht darin, wie meist angenommen wird, ob die Verwaltungsgerichtsbarkeit durch die ordentlichen Gerichte oder durch besondere Verwaltungsgerichte ausgeübt, sondern ob der Verwaltungsrechtsschutz durch Gerichtsbarkeit oder durch Selbstverwaltung gewährt werden solle: Gneist wollte die individuelle Freiheit des Bürgers durch Gewährung politischer Freiheit sichern, also im Bereich der staatlichen Verwaltung das wiederholen, was der Freiherr vom Stein bei der Kommunalverwaltung begonnen und was die Revolution von 1848 auf der Verfassungsebene erkämpft hatte. Durch Demokratisierung auch der staatlichen, der obrigkeitlichen Verwaltung glaubte Gneist, die monarchische Exekutive bändigen und mäßigen und die Freiheit des Untertanen sichern zu können. Auf diesem Gedanken der sogenannten politischen Selbstverwaltung[155]) beruhten gleichermaßen das Beschlußverfahren[156]) wie das Verwaltungsstreitverfahren[157]) bei den Kreis- und Bezirksausschüssen[158]), die daher folgerichtig Abteilungen der Kreis- und Regierungsbezirksverwaltungen waren[159]). Nur im preußischen Oberverwaltungsgericht, das echtes Gericht und keiner Verwaltungsbehörde angegliedert

---

[153]) Der Rechtsstaat, 1. Aufl. (1872) S. 167.

[154]) Der Rechtsstaat (1864), S. 12.

[155]) oder „Selbstverwaltung im politischen Sinne". Vgl. Baring, Die politische Selbstverwaltung und die Verwaltungsgerichtsbarkeit, DVBl. 1955, 685 ff., 721 ff., Becker im Handbuch der Kommunalen Wissenschaft und Praxis (1956) Bd. I S. 115 f.; Heffter, Die Deutsche Selbstverwaltung im 19. Jahrhundert (1950) S. 403, 743.

[156]) Vgl. §§ 115—126 preuß. G über die allgemeine Landesverwaltung (LVG) vom 30. 7. 1883 (GS S. 195).

[157]) Vgl. §§ 61—114 preuß. LVG.

[158]) Vgl. §§ 28—40 preuß. LVG. — Das G betr. die Verfassung der Verwaltungsgerichte und das Verwaltungsstreitverfahren vom 3. 7. 1875 (GS S. 375) bezeichnete sie als Kreis- und Bezirksverwaltungsgerichte (§ 2). Dieser Name wurde für die Ausschüsse in ihrer Eigenschaft als Verwaltungsgerichte wiedereingeführt durch § 2 G über die Anpassung der Landesverwaltung an die Grundsätze des nationalsozialistischen Staates vom 15. 12. 1933 (GS S. 479).

[159]) § 4 I preuß. LVG.

war[160]), erschien das andere, das Bähr'sche Prinzip: Rechts- und Freiheitsschutz durch unabhängige Gerichte, durch die dritte Gewalt. Für diese Lösung des Rechtsschutzproblems haben sich nach 1945 Verfassungs- und Gesetzgeber in Bund und Ländern, wie vorher schon die Besatzungsmächte, entschieden: durch die verwaltungsgerichtliche Generalklausel[161]), durch die Garantie des Rechtswegs gegenüber jeder Verletzung des Bürgers seitens der öffentlichen Gewalt[162]), durch den Aufbau eines gerichtlichen Instanzenzugs bis zu den oberen Bundesgerichten und durch die Verfassungsbeschwerde[163]), die nicht, wie in Österreich[164]), neben, sondern hinter die Verwaltungsgerichtsbarkeit geschaltet ist, den Rechtsweg also verlängert und abschließt.

3. Mag man darüber streiten, ob diese Entscheidung für Bähr und gegen Gneist, für die gerichtliche statt für die demokratische Kontrolle der öffentlichen Verwaltung richtig war. Aber nachdem sie getroffen ist, sollte sie respektiert und beibehalten werden, mindestens bis zur Wiedervereinigung. Entscheidungen von solcher Tragweite können nicht beliebig umgestoßen werden; sie sind säkularer Natur. Man kann nicht Gerichte aus dem Boden stampfen, beliebig oft umorganisieren und wieder abschaffen. Was unseren Verwaltungsgerichten wie unserer Gerichtsorganisation überhaupt, aber auch den meisten unserer Verwaltungsbehörden nottut, ist dies, daß man sie endlich zur Ruhe kommen und arbeiten läßt, statt sie dauernd zu reformieren und sie durch das ewige Gerede von Justiz- und Verwaltungsreform in permanenter Revolution zu halten. Ich kann es daher nicht recht begreifen, daß ausgerechnet solche Männer, die sich um den Aufbau der neuen Verwaltungsgerichtsbarkeit und um das Ansehen

---

160) Vgl. §§ 17 ff. G betr. die Verfassung der Verwaltungsgerichte und das Verwaltungsstreitverfahren, vom 3. 7. 1875 (GS S. 375) i. d. F d. Bek. vom 2. 8. 1880 (GS S. 328).

161) S. o. Anm. 57.

162) Vgl. Art. 19 IV GG und die Verfassungen von Baden-Württemberg (Art. 67 I), Berlin (Art. 71), Bremen (Art. 141), Hamburg (Art. 61), Hessen (Art. 2 III), Niedersachsen (Art. 41 I), Nordrhein-Westfalen (Art. 74 I), Rheinland-Pfalz (Art. 124 I), Saarland (Art. 20), sowie die außer Kraft getretenen Verfassungen von Württemberg-Baden (Art. 90) und Württemberg-Hohenzollern (Art. 63).

163) Vgl. §§ 90 ff. BVerfGG. Landesrechtliche Verfassungsbeschwerden bestehen in Baden-Württemberg (Art. 76 Verf. i. Vb. mit § 54 StGHG vom 13. 12. 1954 [GBl. S. 171]), Bayern (Art. 48 III, 120 Verf. i. Vb. mit §§ 48—54 VerfGHG vom 22. 7. 1947, BS I S. 24), Hessen (§§ 45—49 StGHG vom 12. 12. 1947 [GVBl. 1949 S. 3]), Nordrhein-Westfalen (§ 50 VerfGHG vom 4. 3. 1952 [GVBl. S. 35]), Rheinland-Pfalz (Art. 130 I, II Verf. i. Vb. mit §§ 23—28 VerfGHG vom 23. 7. 1949 [GVBl. S. 285] i. d. F. vom 10. 7. 1952 [GVBl. S. 109]) und im Saarland (§§ 49—55 VerfGHG vom 17. 7. 1958 [ABl. S. 735]).

164) Vgl. Art. 144 II BVerfG (Anm. 144). Dazu Adamovich aaO. S. 294; Ringhofer aaO. S. 146.

ihrer Rechtsprechung wesentliche, ja entscheidende Verdienste erworben haben, jetzt ihrem Abbau zugunsten eines Ausbaues des Vorverfahrens und des Verwaltungsverfahrens das Wort reden[165]).

4. Für diesen Ausbau ist kein Raum mehr, nachdem die — verfassungsrechtlich verankerte — Entscheidung zugunsten des Rechtswegstaates gefallen ist: mit der dreistufigen Verwaltungsgerichtsbarkeit zugunsten der Fremdkontrolle der zweiten Gewalt durch die dritte Gewalt anstelle einer Selbstkontrolle durch Selbstverwaltung, und mit der Schwerpunktverlagerung der verwaltungsgerichtlichen Funktion von der Verwaltungskontrolle zur Rechtsschutzgewährung, von der Wahrung des objektiven Rechts zum Schutz subjektiver Rechte. Mit dieser Ordnung der Verwaltungsgerichtsbarkeit sind auch wesentliche Entscheidungen der Verwaltungsorganisation und des Verwaltungsverfahrens gefallen: gegen die Justizförmigkeit, gegen den Ausbau des verwaltungsbehördlichen Rechtsmittelzuges und gegen das Beschlußverfahren.

a) Die Prozessualisierung des Verwaltungsverfahrens, wie sie das österreichische Allgemeine Verwaltungsverfahrensgesetz vorgenommen hat, dient überwiegend dem Schutz des Bürgers gegenüber der Verwaltung. Dieser Schutz wird bei uns in reichlichem, vielleicht in allzu reichem, jedenfalls aber ausreichendem Maße durch die Verwaltungs- und Verfassungsgerichte gewährt. Folglich kann auf die Prozessualisierung, auf die justizförmliche Umgestaltung des Verwaltungsverfahrens verzichtet werden[166]), und es muß darauf verzichtet werden, weil sie die Verwaltung hemmt. Die Verwaltung kann in der Verfahrensgestaltung enthemmt werden, weil sie und je mehr sie durch die Verwaltungsgerichtsbarkeit gehemmt wird. Es gilt die Gleichung: je mehr und je bessere Verwaltungsgerichtsbarkeit, desto weniger Justizförmigkeit der Verwaltung! Die Fesselung der Verwaltung durch die Verwaltungsgerichtsbarkeit auf der

---

[165]) Wie z. B. Ule aaO.; Egidi, DVBl. 1956, 559 (561); van Husen, „Aktuelle Probleme des Verwaltungsrechtsschutzes" (1956) S. 14 (zit. bei Meyer-Hentschel, VerwArch. Bd. 48, 156); sehr viel zurückhaltender äußert sich van Husen in DVBl. 1958, 671 (675 f.).

[166]) Vgl. BVerfG NJW 1959, 235 (236): „Da das Verwaltungshandeln durch die Vorschriften des GG und den Ausbau der Verwaltungsgerichtsbarkeit nunmehr in jedem Falle (von hier nicht interessierenden Ausnahmen abgesehen) einer gerichtlichen Nachprüfung, meist in mehreren Instanzen, unterstellt ist, haben die Rechtsschutzerwägungen, die früher für die justizförmige Ausgestaltung der Verwaltungsverfahrens- und Zuständigkeitsregelung angeführt werden konnten, heute an Bedeutung verloren."

einen Seite bringt ihr auf der anderen Seite einen Zuwachs an Freiheit: nämlich zu raschem, rationellem und formlosem Vorgehen.

Die Gleichung läßt sich umkehren: Je weniger Verwaltungsgerichtsbarkeit gewährt wird, um so mehr muß das Verwaltungsverfahren verförmlicht und verprozessualisiert werden. Aber die Justizförmigkeit der Verwaltung macht die Verwaltungsgerichtsbarkeit nicht entbehrlich[167]), [168]). Der weisungsgebundene Verwaltungsbeamte ist kein Ersatz für den unabhängigen Richter, die in eigener Sache entscheidende Verwaltungsbehörde kein Ersatz für das als unparteiischer Dritter fungierende Gericht. Wirklichen und wirksamen Rechtsschutz gewähren nach der Conception unseres Grundgesetzes nur die Gerichte[169]).

Schließlich muß die Verprozessualisierung des Verwaltungsverfahrens unwirksam bleiben, nachdem das Juristenmonopol gebrochen ist[170]); und sie muß scheitern überall

---

167) Bachof, Wehrpflichtgesetz und Rechtsschutz, S. 26, 52; ders. DVBl. 1958, 6 (7). Auch Reuß DÖV 1958, 656 (659) wendet sich aus rechtsstaatlichen Gründen gegen eine Schwerpunktverlagerung vom Verwaltungsstreitverfahren zum Verwaltungsverfahren.

Bedenklich ist es, wenn das BVerfG in E 4, 387 (411) den Ausschluß der Berufung in Baulandsachen deshalb für vertretbar hält, weil „in dem vorgeschalteten Verwaltungsverfahren bereits alle ... maßgeblichen Umstände in einem förmlichen, dem Gerichtsverfahren weitgehend angeglichenen Verfahren geprüft werden müssen", und wenn es in NJW 1958, 2011 (2013) ausführt: „Die Entscheidung durch ein Gericht erster und letzter Instanz genügt jedenfalls dann rechtsstaatlichen Ansprüchen, wenn ein Verwaltungsverfahren vorangegangen ist, innerhalb dessen die Behörde Gewähr dafür bietet, daß sie ihre Entscheidung in Bindung an das Recht getroffen hat." — Das BVerwG stellt in E 7, 73 bei der Prüfung der Zulässigkeit der Rechtsmittelbeschränkungen des WehrpflichtG im Anschluß an die amtl. Begr. auch darauf ab, „daß man .. eine gründliche Prüfung ... schon im Vorverfahren ... habe erreichen wollen", und der Bayer. VerfGH (VerwGHE 6 II 27 [34]) bei der Prüfung der Gültigkeit des § 50 VGG darauf, „daß durch ein vorgeschaltetes Beschwerde- oder Einspruchsverfahren eine rechtliche Vorprüfung bei den Verwaltungsbehörden gesichert ist".

168) Das zeigt u. a. § 44 II MRVO 165, wonach es zur verwaltungsgerichtlichen Anfechtungs- und Vornahmeklage des erfolglosen Vorverfahrens (Einspruchs, Beschwerde, Widerspruchs) nicht bedarf, wenn „der angefochtene Verwaltungsakt oder die Ablehnung des Verwaltungsakts durch eine Kollegialbehörde in einem förmlichen Verfahren beschlossen worden ist". Kollegialität und Formalität ersparen hier also keine Gerichtsinstanz, sondern nur eine Verwaltungsinstanz!

169) Vgl. u. a. E. R. Huber, Wirtschaftsverwaltungsrecht (2. Aufl 1954), Bd. II S. 581.

170) Vgl. dazu u. a. Forsthoff, Der lästige Jurist, DÖV 1955, 648; Heckel, Die Rolle des Juristen in der Fachverwaltung, DÖV

dort, wo die Verwaltung Massenprobleme[171]) zu bewältigen hat. Sie kollidiert mit der zwangsläufigen und förderungswürdigen Tendenz zur Rationalisierung und Mechanisierung[172]) der Verwaltung. Sie ist in weiten Bereichen einfach antiquiert.

b) Ähnliche Gleichungen wie bei der Justizförmigkeit lassen sich auch für das Verhältnis der Verwaltungsgerichtsbarkeit zu den verwaltungsbehördlichen Rechtsmitteln und zum Vorverfahren aufstellen: Je mehr Verwaltungsgerichtsbarkeit, desto weniger Vorverfahren; je mehr verwaltungsgerichtliche Instanzen, desto weniger Verwaltungsinstanzen sind notwendig und vertretbar. Dabei bleibt freilich zu beachten, daß die Verwaltungsgerichte i. d. R. keine Ermessenskontrolle ausüben. Für wichtigere Ermessensentscheidungen ist und bleibt daher trotz ausgebauten Rechtswegs zusätzlich der förmliche Verwaltungsweg zu eröffnen.

Dreht man die Gleichung um, so ergibt sich, daß man das Vorverfahren um so mehr ausbauen muß, je weniger Verwaltungsgerichtsbarkeit man gewährt. Aber dieser Ausbau rechtfertigt nicht den Abbau der Verwaltungsgerichtsbarkeit, weil er ihn nicht zu kompensieren vermag. Denn der Verwaltungsschutz gewährt nicht die gleiche Qualität von Rechtsschutz wie der Gerichtsschutz — so wie dieser nicht gewähren kann, was jener bietet: die Berücksichtigung von Zweckmäßigkeit und Billigkeit. Daher sind Regelungen, die dem Bürger wahlweise beide Rechtsbehelfe — nebeneinander, nicht hintereinander — bieten: Beschwerde oder Klage oder beide (sogen. Wahlklage), nicht bedenklich[173]), sondern nachahmenswert, weil sie das Verfahren beschleunigen.

1958, 29; Reuß, Das Verwaltungsverfahren — psychologisch betrachtet, DÖV 1958, 656 (658 f.).

171) Vgl. Korte, Gedanken zur Automation von Massenvorgängen der öffentlichen Verwaltung, DVBl. 1957, 561.

172) Dazu Badenhoop, Zur Praxis der Verwaltungsrationalisierung, DÖV 1957, 437; Jähnig, Verwaltungsvereinfachung durch Mechanisierung, DÖV 1958, 607; Markull, Rationalisierung der öffentlichen Verwaltung, VerwArch. Bd. 48, 5; Korte, Gedanken zur Automation von Massenvorgängen der öffentlichen Verwaltung, DVBl. 1957, 561; Reuß, Zur Diskussion um die Rechts- und Verwaltungsreform, VerwArch. Bd. 48, 61; Weichmann, Zielsetzung der Verwaltungsreform in der Gegenwart, VerwArch. Bd. 48, 111.

173) Daß keine verfassungsrechtlichen Bedenken bestehen, habe ich in „Wahlklage und Schlußklage im Anfechtungsprozeß", DÖV 1958, 165, nachzuweisen versucht. Dort und bei Baring DVBl. 1955, 721 ff. weitere Literatur und Judikatur.

Abzubauen, ja radikal abzuschaffen sind hingegen alle Beschwerde- und Einspruchsverfahren vor unabhängigen[174]) Spruchkörpern, die — mehr oder weniger — nach den Regeln des Verwaltungsprozeßrechts fungieren sollen[175]). Das Verfahren der streitigen Gerichtsbarkeit kann auf das Verwaltungsverfahren nicht übertragen werden, weil hier das Dreiecksverhältnis von Kläger, Beklagtem und Richter fehlt[176]); denn die Verwaltung ist auch im Einspruchs-, Widerspruchs- und Beschwerdeverfahren selbst Partei und entscheidet in eigener Sache. Jede andere Gestaltung, die die Einspruchs- oder Beschwerdebehörde zum neutralen Dritten und damit zum Richter im Streit zwischen Bürger und Verwaltung macht, ist verfassungswidrig, weil rechtsprechende Funktionen nur von Richtern und Gerichten ausgeübt werden dürfen, Art. 92 Satz 2 GG[177]).

c) Damit ist aber auch dem Beschlußverfahren[178]) das Urteil gesprochen, soweit es kontradiktorisch gestaltet und der Beschlußausschuß weisungsfrei, also in die Rolle des unparteiischen Dritten heraufgehoben und die Verwaltungsbehörde in die Rolle der Partei herabgedrückt ist. Die Folge davon ist,

---

174) Über verfassungsrechtliche Bedenken unter dem Gesichtspunkt der parlamentarischen Kontrolle und Ministerverantwortlichkeit vgl. die Diskussionen der öffentl.-rechtl. Abt. des 39. DJT (1951) D 24, 31, 131 ff., 153, 160 f.; Loening DVBl. 1954, 173 ff.; Kleindienst BT-Drucks. Nr. 1373/53 S. 2; Balke Bulletin 1957, 1754; Rohwer-Kahlmann AöR 79, 213 ff., 223 ff.; Deppisch DÖV 1954, 242 f.; Haueisen DÖV 1955, 60; Kipp DÖV 1957, 519; Haas VerwArch. 49, 22 f.; v. d. Groeben VerwArch. 49, 239; E. R. Huber aaO. I 90; Fischbach ZBR 1954, 236; BVerwGE 7, 73.

175) So z. B. § 18 V nordrhein-westf. LWohnungsG vom 9. 6. 1954 (GVBl. S. 205). Auf das Beweisverfahren des BVerwGG verweist z. B. § 102 I BBG i. d. F. d. Bek. vom 18. 9. 1957 (BGBl. I S. 1338); auf § 17 VGG, der die Ausschließung und Ablehnung von Richtern regelt, verweist § 5 hess. AG FlurbereinigungsG vom 30. 3. 1954 (GVBl. S. 44). — Häufig wird auf die ZPO Bezug genommen: so für die Beweiserhebung § 33 III FeststG; § 14 III KriegsgefangenenentschädigungsG i. d. F. d. Bek. vom 8. 12. 1956 (BGBl. I S. 908); für das Vernehmungsersuchen im Beweisverfahren § 330 III LAG, § 34 III FeststG, § 15 III KriegsgefangenenentschädigungsG; für die Ausschließung von Amtsträgern § 328 S. 2 LAG, § 13 III KriegsgefangenenentschädigungsG, Art. 28 III bayer. AG FlurbereinigungsG vom 11. 8. 1954 (GVBl. S. 165), § 10 rheinland-pfälz. AG FlurbereinigungsG vom 26. 3. 1954 (GVBl. S. 49). — Mündliche Verhandlung schreiben vor § 22 II VGG Rhld.-Pfalz, § 29 I VGG Saarland.

176) Darin liegt m. E. der grundsätzliche Fehler in der Konzeption des österr. AVG vgl. o. Anm. 13 a. E.

177) Vgl. Bettermann in: Bettermann-Nipperdey-Scheuner, Die Grundrechte Bd. III/2 (1959) S. 876 m. Nachw.; Ule JZ 1958, 628.

178) Beispiele des positiven Rechts bei Thierfelder, Mitwirkung von Ausschüssen in der staatlichen Verwaltung, VerwArch. Bd. 49, 249 (256 ff.); E. R. Huber aaO. II 628 ff.

daß die beteiligte Verwaltungsbehörde[179]), deren Aufsichtsbehörde[180]) oder ein „Vertreter des öffentlichen Interesses“[181]) gegen die Entscheidung des Beschlußausschusses klagen kann. Solche Insichprozesse der Verwaltung sind aber eine Perversion der Verwaltungsgerichtsbarkeit[182]), die im Bereich der Anfechtungs- und Vornahmeklagen dem Rechtsschutz des Bürgers zu dienen bestimmt ist und nicht dem Austrag eines Behördenkriegs.

II. Nun muß freilich das Beschlußverfahren nicht kontradiktorisch und quasirichterlich gestaltet sein. Auch ohne diese Attribute kann es seinen Sinn erfüllen: Rechtsschutz durch Selbstverwaltung zu gewähren. Dieser Sinn ist auch durch die Verwaltungsgerichtsbarkeit heutiger Art nicht völlig entfallen. Denn diese gewährt dem Bürger nur repressiven, nachträglichen Rechtsschutz, während das Beschlußverfahren, wie andere förmliche, insbesondere rechtliches Gehör gewährende Verwaltungsverfahren, Präventivschutz bezwecken. Durch die Ausgestaltung und Verförmlichung des Verfahrens einerseits, durch die Kollegialität und Autonomie des Beschlußkörpers andererseits sollen Fehlentscheidungen und Rechtsverletzungen von vornherein vermieden werden — das ist ja wohl der Leitgedanke dieser Institution.

1. Dieser Gedanke ist so richtig und so falsch, wie der Satz, daß Vorbeugen besser sei als Heilen. Wenn der für den präventiven Schutz notwendige Aufwand weitaus größer ist als der für den repressiven Schutz, dann verdient dieser den Vorzug. Wenn von hundert im formlosen Verfahren ergehenden Verwaltungsakten gleicher Art erfahrungsgemäß nur fünf verwaltungsgerichtlich angefochten werden, dann ist es unnötig und unrationell, für diese Verwaltungsakte das Verfahren zu formalisieren und zu kollegialisieren, nur um die Fehlerquote noch

179) wie z. B. nach § 263 II AO i. d. F. d. 1. FinVerwG (vgl. Anm. 72); § 40a III 3 VGG Hessen; § 7 S. 2 schlesw.-holst. G über die Neuregelung des Beschlußverfahrens vom 15. 6. 1948 (GVBl. S. 151) i. d. F. d. Bek. vom 27. 11. 1951 (GVBl. S. 201) und des G vom 2. 1. 1956 (GVBl. S. 3).

180) § 22 III VGG Rheinland-Pfalz; § 29 II VGG Saarland; § 24 I nordrhein-westf. 1. VereinfachungsG (vgl. Anm. 96); § 12 III 2 nordrhein-westf. LWohnungsG vom 9. 6. 1954 (GVBl. S. 205); § 7 S. 2 schleswig-holst. G über die Neuregelung des Beschlußverfahrens (Anm. 179).

181) § 338 LAG (Anm. 24), auf den §§ 345 III, 347 S. 4 LAG verweisen und der gem. § 344 LAG auch für das Verfahren nach dem FeststG (Anm. 23) gilt; § 52 I, III G über die Abgeltung von Besatzungsschäden vom 1. 12. 1955 (BGBl. I S. 734); § 12 III 2 nordrhein-westf. LWohnungsG (Anm. 180).

182) wie ich schon in der Gedächtnisschr. für W. Jellinek S. 361 (388) ausgeführt habe.

weiter herabzudrücken. Es ist in diesem Zusammenhang weiter zu bedenken, daß es in der Verwaltung häufig mehr auf die Fixigkeit als auf die Richtigkeit ankommt, wenn nur beiden Seiten, Bürger und Staat, die Möglichkeit offen gehalten wird, die Fehler nachträglich zu korrigieren oder korrigieren zu lassen. Es liegt auf der Hand, daß die Wahl zwischen präventivem und repressivem Schutz, und zwischen Richtigkeit und Schnelligkeit, nicht ein für allemal und für alle Verwaltungsgebiete und alle Verwaltungsakte einheitlich getroffen werden kann, sondern daß man hier nach Sachgebieten und nach der Bedeutung der jeweiligen Verwaltungsentscheidungen differenzieren muß und die Verfahrensformen vielfältig variieren kann — wie das ja auch im Prozeßrecht und Gerichtsverfassungsrecht geschieht. Dafür läßt sich die Formel aufstellen: Je schwerer die Entscheidung wiegt, um so förmlicher muß ihr Verfahren gestaltet sein. Insbesondere gilt dies für belastende Verwaltungsakte: Je tiefer die Verwaltung in Freiheit oder Eigentum des Bürgers eingreifen darf oder soll, um so stärker muß das Verwaltungsverfahren mit rechtsstaatlichen Garantien versehen werden.

2. Die beste Garantie aber bietet die Einschaltung des Richters — jedenfalls nach der Auffassung des Grundgesetzes, das den Rechtsstaat als Rechtswegstaat oder Richterstaat gestaltet hat. Es hat nicht nur in Art. 19 IV den repressiven Rechtsschutz gegenüber aller Verwaltungstätigkeit gewährleistet, sondern es hat für einige, besonders schwerwiegende Staatseingriffe den Richter präventiv eingeschaltet, ihn also dem Verwaltungsakt nicht nach-, sondern vorgeschaltet. Neben den Gesetzesvorbehalt hat es den Richtervorbehalt, den Vorbehalt des Richterspruchs gestellt: so für die Freiheitsentziehung in Art. 104, für die Durchsuchung in Art. 13 und für die Absetzung und Versetzung der beamteten Berufsrichter in Art. 97 II, 98 II[182a]). Aber diese Form der Garantie gesetzmäßiger Verwaltung ist keine Erfindung des Grundgesetzes, sondern war längst bekannt und erprobt. Die strafrechtliche und strafprozessuale Freiheitsentziehung, Beschlagnahme und Durchsuchung z. B. stehen seit 100 Jahren unter Richtervorbehalt. Auch dem Verwaltungsrecht ist er seit langem bekannt bei der Entziehung bestimmter Gewerbekonzessionen, auf die die Behörde klagen muß oder mußte[183]).

182a) Ferner für die Grundrechtsverwirkung und das Parteienverbot in Art. 18 (2) und 21 II 2.

183) Vgl. z. B. §§ 119, 120 preuß. G über die Zuständigkeit der Verwaltungs- und Verwaltungsgerichtsbehörden (ZustG) vom 1. 8. 1883 (GS S. 237); § 121 preuß. ZustG i. V. mit §§ 4, 5 AVO zum ReichsG

Auch die Freiwilige Gerichtsbarkeit gehört zum Teil hierher. Einer der Gründe dafür, bestimmte „Angelegenheiten", die staatsfunktionell Verwaltungsaufgaben darstellen, an die Freiwillige Gerichtsbarkeit der Justiz zu überweisen, lag darin, daß sie dort durch einen unabhängigen Richter erledigt werden[184]). Diesen Weg sollte man fortsetzen — aber mit einer Drehung in Richtung auf die Verwaltungsgerichtsbarkeit. Wir brauchen wieder eine „freiwillige" Verwaltungsgerichtsbarkeit, wie wir sie der Sache, wenn auch nicht der Form nach in Preußen hatten, wo das Verwaltungsstreitverfahren nur zum Teil repressiven, zum Teil präventiven Rechtsschutz gewährte und bezweckte[185]). Nach 1945 ist einseitig und vorschnell die Verwaltungsgerichtsbarkeit auf die sogenannte nachträgliche Verwaltungsrechtspflege, also auf die repressive Funktion, beschränkt worden. Die Folgen dieser Ausschaltung aus der ursprünglichen Verwaltungsrechtspflege haben sich alsbald bei Art. 104 II GG gezeigt, wo die Zulassung der polizeirechtlichen Freiheitsentziehungen (Unterbringung der gemeingefährlichen Geisteskranken, der ansteckend Kranken, der Süchtigen und Arbeitsscheuen und die Abschiebungshaft der Ausländer) auf die Justiz übergegangen ist[186]) — ein schwerer Gebietsverlust für die Verwaltungsgerichtsbarkeit, die doch in erster Linie für den Grundrechtsschutz kompetent ist.

---

vom 1. Juli 1883 betr. Abänderung der Gewerbeordnung vom 31. 12. 1883 (GS 1884 S. 7), § 2 AVO zum ReichsG vom 30. Juni 1900 betr. die Abänderung der Gewerbeordnung vom 30. 7. 1900 (GS S. 308) und § 2 AVO zum ReichsG zur Abänderung der Gewerbeordnung vom 7. Februar 1927, vom 29. 4. 1927 (GS S. 78); § 18 GaststG vom 28. 4. 1930 (RGBl. I S. 146) i. V. mit Art. I 1 preuß. DVO vom 18. 6. 1930 (GS S. 117) i. d. F. d. VO vom 30. 3. 1933 (GS S. 106) und vom 6. 2. 1934 (GS S. 59); § 18 MilchG vom 31. 7. 1930 (RGBl. I S. 421) i. V. mit § 23 I, III preuß. DVO vom 16. 12. 1931 (GS S. 259) i. d. F. d. VO vom 20. 10. 1934 (GS S. 425); § 2 VO über Speiseeiswirtschaften vom 16. 7. 1934 (RGBl. I S. 709) i. V. mit § 1 preuß. DVO vom 24. 5. 1935 (GS S. 80); § 6 G über das Versteigerungsgewerbe i. d. F. d. Bek. vom 12. 2. 1938 (RGBl. I S. 202) i. V. mit §§ 1, 14 preuß. DVO vom 3. 12. 1934 (GS S. 439). —

Vgl. auch BVerwGE 1, 144 und 147; BVerwG JR 1957, 252 und 253 gegen BerlinOVGE 1, 186; diese Entscheidungen sind durch das Berliner VerwVerfG (vgl. Anm. 14) und das 1. VereinfG für Nordrhein-Westfalen (vgl. Anm. 96) überholt; vgl. auch Landmann-Rohmer-Eyermann, Gewerbeordnung (11. Aufl. 1956) § 53 Anm. 16.

[184]) Vgl. Baur, Freiwillige Gerichtsbarkeit Bd. I (1955) S. 15 m. Nachw.

[185]) Vgl. Anm. 183 sowie z. B. §§ 114 III, 126 preuß. ZustG.

[186]) Vgl. die Nachweise bei Bettermann in: Bettermann-Nipperdey-Scheuner, Die Grundrechte, Bd. III/2 S. 886 ff. und bei Saage, Freiheitsentziehungsverfahren (1958), Einl. II Anm. 12, 22 ff.; II § 3 Anm. 2.

Die Wiederherstellung der ursprünglichen Verwaltungsrechtspflege oder vorbeugenden Verwaltungsgerichtsbarkeit würde erhebliche Rückwirkungen auf das Verwaltungsverfahren und auf die Frage seiner rechtsstaatlichen Ausgestaltung haben. Wo das Interesse des Bürgers an der Wahrung seiner Grundrechte das öffentliche Interesse an schnellem und formlosem Handeln der Verwaltung so sehr überwiegt, daß der Bürger sich nicht mit den Korrekturmitteln der nachträglichen Verwaltungsrechtspflege begnügen kann, sondern wo die Schwere des Eingriffs bereits für den Erlaß des Verwaltungsakts ein Verfahren erfordert, das volle Aufklärung des Sachverhalts und richtige Rechtsanwendung garantiert, da wird es i. d. R. geboten sein, den Erlaß des Verwaltungsakts in die Hand des Richters zu legen oder von dessen Zulassung den Eingriff der Verwaltung abhängig zu machen, wie es beim Freiheitsentzug und bei der Durchsuchung bereits geltendes Recht ist. Wenn und wo man schon ein prozeßförmliches oder gerichtsähnliches Verwaltungsverfahren für nötig hält, dann und dort hole man auch gleich den Richter, der damit besser umzugehen weiß als der Verwaltungsbeamte, von dem andere Qualitäten erwartet werden. Wo der Ruf nach Justizförmigkeit des Verwaltungsverfahrens wirklich berechtigt ist — und es gibt Verwaltungsbereiche und Verwaltungsakte, wo er berechtigt ist — da verbirgt sich in Wahrheit der Ruf nach dem Richter. Ihn erhören heißt nicht, die Last der Verwaltungsgerichte noch weiter zu türmen. Es erfolgt mit solcher Zuweisung ursprünglicher Verwaltungsrechtspflege nämlich zugleich eine Entlastung bei der nachträglichen Verwaltungsgerichtsbarkeit. Wo der Richter schon präventiv tätig wurde, braucht er nicht repressiv bemüht zu werden. Für die vom Richter erlassenen oder zugelassenen Verwaltungsakte entfällt die Anfechtungsklage[187]. Es fragt sich nur, ob diese Entlastung bei der nachträglichen Verwaltungsgerichtsbarkeit die Belastung mit ursprünglicher Verwaltungsrechtspflege aufwiegt. Das aber ist zu bejahen, wenn man den Vorbehalt des Richterspruchs auf die schweren Grundrechtseingriffe beschränkt; denn diese werden in der Mehrzahl der Fälle angefochten. Aber nur diejenigen Verwaltungsakte, bei denen i. d. R. oder in der Mehrzahl mit Anfechtungsklagen zu rechnen ist, sind der Verwaltung zu entziehen und dem Richter vorzubehalten. Die Verwaltung aber gewinnt durch solche Abgabe an die Verwaltungsgerichtsbarkeit oder die Justiz die Freiheit der Verfahrensgestaltung zurück, deren sie nach meiner Überzeugung bedarf, wenn sie ihr Wesen erfüllen soll.

[187]) Vgl. Bettermann aaO. S. 893; Saage aaO., II § 13 Anm. 5.

Leitsätze des Berichterstatters über: Das Verwaltungsverfahren

I.

Begriff des Verwaltungsverfahrens und des Verwaltungsverfahrensrechts

1. *Verwaltungsverfahren im formellen Sinne ist das Verfahren der Verwaltungsbehörden ohne Rücksicht auf die Art ihrer Tätigkeit. Verwaltungsverfahren im materiellen Sinne ist das Verfahren der Ausübung von Verwaltungsfunktionen ohne Rücksicht auf deren Träger.*

2. *Das positive Recht verwendet den Begriff des Verwaltungsverfahrens im formellen Sinne.*

3. *Zum Verwaltungsverfahren gehört auch das Vorverfahren, nicht aber das Verwaltungs-Gerichtsverfahren.*

4. *Das Verwaltungsverfahrensrecht gehört nicht zum Prozeßrecht, sondern zum Verwaltungsrecht.*

5. *Mängel des Verwaltungsverfahrens einschließlich des Vorverfahrens sind keine Verfahrensmängel im Sinne der Prozeßgesetze. Daher ist das Verwaltungsverfahrensrecht beim Bundesverwaltungsgericht nur revisibel, soweit es Bundesrecht ist.*

6. *Materielles Verwaltungsrecht und Verwaltungsverfahrensrecht lassen sich nicht abgrenzen*

   a) wie materielles Recht und Prozeßrecht nach der unterschiedlichen Funktion einer Norm als Verhaltens- oder Beurteilungsmaßstab;

   b) nach den Kriterien von Form und Inhalt.

7. *Das Verwaltungsverfahrensrecht regelt das Zustandekommen, die Form und Bekanntmachung, den Vollzug, die Anfechtung und Änderung von Entscheidungen der Verwaltungsbehörden sowie deren Kontrolle.*

8. *Die Widerruflichkeit von Verwaltungsakten wird in Gesetzgebung und Lehre überwiegend und mit Recht als Verfahrensfrage behandelt.*

9. *Das Verwaltungsverfahren betrifft das „wie"?, die Verwaltungsorganisation das „wer?" des Verwaltungshandelns.*

10. *Zuständigkeitsnormen gehören zum Organisationsrecht. Jede Organisationskompetenz enthält daher eine Kompetenz-Kompetenz: zur Regelung der Zuständigkeit.*

11. *Jede Organisationskompetenz enthält ein Stück Verfahrenskompetenz: zur Regelung des Verfahrens innerhalb der Organisation.*

12. *Es muß zwischen internem und externem Verwaltungsverfahren unterschieden werden. Intern ist das Verhältnis der Behörden und Amtsträger untereinander, extern ihr Verhältnis zum Bürger. Das externe Verwaltungsverfahren ist das Verwaltungsverfahren im engeren Sinne.*

13. *Nur das externe Verwaltungsverfahren ist Verwaltungsverfahren i. S. des Art. 84 GG. Die Kompetenz zur Regelung des internen Verwaltungsverfahrens richtet sich nach der Kompetenz zur „Einrichtung der Behörden" i. S. der Art. 84—86 GG.*

14. *Verwaltungsverfahren im engeren Sinne sind nur solche Verfahren, die unter der Herrschaft der doppelten Generalklausel in ein verwaltungsgerichtliches Verfahren übergehen können.*

15. *Das Verwaltungsverfahren im engeren Sinne beschränkt sich auf die Hoheitsverwaltung*

16. *Verwaltungsverfahrensrecht i. S. des Art. 84 GG ist das Recht des Vollzugs der Bundesgesetze durch die Landesverwaltungsbehörden mit Ausnahme ihrer Organisation.*

17. *Das Verwaltungsverfahrensrecht regelt die Art und Weise des Gesetzesvollzugs. Gesetzesvollzug bedingt Rechtsanwendung; Rechtsanwendung bedingt Verfahren.*

18. *Der Verwaltungsakt ist ein Institut des Verwaltungsverfahrens, weil er ein typisches Instrument des Gesetzesvollzugs ist.*

19. *Den Vollzug regelt das Verwaltungsverfahrensrecht, das zu Vollziehende das materielle Verwaltungsrecht.*

20. *Das materielle Verwaltungsrecht hat seinen Schwerpunkt im besonderen Verwaltungsrecht; das Verwaltungsverfahrensrecht bildet den Kern des allgemeinen Verwaltungsrechts.*

II.

Nützlichkeit und Möglichkeiten, Formen und Methoden der Regelung des Verwaltungsverfahrens

21. *Den allgemeinen Teil des Verwaltungsrechts kodifizieren bedeutet, das Verwaltungsverfahren und die Behördenorganisation in ihren allgemeinen Formen und Grundsätzen zu regeln. Diese regeln heißt, den allgemeinen Teil des Verwaltungsrechts positivieren.*

22. *Nur in dem Maße, in dem sich das Verfahrensrecht vom materiellen Recht ablösen läßt, kann es vereinheitlicht und verallgemeinert werden. Da dieser Loslösung Grenzen gesetzt sind, ist ein Einheitsverfahren für alle Verwaltungszweige unmöglich. Spezialregelungen für einzelne Verwaltungsgebiete bleiben immer in erheblichem Umfange nötig. Das Problem ist, wie weit die Spezialisierung getrieben werden muß und die Generalisierung getrieben werden kann. Die Schwierigkeit liegt in der richtigen Kombination beider Methoden.*

23. *Bei der Generalisierung kann und sollte man etappenweise vorgehen durch Gruppenbildung*

    entweder nach Verwaltungszweigen — Vorbild: RAbgO, RVO —

    oder nach Verfahrensarten — Vorbild: VerwZustG, VerwVollstrG, OWiG.

    Die gleichzeitige Anwendung beider Methoden kann zu Konflikten zwischen zwei Kodifikationen führen.

24. *Es bedarf eingehender Einzeluntersuchung, welche Verfahrensfragen einer generellen Regelung fähig sind und welche je nach dem Verwaltungsbereich, in dem sie auftauchen, differenziert geregelt werden müssen. Es bedarf einer Bestandsaufnahme, welche Verfahrensfragen das geltende Recht, wie es sie und warum es sie verschieden geregelt hat.*

25. *Neben der Möglichkeit generalisierender Regelung ist deren Notwendigkeit zu prüfen. Art. 72 II GG beachten!*

26. *Notwendig ist die Beseitigung willkürlicher Ungleichheiten in der Regelung gleicher Verfahrensfragen.*

27. *Dafür genügt die Form der Angleichung. Auf die Gleichheit, nicht auf die Einheit der Regelung kommt es an.*

28. *Die Angleichung kann auch in den Formen der Übernahme, des Mantelgesetzes und der Verweisung erfolgen. Damit*

können auch bundesstaatsrechtliche Hindernisse einheitlicher Regelung überwunden werden.

29. *Ein Mittel schrittweisen Vorgehens und der Erprobung ist auch die Verwaltungsvorschrift. Ihr steht nicht nur das interne, sondern auch das externe Verwaltungsverfahren offen, ausgenommen das Verhalten des Bürgers und das Verfahren weisungsfreier Verwaltungsorgane.*

III.

Die Verteilung der Regelungskompetenz zwischen Bund und Ländern nach dem GG

30. *Der Bund hat keine Kompetenz zu einer allgemeinen und umfassenden Regelung des Verwaltungsverfahrens.*

31. *Art. 74 Ziff. 1 GG begründet keine Bundeskompetenz für das Vorverfahren.*

32. *Soweit der Bund nach Art. 73 ff. gesetzgebungsbefugt ist, kann er auch den Vollzug seiner Gesetze regeln (Annexkompetenz) — auch generell für alle Bundesgesetze oder bestimmte Gruppen von ihnen, nicht nur jeweils für ein bestimmtes Einzelgesetz und in ihm.*

33. *Für das Verfahren der Verwaltungsbehörden des Bundes ist dieser ausschließlich kompetent. Der Zustimmung des Bundesrates bedürfen solche Verfahrensvorschriften nur dann, wenn und soweit das Gesetz, dessen Vollzug sie regeln, zustimmungsbedürftig ist.*

34. *Für das Verfahren der Landesverwaltungsbehörden sind die Länder ausschließlich kompetent, sofern es sich nicht um die Ausführung von Bundesgesetzen handelt.*

35. *Im Bereich der Ausführung von Bundesgesetzen durch Landesbehörden konkurrieren Bund und Länder nach Maßgabe des Art. 72 und mit der weiteren Einschränkung, daß der Bund nur Rahmenvorschriften erlassen kann, wenn das von den Ländern zu vollziehende Bundesgesetz ein Rahmengesetz nach Art. 75 ist. Der Bund bedarf zur Verfahrensregelung der Zustimmung des Bundesrats, wenn die Regelung*

   a) durch Verwaltungsvorschrift erfolgt: immer! Art. 84 II, 85 II;

   b) durch Rechtsverordnung erfolgt: sofern nicht das ermächtigende Gesetz die Zustimmungsbedürftigkeit ausdrücklich ausschließt, Art. 80 II;

c) durch Gesetz erfolgt: sofern es sich um den landeseigenen Vollzug handelt, nicht um Bundesauftragsverwaltung, Art. 84 I, 85 I.. Doch ist bestritten, ob nicht auch die Bundesverfahrensgesetzgebung im Bereich der Bundesauftragsverwaltung zustimmungsbedürftig ist

36. *Im Bereich der Finanzverwaltung ist der Bund allein kompetent für das Verfahren der Finanzbehörden des Bundes. Er konkurriert mit den Ländern für das Verfahren der Landessteuerverwaltung, auch soweit sie Landessteuergesetze ausführt. Die Frage, wieweit die Bundesregierung oder der Bundestag zur Regelung des Verfahrens der Landesfinanzbehörden der Zustimmung des Bundesrats bedarf, beantwortet sich wie in Ziffer 35; auch bei Art. 108 ist zweifelhaft, ob im Bereich der Bundesauftragsverwaltung die Verfahrensgesetzgebung des Bundes zustimmungsbedürftig ist.*

37. *Der danach den Ländern zur ungestörten Regelung des Verwaltungsverfahrens verbleibende Bereich erscheint zu klein, um den Aufwand landesrechtlicher Kodifikation zu lohnen.*

38. *Die Länder sollten die Auswirkung solcher Kodifikationen auf die Revisibilität beachten und von der Möglichkeit des Art. 99 GG Gebrauch machen.*

39. *Der Bund sollte § 56 I 1 BVerwGG dahin ändern, daß revisibel jede Norm ist, die in mehr als einem OVG-Bezirk gilt, damit*

a) übereinstimmende Landesregelungen und

b) die allgemeinen Grundsätze des Verwaltungsverfahrens — wie des Verwaltungsrechts überhaupt — unter die Jurisdiktion des BVerwG fallen.

40. *Vorkonstitutionelles Verwaltungsverfahrensrecht, insbesondere Gewohnheitsrecht, ist im Bereich der konkurrierenden Gesetzgebung Landesrecht geworden, außer wenn es das Verfahren der bundeseigenen oder der Bundesauftrags-Verwaltung betrifft oder wenn es eine bundesgesetzliche Regelung ergänzt, die als Kodifikation gedacht ist.*

IV

Verwaltung und Verwaltungsgerichtsbarkeit — Justizförmigkeit und Beschlußverfahren

41. *Eine Übernahme der österreichischen Lösung scheitert am GG.*

a) Art. 96 sieht mindestens zwei Gerichtsinstanzen für die allgemeine und die besondere Verwaltungsgerichtsbarkeit vor.

b) Art. 19 IV erfordert mindestens eine Tatsacheninstanz.

c) Art. 19 IV verbietet, die Erschöpfung des Verwaltungsinstanzenzugs zur Klagevoraussetzung zu machen.

42. *Mit der Option für den Verwaltungsrechtsschutz durch unabhängige Gerichte — justizstaatliche Lösung — hat sich die Bundesrepublik entschieden*

a) gegen die Justizverförmlichung des Verwaltungsverfahrens,

b) gegen den Ausbau des Vorverfahrens,

c) gegen das Beschlußverfahren als Rechtsmittel.

43. *a) Je mehr und je bessere Verwaltungsgerichtsbarkeit, desto weniger Justizförmigkeit der Verwaltung, desto weniger Vorverfahren, desto weniger Verwaltungsinstanzen!*

b) Je weniger und je schlechtere Verwaltungsgerichtsbarkeit gewährt wird, desto mehr muß das Verwaltungsverfahren verprozessualisiert und der Verwaltungsinstanzenzug verlängert werden, ohne doch den Mangel an Verwaltungsgerichtsbarkeit ausgleichen zu können, weil nach dem GG wirksamer Rechtsschutz nur durch unabhängige Gerichte gewährleistet wird.

44. *Die Forderung nach Verprozessualisierung des Verwaltungsverfahrens ist unvereinbar*

a) mit der nicht rückgängig zu machenden Brechung des Juristenmonopols,

b) mit den förderungswürdigen Tendenzen zur Rationalisierung und Mechanisierung der Verwaltung.

45. *Die Verwaltungsgerichtsbarkeit macht das Vorverfahren insoweit nicht überflüssig, als es der Ermessenskontrolle dient. Wahlklageregelungen sind zu begrüßen.*

46. *Alle Rechtsmittelverfahren vor unabhängigen Spruchkörpern der Verwaltung, die nach Prozeßrecht fungieren, sind abzuschaffen. Ebenso alle kontradiktorischen Beschlußverfahren unabhängiger Ausschüsse. Sie sind verfassungsrechtlich bedenklich und neben der Verwaltungsgerichtsbarkeit weitgehend überflüssig.*

47. *Die heutige, auf nachträgliche Verwaltungsrechtspflege beschränkte Verwaltungsgerichtsbarkeit befriedigt nicht das Bedürfnis nach präventivem Rechtsschutz. Aus ihm ent-*

springt die Forderung nach Justizförmigkeit des Verwaltungsverfahrens; aus ihm ist das Beschlußverfahren entstanden.

48. *Dieses Bedürfnis ist berechtigt nur für besonders schwere Eingriffe in Grundrechte. Sonst genügt in der Regel repressiver Rechtsschutz.*

49. *Je schwerer eine Verwaltungsentscheidung wiegt, umso förmlicher muß ihr Verfahren gestaltet sein. Je tiefer die Verwaltung in Freiheit oder Eigentum eingreift, umso stärker muß das Verwaltungsverfahren mit rechtsstaatlichen Garantien ausgestattet werden.*

50. *Wo das Interesse des Bürgers an der Wahrung seiner Grundrechte das öffentliche Interesse an schnellem und formlosem Handeln der Verwaltung so sehr überwiegt, daß er sich nicht mit den Korrekturmitteln der nachträglichen Verwaltungsrechtspflege begnügen kann, sondern wo die Schwere des Eingriffs bereits für dessen Vornahme ein Verfahren erfordert, das volle Aufklärung des Sachverhalts und richtige Rechtsanwendung garantiert, da wird es i. d. R. geboten sein, den Eingriff dem Richter vorzubehalten oder von dessen Zulassung abhängig zu machen — wie in Art. 13 II, 104 II GG. In diesem Umfange ist die ursprüngliche oder vorbeugende Verwaltungsgerichtsbarkeit wiederherzustellen.*

Das Verwaltungsverfahren

2. Mitbericht von Professor Dr. Erwin Melichar, Graz

I.

Der österreichische Gesetzgeber sah es im Jahre 1925 als zweckmäßig an, das Verwaltungsverfahren einer möglichst einheitlichen Regelung zuzuführen. Wenn man diese gesetzgeberische Entscheidung kritisch beurteilen will, so darf man nicht die einzelnen Fragen isoliert untersuchen, sondern nur im Zusammenhang mit dem Rechtssystem, für das die Entscheidung getroffen wurde[1]). Da ein gesetzlich geregeltes Verwaltungsverfahren deshalb, weil es den Parteien prozessuale Rechte einräumt, zu den Rechtsschutzeinrichtungen im weiteren Sinn zählt, muß in erster Linie das Rechtsschutzsystem als Einheit im Auge behalten werden. Das heißt aber, daß vor allem auch die Art der Ausgestaltung der Verwaltungsgerichtsbarkeit von wesentlicher Bedeutung dafür ist, ob und inwieweit eine gesetzliche Regelung des Verwaltungsverfahrens zweckmäßig oder vielleicht sogar notwendig ist[2]).

Besteht — wie in Österreich — das System der Verwaltungsgerichtsbarkeit a posteriori, setzt also die Kontrolle der Verwaltung durch ein Verwaltungsgericht erst nach Erschöpfung des administrativen Instanzenzuges ein, so bedeutet dies, daß diesem administrativen Instanzenzug bewußt die Funktion einer innerverwaltungsmäßigen Kontrolle zugeteilt wird. Diese Funktion kann aber die Einrichtung des administrativen Instanzenzuges nur dann voll erfüllen, wenn das Verfahren, das diesen Instanzenzug durchläuft, rechtlich

---

[1]) Vgl. Spanner, Grundsätzliches zum Verwaltungsverfahren, DÖV 1958, S. 652.

[2]) Dieser Zusammenhang leuchtet auch deutlich aus der jüngst zwischen Bachof und Ule entstandenen Meinungsverschiedenheit hervor. Vgl. Bachof, Wehrpflichtgesetz und Rechtsschutz, Tübingen 1957; ders., Nochmals: Verwaltungsverfahren und Verwaltungsgerichtsbarkeit, DVBl. 1958, S. 6 ff.; Ule, Verwaltungsverfahren und Verwaltungsgerichtsbarkeit, DVBl. 1957 S. 597 ff.; ders., Nochmals Verwaltungsverfahren und Verwaltungsgerichtsbarkeit, DVBl. 1958, S. 9 f. Auch Fellner, Zur Regelung des Verwaltungsverfahrens in den Ländern, Verw.Archiv 1957, S. 95 ff., weist auf S. 105 auf diesen Zusammenhang hin.

geregelt ist[3]). Es hat zwar in Österreich die Judikatur des bereits im Jahre 1876 eingerichteten Verwaltungsgerichtshofes in Wien, der auch berufen war, das Zustandekommen der angefochtenen Bescheide in einem einwandfreien Verfahren zu überprüfen, so stark richtungweisend gewirkt, daß Friedrich Tezner schon 1896 sein Handbuch des österreichischen Administrativverfahren im Wesentlichen auf diese Judikatur aufbauen konnte[4]). Doch aber erwies es sich als zweckmäßig, das Verwaltungsverfahren einer allgemeinen gesetzlichen Regelung zuzuführen, weil über die allgemeinen Verfahrensgrundsätze hinaus, die diese Judikatur entwickelt hatte, sich gewisse Detailregelungen als unerläßlich erwiesen, nämlich jener Verfahrensfragen, die nicht aus den Grundsätzen abgeleitet werden konnten, weil es sich um Fragen formalistischer Ordnung handelte, wie Zustellwesen, Fristen und dgl., und weil die Judikatur des Verwaltungsgerichtshofes für die Verwaltungsbehörden nicht verbindlich und überdies gewissen Schwankungen unterworfen war. Auch wurde geltend gemacht, daß Rechtsschutzeinrichtungen zugunsten der Parteien im Administrativverfahren zugleich im Interesse der staatlichen Aufsicht gelegen sind und daß überhaupt eine gewissenhafte, gründliche Verwaltung ohne ein auf Gewissenhaftigkeit und Gründlichkeit hinzielendes Verfahren der Behörden und ohne wirksame Gestaltung der Teilnahme der Parteien daran nicht zu erreichen ist[5]).

Besteht dagegen das System der Verwaltungsgerichtsbarkeit a priori, welches von vornherein gewisse Verwaltungsstreitsachen in die Zuständigkeit der Verwaltungsgerichte verweist, oder ein Mischsystem, welches die Verwaltungsgerichtbarkeit sozusagen bereits in mittlerer Instanz einsetzen läßt, dann verlagert sich das ganze Problem auf die Regelung des Verfahrens vor den Verwaltungsgerichten, die dann auch in der Regel als eine instanzenmäßig verbundene Justizhierarchie eingerichtet sind. Denn in diesem Fall ist eben die Rechtsschutzfunktion in erster Linie den Verwaltungsgerichten überantwortet, und zwar nicht nur materiellrechtlich, sondern auch in Bezug auf das Verfahren. Dem Verfahren vor

---

[3]) So schon Tezner, Handbuch des österreichischen Administrativverfahrens, Wien 1896, S. VII.

[4]) Noch deutlicher wird dies in seinem Buch „Das österreichische Administrativverfahren, systematisch dargestellt auf Grund der verwaltungsgerichtlichen Praxis" [2], Wien 1925, welches im Rahmen seines Werkes „Die rechtsbildende Funktion der österreichischen verwaltungsgerichtlichen Rechtssprechung" erschienen ist.

[5]) Tezner, aaO., S. VII.

den Verwaltungsbehörden kommt dann nur geringe Bedeutung zu.

Daraus ergibt sich, daß eine Regelung des Verwaltungsverfahrens, dem die Funktion einer immanenten Verwaltungskontrolle zugeteilt ist, nicht ohne weiteres für eine Rechtsordnung paßt, die die Verwaltungsgerichtsbarkeit schon vor Erschöpfung des administrativen Instanzenzuges einsetzen läßt.

Trotzdem kann aber m. E. auch in diesem zweiten Fall eine Regelung des Verfahrens in der Verwaltung nicht von vornherein als überflüssig abgetan werden. Denn auch für dieses Verfahren ergeben sich Probleme, die eine rechtliche Regelung erheischen, wie z. B. das Zustellwesen. Allerdings hängt der Umfang dieser Regelung wieder weitgehend davon ab, welche Bedeutung man diesem Verfahren zumißt. Geht man davon aus, daß „die Verwaltung nicht in der Lage ist, ihren Akten die gleiche Sorgfalt zu widmen, wie der Richter sie an das Urteil wendet"[6]) und nimmt man deshalb von vornherein gewisse Fehlleistungen bewußt in Kauf, dann können allerdings die verwaltungsverfahrensrechtlichen Probleme fast bis zur Bedeutungslosigkeit herabsinken, auch wenn man die Korrekturmöglichkeit in einem Einspruchsverfahren offen läßt. Aber es ist doch wohl nicht ganz so, daß man der Verwaltung das Privileg der verfahrensmäßigen Flüchtigkeit einräumen will; man will doch offenbar nur im Interesse der Flüssigkeit des Verwaltungshandelns eine gewisse Vernachlässigung verfahrensrechtlicher Fragen tolerieren. Das beweist allein schon die Tatsache, daß die Reichsabgabenordnung schon in ihrer ursprünglichen Fassung eine relativ genaue Regelung des Verfahrens vor den Verwaltungsbehörden enthielt.

Ferner behält das Problem der Regelung des Verwaltungsverfahrens für alle jene Fälle seine Bedeutung, die nicht vor die Verwaltungsgerichte kommen. Das ist unmittelbar einsichtig, wenn für die Zuständigkeit der Verwaltungsgerichte das Enumerationsprinzip gilt. Beim System der Generalklausel können allerdings alle Verwaltungsakte letzten Endes irgendwie vor ein Verwaltungsgericht gebracht werden, aber man kann auch bei diesem System nicht übersehen, daß der Großteil der Verwaltungssachen endgültig vor den Verwaltungsbehörden ausgetragen wird und auch endgültig ausgetragen werden soll, weil es sonst zu einer Über-

---

[6]) So im Zusammenhang mit der Behandlung des Einspruchs Forsthoff, Lehrbuch des Verwaltungsrechts I [6], München und Berlin 1956, S. 455.

lastung der Verwaltungsgerichte und damit schließlich zu einer so starken Rechtsverzögerung kommt, daß sie sich praktisch als Rechtsverweigerung auswirkt[7]).

In diesem Zusammenhang ist es auch von Belang, ob den Verwaltungsgerichten auch die Überprüfung der Sachverhaltsermittlung obliegt oder ob sie auf die Überprüfung der Rechtsfragen beschränkt sind. Im letzteren Falle gewinnt das Verwaltungsverfahren insoferne erhöhte Bedeutung, als die von den Verwaltungsbehörden durchgeführte Sachverhaltsfeststellung für die Verwaltungsgerichte bindend ist, also über die tatsachenmäßigen Grundlagen des Rechtsfalles endgültig im Verwaltungsverfahren abgesprochen wird. Es müssen daher Vorschriften erlassen werden, die sicherstellen, daß diese durch die Verwaltungsgerichte nicht mehr überprüfbare Sachverhaltsermittlung der Verwaltungsbehörden in einer einwandfreien Weise erfolgt. In Österreich bestimmte schon § 6 des Verwaltungsgerichtshofgesetz, RGBl. Nr. 36/1876, daß der Verwaltungsgerichtshof in der Regel auf Grund des in der letzten Instanz angenommenen Tatbestandes zu erkennen hat. Wenn jedoch der Verwaltungsgerichtshof fand, daß der Tatbestand aktenwidrig angenommen wurde oder daß er in wesentlichen Punkten einer Ergänzung bedarf oder daß wesentliche Formen des Administrativverfahrens außer acht gelassen worden sind, so hatte er den angefochtenen Bescheid wegen mangelhaften Verfahrens aufzuheben. Auch heute bestimmt § 41 des Verwaltungsgerichtshofgesetzes (VwGG) 1952, BGBl. Nr. 96, daß der Verwaltungsgerichtshof den angefochtenen Bescheid auf Grund des von der belangten Behörde angenommenen Sachverhaltes zu überprüfen hat. Er hat nach § 42 (2) VwGG 1952 den Bescheid nur dann wegen Verletzung von Verfahrensvorschriften aufzuheben, wenn 1. der Sachverhalt von der belangten Behörde in einem wesentlichen Punkt aktenwidrig angenommen wurde oder 2. der Sachverhalt in einem wesentlichen Punkt der Ergänzung bedarf oder 3. Verfahrensvorschriften außer acht gelassen wurden, bei deren Einhaltung die belangte Behörde zu einem anderen Bescheid hätte kommen können. Darunter fällt auch die Verletzung von Verfahrensvorschriften über die Sachverhaltsermittlung und der Fall, daß die Beweiswürdigung in einer den Denkgesetzen widersprechenden Art vorgenommen wurde, also logisch nicht schlüssig ist. Es ist klar, daß dadurch der Verwaltungsgerichtshof geradezu dazu gedrängt wurde, schon vor der gesetzlichen Regelung dem Verwaltungsverfahren im Hinblick auf die Sachverhaltsfeststellung

---

[7]) Vgl. hiezu Bühler, Grundsätzliche Fragen der Neuordnung der Finanzgerichtsbarkeit, Karlsruhe 1958, S. 10 ff., 18.

und die Wahrung des Parteiengehörs erhöhte Aufmerksamkeit zuzuwenden und so auf eine Verrechtlichung des Verwaltungsverfahrens hinzuarbeiten[8]).

Wenn aber die Verwaltungsgerichte auch die Sachverhaltsermittlung zu überprüfen haben, also an die verwaltungsbehördliche Sachverhaltsfeststellung nicht gebunden sind, dann sind Fehler, die bei dieser Sachverhaltsfeststellung unterlaufen, für die endgültige Lösung des Verwaltungsrechtsfalles nicht entscheidend. Aber gleichwohl muß auch in diesem Fall bedacht werden, daß nur ein verhältnismäßig geringer Teil der anfallenden Verwaltungssachen tatsächlich von den Verwaltungsgerichten überprüft wird und daher schon aus diesem Grund eine rechtliche Regelung des vor den Verwaltungsbehörden durchzuführenden Sachverhaltsermittlungsverfahrens für eine rechtsstaatliche Führung der Verwaltung von größtem Nutzen ist. Sie wirkt, wie Spanner richtig hervorgehoben hat[9]), auch für jene Fälle präventiv, die ansonsten der verwaltungsgerichtlichen Überprüfung unterworfen werden würden.

Noch ein weiterer Gesichtspunkt darf nicht übersehen werden. Innerhalb des Verwaltungsapparates gewinnt der nicht juristisch geschulte Fachbeamte mit oder ohne Hochschulbildung gegenüber dem Juristen immer mehr an Boden. Vom Standpunkt seines Fachwissens ist er sehr oft in einem Vervollkommnungsstreben befangen, das rechtliche Regelungen seines Verhaltens als Fesseln empfindet, die seinem einseitig orientierten Streben nach einem bestimmten Idealzustand hinderlich sind. Er wird daher geneigt sein, ihnen zu entschlüpfen. Das gilt außer für die budgetrechtlichen Bindungen vor allem auch für verfahrensrechtliche Vorschriften, die als besonders lästig empfunden werden. Um so hemmungsloser muß sich aber dieses Streben auf die rechtsuchenden Parteien auswirken, wenn es an solchen Regelungen fehlt. Daß den Parteien dagegen gerichtlicher Rechtsschutz geboten wird, ist nicht ausreichend. Es kommt doch wohl in erster Linie darauf an, daß die Verwaltung rechtsstaatlich vorgeht[10]). Denn das ist das Ziel, das durch die verfassungsmäßige Verankerung des Rechtstaates gesetzt wurde; eine noch so gut eingerichtete Verwaltungsgerichtsbarkeit ist immer nur ein repressives Mittel zur Erreichung dieses Zieles und kann daher nicht genügen. Eine Regelung des Verwaltungsverfahrens

---

[8]) Vgl. auch Spanner, aaO., S. 655.
[9]) Spanner, aaO., S. 655.
[10]) Vgl. hiezu Reuss, DÖV 1958, S. 656 ff., insbes. S. 659.

bietet Richtlinien zur unmittelbaren Erreichung dieses Zieles und hindert auch jene Verwaltungsorgane ihre Aufgabe zu verkennen, die dazu auf Grund ihres Vervollkommnungsstrebens geneigt wären.

Von rein kodifikatorischer Bedeutung ist schließlich der von Fellner vorgetragene Gesichtspunkt, daß eine Regelung des Verwaltungsverfahrens geeignet ist, eine Reihe von Streitfragen auf dem Gebiet des Verwaltungsverfahrensrechts im Interesse der Rechtssicherheit und der Vereinfachung verbindlich zu klären und damit aus der Welt zu schaffen[11]).

Ihm schließt sich weiters die Erkenntnis an, daß damit auch der verwaltungspolitische Vorteil verbunden wäre, daß der Verwaltungsnachwuchs von vornherein klare Richtlinien für sein verfahrensmäßiges Verhalten hätte und nicht darauf angewiesen wäre, sich die Verfahrensregeln erst mühsam durch die Praxis zu erarbeiten[12]). Dies kann vom Standpunkt der österreichischen Erfahrung aus nur bestätigt werden; denn dem aufmerksamen Beobachter wird nicht entgangen sein, daß manchmal jüngere Verwaltungsbeamte, die schon an der Universität im Verwaltungsverfahrensrecht gründlich unterrichtet wurden, in Verfahrensfragen besser Bescheid wissen als mancher ältere Herr, der seine Verwaltungslaufbahn noch vor 1925 begonnen hat.

Noch in einer anderen Richtung ist die Ausgestaltung der Verwaltungsgerichtsbarkeit für die Frage der rechtlichen Regelung des Verwaltungsverfahrens von Bedeutung. Sind nämlich die Verwaltungsgerichte nur berufen, die Rechtmäßigkeit von Verwaltungsakten zu überprüfen, bleibt also die Ermessensübung grundsätzlich den Verwaltungsbehörden vorbehalten, so bedarf es des Schutzes der Parteien gegen eine unrichtige Ermessensübung. Dieser kann aber bei diesem System der Verwaltungsgerichtsbarkeit nur in einem rechtlich geregelten Verfahren geboten werden. Zwar überprüft in Österreich der Verwaltungsgerichtshof auch Ermessensbescheide auf ihre Rechtmäßigkeit, aber doch nur darauf, 1. ob der Ermessensrahmen eingehalten wurde, also die Frage der sogenannten Ermessensüberschreitung, 2. ob vom Ermessen im Sinne des Gesetzes Gebrauch gemacht wurde, also die Frage des sogenannten Ermessensmißbrauches und 3. ob der Ermessensbescheid in einem einwandfreien Verfahren zustandegekommen ist. Gegenüber anderen Fällen unrichtiger Ermessensübung

---

[11]) Fellner, aaO., S. 99.
[12]) Fellner, aaO., S. 99.

bleibt aber nur der Schutz in einem verwaltungsbehördlichen Instanzenzug übrig und dieser kann nur durch rechtliche Zuteilung prozessualer Parteirechte erfolgen, weil ja ein subjektives Recht in der Sache selbst bei Ermessensbescheiden schon begrifflich ausgeschlossen ist. Die verfahrensrechtliche Abgrenzung der Parteistellung wird damit geradezu zum Angelpunkt des Rechtsschutzes in Ermessenssachen überhaupt. Außerdem setzt gerade die dritte Richtung verwaltungsgerichtlicher Überprüfung von Ermessensbescheiden ein rechtlich geregeltes Verwaltungsverfahren voraus, wenn sie voll wirksam sein soll, weil ohne eine solche Regelung die Judikatur auf die Grundsätze — vor allem Wahrung des Parteiengehörs mit allen sich daraus ergebenden Konsequenzen — beschränkt bleiben müßte. Wird schließlich der Verwaltungsgerichtsbarkeit auch die Aufgabe des Schutzes gegen die Untätigkeit der Verwaltungsbehörden zugeteilt, so setzt dies begrifflich voraus, daß die Parteien ein subjektives Recht auf Entscheidung haben. Dieses muß rechtlich irgendwie festgelegt sein, damit die Rechtmäßigkeitskontrolle der Verwaltungsgerichtsbarkeit einsetzen kann. Wenn dann zugleich auch noch das System der nachträglichen Verwaltungsgerichtsbarkeit gilt, muß überdies bestimmt sein, wie diese Entscheidungspflicht im Verwaltungsverfahren prozessual geltendgemacht werden kann. In Österreich hat man bekanntlich diesbezüglich den Weg gewählt, daß nach sechsmonatiger Säumnis der zuständigen Verwaltungsbehörde auf Antrag der Partei die Zuständigkeit auf die sachlich in Betracht kommende Oberbehörde übergeht (§ 73 des Allgemeinen Verwaltungsverfahrensgesetzes - AVG) und gegen die Säumnis der obersten Verwaltungsbehörde, die die Partei, sei es im Instanzenzug, sei es im Devolutionswege anzurufen in der Lage war, die Säumnisbeschwerde an den Verwaltungsgerichtshof offen steht (§ 27 VwGG 1952).

Obliegt aber den Verwaltungsgerichten auch die Ermessensübung, wenn auch vielleicht nur in den unteren Instanzen, dann verlagert sich wieder die Problematik auf die Regelung des verwaltungsgerichtlichen Verfahrens, das dann so gestaltet sein muß, daß auch in Ermessenssachen soweit prozeßrechtlich Parteistellung begründet wird, als es notwendig ist, um den Rechtsuchenden in die Lage zu versetzen, eine Überprüfung von Ermessensakten zu erreichen. Auch dies soll wieder nicht heißen, daß eine Regelung des Verwaltungsverfahrens dann schon aus diesem Grunde überflüssig ist, es kommt ihr nur nicht die durchschlagende Bedeutung zu wie im zuerst genannten System.

II.

Wenn nun die Ausgestaltung der Verwaltungsgerichtsbarkeit — so wie in Österreich — eine rechtliche Regelung des Verfahrens geradezu erfordert oder wenn sie in anderen Fällen für zweckmäßig angesehen wird, so drängen sich die Fragen auf, ob diese Regelung einheitlich für möglichst alle Verwaltungszweige erfolgen soll oder ob Sonderregelungen für die einzelnen Gebiete der Verwaltung vorzuziehen sind, und ob die Regelung durch Gesetz getroffen oder der Verwaltung selbst überlassen werden soll. In Österreich hat man sich bekanntlich für die grundsätzliche Einheitlichkeit der Verwaltungsverfahrungsordnung und ihre Regelung durch Gesetz entschieden. Das hatte verschiedene Gründe:

In Österreich herrschte bis 1925 das System der Sonderregelungen. Dieses erwies sich sowohl vom Standpunkt der Rechtsuchenden als auch von dem der Verwaltung aus als unbefriedigend. Das zeigt allein schon der Umstand, daß das Bemühen um eine einheitliche Regelung bis in das vorige Jahrhundert zurückreicht, weil es mit der Ausbildung der Verwaltungsgerichtsbarkeit zusammenhängt. Schon im Motivenbericht zur Gesetzesvorlage über die Errichtung des Verwaltungsgerichtshofes wurde von der Regierung ausgeführt, „daß die erhöhte Bedeutung, welche nach den Bestimmungen des Entwurfes in Zukunft der Ermittlung und Feststellung des Tatbestandes durch die administrativen Behörden zukommt, die Erlassung genauer Vorschriften über das administrative Verfahren, insbesondere über das in Verwaltungsrechtsstreitigkeiten abzuführende Beweisverfahren, notwendig machen wird.“ Gleichartige Äußerungen fielen bei der Beratung des Gesetzentwurfes im Reichsrat, wobei der Schutz der Parteien gegen Willkür der Verwaltungsbehörden in den Vordergrund gestellt wurde. Das Schrifttum vertrat die Forderung nach einem einheitlichen Verwaltungsverfahrensrecht seither mit Nachdruck und Regelmäßigkeit. Auch die Verwaltung selbst empfand dieses Problem als dringend und suchte zunächst durch Dienstinstruktionen der Oberbehörden an die unterstehenden Dienststellen wenigstens einigermaßen Abhilfe zu schaffen, und zwar nicht zuletzt aus dem Gesichtspunkt der Wahrung der Einheit der Verwaltungstätigkeit durch diese Maßnahmen der Dienstaufsicht. Denn die wenigen gesetzlichen Regelungen waren nicht nur lückenhaft, sondern auch in völlig gleichgelagerten Fragen, wie z. B. bei der Bemessung der Rechtsmittelfristen, ohne sichtbaren Grund vollkommen verschieden, was nicht nur für die Parteien zur Rechtsunsicherheit führte, sondern auch die nachgeordneten Dienststellen im ungeregelten Raum führungslos ließ. So gewannen die Reformbestrebungen schon 1904 dadurch offiziellen Charakter, daß im Auftrag des Ministerpräsidenten K ö r b e r „Studien über eine Reform der inneren Verwaltung" ausgearbeitet und veröffentlicht wurden. Seither blieb die Reform des Verwaltungsverfahrens dauernd ein dringendes Regierungsanliegen. Charakteristisch an dieser Entwicklung ist also, daß die V e r w a l t u n g s e l b s t dem Gedanken einer einheitlichen Verfahrensregelung nicht nur keinen grundsätzlichen Widerstand entgegensetzte, sondern vielmehr ihrerseits bemüht war, durch eigene Maßnahmen diesem Gedanken entgegenzukommen. Daß es erst 1925 zur angestrebten Reform gekommen ist, hat seinen Grund in erster Linie in den politischen Ereignissen des ersten Jahrhundertviertels[13]). Freilich hütete man sich von vornherein davor, den Gedanken der rechtlichen Regelung des Verwaltungsverfahren durch die Forderung nach allzu ins Detail gehenden Bestimmungen zu überspannen.

In der Monarchie dachte man noch an eine Regelung durch Ministerialverordnung, es kam sogar zum Entwurf einer solchen Verordnung. Diese Möglichkeit fiel weg, als die republikanische Rechtsordnung zum föderalistischen Staatsaufbau überging. Denn es handelte sich doch darum, ein einheitliches Verfahrensrecht für die Bundes- und die Landesverwaltung zu schaffen und dies konnte nur durch B u n d e s g e s e t z erreicht werden. Außerdem verbietet Art. 18 (2) des Bundes-Verfassungsgesetzes (B-VG) gesetzesergänzende Regelungen im Verordnungswege. Die verfassungsrechtliche Grundlage ist also in Österreich eine ganz andere als nach dem Bonner GG. In Österreich ist die Regelung des Verwaltungsverfahrens zwingend eine Angelegenheit der Gesetzgebung, wobei die Zuständigkeit zur Regelung des Verfahrens grundsätzlich der Zuständigkeit zur Gesetzgebung in der betreffenden Materie folgt, dem Bund aber in Art. 11 (2) B-VG eine Bedarfsgesetzgebung soweit eingeräumt ist, als ein Bedürfnis nach Erlassung einheitlicher Vorschriften als vorhanden erachtet wird.

Man könnte meinen, daß die Regelung durch Gesetz das Verwaltungsverfahren unbeweglich macht. Dieses Problem hängt aber in Wahrheit nicht mit der Frage zusammen, w e r die Regelung erlassen soll, sondern mit ihrem I n h a l t. Hem-

---

[13]) Vgl. zur geschichtlichen Entwicklung vor allem A d a m o v i c h, Handbuch des österreichischen Verwaltungsrechtes I, Wien 1954, S. 203 ff.; H e l l b l i n g, Kommentar zu den Verwaltungsverfahrensgesetzen I, Wien 1953, S. 1 ff.; M a n n l i c h e r - C o r e t h, Die Gesetze zur Vereinfachung der Verwaltung, Wien 1926, S. XXI ff.

mend können Verwaltungsverfahrensgesetze wirken, wenn sie etwa nach Art der ZPO stark ins Detail gehen und von einem zu formalistischen Denken beherrscht sind. Alle Bedenken fallen weg, wenn sich der Gesetzgeber eine gewisse Zurückhaltung auferlegt und nur das regelt, was zu regeln notwendig ist, im übrigen aber der Verwaltung die notwendige Anpassungsfähigkeit auf dem Gebiete des Verfahrens beläßt. Dann kann es bei einer relativ stabilen gesetzlichen Regelung bleiben, weil eine Adaption, wie sie Ministerialverordnungen ermöglichen würden, nicht notwendig ist. Wir werden uns mit dem anzustrebenden Umfang der gesetzlichen Regelung noch zu befassen haben.

Tatsache ist, daß sich der Verwaltungsstil auf dem Gebiet der obrigkeitlichen Verwaltung seit dem Inkrafttreten der Verwaltungsverfahrensgesetze in Österreich kaum geändert hat, dafür aber der Vorteil einer festen juristischen Grundlage gewonnen wurde, der sich nicht nur im Sinne der Rechtssicherheit der Parteien ausgewirkt hat, weil auch die Verwaltung bei Einhaltung der Verfahrensvorschriften eine Aufhebung ihrer Bescheide wegen Mangelhaftigkeit des Verfahrens durch den Verwaltungsgerichtshof nicht mehr zu fürchten braucht. Sie hat die für die Durchführung der Verfahren notwendigen Richtlinien vom Gesetzgeber in die Hand bekommen. Alle Fragen, die nicht mit der Besonderheit der materiellrechtlichen Regelung durch die Verwaltungsschriften[14]) zusammenhängen, können grundsätzlich noch innerhalb der Verwaltung bereinigt werden. Insofern hatten die Verwaltungsverfahrensgesetze in Österreich eine erzieherische Wirkung, die kaum überschätzt werden kann. Die Flüssigkeit des Verfahrens hat dadurch eher gewonnen. Wenn auch heute noch Verfahrensfehler unterlaufen und Gegenstand der verwaltungsgerichtlichen Judikatur werden und auch heute noch mehr oder weniger häufig über die lange Dauer von Verwaltungsverfahren geklagt wird, so nicht wegen der Schwierigkeit der Handhabung der Verfahrensgesetze, sondern vielmehr wegen der Überlastung der Verwaltung und allenfalls wegen der persönlichen Unzulänglichkeit einzelner Verwaltungsorgane.

Zusammenfassend können wir feststellen, daß es folgende Faktoren waren, die in Österreich zu einer einheitlichen Re-

---

[14]) Unter Verwaltungsvorschriften sind im Gegensatz zu anderen Terminologien im österreichischen Recht nach Art. VI des Einführungsgesetzes zu den Verwaltungsverfahrensgesetzen alle die verschiedenen Gebiete regelnden, von den zur Anwendung der Verwaltungsverfahrensgesetze verpflichteten Behörden zu vollziehenden Gesetze, Staatsverträge und Verordnungen zu verstehen.

gelung der Verwaltungsverfahren durch Gesetz geführt haben: Das Rechtsschutzbedürfnis der Parteien, die Einrichtung eines zentralen Verwaltungsgerichtshofes mit der Aufgabe, auch das Zustandekommen von Bescheiden in einem einwandfreien Verfahren zu überprüfen, das auch von der Verwaltung unterstützte Bestreben, durch eine einheitliche und dadurch richtungsweisende Regelung der Aufhebung von Bescheiden durch den Verwaltungsgerichtshof wegen Mangelhaftigkeit des Verfahrens vorzubeugen und schließlich die verfassungsrechtliche Situation. Wir können aus dieser besonderen österreichischen Entwicklung m. E. allgemein ersehen, daß eine einheitliche Regelung des Verwaltungsverfahrens durchaus nicht immer einseitig nur dem Parteiinteresse nützlich sein muß, sondern auch für die Verwaltung nutzbringend sein kann, soferne die Regelung sich nur in beiderseits erträglichen Grenzen hält. Mit diesen Grenzen werden wir uns nun zu befassen haben.

III.

Bei der österreichischen Verwaltungsreform des Jahres 1925 tauchte zunächst die Frage auf, wie weit der Gedanke der Einheitlichkeit des Verfahrens vorangetrieben werden soll. Es wurde nämlich keinesweges verkannt, daß gewisse Materien einer verfahrensrechtlichen Sonderregelung bedürfen und daß nicht alle Verwaltungsbehörden mangels entsprechender personeller Ausstattung in der Lage sein werden, die Verfahrensgesetze auch einwandfrei zu handhaben. Es bestand dabei sowohl die Möglichkeit, bestimmte Sachgebiete der Verwaltung, als auch bestimmte Behörden von der Anwendung der Verfahrensgesetze auszuschließen. Beide Möglichkeiten wurden genutzt und so kam man zu einem gemischten System.

Zunächst erwies es sich als notwendig, das Verwaltungsstrafverfahren und das Verwaltungsvollstreckungsverfahren neben dem allgemeinen Verwaltungsverfahren gesondert zu regeln. Dies entsprach auch dem Vorbild des Justizrechtes. Allerdings konnte man auch in diesen Belangen den Weg wählen, gewisse Bestimmungen des Allgemeinen Verwaltungsverfahrensgesetzes auch in diesen Sonderverfahren gelten zu lassen (§ 24 Verwaltungsstrafgesetz 1950 [VStG] und § 10 Verwaltungsvollstreckungsgesetz 1950) und nur die sich aus der Besonderheit der Verfahrensarten ergebenden Einzelprobleme zusätzlich zu regeln. Diese Methode hat sich bewährt und ist seither nie angefochten worden. Sie wahrt noch am besten das angestrebte Ziel der Einheitlichkeit des Verfahrens. Sie wurde auch bei der Schaffung des Agrarverfahrensgesetzes angewendet.

Zwei weitere Verwaltungsgebiete wurden vollkommen von der Anwendung der Verfahrensgesetze ausgenommen: das Abgabenverfahren (ausgenommen gewisse Strafamtshandlungen in Landesabgabensachen) und das Verfahren in den Angelegenheiten des Dienstverhältnisses der öffentlich-rechtlichen Bediensteten der Gebietskörperschaften. Die weitere Entwicklung hat allerdings gezeigt, daß die Problematik bei diesen beiden Verfahrensarten doch verschieden gelagert ist.

Daß das Abgabenverfahren ausgenommen wurde, ist dadurch gerechtfertigt, daß dieses Verfahren auf ganz anderen Grundlagen aufbauen muß als die übrigen Verwaltungsverfahren. Zum Unterschied von diesen sind die Verwaltungsbehörden in Abgabensachen aus öffentlichem Interesse auf die wahrheitsgemäße Mitwirkung der Parteien angewiesen, soll das Verfahren nicht geradezu zu einer geheimen Steuerpolizei entarten. Es besteht daher in diesem Verfahren eine Offenlegungspflicht der Parteien, deren Verletzung in der Regel einen Abgabenstraftatbestand verwirklichen wird. Ferner darf nicht übersehen werden, daß es sich im Abgabenverfahren um Geldleistungen handelt, die der Pflichtige an das Gemeinwesen zu entrichten hat, und daß über diese Leistungspflicht das Verwaltungsorgan des berechtigten Gemeinwesen sozusagen in eigener Sache entscheidet, wogegen bei Geldleistungen viele besonders empfindlich sind. Daraus ergeben sich zwei Möglichkeiten der Abirrung: einerseits der mit Recht gefürchtete Fiskalismus der Organe der Finanzverwaltung, die aus einer übertriebenen Treuepflicht heraus manchmal nicht nur nach der Maxime „in dubio pro fisco" vorgehen, sondern darüber hinaus auch noch mit besonderem Fleiß die Abgabenpflicht auslösende Tatbestände in das Gesetz hineininterpretieren, die von diesem gar nicht erfaßt sind, also geradezu neue Abgabenansprüche erfinden, und andererseits die Gefahr, daß die Ansprüche des Gemeinwesens nicht genügend gewahrt werden, weil das Verwaltungsorgan von seinen beiden Funktionen — Vertreter der finanziellen Interessen des Gemeinwesens und Entscheidungsorgan — die Parteirolle nicht hinreichend ausgeübt hat. Es ist klar, daß diese völlig andere Situation auch eine andersgeartete Verfahrensregelung bedingt. Dieser Ausschluß des Abgabeverfahrens aus der allgemeinen Regelung bedeutet aber nicht, daß dieses Rechtsgebiet nicht allgemein für das gesamte Bundesgebiet besonders geregelt werden soll. Die Gesetzgebungspraxis in Österreich zeigt, daß auch hier eine einheitliche Regelung des Abgabenverfahrens für alle Arten von Abgaben angestrebt wird: Die angeführte kompetenzrechtliche Bestimmung des Art. 11 (2) B—VG betont übrigens ausdrücklich, daß die Bedarfskompetenz des Bundes auch die Regelung des Abgabenverfahrens erfaßt.

Was das Dienstrechtsverfahren betrifft, so ist die weitere Entwicklung dieses Rechtsgebietes in Österreich charakteristisch. Der Verwaltungsgerichtshof erklärte nämlich in seiner Judikatur, daß die Verfahrensgrundsätze des AVG, in denen die Erfordernisse eines geordneten rechtsstaatlichen Verfahrens ihren Niederschlag gefunden haben, auch im Dienstrechtsverfahren anzuwenden sind, sofern es sich nicht um besondere Formvorschriften oder besondere Rechtseinrichtungen handelt. Damit war auch auf diesem Verwaltungsgebiet, das zunächst für die Anwendung des AVG wegen der Eigenart des besonderen Gewaltsverhältnisses nicht geeignet erschien, der Weg für eine gesetzliche Regelung auf Grundlage der bewährten Grundsätze der AVG geebnet. Im heurigen Jahr ist nun diese gesetzliche Regelung derart erfolgt, daß das AVG grundsätzlich für anwendbar erklärt wurde und lediglich die bereits seit langem gesetzlich geregelten Disziplinarverfahren und Qualifikationsverfahren ausgenommen wurden und im übrigen durch zusätzliche Sonderbestimmungen der Eigenart des öffentlich-rechtlichen Dienstverhältnisses Rechnung getragen wurde[15]). Man mag über die Zweckmäßigkeit einzelner dieser Sonderbestimmungen vielleicht verschiedener Meinung sein, die uns hier interessierende Tatsache ist, daß sich auch auf diesem Gebiet eine Regelung als möglich und zweckmäßig erwies, die im wesentlichen auf dem AVG aufbaut. Auch hier ist zu erwarten, daß sich der Verwaltungsstil nicht wesentlich verändert, weil die gesetzliche Regelung in ihren Grundzügen bereits durch die Rechtsprechung des Verwaltungsgerichtshofes vorgeprägt war. Trotzdem erwies sie sich aus Gründen der Rechtssicherheit als notwendig, weil es darum ging, manche Rechtseinrichtungen des AVG besonderer Art zu übernehmen (z. B. die Bestimmungen über die Geltendmachung der Entscheidungspflicht) und weil neben den von der Rechtsprechung des Verwaltungsgerichtshofes entwickelten tragenden Grundsätzen eben auch Detailregelungen verfahrensrechtlicher Einzelfragen erforderlich waren.

Wenn der Gesetzgeber des Jahres 1925 im übrigen die Behörden taxativ anführt, die die Verfahrensgesetze anzuwenden haben und die anderen Behörden somit davon ausschließt, so verfolgt er damit teils den Zweck, gewisse Verwaltungs-

---

[15]) BGBl. Nr. 54/1958.

gebiete auszuschließen (Justizverwaltung, Hochschulverwaltung), teils die Absicht, gewisse Verwaltungsbehörden wegen ihrer Besonderheit auszuschalten, weil man von ihnen eine einwandfreie Handhabung der Verfahrensgesetze nicht verlangen kann und auch nicht muß (z. B. manche Selbstverwaltungsbehörden). Tatsächlich hat aber die spätere Gesetzgebung die Liste der Behörden, die die Verfahrensgesetze anzuwenden haben, im Wege von Einzelbestimmungen in materiell-rechtlichen Gesetzen erheblich erweitert, so daß die Aufzählung des Art. II (2) EGVG kein richtiges Bild mehr gibt[16]). Auch ist man weiterhin bestrebt, den Anwendungsbereich der Verfahrensgesetze auf weitere Behörden auszudehnen (z. B. Hochschulverwaltung). All dies zeigt, daß in Österreich die Überzeugung von der Notwendigkeit und Nützlichkeit einer einheitlichen Regelung des Verwaltungsverfahrens gegenüber dem Jahre 1925 sicherlich zu und nicht abgenommen hat; etwaige Meinungsverschiedenheiten ergeben sich bezüglich der geeigneten Anpassung, nicht aber im Grundsätzlichen.

Für alle diese Behörden gelten die Verfahrensgesetze aber nur soweit, als behördliche Aufgaben zu besorgen sind. Das bedeutet den Ausschluß der gesamten nichtobrigkeitlichen Verwaltung[17]). Dementsprechend behandeln die Verfahrensgesetze auch nur Probleme der obrigkeitlichen Verwaltung, also nur Verfahren, die auf die Erlassung eines Bescheides hinzielen. Diese Beschränkung der Anwendung der Verfahrensgesetze auf die obrigkeitliche Verwaltung hat in Österreich in letzter Zeit Kritik erfahren. In echter Sorge um den Rechtsschutz des einzelnen wurde wegen der immer steigenderen Bedeutung der übrigen Verwaltung für das Leben des einzelnen, der wahrlich eines Schutzes auch gegen die Übergriffe der Wirtschaftsmacht der öffentlichen Hand bedarf, die Forderung erhoben, es mögen immer weitere Gebiete der Privatwirtschaftsverwaltung den Verfahrensgesetzen unterworfen werden[18]). Allein die österreichischen Verfahrensgesetze sind inhaltlich so eindeutig auf die obrigkeitliche Verwaltung ausgerichtet, daß eine Anwendung in der Privatwirtschaftsverwaltung schon deshalb nicht in Betracht kommen kann. Wohl aber ist die Forderung nach einer verstärkten rechtlichen Regelung der Privatwirtschaftsverwaltung grundsätzlich zu unterstützen und in diesem Zusammenhang wird sich m. E. ergeben, daß in erster Linie eine Verrechtlichung

---

[16]) Vgl. hiezu die Zusammenstellung bei Mannlicher, Das Verwaltungsverfahren [6], Wien 1953, S. 33 ff.

[17]) In Österreich Privatwirtschaftsverwaltung genannt.

[18]) Klecatsky, Allgemeines österreichisches Verwaltungsrecht, Jur.Bl., Wien 1954, S. 505.

des Verfahrens wird angestrebt werden müssen, soll nicht überhaupt das betreffende Verwaltungsgebiet in die obrigkeitliche Verwaltung überstellt werden (z. B. Vorschriften über die Vorgangsweise bei der Stellenbesetzung bei öffentlichen Vertragsbediensteten, obligatorische Ausschreibung mit nachfolgender Auswahl nach bestimmten Gesichtspunkten bei öffentlichen Aufträgen oder Wohnungsvergebungen u. dgl.). Die Möglichkeit einer einheitlichen Regelung sehe ich allerdings auf dem Gebiet der Privatwirtschaftverwaltung nicht, weil sich diese Verfahrensmaßnahmen nach den konkreten Bedürfnissen der einzelnen Falltypen richten müssen und diese doch sehr unterschiedlich sind.

IV.

Wie bereits mehrfach angedeutet, besteht das wesentliche Problem für die Brauchbarkeit einer einheitlichen Regelung des Verwaltungsverfahrens darin, wie der Umfang inhaltlich gezogen werden soll. Denn davon hängt es ab, ob den Parteien genügend Rechtsschutz geboten wird und ob die einheitliche Regelung auf die vielgestaltigen Erfordernisse des Verwaltungsgeschehens paßt. Schon daraus ergibt sich, daß das Verwaltungsverfahren nicht wahrhaft „justizförmig" geregelt werden darf[19]), sondern den besonderen Bedingungen der Verwaltung entsprechend weitmaschiger geregelt sein muß.

Was das Problem des Rechtsschutzes der Parteien betrifft, so ergibt sich wieder ein Dilemma: Eine Verwaltungsverfahrensordnung hat einerseits, wie jede Prozeßordnung, dem Streben nach richtiger Rechtsfindung zu dienen, andererseits muß aber auch der Gesichtspunkt der Rechtssicherheit beachtet werden. Ein Zuviel an Rechtsschutz untergräbt die Rechtssicherheit und verfehlt letzten Endes sein Ziel. Bühler[20]) hat dies einmal, allerdings in einem anderen Zusammenhang, mit den Worten ausgedrückt: „Der Weg vom Überrechtsstaat zum Minderrechtsstaat ist nicht weit"

Die Bindung an einheitliche Verfahrensvorschriften muß aber auch dem Umstand Rechnung tragen, daß die Prozeßgesetze der Justiz auf relativ gleichartige Falltypen zugeschnitten sind und deren Behandlung vor den Gerichten daher eingehend regeln können, ohne daß sie dadurch ungeeignet werden, die verbleibende Variabilität der Fälle einer sachgemäßen Erledigung zuzuführen. Auch spielt das Zeitmoment

[19]) Spanner, aaO., S. 653.
[20]) Bühler, aaO., S. 12.

bei ihnen trotz aller gebotenen Beschleunigung der Erledigung eine geringere Rolle als in der Verwaltung, zumal für Fälle besonderer Dringlichkeit durch einstweilige Verfügungen, Exekution zur Sicherstellung u. dgl. besonders vorgesorgt ist. Dagegen ist die Verschiedenartigkeit der von den Verwaltungsbehörden zu lösenden Fälle geradezu unbegrenzt und die Schnelligkeit, mit der manchmal im öffentlichen Interesse von den Verwaltungsbehörden vorgegangen werden muß, für die Erreichung des Verwaltungszieles von großer, oft sogar von entscheidender Bedeutung. Eine einheitliche Regelung des Verwaltungsverfahrens muß daher diese Umstände berücksichtigen. Die Bindung der Verwaltung an Verfahrensvorschriften darf ihre Beweglichkeit und Flüssigkeit nicht wesentlich beeinträchtigen und muß die Anpassung an die Verschiedenartigkeit der Materie ermöglichen.

Die demnach gebotene Zurückhaltung vor allzu ins Detail gehenden Regelungen muß sich sowohl bei der Auswahl der zu regelnden Probleme, als auch beim Umfang der Regelung der ausgewählten Probleme bewähren.

Wenn wir von dieser Blickrichtung aus an die österreichischen Verwaltungsverfahrensgesetze herantreten und zunächst die Auswahl der geregelten Fragen betrachten, so ergibt sich, daß das den Stamm bildende AVG alle wichtigen prozeßrechtlichen Fragen regelt, aber auch nur die wichtigen Fragen, nämlich die Zuständigkeit, die Befangenheit von Verwaltungsorganen, den Parteibegriff, die Partei- und Prozeßfähigkeit einschließlich Prozeßvertretung, Akteneinsicht, allgemeine Fragen über Anbringen, Niederschriften, Aktenvermerke und Erledigungen, Ladungs- und Zustellwesen, Fristenberechnung, Verhandlungspolizei (Ordnungs- und Mutwillenstrafen), die allgemeinen Grundsätze des Ermittlungsverfahrens, die Durchführung einer mündlichen Verhandlung, Beweisrecht, Erlassung, Inhalt und Form der Bescheide, ordentliche und außerordentliche Rechtsmittel, Schutz gegen Säumnis der Verwaltungsbehörden, die Rechtskraft von Bescheiden und die Verfahrenskosten.

Dies alles wird in 79 Paragraphen behandelt. Schon daraus ersieht man, daß die Regelung des AVG an Umfang weit hinter den Prozeßordnungen der Justiz zurücksteht, also gar nicht so „justizförmig" ist, wie manchmal angenommen zu werden scheint. Überdies wird die Anpassungsfähigkeit an die einzelnen Verwaltungsmaterien dadurch gewahrt, daß in einer Reihe von Verfahrensfragen den Vorschriften des AVG nur subsidiärer Charakter zukommt, indem allfälligen verfahrensrechtlichen Bestimmungen der organisationsrechtlichen und materiellrechtlichen Verwaltungsvorschriften der Vorrang eingeräumt wird, so z. B. bei der Zuständigkeit, bei der Form des Anbringens, beim Ermittlungsverfahren, beim Instanzenzug, beim Recht auf Einbringung einer Berufung, beim Schutz gegen Säumnis und bei den Kosten. Freilich bringt dies die Gefahr mit sich, daß durch allzu häufige Sonderbestimmungen in den Verwaltungsvorschriften die Einheitlichkeit des Verfahrens wieder aufgeweicht wird. Sie besteht nur dann nicht, wenn sich der Gesetzgeber stets das Ziel der Verfahrenseinheitlichkeit vor Augen hält und daher in jedem einzelnen Fall sorgsam prüft, ob und in welchem Umfang Spezialbestimmungen tatsächlich unvermeidlich sind[21]).

Mehrfach verankert ist auch der Gesichtspunkt der raschen Erledigung. § 39 (2) AVG spricht ausdrücklich aus, daß sich die Behörde bei Durchführung des Ermittlungsverfahrens von Rücksichten auf möglichste Zweckmäßigkeit, Raschheit, Einfachheit und Kostenersparnis leiten zu lassen hat. Da das Ermittlungsverfahren vom Offizialprinzip beherrscht ist und trotz mancher Detailregelungen der Gestaltungsfreiheit des Verwaltungsorganes im Rahmen des pflichtgemäßen Ermessens genügend Raum läßt, ist das Verwaltungsorgan in der Lage, diesen Grundsätzen im einzelnen Verfahren auch tatsächlich zum Durchbruch zu verhelfen. Als Beispiel diene nur der Umstand, daß das AVG in fünf Paragraphen, die insgesamt 16 Absätze umfassen, also verhältnismäßig eingehend die mündliche Verhandlung und die Folgen ihrer Versäumung regelt, eine solche aber nur dann zwingend vorgeschrieben ist, wenn die Verwaltungsvorschriften dies anordnen, im übrigen aber die Durchführung einer kontradiktorischen Verhandlung in das Ermessen des Verwaltungsorganes gestellt ist (§ 39 [2] AVG). Auch die Bestimmungen des § 38 AVG über die selbständige Beurteilung von Vorfragen lassen erkennen, daß der Gesetzgeber die rasche Entscheidung der unbedingt richtigen vorzieht[22]). Dazu treten noch die Vorschriften des § 57 AVG, wonach in Fällen, in denen es sich um die Vorschreibung von Geldleistungen nach einem gesetzlich, statutarisch oder tarifmäßig feststehendem Maßstab oder um unaufschiebbare Maßnahmen wegen Gefahr im Verzug handelt, die Behörde berechtigt ist, einen Bescheid auch ohne vorausgegangenes Ermittlungsverfahren zu erlassen, und die Vorschriften der §§ 47 bis 50 VStG über die Strafverfügung und das Organmandat, die die Fälle regeln, in denen auch im Ver-

[21]) Adamovich, aaO., S. 206; Spanner, aaO., S. 653.
[22]) Antoniolli, Allgemeines Verwaltungsrecht, Wien 1954, S. 224; Hellbling, aaO., S. 252.

waltungsstrafverfahren ein Ermittlungsverfahren unterbleiben kann. Schließlich sei noch auf die Regelung des § 73 AVG über die Entscheidungspflicht und die Folgen der Säumnis der Verwaltungsbehörden hingewiesen.

Die tragende Säule jedes rechtsstaatlichen Verfahrens ist die Wahrung des Parteiengehörs. Gleichwohl ist es, wie auch wieder das vorangegangene Referat des Erstberichterstatters gezeigt hat, nicht unbestritten, ob dieser Grundsatz auch im Verwaltungsverfahren der Bundesrepublik Deutschland allgemein gilt[23]). Diese Streitfrage besteht in Österreich nicht. Denn es ist die einheitliche Auffassung der österreichischen Literatur und Judikatur, vor allem aber auch der gesamten Bevölkerung, daß in einem rechtlichen Verfahren das Parteiengehör zu wahren ist. Das Recht auf Parteiengehör ist demgemäß in den Verwaltungsverfahrensgesetzen mehrfach verankert. § 37 AVG bezeichnet es unter anderem auch als Zweck des Ermittlungsverfahrens, den Parteien Gelegenheit zur Geltendmachung ihrer Rechte und rechtlichen Interessen zu geben; § 45 (3) AVG ordnet an, daß den Parteien Gelegenheit zu geben ist, von dem Ergebnis der Beweisaufnahme Kenntnis und dazu Stellung zu nehmen, und schließlich bestimmt § 40 (1) VStG, daß im Verwaltungsstrafverfahren dem Beschuldigten Gelegenheit zu geben ist, sich zu rechtfertigen. Die Ausnahmen von diesem Grundsatz in jenen Fällen, in denen das Gesetz von der Durchführung eines Ermittlungsverfahrens dispensiert, habe ich schon erwähnt. Zu ergänzen ist aber, daß in diesen Fällen die Rechtsmittel der Vorstellung und des Einspruches das ordentliche Ermittlungsverfahren in Lauf setzen und in diesem dann das Parteiengehör gewahrt wird. Überdies gehört zum Problemkreis des Parteiengehörs auch noch die sehr wichtige Frage der Akteneinsicht[24]). Denn wenn schon das Gesetz das Recht auf Parteiengehör festlegt, so muß auch der Partei das Recht zugestanden werden, aus eigener Wahrnehmung zu überprüfen, ob die ihr zur Stellungnahme vorgehaltenen Tatsachen der Aktenlage entsprechen oder nicht. Andererseits besteht aber für die Staatsorgane die Pflicht zur Amtsverschwiegenheit, die mit dem Verlangen auf Akteneinsicht in einen unvermeidbaren Gegensatz gerät. In Österreich ist die Pflicht zur Amtsverschwiegenheit sogar verfassungsgesetzlich festgelegt. Allerdings versperrt diese verfassungsgesetzliche Pflicht zur Amtsverchwiegenheit

[23]) Siehe auch Mang, Verwaltungsrecht in Bayern I, 1951, S. 114, und Württ.-Bad. VGH.Urteil v. 10. 6. 1955, VerwRspr. 8 Nr. 116.

[24]) Adamovich, aaO., S. 235; Hellbling, aaO., S. 159; Spanner, aaO., S. 654.

keineswegs den Weg zur Gewährung von Akteneinsicht. Denn Art. 20 (2) B-VG bestimmt: „Alle mit Aufgaben der Bundes-, Landes- und Gemeindeverwaltung betrauten Organe sind, soweit gesetzlich nicht anderes bestimmt ist, zur Verschwiegenheit über alle ihnen ausschließlich aus ihrer amtlichen Tätigkeit bekanntgewordenen Tatsachen verpflichtet, deren Geheimhaltung im Interesse einer Gebietskörperschaft oder der Parteien geboten ist (Amtsverschwiegenheit). Die Amtsverschwiegenheit besteht für die von einem allgemeinen Vertretungskörper bestellten Funktionäre nicht gegenüber diesem Vertretungskörper, wenn er derartige Auskünfte ausdrücklich verlangt." Damit ist nicht nur für den einfachen Gesetzgeber der Weg offengehalten, durch ausdrückliche Bestimmungen Ausnahmen von der Amtsverschwiegenheit festzulegen und damit auch das Recht der Parteien des Verwaltungsverfahrens auf Akteneinsicht durch Gesetz zu regeln, sondern es besteht diese Pflicht überdies von vornherein nur soweit, als die Geheimhaltung im Interesse einer Gebietskörperschaft oder der Parteien geboten ist. Stehen diese Interessen nicht entgegen, kann daher Akteneinsicht auch in Verfahren gewährt werden, für die diese Frage nicht gesetzlich geregelt ist. Das ist eine deutliche Absage an die Geheimverwaltung früherer Zeiten, die durch die Ausnahme der Funktionäre allgemeiner Vertretungskörper von der Amtsverschwiegenheit im Rahmen ihrer Auskunftspflicht noch unterstrichen wird. Auf dieser verfassungsrechtlichen Grundlage konnte § 17 AVG anordnen, daß die Behörde, sofern die Verwaltungsvorschriften nicht anderes bestimmen, den Parteien die Einsicht und Abschriftnahme der Akten oder Aktenteile zu gestatten hat, deren Kenntnis zur Geltendmachung oder Verteidigung ihrer rechtlichen Interessen erforderlich ist. Von der Akteneinsicht ausgenommen sind Beratungsprotokolle, Amtsvorträge, Erledigungsentwürfe und sonstige Schriftstücke (Mitteilungen anderer Behörden, Meldungen, Berichte u. dgl.), deren Einsichtnahme durch die Parteien eine Schädigung berechtigter Interessen einer Partei oder dritter Personen oder eine Gefährdung der Aufgaben der Behörde herbeiführen oder den Zweck des Verfahrens beeinträchtigen würde. Allen an einem Verfahren beteiligten Parteien muß auf Verlangen die Akteneinsicht in gleichem Umfang gewährt werden. Man kann also drei Grundsätze dieser Regelung erkennen: Akteneinsicht nur im notwendigen Umfang, davon gewisse Ausnahmen, Gleichbehandlung aller Parteien. Man kann sicherlich durchaus verschiedener Meinung sein, ob der österreichische Bundesgesetzgeber hier die Grenzen der Akteneinsicht im einzelnen richtig gezogen und ob er die richtige Formulierung gefunden hat. Aus einer mehr als 30jährigen Erfahrung kann allerdings gesagt werden, daß sich die getroffene Regelung im Großen und Ganzen bewährt hat. Eines ist jedenfalls sicher: Durch eine allgemeine Verfahrensvorschrift läßt sich grundsätzlich ein Mittelweg finden, der sowohl dem berechtigten Verlangen nach Amtsverschwiegenheit, als auch dem berechtigten Verlangen auf Akteneinsicht Rechnung trägt. Alle anderen sind Detailfragen, die Meinungsverschiedenheiten über den richtigen Weg der Mitte zwischen den beiden gegensätzlichen, aber im Prinzip durchaus anzuerkennenden Prinzipien betreffen; sie können je nach der Lebenshaltung einzelner Völker oder Volksteile verschieden gelöst werden, sie berühren aber das Grundsätzliche nicht, daß nämlich ein solcher Mittelweg gesucht werden muß und gefunden werden kann. Übrigens zeigt sich auch bei dem Problem der Akteneinsicht wieder der Zusammenhang zwischen Verwaltungsverfahren und Verwaltungsgerichtsbarkeit. Jede Regelung der Akteneinsicht im Verwaltungsverfahren ist sinnlos, wenn nicht für das verwaltungsgerichtliche Verfahren eine angepaßte Regelung der Akteneinsicht besteht, die garantiert, daß das Verwaltungsgericht nicht in Fällen Akteneinsicht gewähren darf, in denen dies der Verwaltungsbehörde versagt ist; im übrigen bestünden keine Bedenken, wenn das Verwaltungsgericht in anderen Fällen in weiterem Umfang Akteneinsicht gewährt als die Verwaltungsbehörde[25]).

Ein großer Teil der übrigen im AVG geregelten Probleme ist mehr technischer Art, so daß keine grundsätzlichen Schwierigkeiten bestehen, mag auch im einzelnen Anlaß zu Meinungsverschiedenheiten geringerer Bedeutung sein. Wenn wir sie in aller Eile kurz überblicken, so zeigt sich zunächst, daß das Problem der Zuständigkeit durch die bloß subsidiäre Geltung der entsprechenden Bestimmungen des AVG entschärft ist und die Fragen der konkurrierenden Zuständigkeit mehrerer Behörden und des verwaltungsrechtlichen Zuständigkeitsstreites sich nach reinen Zweckmäßigkeitserwägungen lösen lassen. Die Befangenheit von Verwaltungsorganen kann in Anlehnung an die Vorschriften des Justizrechtes geregelt werden, ohne daß wesentliche Sonderbedürfnisse der Verwaltung bestünden. Die Partei- und Prozeßfähigkeit kann ohne Schwierigkeiten von der bürgerlichrechtlichen Rechts- und Handlungsfähigkeit abge-

[25]) Vgl. für Österreich § 25 des Verwaltungsgerichtshofgesetzes 1952; dagegen mit gutem Grund anders § 20 (3) des Verfassungsgerichthofgesetzes 1953, weil es bei manchen Verfassungsbeschwerden auf die Motive ankommt, von denen sich die Behörde bei ihrer Entscheidung leiten ließ.

leitet werden, wenn nur Sonderbestimmungen der Verwaltungsvorschriften der Vorrang eingeräumt wird. Die Prozeßvertretung kann großzügiger als im Justizrecht geordnet werden, um den Besonderheiten gewisser engerer Lebensverhältnisse Rechnung zu tragen. Formvorschriften über Anbringen, Niederschriften, Aktenvermerke und Erledigungen, das Ladungs- und Zustellwesen, die Fristenberechnung und die Mutwillens- und Ordnungsstrafen sind rein technische, durch Zweckmäßigkeitserwägungen bestimmte Fragen, die keine grundsätzliche Entscheidung zur Lösung aufgeben. Das Beweisrecht muß weniger formstreng als im Justizrecht geregelt werden, vor allem was die Zulässigkeit der Beweismittel betrifft. So bestimmt daher auch § 46 AVG, daß als Beweismittel alles in Betracht kommt, was zur Feststellung des maßgebenden Sachverhaltes geeignet und nach Lage des Falles zweckdienlich ist. Die Vorschriften des Justizrechtes über die Beweiskraft von Urkunden können bedenkenlos in das Verwaltungsverfahren übernommen werden; auch die Vorschriften über die Vernehmung von Zeugen, Beteiligten und Sachverständigen und über den Augenschein können, wenn auch nicht immer so formstreng, nach dem Vorbild des Justizrechts erlassen werden. Dagegen ist aus praktischen Bedürfnissen der Verwaltung die Unmittelbarkeit der Beweisaufnahme ebenso wenig zwingend vorzuschreiben wie die Durchführung einer mündlichen Verhandlung. Bei der Frage der Erlassung, des Inhaltes und der Form der Bescheide hat sich die Lösung des AVG in Österreich durchaus bewährt. Gewiß wird z. B. die Formvorschrift, daß ein Bescheid ausdrücklich als solcher zu bezeichnen ist, leider auch heute noch in manchen Fällen nicht gehandhabt und manchmal werden auch umgekehrt Erledigungen ohne Bescheidcharakter irrtümlich als Bescheide bezeichnet; da die Gerichtshöfe des öffentlichen Rechts es in ihrer Judikatur aber nicht auf die äußere Bezeichnung ankommen lassen, schadet dies objektiv nichts, die Vorschrift bringt aber doch den Vorteil mit sich, daß in der weitaus überwiegenden Mehrheit der Fälle für die Parteien Klarheit darüber geschaffen wird, ob ein Bescheid vorliegt oder nicht. Wichtig vom rechtsstaatlichen Standpunkt aus erscheint mir die grundsätzliche Festlegung der Begründungspflicht, sofern dem Standpunkt der Partei nicht vollinhaltlich Rechnung getragen wird oder über Einwendungen oder Anträge von Beteiligten abgesprochen wird (§ 58 [2] AVG). Sie ermöglicht der Partei eine weitere Rechtsverfolgung auf relativ sicherer Grundlage. Auch den Vorschriften über die Erteilung einer

Rechtsmittelbelehrung und die Folgen einer fehlerhaften Rechtsmittelbelehrung kommt mehr als die Bedeutung einer bloßen Ordnungsvorschrift zu; sie wollen den Parteien gegenüber die Rechtslage klarlegen und sie in ihrem Vertrauen auf die behördliche Rechtsmittelbelehrung schützen. Daß den Vorschriften über die ordentlichen Rechtsmittel der Berufung und der Vorstellung (in den Fällen der Bescheiderlassung ohne vorangegangenes Ermittlungsverfahren) sowie über die außerordentlichen Rechtsmittel der Wiedereinsetzung in den vorigen Stand und der Wiederaufnahme des Verfahrens in einem Rechtsschutzsystem mit nachträglicher Verwaltungsgerichtsbarkeit besondere Bedeutung zukommt, ist unmittelbar einsichtig; Schwierigkeiten haben sich in diesen Materien, wenn man von belanglosen Detailfragen absieht, die bei jeder Regelung auftreten, überhaupt nicht ergeben. Im Gegenteil! Während sich die Vorschriften über die Wiedereinsetzung in den vorigen Stand an die entsprechenden Bestimmungen des Justizrechtes unmittelbar anschließen, bedeuten die Vorschriften über die Wiederaufnahme des Verfahrens gegenüber dem Justizrecht sogar einen Fortschritt der Rechtsentwicklung. Die Kostenfrage schließlich scheint mehr technischer Natur zu sein, ist es aber in Wahrheit nicht, weil Kostenfolgen u. U. die Rechtsverfolgung hemmen können. Gewöhnlich steht nämlich im Verwaltungsverfahren der Partei als Gegner nur der Verwaltungsträger gegenüber, der seiner unverhältismäßig größeren finanziellen Kraft wegen leichter ein Kostenrisiko übernehmen kann als der einzelne. Daher ist hier Vorsicht am Platz.

Die Übersicht ergab, daß alle diese Probleme, mögen sie nun größere oder geringere praktische Bedeutung haben, grundsätzlich lösbar sind. Zwei Probleme möchte ich allerdings noch herausgreifen, weil sie mir besonders empfindlich erscheinen: den Parteibegriff, weil er die Grundlage aller prozessualen Rechte im Verwaltungsverfahren bildet, und die Rechtskraft von Bescheiden.

§ 8 AVG definiert: „Personen, die eine Tätigkeit der Behörde in Anspruch nehmen oder auf die sich die Tätigkeit der Behörde bezieht, sind Beteiligte und, insoweit sie an der Sache vermöge eines Rechtsanspruches oder eines rechtlichen Interesses beteiligt sind, Parteien." Die Parteieigenschaft ist eine Prozeßvoraussetzung. Es kann daher nicht darauf ankommen, ob jemand tatsächlich einen Rechtsanspruch auf die Erlassung eines Bescheides bestimmten Inhaltes hat, — denn diese Frage soll und kann ja erst nach Durchführung des Verfahrens beantwortet werden —, sondern lediglich auf den Umstand, ob ein solcher Rechtsanspruch geltend gemacht wird. Schließlich ist es auch im Zivilprozeß nicht anders: Wer klagt, also einen Anspruch vor Gericht in der Form der Klage geltend macht, ist Partei. Schwieriger ist es, alle anderen Personen in einer allgemeinen Formel zu erfassen, denen mit Recht Parteistellung zukommen soll. Das AVG versucht dies mit dem Gedanken der Beteiligung vermöge eines rechtlichen Interesses. Damit wird jedenfalls allen Personen Parteistellung verliehen, die entweder — wenn auch ohne Rechtsanspruch auf einen Bescheid bestimmten Inhaltes — mit ihrem Anbringen eine Änderung ihrer Rechtslage durch die beantragte Erledigung unmittelbar anstreben, oder die durch einen Bescheid, der von anderer Seite beantragt wurde oder dessen Erlassung von Amts wegen beabsichtigt ist, in ihrer Rechtsstellung unmittelbar berührt würden. So klar dieses Ergebnis theoretisch ist, so große Schwierigkeiten bereitet in der Praxis in vielen Fällen die Beantwortung der Frage, ob die Rechtsstellung einer Person unmittelbar berührt wird oder nicht[26]). Denken Sie z. B. nur an die Frage, ob in einem Bauverfahren betreffend die Nachsicht vom vorgeschriebenen Abstand von Nachbargrundstück bei offener Bauweise dem Anrainer Parteistellung zukommt oder nicht. Denn die Grenze zwischen rechtlichen und bloß wirtschaftlichen oder persönlichen Interessen ist nicht immer scharf gezogen. Hängt es doch weitgehend vom materiellen Verwaltungsrecht ab, ob ein wirtschaftliches Interesse zu einem rechtlichen verdichtet wurde oder nicht. Aber auch hier bietet sich ein Ausweg: Es soll dem Gesetzgeber freigestellt sein, auch außerhalb der allgemeinen Definition durch ausdrückliche Bestimmungen bestimmter Personen oder Organen Parteistellung einzuräumen und auf diese Weise Grenzfragen verbindlich zu klären (sogenannte Formalpartei). Leider ist dieser Weg in Österreich aus kompetenzrechtlichen Gründen zumindest dem Landesgesetzgeber, nach einer strengeren, wenn auch nicht herrschenden Ansicht sogar auch dem Bundsgesetzgeber verrammelt[27]). Eine allge-

---

[26]) Vgl. die zahlreichen Entscheidungen über die Parteistellung bei Mannlicher, aaO., S. 635 ff.

[27]) Der Verfassungsgerichtshof hat in Übereinstimmung mit der Literatur (L. Werner, Probleme des Verwaltungsverfahrens, Jur.Bl. 1954, S. 293 ff., hier S. 294; ders., Dreißig Jahre Verwaltungsverfahrensgesetze, Jur.Bl. 1956, S. 109 ff., hier S. 110) in den Erkenntnissen Slg.Nr. 3061/1956 und 3132/1956 ausgesprochen, daß die einheitliche Regelung des Verfahrens durch den Bundesgesetzgeber nach Art. 11 B-VG den Ländern die abweichende Regelung verfahrensrechtlicher Belange verwehrt. L. Werner (Dreißig Jahre Verwaltungsverfahrensgesetze, Ein Nachwort, Jur.Bl. 1957 S. 122 f., hier S. 123) nimmt darüber hinaus auch eine gleichartige

mein in der Praxis befriedigende und zu keinerlei Zweifeln Anlaß gebende Definition des Parteibegriffes, so notwendig sie an sich ist, kann m. E. wegen der vielfältigen Erfordernisse des Verwaltungsgeschehens überhaupt nicht gefunden werden. Wie in so manchen Angelegenheiten juristischer Technik kann auch hier Vollkommenheit nicht erreicht werden. Eine vernünftige Ergänzung einer allgemeinen Definition durch Ausnützung der Figur der Formalpartei kann aber zu durchaus befriedigenden Ergebnissen führen.

Das letzte Problem, das ich behandeln möchte, ist das der Rechtskraft von Verwaltungsbescheiden. Auch diese Frage spielt in einem Rechtssystem mit nachträglicher Verwaltungsgerichtsbarkeit eine größere Rolle als in einem anderen System verwaltungsgerichtlicher Überprüfung. Mir erschiene allerdings das Prinzip, daß im Verwaltungsrecht nur verwaltungsgerichtlichen Urteilen Rechtskraftwirkung zukommen soll, nicht nur eine Voreingenommenheit, sondern vom Standpunkt der Rechtssicherheit aus schlechterdings als untragbar. Denn bei dem gegebenen Zusammenhang zwischen Verwaltungsverfahren und Verwaltungsgerichtsbarkeit, der eine rechtsmittelähnliche Verklammerung darstellt, kann es doch nicht darauf ankommen, in welcher Organisationsstufe der Ablauf des Verwaltungsgeschehens endet, um danach die Rechtskraftfähigkeit eintreten zu lassen oder nicht. Die allfällige Auffassung, daß nur Gerichtsurteile in Rechtskraft erwachsen können, ist ein unbewiesenes und unbeweisbares Dogma. In Wahrheit geht es auch gar nicht darum, die unbestrittene Rechtskraftwirkung verwaltungsgerichtlicher Urteile als einen Vorzug der Justizfunktion herauszustellen. Es ist lediglich das Minimum an Rechtskraftfähigkeit, das schlechterdings nicht bestritten werden kann und daher nolens volens schon aus dogmatischen Gründen auch im Rahmen der Verwaltung in Kauf genommen werden muß. Es geht vielmehr beim Problem der Rechtskraft von Verwaltungsakten darum, einerseits der Rechtssicherheit zu dienen — das ist ja der tragende Gedanke der Einrichtung der Rechtskraft überhaupt — und anderseits doch die öffentlichen Interessen durch die Rechtskraft unrichtiger Verwaltungsakte nicht zu sehr zu beeinträchtigen. Diese Frage läßt sich daher nicht theoretisch beantworten, weil auch hier allein Zweckmäßigkeitserwägungen maßgebend sein können, um die richtige Mitte zwischen diesen beiden, letzten Endes auf den vermeintlichen Gegensatz von privaten und öffentlichen Interessen zurückgehenden gegen-

---

Bindung des Bundesgesetzgebers an seine auf Art. 11 B-VG sich gründende Verfahrensregelung an.

sätzlichen Gesichtspunkten zu finden. Das heißt aber: Grundsätzliche Anerkennung der Rechtskraftfähigkeit von Verwaltungsbescheiden mit hinreichenden Eingriffsmöglichkeiten zum Schutz der öffentlichen Interessen. Der österreichische Gesetzgeber hat den Versuch unternommen, durch eine positive Regelung für seinen Bereich auf diesem Gebiet Klarheit zu schaffen. § 68 AVG normiert grundsätzlich die materielle Rechtskraft formell rechtskräftiger Bescheide und setzt außerdem die Bedingungen fest, unter denen außerhalb der ao. Rechtsmittel der Wiedereinsetzung in den vorigen Stand und der Wiederaufnahme des Verfahrens von Amts wegen von den Verwaltungsbehörden in die materielle Rechtskraft von Bescheiden eingegriffen werden kann. Diese Bedingungen sind folgende: 1. Rechtskräftige Bescheide, aus denen niemandem ein Recht erwachsen ist, das sind also vor allem belastende Bescheide und solche, die bloß einen Parteienantrag abweisen, können jederzeit aufgehoben oder abgeändert werden. 2. Andere rechtskräftige Bescheide können in Wahrung des öffentlichen Wohles insoweit abgeändert werden, als dies zur Beseitigung von das Leben oder die Gesundheit von Menschen gefährdenden Mißständen oder zur Abwehr schwerer volkswirtschaftlicher Schädigungen notwendig und unvermeidlich ist, wobei in allen diesen Fällen mit möglichster Schonung erworbener Rechte vorzugehen ist. 3. Alle rechtskräftigen Bescheide können für nichtig erklärt, d. h. aufgehoben werden, wenn sie entweder von einer unzuständigen Behörde oder einer nicht richtig zusammengesetzten Kollegialbehörde erlassen wurden oder wenn sie einen strafgesetzwidrigen Erfolg herbeiführen würden oder wenn sie tatsächlich undurchführbar sind oder wenn sie an einem durch gesetzliche Vorschrift ausdrücklich mit Nichtigkeit bedrohten Fehler leiden. 4. Die daneben der Behörde in den Verwaltungsvorschriften eingeräumten Befugnisse zur Zurücknahme oder Einschränkung einer Berechtigung außerhalb eines Berufungsverfahrens bleiben unberührt. Wenn man nun danach fragt, wie sich diese Regelung in der Praxis bewährt hat, so ist zunächst festzustellen, daß diese Regelung durch mehr als 30 Jahre in Kraft steht und man sich daher schon ein einigermaßen verläßliches Urteil über ihren Wert bilden kann. Die Antwort mag überraschen: Es hat sich in diesen 30 Jahren keine erwähnenswerte Stimme der Kritik gegen diese Bestimmungen in der erörterten Richtung erhoben. Mag sein, daß die Verwaltungsorgane, durch die Verfahrensvorschriften geleitet, besser arbeiten, mag sein, daß die Bestimmung über die unbeschränkte Aufhebbarkeit (Abänderbarkeit) von Bescheiden, aus denen niemandem ein Recht erwachsen ist, die Mehrheit der Fälle deckt, in denen im privaten und öffentlichen Interesse eine Remedur geboten erscheint, mag sein, daß in der Mehrheit der Fälle unrichtiger Verwaltungsakte die öffentlichen Interessen gar nicht so sehr berührt sind, als es auf den ersten Blick scheinen mag, und daher die Unabänderlichkeit, wenn die Voraussetzungen des zweitgenannten Falles nicht vorliegen, gar nicht so sehr ins Gewicht fällt, mag sein, daß der Gesetzgeber nur sparsam und nur in besonders wichtigen Fällen von der Möglichkeit Gebrauch macht, einen Fehler ausdrücklich mit Nichtigkeit zu bedrohen, mag sein, daß von besonderer Bedeutung ist, daß sehr oft eine Änderung des Sachverhaltes ein neues Verfahren ermöglicht — die Rechtskraft wirkt ja nur bei gleichbleibendem Sachverhalt —, mag sein, daß in vielen Fällen unrichtiger Erledigung die Wiederaufnahme des Verfahrens hilft, — zusammenfassend muß festgestellt werden, daß sich diese Regelung vielleicht nicht als letztes Ideal, in der Tat aber als durchaus brauchbar erwiesen hat.

In einer anderen Richtung allerdings hat die Regelung zu einer divergierenden Judikatur der Gerichtshöfe des öffentlichen Rechtes einerseits und des Obersten Gerichtshofes andererseits Anlaß gegeben. § 68 (4) lit. a AVG ermöglicht — zeitlich begrenzt auf 3 Jahre — eine Nichtigerklärung von Bescheiden wegen Unzuständigkeit der erlassenden Verwaltungsbehörde. Hierbei wird nicht zwischen einem gewöhnlichen Zuständigkeitsmangel und der Unzulässigkeit des Verwaltungsweges überhaupt unterschieden. Nun ist es gelegentlich vorgekommen, daß eine Verwaltungsbehörde Bescheide in einer Materie erlassen hat, die in Wahrheit in die Gerichtskompetenz fällt, und daß solche Bescheide rechtskräftig eine Vorfrage eines späteren gerichtlichen Verfahrens lösten. In solchen Fällen hat dann der Oberste Gerichtshof eine Bindung an den rechtskräftigen Verwaltungsbescheid abgelehnt. Das war zwar unrichtig, entsprach aber doch einem gewissen Bedürfnis, so daß in dieser Beziehung vom Gesetzgeber durch eine Sonderregelung vorzusorgen sein wird. Wir sind aber damit beim Problem angelangt, wie weit die Rechtskraft von Verwaltungsbescheiden wirken soll, nämlich absolut oder nur relativ inter partes. Die Antwort ist nicht leicht zu geben, weil sie von der Gesamtheit der Rechtsschutzeinrichtungen einer Rechtsordnung bestimmt wird. Entscheidet man sich zum Schutz berechtigter Interessen Dritter für die bloß relative Wirkung, so wird übersehen, daß es sich bei Verwaltungsbescheiden in der Regel gar nicht um die Fixierung von Rechtsbeziehungen zwischen zwei Parteien, sondern um die der Rechtsbeziehungen zwischen einzelnen und der Allgemeinheit handelt, also um Rechtsbeziehungen, die nicht nur zwei Partner angehen, sondern alle und daß daher die rechtskräftige Regelung dieser Beziehungen von allen, vor allem von den Staatsorganen beachtet werden muß. Entscheidet man sich für die absolute Rechtskraftwirkung, so müssen Sicherungen eingebaut werden, die die berechtigten Interessen Dritter wahren und ihnen Rechtsschutz angedeihen lassen. Der österreichische Gesetzgeber hat sich für die absolute Rechtskraftwirkung entschieden; wird aber durch einen Bescheid in die Rechte Dritter eingegriffen, so sind diese Dritten im vorangehenden Verwaltungsverfahren als Parteien zu behandeln und sie können, wenn dies vernachlässigt wurde, kraft ihrer ihnen vom Gesetz eingeräumten Parteistellung auch noch nach Jahren die Zustellung des Bescheides verlangen und im Anschluß daran ein Rechtsmittelverfahren in Lauf setzen oder Beschwerde an den Verwaltungsgerichtshof erheben. Rechtskraft tritt eben nur soweit ein, als der Bescheid den Parteien zugestellt wurde und keinem Rechtszug mehr unterliegt. Das heißt aber nichts anderes, als daß der Eintritt der Rechtskraft gegenüber den Parteien relativiert ist, die Rechtskraft nach ihrem Eintritt aber absolut wirkt.

Wenn ich es im Auftrag des Vorstandes unserer Vereinigung unternommen habe, die Problematik des Verwaltungsverfahrens speziell aus dem Gesichtswinkel der österreichischen Regelung zu behandeln, so habe ich damit keineswegs die Absicht verbunden, das österreichische Verwaltungsverfahrensrecht als Idealfall zur Übernahme in andere Rechtsordnungen zu empfehlen. Mir ging es vielmehr darum aufzuzeigen, daß das Verwaltungsverfahrensrecht nur im Gesamtzusammenhang aller Rechtsschutzeinrichtungen einer Rechtsordnung richtig gesehen werden kann und daß die österreichische Lösung zwar nicht fehlerfrei ist, sich aber jedenfalls als brauchbares Rechtsinstrument erwiesen hat, daß also das Problem der einheitlichen Regelung des Verwaltungsverfahrens g r u n d s ä t z l i c h l ö s b a r ist.

Leitsätze des Mitberichterstatters über: Das Verwaltungsverfahren

I.

1. *Die Frage der rechtlichen Regelung des Verwaltungsverfahrens hängt eng mit dem herrschenden System der Verwaltungsgerichtsbarkeit zusammen.*

2. *Setzt die Verwaltungsgerichtsbarkeit erst nach Erschöpfung des administrativen Instanzenzuges ein, so hat das Verwaltungsverfahren eine eigene Rechtsschutzfunktion und bedarf daher schon deshalb einer rechtlichen Regelung.*

3. *Setzt dagegen die Verwaltungsgerichtsbarkeit schon früher ein, so kommt dem Verwaltungsverfahren nicht diese große Bedeutung zu; es verlagert sich vielmehr das Problem weitgehend auf die rechtliche Regelung des verwaltungsgerichtlichen Verfahrens. Trotzdem ist auch in diesem Fall eine rechtliche Regelung des Verwaltungsverfahrens nicht von vornherein überflüssig.*

4. *Ist die Verwaltungsgerichtsbarkeit auf die Kontrolle der Rechtmäßigkeit der Verwaltung beschränkt, so kommt eine Überprüfung der Ermessensübung nur im administrativen Instanzenzug in Betracht und kann ein Rechtsschutz in Ermessenssachen nur im Wege einer Verwaltungsverfahrensrechtsordnung geboten werden, die prozessuale Rechte und Pflichten zuteilt, weil subjektive Rechte in der Sache selbst voraussetzungsgemäß nicht bestehen können.*

5. *Hat die Verwaltungsgerichtsbarkeit auch die Aufgabe des Schutzes gegen die Untätigkeit von Verwaltungsorganen, so muß das prozessuale Recht auf Entscheidung und im Falle der nachträglichen Verwaltungsgerichtsbarkeit auch die Art seiner Geltendmachung im Verwaltungsverfahren rechtlich geregelt sein.*

II.

1. *In Österreich bewirkten folgende Faktoren, daß es zu einer einheitlichen Regelung des Verwaltungsverfahrens durch Gesetz kam: das Rechtsschutzbedürfnis der Parteien, die Einrichtung eines zentralen Verwaltungsgerichtshofes mit der Aufgabe, auch das einwandfreie Zustandekommen von*

Bescheiden zu überprüfen, das auch von der Verwaltung unterstützte Bestreben, durch eine einheitliche und dadurch richtungweisende Regelung der Aufhebung von Bescheiden durch den Verwaltungsgerichtshof wegen Mangelhaftigkeit des Verfahrens vorzubeugen und die verfassungsrechtliche Situation.

2. *Der Verwaltungsstil hat sich im Anwendungsbereich dieser rechtlichen Regelung kaum geändert; die gewonnene juristische Grundlage wirkte sich aber günstig für Parteien und Verwaltungsorgane aus.*

3. *Eine einheitliche Regelung des Verwaltungsverfahrens muß nämlich nicht immer einseitig nur dem Parteiinteresse nützlich sein, sondern kann auch für die Verwaltung nutzbringend sein, sofern sich die Regelung nur in beiderseits erträglichen Grenzen hält.*

III.

1. *Der Gedanke der Einheitlichkeit des Verfahrens darf aber nicht überspannt werden.*

2. *Einer Sonderregelung bedürfen das Verwaltungsstrafverfahren und das Verwaltungsvollstreckungsverfahren; es erwies sich in Österreich als möglich, für diese Verfahrensarten nur zusätzliche Bestimmungen zu schaffen.*

3. *Einer Sonderregelung bedarf auch das Abgabenverfahren wegen des gänzlich anders gearteten Verhältnisses zwischen Behörden und Parteien (insbesondere Offenlegungspflicht).*

4. *Das Dienstrechtsverfahren war in Österreich zunächst aus dem Anwendungsbereich der Verfahrensgesetze ausgenommen. Die Entwicklung hat aber gezeigt, daß auch hier eine Sonderregelung nach Art der Schaffung zusätzlicher Anpassungsbestimmungen möglich ist.*

5. *Für die Privatwirtschaftsverwaltung passen Verfahrensgesetze der obrigkeitlichen Verwaltung keinesfalls. Soweit überhaupt eine Verrechtlichung der Privatwirtschaftsverwaltung anzustreben ist, wird sie allerdings zunächst Verfahrensfragen betreffen müssen. Wegen der Verschiedenartigkeit der Tatbestände wird aber eine e i n h e i t l i c h e Regelung kaum in Betracht kommen.*

IV.

1. *Wesentlich für die Brauchbarkeit einer Verwaltungsverfahrensrechtsordnung ist der inhaltliche Umfang der Regelung.*

2. *Einerseits muß das Streben nach richtiger Rechtsfindung, dem jede Prozeßordnung zu dienen hat, mit dem nach Rechtssicherheit in Einklang gebracht werden und anderseits dürfen durch die Bindung an Verfahrensvorschriften die Beweglichkeit, Flüssigkeit und Anpassungsfähigkeit der Verwaltungstätigkeit nicht wesentlich beeinträchtigt werden.*

3. *Die Auswahl der geregelten Probleme und der Umfang der Regelung in den österreichischen Verwaltungsverfahrensgesetzen zeigen, daß dieser Ausgleich g r u n d s ä t z l i c h gefunden werden kann.*

4. *Die entscheidenden Probleme sind die Abgrenzung der Parteistellung, weil sie die Grundlage aller prozessualen Rechte bildet, und die Regelung der Rechtskraft von Verwaltungsakten, weil es sich hier darum handelt, inwieweit der Forderung nach Rechtssicherheit gegenüber der nach rechtlicher Richtigkeit der Verwaltungsakte der Vorrang eingeräumt werden soll; dabei geht es nicht nur um den Ausgleich zwischen öffentlichen und privaten Interessen, sondern auch um die Frage des Umfanges der Rechtskraftwirkung (absolute oder nur relative Wirkung).*

Das Verwaltungsverfahren

3. Auszug aus der Aussprache und Schlußworte

Zur Ergänzung der Ausführungen der Berichterstatter über die Rechtslage in der Bundesrepublik Deutschland und in Österreich gibt **Imboden** folgenden Überblick über die Rechtslage in der Schweiz:

Die Schweiz nimmt in der Frage, die uns heute beschäftigt, eine Mittelstellung ein. Sie weist sowohl Ähnlichkeiten mit der Ordnung in der Bundesrepublik wie mit derjenigen in Österreich auf.

Was den bundesstaatlichen Aspekt anbelangt, ist die schweizerische Lösung grundverschieden von der österreichischen. Eine Parallele zu Art. 11 Abs. 2 der österreichischen Verfassung fehlt. Es würde als föderalistisch untragbar angesehen, auch in den den Kantonen überlassenen Angelegenheiten das Verfahren durch Bundesgesetz zu ordnen. Die strukturellen Verschiedenheiten der kantonalen Behördenorganisation lassen ein einheitliches Verwaltungsverfahren nicht zu. Einen gewissen Ersatz für die fehlenden allgemeinen Verfahrensgrundsätze bietet immerhin die Verfassungsbeschwerde. Der Verfassungsrichter hat sich unter dem Gesichtspunkt des Rechtsgleichheitsgebotes und des Willkürverbotes in starkem Maße auch mit dem Verwaltungsprozeß auseinandergesetzt. Er hat als Verfassungsprinzipien gewisse allgemeine, auch für die kantonale Verwaltung maßgebliche Verfahrensgrundsätze postuliert.

Mit Recht haben beide Referenten auf die innere Beziehung zwischen dem Verwaltungsverfahren und der Ausgestaltung der Verwaltungsgerichtsbarkeit hingewiesen. Unter diesem Gesichtspunkt weist die schweizerische Lösung, die zu verwirklichen man nunmehr im Begriffe ist, in die Richtung der österreichischen Ordnung. Im allgemeinen orientiert man sich am Bilde einer einstufigen Verwaltungsgerichtsbarkeit. Dafür spricht einmal — ein Moment, auf das Herr Bettermann bereits hingewiesen hat — der in den Kantonen vorhandene weitverzweigte dezentralisierte Unterbau.

Etwas anderes als eine einschichtige Verwaltungsjustiz läßt sich auf diesem Fundament kaum errichten. Eine Ausnahme gilt für die Streitigkeiten in Sozialversicherungs-Angelegenheiten, wo heute durch Bundesgesetz eine zweistufige Gerichtsbarkeit verwirklicht ist; den kantonalen Justizbehörden ist das eidgenössische Versicherungsgericht übergeordnet. Auch im Bereiche der direkten Besteuerung besteht mitunter eine zweistufige Gerichtsbarkeit. Das sind aber die Ausnahmen. Im allgemeinen soll es bei e i n e r Justizstufe sein Bewenden haben. Dabei ist freilich zu betonen, daß man in der Schweiz von der Generalklausel noch weit entfernt ist. Nur e i n Kanton, Basel-Stadt, kennt heute ein Verwaltungsgericht mit umfassenden Kompetenzen. Das Bundesgericht, das zugleich Bundesverwaltungsgericht ist, urteilt auf Grund von einigen Teil-Generalklauseln und auf Grund eines langen Kataloges von Spezialklauseln. Man beabsichtigt zwar, den Zuständigkeitsbereich des eidgenössischen Verwaltungsrichters in den nächsten Jahren wesentlich zu erweitern. Aber der Übergang zur Generalklausel ist nicht ins Auge gefaßt. Man will vor allem die Zahl der Teil-Generalklauseln vermehren.

Überlegt man sich, was aus dieser Ordnung der Verwaltungsgerichtsbarkeit für das Verwaltungsverfahren resultiert, so möchte ich sagen: diese Ordnung der Justiz ruft geradezu zwingend einem verfahrensmäßig durchgeformten und gesicherten Unterbau innerhalb der aktiven Verwaltung. Das ist denn auch die Linie, der heute die Gesetzgebung zu folgen scheint. 1950/51 wurden im Bund die Vorarbeiten für die Verbesserung des Rechtsschutzes in Verwaltungssachen aufgenommen. Der Erweiterung des Enumerations-Kataloges des Bundesverwaltungsgerichtes soll ein allgemeines Verwaltungsverfahrens-Gesetz vorangestellt werden. Der Gegenstand dieses Verfahrens-Gesetzes, das nur für eidgenössische, nicht aber für kantonale Behörden Anwendung finden soll, ist freilich bewußt begrenzt worden. Vier Bereiche sind es, die der Gesetzgeber einheitlich ordnen will.

1. Einmal muß der Anschluß zwischen dem Rechtszug innerhalb der aktiven Verwaltung und der nachfolgenden Auseinandersetzung vor dem Verwaltungsgericht gesichert werden. Diesem Anliegen dienen einige mehr formale Bestimmungen über die von den Verwaltungsbehörden zu treffenden Entscheidungen. Die Verfügung muß z. B. eine Rechtsmittel-Belehrung enthalten, und sie muß in ein bestimmtes äußeres Kleid gebracht sein.

2. Das nächste Anliegen ist wesentlich anspruchsvoller: die richtige Abklärung des Tatbestandes muß gesichert werden. Vor allem in den romanischen Ländern ist dieser Gesichtspunkt — im Unterschied zum anglo-amerikanischen Recht — eher vernachlässigt worden. Trotz eines äußerlich imponierenden Aufbaues der Verwaltungsgerichtsbarkeit wird in Frankreich der Tatbestands-Sicherung zu geringe Bedeutung beigemessen. Zwar

hat der Conseil d'Etat in den letzten Jahrzehnten gewisse principes généraux du droit entwickelt, die auch im Verwaltungsverfahren Geltung beanspruchen. In der Tatbestandsermittlung gewähren sie indessen dem Bürger noch keinen hinreichenden Schutz seiner Interessen.

3. Mit dem österreichischen Referenten bin ich darin einig, daß der tragende Gesichtspunkt jeder rechtlichen Durchdringung des Verwaltungsverfahrens die Gewährung des rechtlichen Gehörs sein muß. Daran hat sich auch der schweizerische Gesetzentwurf gehalten. Er konnte sich dabei in weitem Maße an der Verfassungs-Rechtsprechung des Bundesgerichtes orientieren, wo die Gehörsgewährung als Ausfluß des Gleichheits-Grundsatzes gedeutet wird.

4. Schließlich soll das allgemeine Verfahrensgesetz eine minimale Unabhängigkeit der erstinstanzlich verfügenden oder der im verwaltungsinternen Rekursweg entscheidenden Behörden der aktiven Verwaltung sichern. Gewiß wäre es verfehlt, so etwas wie eine Parallele zur richterlichen Unabhängigkeit anzustreben. Durch gewisse Regeln, so etwa durch Vorschriften über die Befangenheit von Verwaltungsorganen, läßt sich indessen doch die Stellung der Behörden festigen und klären.

Der Aufriß dieser Anliegen mag als ein bescheidenes gesetzgeberisches Programm erscheinen. Die Frage drängt sich gewiß auf, ob man nicht weiter gehen sollte. Einiges würde dafür sprechen, gemäß dem österreichischen Vorbild auch die administrative Vollstreckung einheitlich zu ordnen. Hingegen habe ich erhebliche Zweifel, ob eine derart zentrale Frage wie das Problem des Widerrufs von Verwaltungsakten, durch eine allgemeine Norm in befriedigender Weise gesetzgeberisch geordnet werden kann. Jedenfalls wird man in der Schweiz davon absehen, eine Parallele zu § 68 AVG zu schaffen. Dieser Zurückhaltung liegt, wie ich glaube, eine richtige Erkenntnis zugrunde. Das Problem der Berichtigung und Anpassung von Verwaltungsakten läßt sich nicht nur als formelle Frage begreifen. Das Schweizerische Bundesgericht hat — ähnlich der neuesten Rechtsprechung des deutschen Bundesverwaltungsgerichtes — die Formel geprägt, das Problem des Widerrufs lasse sich nur durch wertende Interessenabwägung lösen; zwischen den Rechtssicherheits-Interessen einerseits und den Legalitäts-Interessen andererseits müsse gewählt werden. Wird die Frage so gestellt, dann ist indessen offenbar, daß nicht ohne Würdigung der materiellen Rechtslage entschieden werden kann. In der Kontroverse zwischen Herrn Bettermann und Herrn Bachof würde ich daher eher zur Meinung von Herrn Bachof neigen.

Die gegenständliche Beschränkung des allgemeinen Verfahrensgesetzes hat im übrigen den Vorzug, daß der Anwendungsbereich des Gesetzes sehr weit gezogen werden kann. Sogar das Steuerrecht, das herkömmlicherweise den Anspruch erhebt, ein unantastbares Sondergebiet zu sein, läßt sich in sinnvoller Weise einbeziehen. Es erweist sich, daß selbst eine Erscheinung wie die steuerliche Offenbarungspflicht nicht ohne Parallelen in Gebieten außerhalb des Abgaberechtes bleibt. Ein Verwaltungsverfahrens-Gesetz sollte aber auf möglichst breiter Grundlage stehen und wenn immer möglich alle Bereiche der Administration umschließen. In dieser umfassenden Allgemeinheit liegt vor allem sein rechtsstaatlicher Wert.

Die anschließende Aussprache befaßt sich auf Vorschlag des Vorstandes im wesentlichen mit folgenden drei Fragebereichen:

I. Begriff des Verwaltungsverfahrens und des Verwaltungsverfahrensrechts;

II. Nützlichkeit und Möglichkeiten einer gesetzlichen Regelung des Verwaltungsverfahrens;

III. Verhältnis und Wechselwirkungen zwischen Verwaltungsverfahren und Verwaltungsgerichtsbarkeit; Beschlußverfahren.

I. Begriff des Verwaltungsverfahrens und des Verwaltungsverfahrensrechts

Bachof (als Verhandlungsleiter) schlägt vor, zunächst einmal zu überlegen, ob sich eine allgemein brauchbare Abgrenzung zwischen Verwaltungsverfahrensrecht und materiellem Verwaltungsrecht überhaupt finden lasse. Eine hinreichend scharfe rechtsbegriffliche Grenzziehung scheine ihm kaum möglich zu sein; die Abgrenzung sei wohl mehr eine Frage der Zweckmäßigkeit und daher, mindestens in gewissem Umfange, der Regelung durch das positive Recht anheimgegeben. Müsse man sich also nicht darauf beschränken, zu fragen, was Verwaltungsverfahren im Sinne einer bestimmten Vorschrift, z. B. des Art. 84 GG sei? Übrigens sei von der gesetzlichen Terminologie und von der Zuordnung einer Vorschrift zu einem „materiellen" oder einem „Verfahrens"-Gesetz keine zuverlässige Auskunft über die wahre Natur dieser Vorschrift zu erwarten, denn diese Zuordnung sei, wie sich am Beispiel des Widerrufs von Verwaltungsakten zeige, einigermaßen willkürlich.

Im übrigen empfehle er, die zwar für die Bundesrepublik Deutschland sehr wichtige, aber für die österreichischen und schweizerischen Kollegen wenig ertragreiche Frage nach der Auslegung des Art. 84 I GG möglichst aus der Diskussion auszuklammern.

Ipsen wendet sich gegen den Ausgangspunkt Bettermanns, den Begriff des Verwaltungsverfahrens und des Verwaltungsverfahrensrechts unter den Gesichtspunkten der Revisibilität einerseits und der Gesetzgebungskompetenz andererseits zu bestimmen, um dann von dort her eine Reihe verwaltungsrechtlicher Sachbereiche zu kategorisieren und sie entweder dem Verfahrensrecht oder dem materiellen Verwaltungsrecht zuzuweisen. Diese Methode scheine ihm unfruchtbar zu sein; das sei ihm besonders am Beispiel der Aufsicht deutlich geworden.

Daß man so nicht weiterkomme, läßt sich nach Ansicht des Redners am Widerruf von Verwaltungsakten aufzeigen. Bettermann habe in These 18 gesagt, der Verwaltungsakt sei ein Institut des Verwaltungsverfahrens, weil Gesetzesvollzug (wobei schon das „weil Gesetzesvollzug" in Frage zu stellen sei). Der Referent habe dann erklärt, die Widerrufsfrage als Kernfrage dieses Bereiches gehöre zum Verfahrensrecht; ebenso wohl Herr Melichar in Leitsatz 4 IV. Es sei aber sehr zweifelhaft, ob man wirklich so argumentieren könne: „Wenn beim Zustandekommen des Aktes, also bei der Prozedur seiner Kreation, Mängel vorgekommen sind, dann muß auch die Frage der Bestandskraft eines solchen Aktes eine verfahrensrechtliche Frage sein, deren Lösung man durch Aufstellung einer Rechtskraftvorschrift beikommen kann". Im übrigen entstünden die entscheidenden Widerrufsfragen gar nicht für Verwaltungsakte, die unter Verfahrens- oder sonstigen Mängeln litten, sondern gerade für die gesund auf die Welt gekommenen Verwaltungsakte. Bei diesen frage es sich, ob sie, obwohl gesund entstanden und geblieben, gleichwohl später zum Nachteil des Begünstigten widerrufen werden dürfen. Das sei kein Rechtskraftproblem, sondern eine Frage der Belassung eines materiellen Besitzstandes, die schließlich in Grundrechtsproblematik, Entschädigungsproblematik usw ausmünde. Diese Frage sei nie und nimmer eine Problematik des Verfahrens und gehöre deshalb auch nicht in eine Verfahrensordnung.

Wenn es bei Bettermann in These 20 heiße, Kern des allgemeinen Verwaltungsrechts sei das Verwaltungsverfahrensrecht, so könne dieser Schluß nur entstehen, indem man aus dem bisher als materielles Verwaltungsrecht behandelten Bereich Teile in einer Art und Weise herausgreife und verprozessualiere, die den Dingen Gewalt antue. Deshalb sei, abgesehen von der Methodenfrage, einer solchen Begriffsumschreibung des Verwaltungsverfahrensrechts nicht beizupflichten.

Küchenhoff verweist auf die Carolina als Beispiel eines Verfahrensgesetzes, das zugleich auch materielles Recht enthalte. — Daß die Frage der Widerruflichkeit von Verwaltungsakten in das materielle Recht gehöre, lasse sich am sog. „Widerruf" von Beamtenernennungen (in der dem Allgemeinen Teil des Bürgerlichen Rechts entsprechenden Terminologie des Bayer. Beamtengesetzes: Anfechtung) wegen Zwanges, arglistiger Täuschung, Bestechung entwickeln. Auch die Frage, ob in Analogie zu diesen Bestimmungen eine gewerberechtliche Konzession zurückgenommen werden könne, sei sicher schon deswegen eine Frage des materiellen Rechts, weil zum materiellen Recht u. a. die Frage gehöre, ob eine die Vernichtung von Rechtsverhältnissen ermöglichende Bestimmung analog anzuwenden sei oder ob diese Bestimmung ein argumentum e contrario liefere.

Wer in der Praxis tätig sei oder gewesen sei, werde das Bedürfnis nach einer Ordnung des Verwaltungsverfahrens bejahen. Frage man nach dem Wesen dieses Verwaltungsverfahrens, so sei es als Willensbildungsverfahren zu kennzeichnen. Darin liegt nach Meinung des Redners der entscheidende Unterschied zwischen Willensbildung im öffentlichen Recht und Willensbildung im Privatrecht. Bei der privatrechtlichen Willensbildung werde das Zustandekommen der Willensbildung, abgesehen von den Fällen des Zwanges, der arglistigen Täuschung usw., nicht nachgeprüft. Im Verwaltungswillensbildungsverfahren werde dagegen, ähnlich wie im Gesetzgebungsverfahren, die Willensbildung als solche geordnet. Gerade daß sie geordnet und deshalb nicht rein psychologischer Vorgang oder gar Willkürakt sei, sei für das Verwaltungsverfahren entscheidend. Zum Willens bildungs verfahren komme ein Willens erklärungs verfahren hinzu. Daß die Willensbildung Gegenstand eines besonderen Verfahrens sei, mache es verständlich, daß sie im ersten Referat lediglich als Verfahrensangelegenheit betrachtet worden sei.

Frage man nach dem Unterschied zwischen materiellem und Verfahrensrecht, so sei das Verfahren eine Gestaltung. Bewegung, intentional, ein Vorankommen, während das materielle Recht etwas bereits Gestaltetes sei, welches zur Anwendung gelange. Wenngleich er Ipsen darin zustimme, daß der Unterschied nicht „zentral" sei, so müßten Verfahrensrecht und materielles Recht dennoch auseinandergehalten werden, schon weil nur die Fragen des materiellen Rechts unbeschränkt revisibel seien, von Art. 84 GG ganz abgesehen.

Bettermann stellt auf Grund einer Zwischenfrage klar, daß er nur die Voraussetzungen eines Widerrufs „ex tunc", d. h. eines Widerrufs wegen Fehlerhaftigkeit des zu widerrufenden Verwaltungsaktes, zum Verfahrensrecht rechnet. Der sog. Widerruf „ex nunc" bei dem eine Besitzposition entzogen werde (klassischer Fall: der Widerruf des Widerrufsbeamten) gehöre zum materiellen Recht. Diese Fälle liefen fälschlich unter der Bezeichnung des Widerrufs des Verleihungs-Verwaltungsaktes; dieser werde nicht widerrufen, sondern der durch den Akt verliehene Rechtsstand werde wieder entzogen.

Bachof erhebt gegen die unterschiedliche Behandlung beider Fälle Bedenken, weil das Gesetz (z. B. die Gewerbeordnung) vielfach keinen Unterschied zwischen den Widerrufsgründen wegen ursprünglicher Fehlerhaftigkeit und wegen nachträglich eintretender Umstände mache.

Auf Frage von **Ule**, der zwischen Verfahrensfehlern und materieller Rechtswidrigkeit unterscheiden will, stellt **Bettermann** weiter klar, daß es nach seiner Ansicht keinen Unterschied macht, ob der zum Widerruf berechtigende Fehler ein Formfehler beim Zustandekommen des Verwaltungsaktes ist oder ob der Verwaltungsakt gegen materielles Recht verstößt. In beiden Fällen sei die Frage, ob der Akt wegen dieses Fehlers widerrufen werden könne, eine Frage des Verfahrensrechts. **Bachof** widerspricht dem. Er konzediert zwar, daß ein Widerruf auch aus verfahrensrechtlichen Gründen erfolgen könne, glaubt sich aber mit Ule darin einig, daß sicher nicht alle Widerrufsgründe dem Verfahrensrecht zuzurechnen seien.

Menger widerspricht ebenfalls der These Bettermanns vom Verwaltungsakt als Institut des Verwaltungsverfahrens. Ein Akt des Verfahrensrechts sei allerdings der Vorgang der Entstehung und Weiterentwicklung des Verwaltungsaktes bis zu seiner endgültigen Gestalt. Aber das, was inhaltlich dem Adressaten durch den Verwaltungsakt zur Pflicht gemacht werde, scheine ihm ein Fall materiellen Rechts zu sein. Er habe in seinem „System des verwaltungsgerichtlichen Rechtsschutzes" diese Tatbesände als Verwaltungsakt im formellen und im materiellen Sinne unterschieden. Dort liege seiner Ansicht nach auch die Scheidungslinie zwischen dem Verwaltungsverfahrensrecht und dem materiellen Verwaltungsrecht.

Pfeifer wirft die Frage auf, wie die rechtsprechende Tätigkeit der Verwaltungsbehörden zu werten ist. Das Ergebnis des Verwaltungsverfahrens habe verschiedene Inhalte; es könne eine Verfügung, aber auch eine Entscheidung oder eine Beurkundung sein. Deshalb sei die von Küchenhoff vorgenommene

Kennzeichnung des Verwaltungsverfahrens als Willensbildungsvorgang nicht richtig. Bei einem Rechtsprechungsakt oder bei einer reinen Feststellung könne man nicht von Willensbildung sprechen, diese habe hier schon der Gesetzgeber vorgenommen. Da jedes Verfahren ein „procedere", sei, sei alles Verfahrensrecht und somit auch das Verwaltungsverfahrensrecht letztlich Prozeßrecht.

Wenn der Erstreferent sein Referat damit geschlossen habe, die Verwaltung müsse frei sein, um ihr Wesen zu bewahren, so zeige sich hier — wie schon auf der vorjährigen Berliner Tagung bei der Behandlung der Organisationsgewalt — der grundsätzliche Unterschied in der Sicht der deutschen und der österreichischen Staatsrechtslehre. In Österreich sei man der (in der Verfassung begründeten) Ansicht, die gesamte staatliche Verwaltung dürfe nur auf Grund von Gesetzen ausgeübt werden. Ob es sich um Organisation oder um Verwaltungsverfahren handele: in beiden Fällen müsse der Gesetzgeber alles Grundsätzliche regeln; die Verwaltung könne nur Ausführungsvorschriften erlassen, aber nicht das Verhalten der Behörde dem Bürger gegenüber regeln. Dadurch ergebe sich die Notwendigkeit einer gesetzlichen Regelung des Verwaltungsverfahrens.

Merk versteht unter Verwaltungsverfahren den Inbegriff der Verwaltungshandlungen einer Verwaltungsbehörde, welche dem Zweck dienen, eine Verwaltungsaufgabe in einem bestimmten Einzelfalle durchzuführen und regelmäßig den Erlaß einer Verwaltungsverfügung oder -entscheidung zum Ziele haben. Von einer „Willensbildung" könne man da nicht sprechen.

Der Redner wendet sich weiter dagegen, daß in Bettermanns Leitsatz 17 gesagt werde: den allgemeinen Teil des Verwaltungsrechts kodifizieren bedeute, das Verwaltungsverfahren und die Behördenorganisation in ihren allgemeinen Formen und Grundsätzen zu regeln. Gegenüber dieser Begriffsbestimmung vermisse er, daß da von Rechten und Pflichten überhaupt nicht die Rede sei, also vom sog. Verwaltungsrechtsverhältnis im sachlichen Sinne, das doch zweifellos auch zum allgemeinen Teil des Verwaltungsrechts gehöre.

Zum Verwaltungsverfahren gehöre auch die Regelung des Rechts des Beteiligten auf Gehör. Leider fehle es in Deutschland bisher an einer allgemeinen gesetzlichen Anerkennung desselben, entsprechend dem gerichtlichen Verfahren nach Art. 103 GG, wenngleich es in einzelnen Gesetzen ausdrücklich vorgeschrieben sei. Unter rechtsstaatlichen Gesichtspunkten müsse das Recht auf Anhörung aber allgemein bejaht werden; zugleich auch unter dem Gesichtspunkt, daß eine sachgerechte Entscheidung regelmäßig die Anhörung des Beteiligten, insbesondere auch zu den Beweisergebnissen, erfordere.

Der Widerruf sei keineswegs nur eine verfahrensrechtliche Maßnahme, wenn ihm auch ein Verwaltungsverfahren vorausgehe, sondern habe auch sachlich-rechtliche Bedeutung. Er sei eine Verwaltungsverfügung und gehöre daher dem sachlichen Verwaltungsrecht an, wie das sonst auch bei den Verwaltungsverfügungen (Geboten, Verboten, Genehmigungen, Erlaubnissen usw.) der Fall sei. Im Gegensatz zum Urteil werde hier nicht entschieden, was rechtens sei, sondern es werde unmittelbar gestaltend auf die Rechtsstellung des Bürgers eingewirkt, handele es sich nun um die Erteilung oder den Widerruf einer Verwaltungsverfügung. Es begründe dabei keinen Unterschied, ob der Widerruf rückwirkende Kraft habe oder nicht.

Krüger fordert, man müsse zunächst einmal überlegen, ob und wieweit es nach der Eigenart des Verwaltungshandelns überhaupt m ö g l i c h sei, dasselbe „in Verfahren zu bringen". Wenn es bisher noch kein gesetzlich allgemein geregeltes Verwaltungsverfahren gibt, so sei das doch wohl nicht nur der Schläfrigkeit der Verwaltungsjuristen zuzuschreiben, es liege vielmehr in der Natur der Sache. Über diese Natur der Sache müsse man sich erst klar werden, ehe man forsch daran gehe, das angeblich „fortschrittliche" Verfahren der Justiz zu rezipieren, ohne dabei auf die Eigenart des Stoffes Rüchsicht zu nehmen. Worin nun eigentlich die Eigenart des Stoffes liege, könne in der Kürze der verfügbaren Zeit nicht erörtert werden. Aber schon in den Referaten scheine sich diese Eigenart sehr deutlich dadurch zur Geltung gebracht zu haben, daß die Referenten gegenüber ihren eigenen Versuchen der Verprozedierung oder „Verrechtlichung" des Verwaltungshandelns Hemmungen gefühlt hätten; so z. B. bei der Feststellung, eine einheitliche Verfahrensordnung werde durch die Verschiedenheit des Stoffes verhindert.

Überhaupt noch nicht berücksichtigt worden sei bisher der Gesichtspunkt, daß es in der Verwaltung auch auf E f f i z i e n z ankomme. Effizienz sei nicht mit Fixigkeit zu verwechseln, sondern sei E r g i e b i g k e i t. Ihm scheine eine Lösung, die vom Rechtsschutz ausgehe und diesen an den Anfang des Verfahrens stelle, nicht gerade der Ergiebigkeit zugute zu kommen. Das Erfordernis der Ergiebigkeit des Verwaltungshandelns verlange — er müsse das auf die Gefahr hin sagen, mißverstanden zu werden —, daß überhaupt erst einmal etwas geschehe. Denn das sei die Ausgangslage des modernen Staates. Die Verkehrung der Parteirollen im Rechtsschutz dergestalt, daß nicht der Staat für die Rechtsordnung sorge, sondern daß der Staat zunächst einmal handele und es dem Betroffenen — der an sich ja passives

Objekt sei — überlasse, die Initiative zu ergreifen: diese Verkehrung der Parteirollen scheine ihm durchaus in der Natur der Sache zu liegen. Die Überlegung, welches die Eigenart des zu regelnden Stoffes sei, scheine ihm eigentlich die kritische Vorfrage zu sein, die ganz an den Anfang hätte gestellt und dort behandelt werden müssen. Denn diese Überlegung gebe erst Aufschluß über die Frage, ob es überhaupt möglich sei, das Verwaltungshandeln „in Verfahren zu bringen".

Forsthoff äußert sich in einer strukturellen Bemerkung zu der Frage, welche Bedeutung und welches Anrecht dem Verwaltungsverfahren zu geben sei. Wenn man das englische und das deutsche Recht vergleiche, so biete das leicht geschürzte englische case-law die Gewähr des Rechts im Verfahren. Infolgedessen spiele das due-process-of-law im englischen Recht eine entscheidende Rolle. Das deutsche Recht dagegen, das — jedenfalls im wesentlichen noch — mit abstrakten generellen Normen operiere, gehe von anderen, in erster Linie an das materielle Recht anknüpfenden Vorstellungen der Rechtsverwirklichung aus; diese werde im weiten Umfange vorgesichert durch die Struktur der Rechtsordnung selbst. Das Verfahren habe in einer solchen Rechtsordnung nicht die gleiche Bedeutung wie in der englischen. Für Österreich scheine insofern ein Sonderfall vorzuliegen, als hier — in einer noch sehr stark empfundenen Nachwirkung der Kelsen'schen Rechtslehre — die Anwendung auch der Verwaltungsrechtsnorm sehr viel mehr als Rechtsanwendung gesehen werde, und als zu dieser Rechtsanwendung natürlich auch eine Gewähr gesucht werde; für die bundesrepublikanischen Vorstellungen sei die Verwaltungsrechtsnorm dagegen ein Mittel, innerhalb deren Grenzen die Verwaltung zum Ziel zu kommen suche.

II. Nützlichkeit und Möglichkeiten einer gesetzlichen Regelung des Verwaltungsverfahrens

Weber führt aus, „Verwaltungsverfahren" sei nur eine sehr allgemeine Kategorie — allenfalls brauchbar, wenn man vom Verwaltungsverfahren im Gegensatz zum Gerichtsverfahren spreche. Innerhalb des Verwaltungsverfahrens gebe es eine große Zahl von Verfahren, die man als Rechtsfindungs- oder Rechtsentscheidungsverfahren bezeichnen könne; sie betreffen die zahlreichen Entscheidungen, die in der Sozialversicherung, in der Versorgung, in der Fürsorge, in Rentenangelegenheiten usw. fallen. Das seien, wenngleich in verwaltungsrechtlicher Form ergehend, Rechtsfindungsakte, die sich im Grunde genommen in der Gerichtsbarkeit in gleicher Qualität fortsetzen, z. B. in der Sozialgerichtsbarkeit. Für diesen ganzen Komplex sei eine Verfahrensregelung unerläßlich, aber auch vorhanden, und von dem materiellen Recht dieser Gebiete durchaus abgrenzbar. Auch die Frage der Rechtskraft beurteile sich hier anders als in den von Küchenhoff als Verwaltungswillensbildungsverfahren bezeichneten Fällen. Er glaube, daß man gerade in den Fragen der Rechtskraft von Verwaltungsakten sehr deutlich zwischen diesen beiden Fallgruppen unterscheiden müsse.

Der Redner weist darauf hin, daß in unseren Verwaltungsverfahren diejenigen Verfahren eine besondere Rolle spielen, die man als Planverfahren bezeichnen kann (Enteignungsverfahren; Verfahren nach §§ 16 ff. Gewerbeordnung; wasserrechtliches Verleihungsverfahren; Planverfahren im Naturschutz, im Eisenbahnrecht, im Wegerecht usw.). Diese Verfahren werden nach seiner Ansicht in Zukunft an Bedeutung noch zunehmen. Auch bei diesen Materien bestehe die Notwendigkeit, das Verfahren präzise und selbständig neben dem materiellen Verwaltungsrecht zu regeln.

Ziehe man die beiden vorgenannten großen Komplexe ab, dann bleibe freilich ein Gebiet des Verwaltungsverfahrens übrig, das einer Regelung über das bereits bestehende hinaus nicht bedürfe. Nach der bundesdeutschen Vorstellung nütze hier ein Verwaltungsverfahren gar nichts. Und zwar einmal weil die Verwaltung durch eine solche Regelung unangemessen beengt und denaturiert werden könnte; dann aber auch deshalb, weil die Prinzipien dieses Verwaltungsverfahrens noch auf eine ganze Reihe von Jahren oder Jahrzehnten hin besser von der Wissenschaft und von der Rechtsprechung entwickelt würden als von einem Zufallsgesetzgeber, der sich möglicherweise noch auf Bund und 10 oder 11 Länder aufsplittere, und der dabei alles Mögliche und Verschiedenartige zusammenkomponiere. Die Einheit der Verwaltung und die grundsätzliche Erfassung der Probleme sei bei der Weiterentwicklung durch die Judikatur und Wissenschaft besser gesichert; deshalb müsse davor gewarnt werden, die Aktivität des Gesetzgebers auf diesem Gebiet besonders zu ermuntern. Man habe in Deutschland eine sehr tüchtige Verwaltungsbürokratie in Bund und Ländern und sehr eifrige Landesgesetzgeber, die nach Erledigung ihrer Hauptgesetzgebungsarbeit demnächst nach Arbeit suchen würden. Es sei voraus zu sehen, wie sich dann die Verwaltungsbürokratie und die Landtage auf diese Materie stürzen werden. Wenn man von technischen Dingen (wie dem Verwaltungsvollstreckungsgesetz usw.) sowie von einigen dringend reformbedürftigen Angelegenheiten (wie z. B. dem Beschlußverfahren norddeutscher

Provenienz) absehe, so sei es nützlicher, die Dinge sich ruhig und ohne besondere gesetzliche Regelung entwickeln zu lassen.

Der Redner unterstreicht dann Bettermanns Forderung, die Gerichte zunächst einmal in ihrer Arbeit und in ihrer Organisation in Ruhe zu lassen und sie nicht durch alle möglichen Reorganisationspläne ständig zu beunruhigen. Er stimmt ferner Bettermanns These 45 zu, wonach Wahlklageregelungen zu begrüßen sind. Unser Verwaltungsrechtsschutzsystem leide darunter, daß es für die Ermessensentscheidungen keinen eigentlichen Rechtsmittelweg gebe. Da es sich nun aber in vielen Fällen um Ermessensentscheidungen handele, so riefen die Petenten, die diese Fragen in eine höhere Instanz gebracht wissen möchten, die Verwaltungsgerichte an. Diese gerieten dadurch in die peinliche Lage, ermessensschlechte Entscheidungen auf irgendeine Weise doch zu korrigieren und in ihre Judikatur hineinzuziehen, wodurch manche Unstimmigkeit entstanden, andererseits der Rechtsuchende oft doch nicht zu seinem vollen Recht gekommen sei. Die jetzt als verfassungsrechtlich zulässig erachtete Wahlklage sei in einer ganzen Reihe von Fällen der richtige Ausweg.

Ule hält es für notwendig, zunächst einmal eine Bestandsaufnahme der geltenden Verfahrensregelungen zu machen. Aus dem Referat von Bettermann sowie aus einer Reihe von Diskussionsbeiträgen könne man den Eindruck gewinnen, als ob es darum gehe, positivrechtlich ungeregeltes Recht jetzt zu kodifizieren. Davon sei jedoch nach der gegenwärtigen Lage in der Bundesrepublik keine Rede. Denn die verfahrensrechtlichen Fragen seien zu einem großen Teil bereits geregelt; dem Katalog der heute schon genannten Gesetze könne man noch eine lange Liste weiterer einschlägiger Regelungen hinzufügen. Bei dem Versuch, nur die Bundesgesetzgebung nach 1949 in verfahrensrechtlicher Hinsicht zusammenzufassen, habe sich herausgestellt, daß 50 bis 100 Gesetze mehr oder minder umfangreiche Verfahrensregelungen enthielten. Angesichts dieser Ausgangslage und der Tatsache, daß darüber hinaus in den einzelnen Ländern teils ebenfalls Sonderverfahrensregelungen vorhanden, teils allgemeine Verfahrensgesetze angestrebt würden, stelle sich die Notwendigkeit der Prüfung, ob man dann nicht lieber den Versuch einer Zusammenfassung dieser z. T. sehr auseinanderlaufenden Einzelregelungen machen solle. Gewiß müsse dabei sorgfältig geprüft werden, wieweit eine Vereinheitlichung möglich sei. Österreich habe vor etwa 30 Jahren schon gezeigt, wie man vorgehen müsse, ohne dabei alles über einen Kamm zu scheren. Aber gerade wenn man die vorhandenen Gesetze einmal vergleiche, lasse sich doch ein sehr großer Bestand an einheitlichen verallgemeinerungsfähigen Normen finden; Abweichungen seien z. T. nur als Folgen eines reinen Ressortpartikularismus zu verstehen. Es bestehe also durchaus die Möglichkeit einer Zusammenfassung in einem einheitlichen Gesetz, wenn man die schwierigen Fragen der bundesverfassungsrechtlichen Kompetenzen einmal außer acht lasse. Daß man wegen dieser Kompetenzregelung ein derartiges Gesetz nur für die bundeseigene und die Bundesauftragsverwaltung machen könne, sei freilich bekannt; dies mache die Dinge für die Bundesrepublik so viel schwieriger als für Österreich.

Die zweite grundsätzliche Frage sei die, ob und aus welchen Gründen man eine derartige einheitliche Regelung anstreben solle. Im Gegensatz zu Bettermann und wohl auch zu den meisten bundesrepublikanischen Kollegen teile er — der Redner — die österreichische Auffassung, daß der Rechtsstaatsgedanke eine derartige verfahrensrechtliche Regelung zwingend fordere. Krüger habe den gegenteiligen Standpunkt deutlich erkennen lassen, als er vom Einzelnen als einem passiven Objekt der Verwaltung gesprochen habe. Der Einzelne sei im Rechtsstaat nun gerade kein passives Objekt, sondern Subjekt, als welches er auch am Verwaltungsverfahren beteiligt werden müsse. Hier zeige sich wohl die verschiedene Grundauffassung, von der aus man sich gegenüberstehe und dann natürlich auch im einzelnen zu verschiedenen Folgerungen kommen müsse. Im Voraus wehren müsse er sich gegen den Einwand, daß eine rechtliche Regelung des Verwaltungsverfahrens eine vorzeitige „Verrechtlichung" der Verwaltung bedeutete. Im Gegenteil, das Unterbleiben einer verfahrensrechtlichen Regelung fördere diese Verrechtlichung viel mehr. Der Vorschlag von Bettermann laufe nämlich auf eine sehr vorzeitige Verrechtlichung der Verwaltung hinaus, weil die Verwirklichung dieses Vorschlags den Bürger zwinge, schon in einem sehr frühen Stadium zu den Gerichten zu gehen. Wenn man dagegen ein der Stellung des Bürgers zum Rechtsstaat entsprechendes Verwaltungsverfahren schaffe, dann führe das dazu, daß diese vorzeitige Verrechtlichung nicht eintrete, vielmehr der Weg zu den Verwaltungsgerichten auf einen Zeitpunkt verschoben werde, zu dem die Zweckmäßigkeitsgesichtspunkte bereits hinreichend Berücksichtigung hätten finden können.

Bachof wirft die Frage auf, ob es richtig sei — wovon Ule offenbar als selbstverständlich ausgehe — daß der Bürger bei einem nicht formalisierten Verwaltungsverfahren schlechter fährt als bei einer gesetzlichen Verfahrensregelung. Krüger habe vorhin auf die Bedeutung der „Effizienz" für die Verwaltung hingewiesen. Die Effizienz sei aber nicht nur für die Verwaltung und damit zur Wahrung des Allgemeininteresses von Wichtigkeit, sondern sie sei in vielen Fällen genauso wichtig oder noch wichtiger für den Bürger. Dem Bürger komme es oft darauf an, daß rasch entschieden werde und daß er rasch zu dem komme, was er begehre. Der Redner ist nach den Erfahrungen seiner eigenen Verwaltungspraxis skeptisch, ob eine eingehende gesetzliche Verfahrensregelung dem Bürger nützt. Wenn er seine in der zügigen und wenig formalen preußischen Verwaltung gemachten Erfahrungen mit seinen späteren Erfahrungen in Bayern vergleicht — wo das Verwaltungsverfahren zwar nicht so sehr durch Gesetze, wohl aber durch generelle Verwaltungsanweisungen stark formalisiert sei —, so gelangt er zu der Auffassung: Die Verantwortungsfreudigkeit der Verwaltung ist dann größer, wenn sie nicht durch Verfahrensvorschriften irgendwelcher Art zu sehr gehemmt wird. Die Sorge des Beamten, etwas falsch zu machen, sei viel größer, wenn er es mit vielen detaillierten Vorschriften zu tun habe. Berücksichtige man, daß die weit überwiegende Mehrzahl aller Verwaltungsmaßnahmen nicht vor die Verwaltungsgerichte gelange, sondern sich ausschließlich in der aktiven Verwaltung abspiele und dort ihr Ende finde (und auch finden solle), dann sei es sehr fraglich, ob man mit einer Formalisierung des Verwaltungsverfahrens wirklich eine Verbesserung für den Bürger erziele.

Krüger stellt fest, daß sein Ausdruck vom Bürger als „passivem Objekt der Verwaltung" von Ule mißverstanden worden sei. Wenn er vorher die Frage aufgeworfen habe, was es heiße, etwas „in Verfahren zu bringen", dann habe er damit ja nicht irgendein procedere gemeint; vielmehr sei der Ausdruck „Verfahren" genau akzentuiert gemeint, wie wenn man von „Verfassung" spreche. Das sei ja auch nicht irgendeine Verfassung, sondern eine Verfassung in einem ganz bestimmten Sinne. Wenn er Verfahren sage, dann bedeute das — unter Beschränkung auf die strukturellen Momente —: mehrere Akte und mehrere Beteiligte. Kadi-Justiz, bei der der Richter sich an die Brust schlägt und sagt: „So ist es", sei überhaupt kein Verfahren, jedenfalls nicht im prägnanten Sinne. Echtes Verfahren sei immer in mehreren Etappen zu vollziehen und müsse immer mehrere Leute ins Spiel bringen. Um sich des Mißverständnisses seiner Äußerungen zu erwehren, wolle er also sagen: Verfahren bedeute immer kontradiktorisches Verfahren.

Merk hält es für wünschenswert, daß der Bund allgemein das Verwaltungsverfahren regelt, vorbehaltlich besonderer Regelungen für einzelne Sachgebiete, wo dies geboten erscheint. Die gegenwärtige unterschiedliche Regelung jeweils in den einzelnen

Gesetzen — z. B. in der Reichsversicherungsordnung, im Kriegsopferversorgungsverfahrensgesetz, im Bundesleistungsgesetz usw. — sei höchst unbefriedigend. Eine einheitliche Regelung sei sowohl für das Verfahren der Bundesbehörden zu wünschen, wie auch für die Durchführung der Bundesgesetze durch die Länder, sei es im eigenen Namen oder als Auftragsverwaltung. Die Länder könnten dann für ihren Bereich zur Durchführung von Landesgesetzen besondere Regelungen vornehmen; wünschenswert erscheine dies freilich nicht, da nicht zu erwarten sei, daß dabei eine einigermaßen einheitliche Regelung zustande komme, vielmehr sollten die Länder möglichst auch für ihren Bereich das bundesrechtlich geregelte Verfahren übernehmen, zumal dieselben Behörden vielfach Bundes- und Landesrecht nebeneinander anzuwenden haben. Jedenfalls müsse eine gewisse gesetzliche Mindestregelung mit Rücksicht auf den Schutz des Bürgers vorgenommen werden. Dahin gehöre vor allen Dingen die Regelung des Anspruchs auf rechtliches Gehör; dabei müsse man freilich Ausnahmen für Fälle von Gefahr im Verzug machen. Er weise darauf hin, daß Baden schon auf Grund einer landesherrlichen Verordnung von 1884 über das Verfahren in Verwaltungssachen eine vortreffliche Regelung des Verwaltungsverfahrens gehabt habe mit verhältnismäßig wenigen Bestimmungen, die aber doch zum Schutze der Belange des einzelnen genügt hätten. Im übrigen bedauere er, infolge der Beschränkung der Redezeit eine Reihe weiterer Punkte nicht mehr zur Sprache bringen zu können.

Merkl weist auf die Doppeldeutigkeit des Ausdrucks „Verwaltungsvorschrift“ hin. Die österreichische Gesetzgebung versteht darunter alle Rechtsquellen des Verwaltungsrechts, während die deutsche wissenschaftliche Terminologie darunter nur untergesetzliche Normierungen der Verwaltung versteht: sog. Verwaltungsverordnungen im weiteren Sinne des Wortes. Wenn z. B. die österreichischen Verwaltungsverfahrensgesetze auf die „Verwaltungsvorschriften“ verweisen, so wollen sie damit nicht den Grundsatz der Gesetzmäßigkeit der Verwaltung ausschließen, sondern setzen hier Verwaltungsvorschriften in G e s e t z e s f o r m , zumindest als Grundlage der generellen Regelung dieser Verwaltungstätigkeit, voraus.

Der Redner hält es für eine notwendige Konsequenz des Rechtsstaates, daß gewisse bedeutsame Fragen des Verfahrens gesetzgeberisch geregelt werden und daß hier die Entscheidung nicht mehr der Literatur oder Judikatur überlassen wird. Während seiner Tätigkeit in Tübingen habe er Vergleiche zwischen den beiden grundsätzlichen Möglichkeiten anstellen können. Sehr aufschlußreich seien seine Erfahrungen mit dem Entwurf der Verwaltungsrechtsordnung für Württemberg. Obwohl dieser Entwurf zum Bedauern der Verwaltungsjuristen nicht Gesetz geworden sei, habe man ihn doch der Verwaltungspraxis, mindestens teilweise, zugrunde gelegt. An diesem Vorgang sei das rechtspolitische Bedürfnis offenbar geworden, im Banne der Vorstellung des Rechtsstaates konkretere Lösungen zur Richtschnur zu haben und damit auch den Adressaten der Verwaltung ein gewisses Maß von Berechenbarkeit zu gewährleisten. Der Gesetzgeber finde daher auf dem Gebiet des Verfahrensrechts noch ein wichtiges Tätigkeitsfeld vor. Die österreichische Gesetzgebung könne dafür insofern mustergültig sein, als sie sich möglichst allgemein fasse und dem Ermessen einen großen Spielraum belasse.

Dürig knüpft an die Ausführungen des Vorredners an. Der Entwurf der Verwaltungsrechtsordnung für Württemberg werde in der württembergischen Praxis in der Tat als Quasi-Gesetz angewendet. Das bestätige die Äußerungen Melichars, wonach nicht nur der Bürger, sondern auch die aktive Verwaltung — und hier insbesondere die mittleren Verwaltungsbeamten, die Amtmänner, Inspektoren, usw. — sich nach einer solchen gesetzlichen Regelung sehne.

Bachof weist dazu darauf hin, daß die praktische Anwendung des Entwurfs der württ. Verwaltungsrechtsordnung recht fragwürdig sei. Die Rechtsprechung greife dann auf den Entwurf als angeblichen Ausdruck des Gewohnheitsrechts zurück, wenn er ihre Auffassung bestätige. Stehe er im Widerspruch zur Auffassung der Rechtsprechung, so werde der Entwurf ebenso selbstverständlich unbeachtet gelassen.

Klein stellt an Bettermann die Frage, wie dessen Leitsätze 12, 13 und 29 miteinander in Einklang zu bringen sind. In Leitsatz 12 unterscheide Bettermann zwischen internem und externen Verwaltungsverfahren anhand der üblichen Definition: „Intern ist das Verhältnis der Behörden und Amtsträger untereinander, extern ihr Verhältnis zum Bürger." In Leitsatz 13 werde überhaupt nur das externe Verwaltungsverfahren als Verwaltungsverfahren im Sinne des Art. 84 GG gewertet. Nach Leitsatz 29 schließlich soll das externe Verwaltungsverfahren, „ausgenommen das Verhalten des Bürgers" (zu ergänzen: „zur Behörde"), der Regelung durch Verwaltungsvorschriften offenstehen. Was ist nun also „externes" Verwaltungsverfahren? Präge Bettermann etwa drei verschiedene Begriffe, einen ganz allgemeinen der externen Verwaltung (Verhältnis des Bürgers zur Behörde und umgekehrt), einen zweiten im Sinne des Art. 84 GG und einen dritten in Bezug auf die Verwaltungsvorschriften?

Bettermann beantwortet die Frage dahin, daß er nur e i n e n einheitlichen Begriff verwende, innerhalb des externen Verwaltungsverfahrens aber bei der Frage, wieweit dieses Verfahren der Regelung durch Verwaltungsvorschriften offenstehe, unterscheide. Die Verwaltungsvorschrift könne zwar Rechte und Pflichten der Verwaltung, aber keine Rechte und Pflichten des Bürgers begründen. Für den Begriff des Verwaltungsverfahrens bestehe also kein Unterschied, wohl aber in der Frage, was durch Verwaltungsvorschrift geregelt werden könne. Darauf sei folgende Antwort zu geben: Geregelt werden könne durch Verwaltungsvorschrift nicht nur, wie man prima vista vielleicht annehme, das interne Verfahren, sondern auch das externe Verfahren, dieses aber nur in einem Teilbereich.

Für Art. 84 GG sei die Frage nicht sonderlich kritisch, denn in Art. 84 Abs. 2 sei ja geregelt, daß die Bundesregierung die allgemeinen Verwaltungsvorschriften mit Zustimmung des Bundesrats erlasse Also könne sie, wenn und soweit keine g e s e t z l i c h e Regelung des Verwaltungsverfahrens vorliege, dieses im Wege der Verwaltungsvorschrift regeln, wenn auch ohne Verbindlichkeit für den Bürger. Er empfinde es als durchaus zweckmäßig, wenn zunächst im Wege der Verwaltungsvorschrift neuere Verfahrensregelungen erprobt würden.

Ule wirft die Frage auf, ob denn überhaupt das sog. externe Verwaltungsverfahren durch bloße Verwaltungsvorschriften geregelt werden könne. Er habe ernste Bedenken dagegen; seiner Ansicht nach müsse dies durch Gesetz geregelt werden. Auf den Hinweis von **Bachof**, daß im weiten Umfange, besonders im Steuerrecht externe Regelungen durch Verwaltungsvorschriften vorgenommen werden, bemerkt **Ule**, daß diese Tatsache unbestreitbar sei, der Zustand dadurch aber nicht richtiger werde. **Merk** betont, soweit das Verfahren nicht unmittelbar in den Rechtskreis der Bürger eingreife, falle es nicht unter den Vorbehalt des Gesetzes und könne deshalb durch Verwaltungsvorschrift geregelt werden; es betreffe ja nur die Frage, w i e die Verwaltungsbehörden tätig zu sein haben. **Bachof** bemerkt dazu, daß die Verwaltungsvorschriften im Steuerrecht sich keineswegs auf das Wie des Tätigwerdens beschränken, sondern z. B. die Steuersätze innerhalb eines gesetzlichen Rahmens festsetzen. Mit seinem Hinweis auf das Steuerrecht habe er diese Praxis nicht als richtig hinstellen, sondern nur auf die Tatsache hinweisen wollen, daß hier im weiten Umfange externe Regelungen — und zwar über das Verfahren hinaus — durch bloße Verwaltungsvorschriften getroffen werden.

Ipsen fordert, daß die Frage der Zweckmäßigkeit einer gesetzlichen Regelung des Verwaltungsverfahrens unter einem Gesamtaspekt gesehen werden müsse, der unsere gegenwärtige Legislatur, unser Rechtsschutzsystem, unsere Grundrechtsordnung, ferner die sich aus einer gewissen Übersteigerung unserer Rechtswegstaatlichkeit ergebenden Fragen, sowie schließlich auch gewisse rückläufige Bewegungen (Stichwort: unbestimmte Rechtsbegriffe) einbezieht. Die Frage der Zweckmäßigkeit einer gesetzlichen Regelung müsse hic et nunc gestellt werden. Berücksichtige man das, so sei unsere Gesamtlage für ein Unternehmen dieser Art nicht günstig. Dem Redner erscheint es unvorstellbar, daß sich, wie Melichar ausgeführt habe, der Stil der Verwaltung in Österreich durch die Einführung der Verwaltungsverfahrensgesetze nicht wesentlich geändert haben soll. Sei es vielleicht so, daß der Stil immer schon so gewesen sei, wie er heute von den Verwaltungsverfahrensgesetzen gefordert werde?

Verwaltungsverfahrensregelung ziele — das dürfe er Krüger entgegenhalten — im wesentlichen auf Rechtsschutzsicherung für den einzelnen; das Kernanliegen der Verwaltung, Dinge vom Fleck zu bewegen, werde damit nicht angesprochen. Aber irgendwie bestehe die Versuchung, unter dem Stichwort Verfahrensordnung die Aufgabe der Verwaltung — in Berlin habe er einmal verfänglich von der „Mission" der Verwaltung gesprochen — mit in die prozessuale Form hineinzubringen. Dieses Anliegen bewege offenbar Herrn Krüger, und es müsse deutlich unterstrichen werden, wenn man die Frage erörtere, ob überhaupt solche Regelungen getroffen werden sollen.

Melichar beantwortet Ipsens Frage, wieso sich der Verwaltungsstil durch die Verfahrensgesetze nicht geändert habe: Die rechtliche Regelung der Vorgangsweise sei bereits vor Erlaß der Verfahrensgesetze durch die Rechtsprechung des Verwaltungsgerichtshofs weitgehend vorgeprägt gewesen; deshalb habe sie sich nicht wesentlich geändert. Natürlich hätten die Gesetze gewisse Änderungen und Neuerungen gebracht. Nicht geändert habe sich aber der wesentliche Gedanke, daß die Verwaltung nur auf Grund der Gesetze vorgehen dürfe. Der VGH habe alle Prinzipien der Verfahrensgesetze bereits in seiner Rechtsprechung entwickelt. Nur sei durch die Gesetze eine klare juristische Basis, mit einigen freilich wichtigen und nützlichen Neuerungen geschaffen worden.

Pfeifer berichtet, er habe vor und nach der Einführung der österreichischen Verfahrensgesetze in der allgemeinen Verwaltung gearbeitet. Aus seiner Erfahrung müsse er sagen, daß die Schaffung der Gesetze eine wesentliche Erleichterung für die Verwaltung gebracht habe, weil nun eine einheitliche Zusammenfassung der in zahlreichen Rechtsvorschriften und in der Judikatur verstreuten Materie erfolgt sei.

Noch nicht erwähnt worden sei bisher Art. IV Nr. 3 des EG zu den Verwaltungsverfahrensgesetzen, wonach nicht berührt werde „die Befugnis der Behörden der allgemeinen staatlichen Verwaltung (Bundespolizeibehörden) und der Organe der öffentlichen Sicherheit, zur Aufrechterhaltung der öffentlichen Ordnung und Sicherheit sowie zur Abwehr unmittelbar drohender Gefahren die in ihren Wirkungskreis fallenden Maßnahmen auch ohne vorausgegangenes Verfahren zu treffen sowie die diesen Behörden und Organen außerhalb des Vollstreckungsverfahrens zustehenden Zwangsbefugnisse". Damit sei gesagt, daß, wenn wirklich rasches Handeln im Allgemeininteresse geboten sei, das Verwaltungsverfahren kein Hindernis darstelle.

Die Regelung der Verfahrensgesetze habe zweierlei gebracht: Rechtsvereinheitlichung und Verwaltungsvereinfachung. Sie seien für die Beamten und für den Bürger gleich nützlich; das sei Verwaltungsreform und Verwaltungsentlastung zugleich.

Schima (Wien) ergreift als Gast das Wort, um als einer der ältesten anwesenden Österreicher auf Grund seiner langjährigen Wahrnehmungen zu bekunden, daß die erziehende Gewalt der Verwaltungsverfahrensgesetze gar nicht überschätzt werden könne. Herr Melichar habe die schreckliche Zeit vor Erlaß der Verfahrensgesetze nicht mehr selbst erlebt; er, Schima, kenne sie aber noch.

Spanner erblickt Aufgabe und Zweck eines Verwaltungsverfahrens in der Feststellung des Sachverhalts, auf Grund dessen der Verwaltungsakt zu erlassen sei, und zwar unter Mitwirkung der Parteien und nach deren Anhörung. Es ist ihm unerfindlich, wieso ein gesetzlich geregeltes Verfahren mit einer solchen Zwecksetzung in Widerspruch zur Aufgabe der Verwaltung stehen soll.

Eine derartige Behauptung laufe dahin hinaus, daß die Verwaltung vor ihrer Entscheidung oder Verfügung den Sachverhalt nicht klar festzustellen und die Parteien vorher nicht zu hören brauche; schroff ausgedrückt: die Verwaltung solle auch weiterhin am Stand des absoluten Polizeistaates festgehalten werden. Das stehe in Widerspruch zu der in der Bundesrepublik andererseits festzustellenden Hypertrophie der Verwaltungsgerichtsbarkeit.

Auch die Wirksamkeit der Verwaltung, die angeblich durch eine Verfahrensregelung gehemmt werde, werde in Wirklichkeit viel mehr gehemmt, wenn Sachverhaltsfeststellung und Parteiengehör erst nachträglich in einer dreistufigen Verwaltungsgerichtsbarkeit durchgesetzt werden müßten.

Die Verwaltung sei nun einmal für den Juristen Rechtsanwendung. Denn es müsse ja mindestens eine Rechtsnorm vorhanden sein, die es überhaupt ermögliche, das Handeln irgendeiner Person dem Staat oder einem anderen Rechtsträger zuzurechnen und somit als Verwaltungsakt zu qualifizieren; in diesem Sinne müsse Verwaltung also Rechtsanwendung sein. Das habe besonders Adolf Merkl in seinem „Allgemeinen Verwaltungsrecht" in bahnbrechenden Ausführungen deutlich gemacht.

(Auf Zwischenfrage von Peters:) Alles das beziehe sich nicht auf die Privatwirtschaftsverwaltung, sondern nur auf die Hoheitsverwaltung und speziell auf den Erlaß von Bescheiden der Verwaltungsbehörden. Die gegenwärtige Entwicklung mit ihren zunehmenden Eingriffen des Staates in den Bereich der Wirtschaft führe allerdings dazu, daß die in der Hoheitsverwaltung durch Verwaltungsverfahren und Verwaltungsgerichtsbarkeit erreichte Rechtssicherheit zum Teil wieder gestört werde. Auf die Problematik des Verhältnisses von Rechtsstaatlichkeit und Privatwirtschaftsverwaltung könne er aber hier nicht eingehen.

Bachof weist darauf hin, daß — entgegen dem Eindruck, den Spanners Ausführungen machen könnten — das Verwaltungsverfahren in der Bundesrepublik auch ohne allgemeine gesetzliche Regelung durchaus kein rechtsleerer Raum sei. So gelte z. B. der Grundsatz des rechtlichen Gehörs hier nach den von der Rechtsprechung entwickelten Grundsätzen materiell in etwa demselben Umfange wie in Österreich, wo er ja auch für nicht unerhebliche Ausnahmefälle durchbrochen sei. Die Frage sei für die Bundesrepublik nur die, ob jene Probleme gesetzlich geregelt werden sollten oder ob man ihre Lösung weiterhin der Entwicklung durch Rechtsprechung und Wissenschaft überlassen solle. Die Hemmungen der bundesdeutschen Verwaltungsrechtler gegen eine gesetzliche Regelung seien — nicht nur, aber doch zu einem ganz erheblichen Teil — durch die verfassungsrechtliche Lage bedingt; diese lasse uns als einzige Alternative zur bisherigen Lösung nur die Wahl, mehrere Gesetzgeber konkurrierend mit der Regelung der Probleme zu betrauen, nämlich teils den Bund, teils die einzelnen Länder. Bei einer solchen gesetzlichen Regelung werde vermutlich ein wesentlich bunteres und damit der Rechtssicherheit stärker abträgliches Ergebnis herauskommen, als bei der Belassung dieser Fragen in der Hand der im wesentlichen einheitlichen Rechtsprechung.

Spanner pflichtet dem bei. Seine Ausführungen sollten sich nur gegen die heute vorgetragenen grundsätzlichen Einwendungen gegenüber einer gesetzlichen Verfahrensregelung überhaupt richten.

Weber wendet sich gleichfalls gegen Spanners Darlegungen, nach denen es scheinen könne, als ob das deutsche Verwaltungsverfahren ein Tummelplatz administrativer Willkür sei. So sei es keineswegs, und besonders nicht seit dem Inkrafttreten der Gesetze über die Verwaltungsgerichtsbarkeit, also seit 1946. Diese Gesetze hätten ja nicht nur die Verwaltungsgerichtsbarkeit geregelt, sondern auch etliche wichtige Punkte des Verwaltungsverfahrens: so z. B. das Vorschaltverfahren, den Begriff des Verwaltungsakts, die Bedeutung der Rechtsmittelbelehrung, usw. Auch diese Regelungen hätten zwar nichts wesentlich Neues gebracht, aber doch etliches in nützlicher Weise positivrechtlich geregelt. Den Grundsatz des rechtlichen Gehörs halte er für so grundlegend, daß er auch dann existiere, wenn er nicht ausdrücklich geregelt sei. Die Frage sei nur, ob über das hinaus, was wir dankenswerterweise bereits an positivem Recht haben, im gegenwärtigen Zeitpunkt eine rational konzipierte Regelung des Verwaltungsverfahrens nützlich sei. Der Redner bestreitet das und glaubt, daß der gegenwärtige Zustand weder für die Rechtsstaatlichkeit noch für die Effizienz der Verwaltung oder für die Sicherheit und Klarheit des Verwaltungsverfahrens einen Nachteil bedeutet.

Krüger möchte nicht als „Gewaltmensch" gelten, der den Bürger in ein Objekt und die Verwaltung in eine blind um sich schlagende Macht verwandelt. Er müsse deshalb einiges klarstellen. In seinen vorherigen Ausführungen stecke eine ganze Reihe von Fragestellungen; darin stecke vor allem der Versuch, auch die wissenschaftlichen Fragen selbst gewissermaßen in einem „geordneten Verfahren" anzupacken und zunächst einmal festzustellen, wie denn die Fragen eigentlich zu formulieren seien. Seine Beispiele hätten der Erläuterung der gestellten Fragen dienen, aber keine Antworten geben wollen. Die Annahme Spanners, daß in seinen (Krügers) Ausführungen die Auffassung enthalten sei, die Verwaltung brauche den Sachverhalt nicht genau zu ermitteln, sei verfehlt. Übrigens habe gerade der absolute Staat die Sachverhalte sehr genau ermittelt; dieser Staat habe sehr exakt gearbeitet und durchaus nicht ins Blaue hinein manövriert. Keineswegs stecke also in seinen

(K r ü g e r s) Fragestellungen der Versuch, die Verwaltung am Polizeistaat festzuhalten. Was darin stecke, sei vielmehr das Problem der äußersten Rationalität der Verwaltung im Sinne ihrer Effektivität. Worum es sich handle, sei, wieweit man das Element des Rechtes in das Verfahren hineinbringen könne, ohne seine Effektivität mehr zu schädigen, als es zu verantworten sei. Es handele sich also letztlich um die Findung eines Kompromisses und nicht mehr. Um einen solchen Kompromiß zu finden, müsse man aber zunächst einmal wissen, welche Elemente im Spiel seien, was man also zu einem Kompromiß zu bringen habe. Und bei dieser Abwägung habe er den Eindruck, daß das eine Element, nämlich der Effektivität, zu kurz gekommen sei. Man mache es sich zu leicht, wenn man einseitig die juristische Lösung proklamiere und dann sage: Nach uns die Sintflut.

Ule wendet sich gegen den durch die Ausführungen W e b e r s und K r ü g e r s erneut hervorgerufenen Eindruck, als handele es sich darum, eine Kodifikation auf einer Grundlage vorzunehmen, die bisher jeglicher gesetzlicher Regelung ermangele. Nach dem in der Bundesrepublik vorliegenden Tatbestand könne davon keine Rede sein. Es gebe bereits eine Fülle gesetzlicher, in ihren Grundsätzen übereinstimmender Regelungen des Verwaltungsverfahrens. Falls der Gesetzgeber sich der Sache annehme — was nicht einmal wahrscheinlich sei —, so würde er auf diese bereits kodifizierten Teillösungen zurückgreifen. Die Innenministerkonferenz habe im Lauf der letzten Jahre einen Entwurf ausgearbeitet, der weitgehend die Billigung der Ministerialbürokratie der Länder gefunden habe. Es sei also durchaus denkbar, daß man sich mindestens auf der Ministerialebene auf einen Entwurf einige, der freilich keine Offenbarungen enthalten, sondern nur das partielle Recht kodifizieren würde. Gerade weil es nur darum gehe, die richtige Lösung „hic et nunc" zu finden, sei es ihm unverständlich, weshalb man aus der ganzen Angelegenheit ein Grundsatzproblem mache. Dieses Grundsatzproblem habe uns der Gesetzgeber schon seit Jahrzehnten aus der Hand genommen und tue es jeden Tag von Neuem; aber er tue es in einer Weise, die höchst unbefriedigend sei, weil jedes Ressort sein eigenes Verwaltungsverfahren gestalte. Der Redner bezweifelt, ob das nun gerade zweckmäßiger, wünschenswerter und vernünftiger sei als eine nach einheitlichen Gesichtspunkten gestaltete Kodifikation.

Antoniolli betont nachdrücklich die Bewährung der österreichischen Lösung, und zwar sowohl vom Standpunkt des Bürgers aus, der eine im wesentlichen einheitliche Rechtsgrundlage für seine Beziehungen zum Staate gewonnen habe, wie auch vom

Standpunkt der Verwaltung aus. Der Redner habe als Verwaltungsbeamter in erster Instanz 12 Jahre lang Tausende von Bescheiden erlassen, sich ebensooft aber mit Situationen auseinandersetzen müssen, in denen man Bescheide wegen der Notwendigkeit sofortigen Handelns nicht mehr erlassen konnte. Nicht ein einziges Mal habe er dabei das Gefühl gehabt, in den Verwaltungsgesetzen eine Fessel seines Handelns zu finden.

Die einheitliche Verfahrensregelung habe sich aber auch für die Gesetzgebung außerordentlich bewährt. Allerdings habe sich der Gesetzgeber nicht immer richtig verhalten. Wenn der Gesetzgeber immer so handelte, wie er es nach den Verfahrensgesetzen tun könnte, so müßten die österreichischen Gesetze oft um vieles kürzer sein als sie tatsächlich sind. Die einzelnen Gesetze könnten infolge des Vorhandenseins allgemeiner verfahrensrechtlicher Regelungen wesentlich entlastet werden; der Gesetzgeber brauchte nur die im Einzelgesetz notwendigen Abweichungen zu regeln. Wenn der Gesetzgeber das beachte, habe der Bürger wirklich eine klare Regelung, die ihm in Ergänzung des allgemein geregelten Verwaltungsverfahrens alles sage, was er im konkreten Fall zu wissen brauche. Aus diesen und aus vielen anderen Gründen halte man in Österreich die getroffene Regelung für gut. Nicht zuletzt sei dabei auch an den erzieherischen Wert für die Verwaltung zu denken.

Der Redner vermutet, daß bei den deutschen Teilnehmern noch einige nicht ganz richtige Vorstellungen über den Grad der Vereinheitlichung bestehen. Er stellt deshalb fest, daß die österreichische Verfahrensregelung sich zunächst nur auf Angelegenheiten der Hoheitsverwaltung bezieht, die Privatwirtschaftsverwaltung scheide aus. Sodann betreffen die Verwaltungsverfahrensgesetze zwar einen großen Bereich der Verwaltung, es bestehen aber Sonderregelungen für bestimmte Verwaltungsverfahren, im besonderen für das Dienstrechtsverfahren, von einigen weniger wesentlichen Dingen abgesehen. Für das Dienstrechtsverfahren z. B. sind in einem ganz kurzen Gesetz nur die Abweichungen von den allgemeinen Verfahrensregeln des AVG formuliert. Das AVG selbst enthält ein in sich geschlossenes Verfahrensrecht. Für das, was man vielleicht den „sofortigen Polizeizwang" nennen kann, gilt es nicht. Die materielle Ermächtigung zu solchen Handlungen des Polizeizwangs muß allerdings in einschlägigen Gesetzen gegeben sein. Verfahrensrechtlich hat die Behörde aber hier vollkommene Freiheit.

Am AVG selbst sei besonders die weise Beschränkung des Gesetzgebers zu bewundern. Dabei könne man den Gesetzgeber in diesem Fall fast personifizieren, es sei der als Gast anwesende Präsident M a n n l i c h e r.

Der Gesetzgeber hat im nur 80 Paragraphen umfassenden AVG knappe, kurze, in gutem Deutsch geschriebene Vorschriften gegeben. Das Gesetz enthält verschiedene Gruppen von Normen. Dort, wo es unbedingt notwendig ist, einheitliches Recht zu schaffen, sind die Normen zwingend. In anderen Fällen sind sie subsidiär anzuwenden, wenn die Verwaltungsvorschriften nichts anderes regeln. Bei einer dritten Gruppe von Bestimmungen wird ausdrücklich auf die Verwaltungsvorschriften verwiesen. Der Redner berichtet, daß es einen ständigen Kampf bei den Beratungen in der gesetzgebenden Körperschaft gibt, um zu erreichen, daß die Gesetzentwürfe dem Geist des AVG Rechnung tragen und Abweichungen nur dort bringen, wo dies wirklich begründet ist. Leider sei dieser Kampf oft vergeblich; aber das besage nichts gegen das AVG. Infolge der geschilderten Liberalität des AVG könne man dieses Gesetz ohne Schwierigkeiten ebensogut in einer Bausache wie in einer Wasserrechtssache oder in einer Staatsbürgerschaftssache anwenden. Praktisch gebe es dabei überhaupt keine Schwierigkeiten. In Deutschland gehe es, wie er den bisherigen Ausführungen entnehme, offenbar nur um die Frage der einheitlichen Regelung der in einer großen Zahl von Gesetzen verstreuten Bestimmungen. Gerade weil dieses Ziel in Österreich durch die Verfahrensgesetze erreicht sei, seien diese Gesetze hier so beliebt. Die Erfahrung lehre, daß gerade bei denjenigen Behördenkategorien, für die das AVG noch n i c h t gelte, das rechtsstaatliche Bewußtsein sehr viel geringer sei als bei solchen Behörden, die der einheitlichen Regelung des AVG unterworfen seien. Gerade in jenen von der Geltung des AVG ausgenommenen Behörden hätte sich der Polizeistaat in Reinkultur erhalten können. Man habe daher das Bestreben, die einheitliche Regelung immer mehr auszudehnen, um die Grundregeln des Verwaltungsverfahrensrechts in das allgemeine Bewußtsein jedes Bürgers eindringen zu lassen. Jeder Österreicher soll z. B. wissen, gegen welche Maßnahmen er Berufung einlegen und wohin er sich damit zu wenden habe. So sollte z. B. die Berufungsfrist in allen Angelegenheiten vereinheitlicht werden, damit die bisherige Unsicherheit aufhöre. Er glaube, daß nur ein einheitliches Verfahrensrecht ein allgemeines Rechtsbewußtsein herbeiführen könne. Das mache es verständlich, daß man in Österreich geradezu versessen auf die eigene Regelung sei, ohne daß man selbstverständlich diese Regelung anderen aufzwingen oder auch nur einreden wolle.

Partsch gibt zur Erläuterung der von U l e und W e b e r erwähnten gesetzgeberischen Absichten eine Information. Nachdem die Innenministerkonferenz sich über den Plan eines Verwaltungsverfahrensgesetzes nicht habe einigen können, habe das Innenministerium von Schleswig-Holstein in einer wahren „rage de perfection" die Initiative ergriffen und ein allgemeines Verwaltungsgesetz in Angriff genommen, das weit über ein Verwaltungsverfahrensgesetz hinausgehe. In einem Beratergremium, dem auch Öffentlichrechtler der Universität Kiel angehörten, habe sich eine starke Kritik gegen den perfektionistischen Entwurf erhoben, der zu einem Kodifikationswerk von geradezu phantastischem Ausmaß führen solle. Es hat den Redner sehr stark beeindruckt, zu hören, wie vorsichtig man in Österreich vorgegangen sei. Besonders interessiert hat ihn die Darlegung von Melichar, wonach die österreichische Regelung im Grunde nur eine gesetzliche Fixierung des schon vorher Erarbeiteten sei.

Es sei vorher gesagt worden, die bereits in den verschiedenen Spezialgesetzen vorhandenen Einzelregelungen seien von allgemeinen Grundsätzen durchzogen, die im wesentlichen übereinstimmten. Er sei in dieser Beziehung skeptisch und bezweifle, ob die gemeinsame Grundlage, die den Zeitpunkt der Kodifikationsreife eines Gebietes wesentlich bestimme, wirklich schon gegeben sei. Besonders die von Peters erwähnte Frage der Wirtschaftsverwaltung mache das deutlich. Er glaube, daß wir uns heute im Verwaltungsrecht in einem ähnlichen Zustande befänden, wie das Bürgerliche Recht zu Zeiten Savignys. Damals sei die Arbeit der späten gemeinrechtlichen Schule, die mit Windscheid kulminiert und das Bürgerliche Gesetzbuch erst möglich gemacht habe, noch nicht geleistet gewesen. Man müsse sich daher vorsehen und den Warnruf Savignys wieder in Erinnerung bringen, bevor man den Versuch mache, etwas zu formulieren, dessen Grundlagen heute noch nicht erarbeitet sind.

Scheuner geht davon aus, daß die Bedenken gegen die gesetzliche Regelung des Verwaltungsverfahrens aus drei Gesichtspunkten stammten: a) aus dem Gesichtspunkt, es fehle heute an der Berufung zur Gesetzgebung (Ipsen); b) Zweitens handele es sich um das Bedenken, die Verwaltung könne gelähmt und gehemmt werden (Krüger); hier hätten ihn die Ausführungen Antoniollis, soweit überhaupt noch nötig, davon überzeugt, daß man durch ein so maßvolles Gesetz wie das österreichische AVG eine Reihe von Fragen einheitlich regeln könne, ohne die Verwaltung damit zu beschränken. c) Das eigentliche Bedenken der deutschen Juristen komme aber aus dem dritten Gesichtspunkt, daß wir bei der deutschen verfassungsrechtlichen Situation eine große Zahl unterschiedlicher, das materielle Verwaltungsrecht auseinanderreißender Landesverwaltungsgesetze bekommen würden. Diese Entwicklung hänge freilich nicht allein an dem Erlaß von Verwaltungsverfahrensgesetzen. Sie trete bereits in der Rechtsprechung des Bundesverwaltungsgerichts auf, wenn dieses seiner bisherigen Rechtsprechung folge; das habe Bachof kürzlich sehr überzeugend dargetan.

Man müsse sich aber auch noch einen weiteren Gesichtspunkt klarmachen. Glücklicherweise bestehe eine Sicherung des Verwaltungsverfahrens im Grundgesetz, nämlich in der Vorschrift des Art. 19 IV GG. Forsthoff habe vorher den due process of law zitiert. Nach seiner (Scheuners) Auslegung enthält Art. 19 IV diesen Grundsatz des due process; einen Grundsatz, der eher ins materielle Recht gehöre. Dieser Grundsatz erklärte jeden Eingriff der Verwaltung, der keine genügende Gewähr eines rechtlichen Verfahrens (Vorgehens) enthalte, für unzulässig. Werde Art. 19 IV so verstanden, so sei durch den Bund ein Verwaltungsverfahren gewährleistet, und es könne auf dem Wege der Verfassungsbeschwerde in Deutschland zu einer ähnlichen Entwicklung kommen wie in der Schweiz.

III. Verhältnis und Wechselwirkungen zwischen Verwaltungsverfahren und Verwaltungsgerichtsbarkeit; Beschlußverfahren

Scheuner stimmt der These 43 b von Bettermann zu, wendet sich aber entschieden gegen dessen These 43 a. Aus einem Mehr an Verwaltungsgerichtsbarkeit folge noch keineswegs ein Weniger an Verwaltungsverfahren. Die Unrichtigkeit jener These lasse sich an den von Weber erwähnten Planverfahren aufzeigen. Im Anschluß an frühere Darlegungen Forsthoffs müsse gefragt werden, ob die Verwaltungsgerichtsbarkeit überhaupt gegenüber einem Planverfahren ausreichenden Rechtsschutz gewähren könne. Der Redner verneint das. Wenn nämlich einmal ein Enteignungsplan und ein Bebauungsplan aufgestellt und durchgeführt seien, so nütze der Einspruch des einzelnen nichts mehr; denn die gebauten Häuser könne man nicht mehr einreißen. Es komme daher alles darauf an, hier das Verwaltungsverfahren sachgerecht auszugestalten und z. B. die Auslegung, die rechtzeitige Behandlung der Einwendungen, der Einsprüche usw. zu regeln. Die Möglichkeiten des Verwaltungsgerichtsverfahrens seien hier unzureichend. Ebenso sei aber auch das heutige Verwaltungsverfahrensrecht insoweit unzureichend.

Es sei auch nicht so, daß das von Bettermann bekämpfte Präventivverfahren in der Verwaltung — und namentlich das unabhängige Beschlußverfahren — nur eine Vorwegnahme der

Verwaltungsgerichtsbarkeit darstelle. Für einige Fälle treffe das freilich zu. Bettermann habe deshalb mit der Bekämpfung dieses Vorverfahrens in den von Weber angesprochenen Fällen der mechanisierten und rationalisierten Renten- und Versorgungsverfahren recht; aber eben auch nur in diesen Fällen. Dagegen habe er dort nicht recht, wo das Vorverfahren wesentliche personelle und sachliche Elemente enthalte, z. B. bei Entscheidungen einer Fakultät, eines Prüfungsausschusses oder überhaupt eines lebens- und verwaltungsnäheren Gremiums. In solchen Fällen sei es auch unzweckmäßig, die Wahlklage zuzulassen. Er sei daher nicht der Meinung Webers, daß die Zulassung der Wahlklage in allen Fällen der richtige Weg sei. (Zuruf **Weber**: Nicht in allen Fällen!).

Den Leitsätzen Bettermanns Nr. 47 und 48 pflichtet der Redner bei. Er möchte sie aber viel stärker betont wissen, etwa im Sinne der These 3 von Melichar. Die Frage: Verwaltungsgerichtsbarkeit oder Verwaltungsverfahren?, dürfe überhaupt nicht als Gegensatz verstanden werden. Auch die Verwaltungsgerichtsbarkeit sei — darin sei er mit Peters grundsätzlich einer Meinung — auch heute noch nicht nur Rechtsschutz des Bürgers, sie habe vielmehr zugleich die Funktionen der Selbstkontrolle der Verwaltung. Man dürfe deshalb nicht Gneist gegen das Verwaltungsverfahren anführen, indem man sage, das Verwaltungsverfahren sei veraltet und überflüssig, seitdem eine Verwaltungsgerichtsbarkeit bestehe. Verwaltungsverfahren und Verwaltungsgerichtsbarkeit gehören nach seiner Ansicht eng zusammen. Eine zu ausgedehnte Verwaltungsgerichtsbarkeit habe auch den Nachteil, die eigentliche Verwaltung ins Privatrecht abzudrängen oder dem Gesetzgeber die Entscheidung in die Hand zu geben. Es sei daher unrichtig, zu meinen, je eher man die Verwaltungsgerichtsbarkeit einschalte, desto besser. Die österreichische Regelung sei hier weiser.

Ule pflichtet Bettermann darin bei, daß eine Übernahme der österreichischen Lösung in der Bundesrepublik an verfassungsrechtliche Schranken stößt. Insofern stimmt er den Leitsätzen 41a und 41b zu. Er versteht aber nicht, weshalb in 41c die Meinung vertreten wird, Art. 19 IV verbiete, die Erschöpfung des Verwaltungsinstanzenzuges zur Klagevoraussetzung zu machen; eine solche intensive Interpretation des Art. 19 IV bedürfe einer näheren Begründung. Das gleiche gelte für diejenige These des Leitsatzes 42, derzufolge jene Verfassungsvorschrift die „Justizverförmlichung" des Verwaltungsverfahrens — schon gegen diesen Ausdruck müßten Bedenken angemeldet werden —, den Ausbau des Vorverfahrens und das Beschlußverfahren als Rechtsschutzmittel verbiete. Scheuner habe zutreffend dargelegt, daß das Vorverfahren und das Beschlußverfahren nicht nur den Zweck des Rechtsschutzes verfolgen, sondern daß dabei auch ganz andere Gesichtspunkte eine wesentliche Rolle spielen.

Bedenklich seien auch die Formulierungen des Leitsatzes 43 „je mehr und je bessere Verwaltungsgerichtsbarkeit" bzw. „je weniger und je schlechtere Verwaltungsgerichtsbarkeit". Was solle unter diesem Mehr und Weniger verstanden werden? Falls das so zu verstehen sei, daß die Zahl der Instanzen ein Mehr und ein Besseres bedeute, so müsse er erhebliche Vorbehalte anmelden. Man wisse aus dem Strafprozeß, daß die Zahl der Instanzen durchaus keine Verbesserung des Verfahrens bedeute.

Zum Leitsatz 45 (Wahlklageregelungen): Die verfassungsrechtliche Frage nach der Zulässigkeit solcher Regelungen sei streitig und werde eines Tages entschieden werden. Abgesehen davon sei es aber nicht so, daß Wahlklageregelungen allgemein zu begrüßen seien; diese Frage müsse vielmehr differenziert behandelt werden.

In Leitsatz 49 sei darauf hingewiesen, daß, je schwerer eine Verwaltungsentscheidung wiege, um so förmlicher auch ihr Verfahren gestaltet sein müsse. Dazu sei zu bemerken, daß dieser Gesichtspunkt auch und in sehr starkem Maße für die Leistungsverwaltung gelte, wo es um die materielle Existenz vieler Betroffener gehe.

Der Redner faßt zusammen: Die Frage der Ausgestaltung der Verwaltungsgerichtsbarkeit hänge sehr wesentlich von der Gestaltung des Verwaltungsverfahrens und insbesondere davon ab, ob man den Schwerpunkt der rechtsstaatlichen Regelung bereits in das Verwaltungsverfahren verlege. Wenn man das Verwaltungsverfahren, wie es in der Bundesrepublik bereits in weitem Umfange der Fall sei, den rechtsstaatlichen Anforderungen entsprechend ausgestalte, so könne man auf die Dauer die nach 1945 vorgenommene Ausgestaltung des verwaltungsgerichtlichen Verfahrens nicht durchhalten. Dies seien die Gründe, die den Redner zu den von Bettermann in seinem Referat bekämpften Vorschlägen bewogen hätten.

Apelt empfindet, ähnlich wie Scheuner, daß unser Verwaltungsverfahren einschließlich der Verwaltungsgerichtsbarkeit dort eine gewaltige Lücke im Rechtsschutz offenläßt, wo die Verwaltungsgerichtsbarkeit nur eine nachträgliche Kontrolle der Verwaltung darstellt, sich also erst an den Abschluß des Verwaltungsverfahrens anschließt. Diese Lücke könne nur durch eine gesetzliche Regelung geschlossen werden. Ein Fall aus der bayerischen Praxis mache das deutlich: Das Walchenseewerk hat seinen Betrieb erheblich erweitert, einige Gewässer in den See überführt und dann im Laufe des Winters den Seespiegel gesenkt, um mehr Wasserkraft zu gewinnen und die Energieerzeugung zu steigern. Es handelt sich um ein großes Projekt, hinter dem die bayerische Regierung stand und für das der Landtag die nötigen Millionen bewilligt hatte. Man begann schon vor der Durchführung des wasserpolizeilichen Verfahrens mit dem Bau. Dabei stützt sich die Regierung auf eine Bestimmung des bayer. Wassergesetzes, wonach sofortige Maßnahmen zulässig sind, wenn das Verfahren nicht genug Zeit läßt, das Nötige sofort vorzukehren; in solchen Fällen muß nach jener Vorschrift das Verfahren nachträglich durchgeführt werden. Tatsächlich wurde das Verwaltungsverfahren erst durchgeführt, nachdem der ganze Betrieb bereits im Gange war. Erst nachdem die Millionen verbaut waren und das neue Werk arbeitete, konnten die Anlieger ihre berechtigten Interessen geltend machen. Die nachträgliche wasserpolizeiliche Genehmigung wurde durch die beeinträchtigten Anlieger mit Erfolg angefochten und das ganze Vorgehen der Staatsregierung für ungesetzlich erklärt. Was habe das aber den Anliegern genützt? Die Millionen seien verbaut und das Werk im Betrieb gewesen, und niemand habe annehmen können, daß diese Tatsachen rückgängig gemacht würden. Hier zeige sich also eine ganz erhebliche Lücke im Verfahrensrecht. Es müsse den Anliegern eine Möglichkeit gegeben werden, rechtzeitig ihre Interessen geltend zu machen, also rechtzeitig den Richter einzuschalten. Mindestens aber müsse das Verfahren so ausgebaut werden, daß die rechtsstaatlichen Belange von vornherein gesichert seien. Es werden nach Ansicht des Redners immer wieder Fälle vorkommen, in denen die Verwaltungsbehörde so verfährt, daß eine nachträgliche Aufhebung des Verwaltungsakts den Interessen des Staatsbürgers nicht mehr gerecht wird. Hier bestehe also ein dringendes Bedürfnis, die bestehende gesetzliche Lücke zu schließen.

Melichar (Schlußwort): Zum Thema meines Referates habe ich auf die Diskussionsbeiträge nur weniges zu erwidern. Zuerst möchte ich ein Mißverständnis aufklären. Wenn ich sagte, daß sich der Verwaltungsstil nur wenig geändert habe, so meinte ich nicht, daß alles nach Erlaß der Verwaltungsverfahrensgesetze gleich geblieben ist. Ich habe in meinem Vortrag genau dieselben Worte gebraucht wie mein verehrter Freund Schima, daß nämlich die erzieherische Wirkung der Verwaltungsverfahrensgesetze gar nicht überschätzt werden kann. Was ich aber zum Ausdruck bringen wollte, ist, daß schon vor Erlaß dieser Verwaltungsverfahrensgesetze durch die Judikatur des Verwaltungsgerichtshofs und die Literatur der Grundsatz fest verankert war, daß das Verwaltungsverfahren ein Rechtsproblem darstellt. Und ich habe in meinem Bericht auch gezeigt, welches die Momente waren, die zu dieser Verrechtlichung im Jahre 1925 hingeführt haben. Es waren also Vorstadien da. Daß natürlich nach Erlaß der Verwaltungsverfahrensgesetze sich diese Tendenz vertieft hat und auch in der Praxis viel stärker zum Ausdruck gekommen ist, das ist eben die erzieherische Wirkung, die jeder rechtlichen Regelung eines Verfahrens innewohnt. Zum zweiten: Es wurde gesprochen von der Schwierigkeit, die Frage der Aufhebung oder Änderung der Verwaltungsakte beim formellen oder beim materiellen Recht einzuordnen. Vom Standpunkt unserer Diskussion aus, meine Herren, glaube ich, daß diese Kategorisierungsfrage sekundärer Natur ist. Es kommt im wesentlichen auf die Lösung an und da hat sich eben, wie ich in meinem Referat gezeigt habe, die österreichische Lösung durchaus bewährt. Ich möchte hier auch noch einmal auf die Ausführungen des Herrn Präsidenten Antoniolli hinweisen, daß es gar nicht zutrifft, daß durch diese Beschränkung der Aufhebbarkeit und Abänderbarkeit, die der Gesetzgeber in Form einer Rechtskraftbestimmung geschaffen hat, die Verwaltung in irgendeiner Weise gelähmt wurde. Wenn Herr Bachof gemeint hat, Verwaltungsverfahrensgesetze könnten dazu führen, daß die Entscheidungsfreudigkeit gehemmt wird, so muß ich auch aus der Erfahrung sagen, daß dies durchaus nicht der Fall ist. Es kommt viel eher vor, daß ein Akt schlampig gearbeitet ist, als daß er übergenau gearbeitet ist. Der ganzen Diskussion über die gegensätzlichen Meinungen scheint mir allerdings eines zugrundezuliegen, nämlich eine Grundentscheidung. Einmal die Frage: Ist die Verwaltung an das Recht grundsätzlich gebunden, bedarf sie zu allen ihren Akten der gesetzlichen Grundlage und gesetzlichen Ermächtigung? Oder die andere Alternative: Ist die Verwaltung prinzipiell frei und nur durch gesetzliche Bestimmungen beschränkt? Meine Herren, das ist eine Grundentscheidung, die wir theoretisch nicht lösen können. Allerdings bin ich der Meinung des Kollegen Spanner, der hier eine Auffassung vertreten hat, die auf das „Allgemeine Verwaltungsrecht" des Kollegen Merkl zurückgeht, daß nämlich irgendein Minimum an Recht jedenfalls vorhanden sein muß, damit das Handeln der Person einem öffentlichen Gemeinwesen zugerechnet werden kann.

Bettermann (Schlußwort): Ich habe mich heute morgen bemüht, den Kampf gegen die Zeit zu gewinnen. Dabei habe ich den Kampf gegen das Mißverständnis nicht beachtet und verloren.

Herr Ipsen, es ist ein grundsätzliches Mißverständnis, wenn Sie meinen, daß mein Referat darauf gerichtet sei, das materielle Verwaltungsrecht zu verprozessualisieren. Es kam mir lediglich darauf an, mit dem ersten Teil der begrifflichen Erörterungen eine andere, aber nicht die einzige Sicht des Verwaltungsrechts vorzuführen. Ich wollte nur klarmachen, daß man auch den verfahrensrechtlichen Aspekt sehen muß; daß eine der Methoden, das Handeln der Verwaltung und die Verwaltungsrechtsregeln des allgemeinen Teils zu begreifen, die ist, daß man sich klarmacht, daß im Gesetzesvollzug ein Rechtsanwendungsverfahren vorliegt. Ich bin für die Diskussionsbemerkung von Herrn Forsthoff sehr dankbar — ich selbst habe es ja auch im Referat auszudrücken versucht: Man kann den Verwaltungsakt im Verhältnis zum Gesetz ansehen als den Zweck und das Gesetz als das Mittel; ob es mir Ermächtigung zum Handeln gibt und gleichzeitig die Schranken des Handelns bestimmt. Man kann aber auch umgekehrt den Verwaltungsakt als ein Mittel des Gesetzesvollzuges ansehen. Beides ist richtig, beide Betrachtungsweisen sind m. E. auch notwendig, um dieses komplexe Gebilde ganz in den Griff zu bekommen. Dagegen kommt es mir nicht darauf an, das gesamte Verwaltungsrecht oder das gesamte allgemeine Verwaltungsrecht nun in das Prozeßrecht „einzugemeinden" — auch hier nicht für das Verfahrensrecht einzugemeinden, sondern darauf, den verfahrensrechtlichen Aspekt des Verwaltungsrechts herauszuarbeiten. Bei diesen begrifflichen Bemühungen habe ich nicht darauf abgestellt, daß es eine scharfe begriffliche Abgrenzung zwischen materiellem Verwaltungsrecht und Verwaltungsverfahrensrecht gebe. Solche Abgrenzung ist möglich zwischen materiellem Recht und Prozeßrecht als dem streitigen Gerichtsverfahrensrecht. Dagegen lassen sich materielles Verwaltungsrecht und Verwaltungsverfahrensrecht nicht messerscharf trennen. Deswegen habe ich auch keine Begriffsbestimmung, sondern nur eine Beschreibung gegeben.

Herr Krüger hat mich an einer anderen Stelle vortrefflich mißverstanden, wenn er meint, daß ich der Verwaltung das Recht des ersten Zugriffs nehmen wolle. Ich habe nur erwogen, ob bei ganz bestimmten Verwaltungshandlungen wegen ihrer besonderen Schwere der Richter ein- oder vorgeschaltet werden soll. Dabei muß die Schwere und die Bedeutung der Verwaltungsentscheidung nicht unbedingt im Eingriff in Grundrechte liegen, sie kann auch bei der Leistungsverwaltung bestehen. Ich habe gesprochen von „je schwerer eine Verwaltungsentscheidung wiegt": sie muß nicht ein Eingriff sein. Aber gewiß steht der Grundrechtseingriff hier im Vordergrund. Da scheint mir eben, daß hinter diesem Ruf, wie ihn Herr Spanner mit allem Pathos vorgetragen hat: nach Tatbestandsfeststellung, rechtlichem Gehör, sonst Polizeistaat — daß hinter diesen Worten im Grunde der Ruf nach dem Richter steht und daß zu überprüfen ist, ob und inwieweit der Art. 104 GG ein Vorbild sein kann und nachgeahmt werden soll. Ich möchte eben um der Verwaltung willen nicht, daß sie in die Funktion des Richters mit umfassender Tatbestandsaufklärung und reiner Rechtsanwendung hineingedrängt wird, sondern, wo das möglich ist, und es gibt solche Fälle, da muß doch mindestens erwogen werden, ob es nicht besser ist, den Richter in das Verfahren einzuschalten: nicht das Verfahren ihm zu überantworten, wie in der freiwilligen Gerichtsbarkeit, sondern wie nach Art. 104 GG die Zulassung des Eingriffs dem Richter vorzubehalten. Die Verwaltung bleibt der Herr des Verfahrens. Sie muß nur den Richter um die Zulassung ihres beabsichtigten Eingriffs ersuchen, alles Übrige liegt bei ihr.

Daß das nur eines der Rechtsschutzprobleme, der präventiven Rechtsschutzprobleme, sein kann, Herr Scheuner, ist mir durchaus klar. Daß wir auch formalisierte Verwaltungsverfahren brauchen in der Richtung, wie Herr Weber uns die Tatbestände vorgeführt hat, erkenne ich durchaus an. Bei dem Planverfahren freilich scheint mir auch der Ruf nach dem Richter irgendwo zu klingen. Aus der Verwaltungspraxis, jedenfalls meines Heimatlandes Nordrhein-Westfalen, weiß ich, daß die Umlegungsausschüsse in der Hand von Richtern oder von Beamten mit der Befähigung zum Richteramt liegen. Offenbar deshalb, weil hier widerstreitende Interessen auszugleichen und eingehende Sachverhaltsermittlungen notwendig sind. Es kann aber keine Rede davon sein, wie Herr Spanner es dargestellt hat: es muß in jedem Fall bei jedem Verwaltungsakt und bei jedem Verwaltungsverfahren der Tatbestand 100%ig festgestellt werden, und, damit zusammenhängend, die Partei muß vorher gehört werden. Das, meine Herren, haben wir noch nicht einmal im Gerichtsverfahren, obwohl Art. 103 GG das rechtliche Gehör unter Verfassungsschutz stellt. Bei der Strafverfügung und beim Strafbefehl findet ein Grundrechtseingriff statt, ohne daß eine umfassende Tatbestandsermittlung vorgenommen und ohne daß der Betroffene vorher gehört worden ist. Wenn das am grünen Baum der Justiz geschieht, um wieviel weniger kann ich es für die Verwaltung zu einem rechtsstaatlichen Grundprinzip machen: vor jedem Verwaltungsakt, oder auch nur vor jedem belastenden Verwaltungsakt, ist der Bürger zu hören und ist der Tatbestand so aufzuklären, wie der Strafrichter im normalen Strafverfahren den Sachverhalt aufzuklären hat.

Herr Ule hat die These aufgestellt, die Rechtsstaatlichkeit unserer Verwaltung fordere die Formalisierung, besser: die Regelung, des Verwaltungsverfahrens. Da bin ich mir eben nicht sicher. Ich glaube, daß Herr Forsthoff da die Gegenposition gesetzt hat: daß in unserem Rechtssystem, im Gegensatz zum englisch-amerikanischen Rechtssystem, die Rechtsstaatlichkeit der Verwaltung eben in erster Linie in der Herrschaft des Gesetzes gesehen wird und nicht im due process of law. Ich glaube nicht, Herr Scheuner, daß Ihre These durchdringen wird, die These, die ich zum ersten Mal gehört habe, daß in Art. 19 IV GG nicht nur der Rechtsweg als Gerichtsweg garantiert sei, sondern daß dort ein „rechtsstaatliches" Verwaltungsverfahren garantiert sei. Das ist sicher eine interessante These, aber ich glaube nicht, daß sie richtig und nützlich ist.

Verzeichnis der Redner

Verzeichnis der Mitglieder der Vereinigung der Deutschen Staatsrechtslehrer

Stand vom 1. 5. 1959

Vorstand

1. Peters, Dr. Hans, Professor, Köln-Sülz, Zülpicher Straße 83.
2. Köttgen, Dr. Arnold, Professor, Göttingen, Merkelstraße 43.
3. Bachof, Dr. Otto, Professor, Tübingen, Gartenstraße 73.

Mitglieder

1. Abendroth, Dr. Wolfgang, Professor, Marburg a. d. Lahn, Georg-Voigt-Straße 7 a.
2. Antoniolli, Dr. Walter, Professor, Wien VII, Mariahilferstraße 22—24/III/II/6.
3. Apelt, Dr. Willibalt, Professor, Geh. Regierungsrat, Gräfelfing bei München, Freihamerstraße 32.
4. Armbruster, Dr. Hubert, Professor, Mainz, An der Allee 69.
5. Bachof, Dr. Otto, Professor, Tübingen, Gartenstraße 73.
6. Becker, Dr. jur., Dr. phil. Erich, Professor, Speyer, Schwerdstraße 59.
7. Bettermann, Dr. Karl August, Professor, Berlin-Lichterfelde-West, Baseler Straße 114.
8. Böhmert, Dr. Viktor, Professor, Kiel, Graf-Spee-Straße 9.
9. Brill, Dr. Hermann Louis, Honorarprofessor, Staatssekretär a. D., Wiesbaden, Weinbergstraße 14.
10. Bühler, Dr. Ottmar, Professor, München 27, Kufsteiner Platz 2/III.

11. Bülck, Dr. Hartwig, Professor, Heidelberg, Werrgasse 9.

12. Carstens, Dr. Karl, Professor, Bad Godesberg, Im Meisengarten 25.

13. Drath, Dr. Martin, Professor, Karlsruhe, Beethovenstraße 9.

14. Dürig, Dr. Günter, Professor, Tübingen, Ob dem Viehweidle 12.

15. Erler, Dr. Georg, Professor, Göttingen, Schlegelweg 11

16. Ermacora, Dr. Felix, Professor, Innsbruck, Universität.

17. Forsthoff, Dr. Ernst, Professor, Heidelberg-Schlierbach, Wolfsbrunnenweg 13.

18. Friesenhahn, Dr. Ernst, Professor, Karlsruhe, Haydnplatz 4.

19. Fröhler, Dr. Ludwig, Privatdozent, Berg bei Starnberg, Seestraße 18.

20. Gerber, Dr. jur., D. h. c. Hans, Professor, Freiburg i. Br., In der Röte 5.

21. Glum, Dr. Friedrich, Professor, München, Südliche Auffahrtsallee 24.

22. Gönnenwein, Dr. jur., Dr. phil. Otto, Professor, Heidelberg, Werderplatz 1.

23. Görg, Dr. Hubert, Professor, Ellersberg, Post Forsbach (Bez. Köln).

24. Grewe, Dr. Wilhelm, Professor, Washington 9, D. C., USA, 1742/44 R Streat NW (Botschaft der Bundesrepublik Deutschland).

25. Grundmann, Dr. Siegfried, Professor, Marburg a. d. Lahn, Rotenberg 25.

26. Hamel, Dr. Walter, Professor, Marburg a. d. Lahn, Rotenberg 1 a.

27. Heckel, D. Dr. Johannes, Professor, München, St. Paulusplatz 9.

28. Held, Dr. Hermann, Professor, Malente, Lindenallee 35.

29. Herrfahrdt, Dr. Heinrich, Professor, Marburg a. d. Lahn, Am Weinberg 8.

30. H e s s e , Dr. Konrad, Professor, Freiburg i. Br., Hauptstraße 40.

31. H e t t l a g e , Dr. Karl Maria, Professor, Bad Godesberg, Friedrich-Ebert-Straße 83.

32. F r h r. v. d. H e y d t e , Dr. August, Professor, Zellingen a. M., Thomas-Glock-Straße 26.

33. H e y e r , Dr. Friedrich, Professor, Bonn, Humboldtstraße 35.

34. v. H i p p e l , Dr. Ernst, Professor, Godesberg-Mehlem, Mainzer Straße 119.

35. H o e g n e r , Dr. Wilhelm, Honorarprofessor, Ministerpräsident a. D., München, Miesbacher Platz 15.

36. H u b e r , Dr. Ernst Rudolf, Professor, Freiburg-Zähringen, In der Röte 2.

37. H u b e r , Dr. Hans, Professor, Muri bei Bern, Mannenriedstraße 5.

38. H u g e l m a n n , Dr. Karl, Professor, Göttingen, Herzberger Landstraße 52.

39. I m b o d e n , Dr. Max, Professor, Basel, Hirzbodenweg 47.

40. I p s e n , Dr. Hans Peter, Professor, Hamburg 13, Hallerstraße 79.

41. J a c o b i , D. Dr. Erwin, Professor, Leipzig S 3, Meusdorfer Straße 5.

42. J a h r r e i s s , Dr. Hermann, Professor, Köln (Klettenberg), Nassestraße 30.

43. J a e n i c k e , Dr. Günther, Privatdozent, Heidelberg, Karlsruher Straße 57.

44. J e r u s a l e m , Dr. Franz, Professor, München 27, Flemingstraße 58.

45. K a f k a , Dr. Gustav E., Universitäts-Dozent, Graz, z. Z. Bad Godesberg, Hochkreuzallee 246.

46. K a i s e r , Dr. Joseph, Professor, Freiburg i. Br., Belfortstraße 11.

47. K a u f m a n n , Dr. jur., Dr. phil. h. c. Erich, Professor, Bonn, Auswärtiges Amt, Koblenzer Straße 101.

48. K i p p , Dr. Heinrich, Professor, Innsbruck, Neue Universität.

49. K l e i n , Dr. Friedrich, Professor, Münster i. W., Prozessionsweg 409.

50. K ö t t g e n , Dr. Arnold, Professor, Göttingen, Merkelstraße 43.

51. K o r d t , Dr. Erich, Professor (Universität Köln), Düsseldorf, Brehmstraße 53.

52. K r a u s , Dr. Herbert, Professor, Göttingen, Calsowstraße 18.

53. K r ü g e r , Dr. Herbert, Professor, Hamburg-Gr. Flottbek, Elbchaussee 184.

54. K ü c h e n h o f f , Dr. Günther, Professor, Würzburg, Seinsheimerstraße 13.

55. L a f o r e t , Dr. Wilhelm, Professor, Geh. Justizrat, Würzburg, Frauenlandstraße 12.

56. L a u n , Dr. jur., Dr. rer. pol. h. c. Rudolf, Professor, Ahrensburg bei Hamburg, Voßberg 10.

57. L e i b h o l z , Dr. Gerhard, Professor, Göttingen, Dahlmannstraße 6.

58. L e r c h e , Dr. Peter, Privatdozent, München 27, Stuntzstraße 47.

59. L i e r m a n n , D. Dr. Hans, Professor, Erlangen, Am Meilwald 18.

60. M a l l m a n n , Dr. Walter, Professor, Frankfurt a. M., Georg-Voigtstr. 8.

61. M a u n z , Dr. Theodor, Professor, München-Gräfelfing, Hartnagelstraße 3.

62. M a y e r , Dr. Franz, Privatdozent, München 13, Winzererstraße 38.

63. M e d e r , Dr. Walter, Professor, Berlin-Dahlem, Gosslerstraße 29.

64. M e i n z o l t , D. Dr. Hans, Honorarprofessor, Staatssekretär a. D., München, Karl-Freytag-Straße 29.

65. M e l i c h a r , Dr. Erwin, Professor, Graz, Universität (Rechts- und Staatswiss. Fakultät).

66. M e n g e r , Dr. Christian-Friedrich, Professor, Speyer a. Rh., Prinz-Luitpold-Straße 1.

67. M e n z e l , Dr. Eberhard, Professor, Kiel, Bülowstraße 16.

68. M e r k , Dr. Wilhelm, Professor, Tübingen, Wildermuthstraße 6.

69. M e r k l , Dr. Adolf Julius, Professor, Wien XIX, Pfarrplatz 1.

70. M e y e r , Dr. Ernst Wilhelm, Professor, Berlin-Wannsee, Bismarckstraße 32.

71. M i r b t , Dr. Hermann, Professor, Berlin-Schlachtensee, Spanische Allee 51.

72. M o s l e r , Dr. Hermann, Professor, Heidelberg, Frankfurter Straße 48.

73. M ü n c h , Dr. Fritz, Professor, Berlin-Dahlem, Boltzmannstraße 1.

74. N a u m a n n , Dr. Richard, Professor, Lüneburg, Ülzener Straße 40.

75. N a w i a s k y , Dr. Hans, Professor, München und St. Gallen. St. Gallen, Georgshof 14.

76. O b e r m a y e r , Dr. Klaus, Privatdozent, München 9, Säbenerstraße 256.

77. P a r t s c h , Dr. Karl Josef, Professor, Felde/Post Achterwehr (Holstein).

78. P e t e r s , Dr. Hans, Professor, Köln-Sülz, Zülpicher Straße 83.

79. P f e i f e r , Dr. Helfried, Professor, Wien XIII, Lainzer Straße 57.

80. R i d d e r , Dr. Helmut, Professor, Kelkheim (Taunus), Dr.-Egenolf-Straße 3.

81. R ü h l a n d , Dr. Curt, Professor, Braunschweig, Dürerstraße 26.

82. R u m p f , Dr. Helmut, Privatdozent, Bonn, Peter-Rusler-Straße 2.

83. S c h a c k , Dr. Friedrich, Professor, Hamburg 13, Nonnenstieg 9/II.

84. S c h ä t z e l , Dr. Walter, Professor, Bonn, Fürstenstraße 1.

85. S c h e u n e r , Dr. Ulrich, Professor, Bad Godesberg, Beethovenstraße 77.

86. Schlochauer, Dr. Hans Jürgen, Professor, Frankfurt a. M., Mertonstraße 17.

87. Schmid, Dr. Karl, Professor, Frankfurt a. M., Johann-Klotz-Straße 15.

88. Schneider, Dr. Hans, Professor, Heidelberg, Ludolf-Krehl-Straße 44.

89. Schneider, Dr. Peter, Professor, Mainz, Stephansplatz 2.

90. Schüle, Dr. Adolf, Professor, Tübingen, Bei der Ochsenweide 17.

91. Schwinge, Dr. Erich, Professor, Marburg a. d. Lahn, Gutenbergstraße 18.

92. Scupin, Dr. Hans Ulrich, Professor, Münster i. W., Robert-Koch-Straße 46.

93. Seidl-Hohenveldern, Dr. Ignaz, Professor, Saarbrücken, Universität.

94. Smend, D. Dr. Rudolf, Professor, Göttingen, Am Goldgraben 13.

95. Spanner, Dr. Hans, Professor, Erlangen, Am Röthelheim 58.

96. Stödter, Dr. Rolf, Professor, Hamburg 21, Adolphstraße 29.

97. Thieme, Dr. Werner, Professor, Saarbrücken, Auf der Schlecht 2.

98. Ule, Dr. Carl Hermann, Professor, Heidelberg, Oberer Gaisbergweg 9.

99. Voigt, Dr. Alfred, Professor, Erlangen, Burgbergstraße 53.

100. Wacke, Dr. Gerhard, Professor, Hamburg-Nienstedten, Ordinger Weg 14.

101. Warncke, Dr. Friedrich, Privatdozent, Köln-Nippes, Mauenheimer Straße 45.

102. Weber, Dr. Werner, Professor, Göttingen, Wackenroder Weg 1.

103. Wehrhahn, Dr. Herbert, Professor, Saarbrücken 15, Universität.

104. W e n g l e r , Dr. jur., Dr. rer. pol. Wilhelm, Professor, Berlin-Zehlendorf, Werder Straße 15.

105. W e n z e l , Dr. Max, Professor, Erlangen, Lohestraße 21.

106. W e r t e n b r u c h , Dr. Wilhelm, Privatdozent, Köln, Volksgartenstraße 2.

107. W o l f f , Dr. Hans J., Professor, Münster i. W., Görresstraße 26.

Satzung

(Nach den Beschlüssen vom 21. Oktober 1949, 19. Oktober 1951, 14. Oktober 1954 und 10. Oktober 1956)

§ 1

Die Vereinigung der Deutschen Staatsrechtslehrer stellt sich die Aufgabe:

1. wissenschaftliche und Gesetzgebungsfragen aus dem Gebiete des öffentlichen Rechts durch Aussprache in Versammlungen der Mitglieder zu klären;
2. auf die ausreichende Berücksichtigung des öffentlichen Rechts im Hochschulunterricht und bei staatlichen und akademischen Prüfungen hinzuwirken;
3. in wichtigen Fällen zu Fragen des öffentlichen Rechts durch Eingaben an Regierungen oder Volksvertretungen oder durch öffentliche Kundgebungen Stellung zu nehmen.

§ 2

(1) Mitglied der Vereinigung kann werden, wer an der rechtswissenschaftlichen Fakultät einer deutschen oder deutschsprachigen ausländischen Universität für das Fach des Staatsrechts und ein weiteres öffentlich-rechtliches Fach als habilitierter Privatdozent oder als planmäßiger Professor tätig ist oder gewesen ist und sich der wissenschaftlichen Forschung auf dem Gesamtgebiete des Staats- und Verwaltungsrechts gewidmet hat.

(2) Das Aufnahmeverfahren wird durch schriftlichen Vorschlag von drei Mitgliedern der Vereinigung eingeleitet. Ist der Vorstand einstimmig der Auffassung, daß die Voraussetzungen für den Erwerb der Mitgliedschaft erfüllt sind, so verständigt er in einem Rundschreiben die Mitglieder von seiner Absicht, dem Vorgeschlagenen die Mitgliedschaft anzutragen. Erheben mindestens fünf Mitglieder binnen Monatsfrist gegen die Absicht des Vorstandes Einspruch oder beantragen sie mündliche Erörterung, so beschließt die Mitgliederversammlung über die Aufnahme. Die Mitgliederversammlung beschließt ferner, wenn sich im Vorstand Zweifel erheben, ob die Voraussetzungen der Mitgliedschaft erfüllt sind. Von jeder Neuaufnahme außerhalb einer Mitgliederversammlung sind die Mitglieder zu unterrichten.

§ 3

Eine Mitgliederversammlung soll regelmäßig einmal in jedem Jahre an einem vom Vorstand zu bestimmenden Orte stattfinden. In dringenden Fällen können außerordentliche Versammlungen einberufen werden. Die Tagesordnung wird durch den Vorstand bestimmt.

Auf jeder ordentlichen Mitgliederversammlung muß mindestens ein wissenschaftlicher Vortrag mit anschließender Aussprache gehalten werden.

§ 4

Der Vorstand der Vereinigung besteht aus einem Vorsitzenden, seinem Stellvertreter und einem Schriftführer, der auch die Kasse führt. Der Vorstand wird am Schluß jeder ordentlichen Mitgliederversammlung neu gewählt.

Zur Vorbereitung der Mitgliederversammlung kann sich der Vorstand durch Zuwahl anderer Mitglieder verstärken. Auch ist Selbstergänzung zulässig, wenn ein Mitglied des Vorstandes in der Zeit zwischen zwei Mitgliederversammlungen ausscheidet.

§ 5

Zur Vorbereitung ihrer Beratungen kann die Mitgliederversammlung, in eiligen Fällen auch der Vorstand, besondere Ausschüsse bestellen.

§ 6

Über Eingaben in den Fällen des § 1 Ziffer 2 und 3 und über öffentliche Kundgebungen kann nach Vorbereitung durch den Vorstand oder einen Ausschuß im Wege schriftlicher Abstimmung der Mitglieder beschlossen werden. Ein solcher Beschluß bedarf der Zustimmung von zwei Dritteln der Mitgliederzahl; die Namen der Zustimmenden müssen unter das Schriftstück gesetzt werden.

§ 7

Der Mitgliedsbeitrag wird von der Mitgliederversammlung festgesetzt. Der Vorstand kann den Beitrag aus Billigkeitsgründen erlassen.

Bei Fragen zur Produktsicherheit wenden Sie sich bitte an:
If you have any questions regarding product safety,
please contact:

Walter de Gruyter GmbH
Genthiner Straße 13
10785 Berlin
productsafety@degruyterbrill.com